DESIGNING FOR LEARNING

Creating Campus Environments for
Student Success (2nd Edition)

캠퍼스 디자인

학생이 성공하는 대학 만들기

C. Carney Strange · James H. Banning 공저
배상훈 · 변수연 · 함승환 · 윤수경 · 전수빈 공역

학지사

역자 서문

이 책을 처음 접한 것은 2014년 고려대학교 어느 회의실에서였다. 우리 연구팀은 '잘 가르치는 대학의 특징과 성공 요인'에 대한 연구 결과를 책으로 펴내는 작업을 하고 있었다. 당시 연구팀은 복잡 다양한 대학의 특징을 어떻게 하면 체계적으로 살펴볼 수 있을까를 고민하고 있었다. 이 책의 번역에도 참여하고 있는 변수연 교수는 대학이 교육에 대하여 얼마나 신경 쓰고 있는지를 구조적으로 분석할 수 있는 개념적 틀로 Strange와 Banning의 프레임을 제시했다. 학생의 학습, 성장, 발달이 이루어지는 장(場)인 대학 캠퍼스는 물리적(physical), 인간 집합적(human aggregate), 조직적(organization), 사회 구성적(socially constructed) 환경으로 나뉠 수 있고, 이러한 네 가지 영역을 토대로 대학이 가진 특성과 활동을 진단하고 분석할 수 있다는 것이 요지였다. Strange와 Banning은 이러한 분석 틀에 매슬로(Maslow)의 인간욕구 단계 이론(hierarchy of needs)을 접목하는 통찰을 발휘했다. 학생들은 캠퍼스에서 안전과 소속감(safety & inclusion)을 느낄 때, 비로소 학습과 대학 활동에 능동적으로 참여(engagement)할 수 있고, 이런 참여가 거듭되어 축적되면서 대학은 커다란 학습 공동체가 되는데 여기서 학생들은 건전한 구성원으로 성장하는 경험을 하게 된다는 것이다. 대학은 학생들이 이러한 성장 경로를 밟아 성공적인 대학 생활을 할 수 있도록 캠퍼스 환경을 세심하게 디자인해야 한다는 것이 그들의 주장이다. 오늘날 '학생 성공(student success)'과 '잘 가르치는 대학 만들기'가 열풍처럼 번져 가는 상황에서 그들이 제시한 캠퍼스 환경 진단 매트릭스는 내용적으로 타당할 뿐만 아니라 진단과 분석을 위한 방법적 틀로도 탁월하다. 또한 근로 개혁의 시련기를 맞아 생존과 지속 발전을 모색하는 대학들에게 주는 시사점도 클 것이다. 마지막으로 우리는 어떻게 하면 학생이 성공하는 대학을 만들 수 있을지를 고민하는 여러 동료들과 대학생의 학습, 대학 경험, 학생 성공을 연구하는 학자들에게 이 책의 내용이 도움이 될 것이라는 확신에서 번역을 결심했다.

이 책의 부제는 '학생이 성공하는 대학 만들기(creating campus environments for student success)'이다. 처음 '학생 성공'이라는 키워드를 접했을 때, 묘한 감정과 흥분이 일었다. 대학이 담당해야 할 사회적 소명과 책임은 무엇인가. 사회 구성원으로서 교수의 존재 의의는 무엇인가. 그동안 마음에 품어 왔던 이런 질문들에 대해서 '학생 성공'이란 키워드는 명쾌하게 답을 주었다. 지식의 창출이 대학의 역할임을 부인하기 어렵다. 하지만 대학이 추구할 가장 기본적인 사명은 학생들이 지적, 정서적으로 성장하고 발전해서 자신의 가치를 발휘하면서 공동체의 발전에도 기여하는 유능한 인재로 길러 내는 것 아닌가. 한편 '디자인'이라는 표현도 신선하게 다가왔다. 비록 여러 의미로 해석될 수 있지만, 이 책의 맥락에서 볼 때, '디자인'이란 대학이 의도한 바를 이루기 위해 대학의 모습을 의도적으로 설계하고 꾸민다는 의미이다. 지성인 집단의 자율과 창의는 존중되어야 한다. 대학은 최대한 자유가 숨 쉬는 공간이어야 한다. 하지만 대학은 어떤 목적을 달성하기 위해 특별히 만들어진 공간이고 공동체이다. 따라서 그 목적을 가장 효과적으로 달성하기 위해 디자인될 필요가 있다. 물론 여기서 대학이 추구할 가장 중요한 목적의 하나는 '학생 성공'일 것이다.

이 책은 '고등교육'과 '대학'에 대한 방대한 지식을 체계적으로 정리하고, 현실 세계에서 적용할 수 있는 처방과 함께 제시하고 있다. 대학에서 사람을 키운다는 것, 즉 교육이 무엇인지에 대해서 깊이 생각해 보게 한다. 비록 미국 대학이지만 생생한 사례를 많이 제시하고, 우리에게도 많은 시사점을 제공한다. 교육과 '학생 성공'을 연구하는 학자와 학생이라면 모든 챕터가 흥미로울 것이다. 대학을 실제로 운영하는 사람들은 필요한 부분을 발췌해서 읽어도 좋다. 자신이 몸담고 있는 대학의 존재 의의와 발전 방향에 대해서 좀 더 깊이 생각해 보는 기회를 가질 수 있을 것이다. 나아가 앞으로 대학 경영을 꿈꾸는 분들에게는 더 없이 훌륭한 대학 경영 입문서가 될 것이다.

마지막으로, 이 책의 번역을 허락하고, 이해하기 어려운 부분은 친절히 설명해 주면서 응원해 준 Strange와 Banning 교수님께 감사의 마음을 전한다. 번역서 출판을 흔쾌히 맡아 준 학지사 김진환 사장님과 편집을 도와준 선생님께도 고마움을 전한다.

　우리는 이 책을 통해 고등교육에 몸담고 있는 사람들이 교육이
라는 숭고한 사명과 교육적인 실천 방안에 대해 다시 생각해 보
는 기회를 갖기를 바란다. 나아가 학생들의 성공적인 대학 생활
을 뒷받침하는 캠퍼스 환경을 구축하기 위해 노력하시는 분들에
게 이 책이 실천적인 지침서가 되길 소망한다.

2019년 4월

역자를 대표하여 배상훈

저자 서문

　대학은 '목적(purpose)'과 '장소(place)'를 가진 기관이다. 목적을 가진 조직으로서 대학은 첫째, 지식을 창출하고 유지하며 전수하고, 둘째, 학생의 발전을 도모하며, 셋째, 대학을 지원해 주는 지역사회를 위해 봉사하기도 한다. 또한 대학은 캠퍼스라는 특별한 장소를 갖고 있으며, 그곳을 이용하는 사람들이 추억거리를 만들고 동시에 성장도 할 수 있는 공간을 제공한다. 학생과 조직의 요구에 부응하여 대학이 진화하고 발전함에 따라, 이러한 목적들을 가장 잘 달성할 수 있는 캠퍼스 디자인[1]이 어떠해야 하는지에 대한 논의는 오랫동안 이어져 왔다.

　교육적 목적과 장소 간의 연계성은 서구 문화에서 고등교육의 역사 속에 깊이 스며들어 있다. 초기 중세 대학들부터(예: 1088년 볼로냐 대학교) 최근의 복잡한 대학 체제에 이르기까지, 교육자들

---

1) 여기서 디자인(design)은 고등교육기관(대학) 경영의 맥락에서 이해되어야 하며, 흔히 말하는 건축물, 조형물, 복식, 장식 등에 이루어지는 설계나 도안 차원을 넘어선 개념이다. 즉, 대학 교육을 통해 학생들의 학습, 성장 그리고 발달을 돕기 위해 대학 당국이 행하는 정책, 제도, 프로그램, 물리적 환경, 인간적 환경의 개발, 제공, 지원 및 조성과 관련된 제반 활동을 의미한다.

은 인간의 성취를 증진시키는 디자인, 즉 '공동체(community)' 경험을 고양하기 위해 가장 적절한 방식(template)을 추구해 왔다. 수도원에 기원을 둔 학습 공동체 모델은 명문 옥스퍼드 대학교(1167년)와 케임브리지 대학교(1209년)와 같은 영어권 대학의 설립을 이끌었다. 두 대학의 등장은 '교정(校庭, quad)'을 중심에 두고 교수와 학생들의 생활공간과 예배당이 이를 둘러싸는 형태의 영미식 대학 체제를 출범시켰다. 케임브리지 대학교 에마뉘엘 대학(Emmanuel College) 졸업생인 존 하버드(John Harvard)는 1636년 이러한 대학 구조를 염두에 두고 그의 이름을 딴 대학을 신대륙에 설립하였다. 또한 이러한 모습은 토머스 제퍼슨(Thomas Jefferson)이 1819년 버지니아 대학교에 '학문 공동체(academical village)'를 설립할 때 참고한 형태이기도 하다(Wislon, Lasala, & Sherwood, 2009). 학습 공동체를 구성하는 여러 변수(parameters)들은 학생의 성장과 발전을 목표로 하는 대학들이 추구해야 할 디자인에 대하여 많은 정보를 제공해 왔다.

미국 사회에서 대학에 간다는 것은, 나라를 가로질러 날아가든, 마을을 가로질러 운전해서 가든, 아니면 집에서 온라인으로 학습을 하든, 인생에서 중대한 변화가 일어나는 일이다. 만 18세가 된 학생들에게 대학 진학은 후기 청소년기에서 초기 성인기로의 전환을 의미한다(Chickering & Reisser, 1993). 또한 증가하고 있는 성인 학습자들에게 대학 진학은 종종 심화된 훈련 또는 새로운 인생의 목표나 인적 네트워크를 구축하는 데 도움을 주고 개인의 진로나 인간관계의 변화를 수반한다(Aslanian & Brickell, 1980; Cross,

1981; Levinson & Levinson, 1996). 어쨌든 이러한 경험은 개인에게
매우 중대한 영향을 미치는 사건이다. 개인이 선택한 대학은 자
신의 정체성과 자율성을 새롭게 확인하고, 새로운 인간관계를 형
성하며, 자신이 추구하는 가치에 몰입하는 경험을 하고, 인류가
축적한 지식과 문화를 맛보며, 직업적 흥미와 목표를 추구하는 중
요한 장소가 된다.

그러나 대학에서의 학업 유지(retention)에 대한 연구 결과를 살
펴보면, 모든 대학 경험이 성공적이진 않다. 대학의 유형에 따라
차이가 있겠지만, 보통 대학에 진학하는 학생의 30~60%는 학위
나 교육과정을 마치기 전에 대학을 떠난다. 때로는 학생의 발달
단계와 교육적 요구를 고려했을 때, 대학을 떠나는 결정이 필요
하고 적절할 수도 있다. 하지만 다른 대부분의 경우는 대학이 충
분히 지원적인 교육 환경을 제공하지 못했거나, 당초 대학이 시작
단계에서 가졌던 목적이나 목표에 부합하는 교육 환경을 만들지
못했을 때 대학을 떠날 결정이 이루어진다.

Kurt Lewin(1936)이 제시했던 차별적 상호작용의 관점(differential
interactionist perspective)에서 볼 때, 학생의 행동은 그것이 대학을
떠나는 것이든 아니면 해당 대학에 계속 다니면서 성공적으로 학업
을 수행하는 것이든, 학생 개인 특성과 대학이 제공하는 환경 특성
을 함께 분석해야 한다. 이러한 관점을 토대로 고등교육 공동체
가 던져야 하는 질문들은 다음과 같다. 학생을 유치하고, 떠나가
지 않도록 지키며, 학생들에게 도전의식을 북돋는 대학은 어떻게
다른가? 학생의 대학 생활과 학업을 지원하는 교육 환경은 어떤

패턴과 캠퍼스 디자인적 특성을 보이는가? 어떤 특별한 환경적 요소가 모든 학생에게 중요한가? 반대로 특정 학생들에게 적절한 디자인 요소는 있는가? 학생의 학습, 성장 그리고 발달을 대학 경영의 중심에 두겠다고 천명하거나 단언한 대학들에게 캠퍼스 디자인과 관련된 질문들은 매우 중요한 고민거리들이다. 왜냐하면 이러한 경험은 교실에서, 기숙사에서, 학생회 회의시간에, 서비스 러닝을 하는 장소에서, 대학 교정에서, 그리고 바로 지금 온라인에서도 일어날 수 있기 때문이다.

교육적 임무를 수행하는 고등교육기관의 역량은 해당 기관이 가진 주요한 특성들을 얼마나 잘 이해하고, 이와 관련하여 적절히 캠퍼스 환경이 디자인되어 있느냐에 달려 있다. 이 책은 인간적 환경(human environments)에 대한 학술 문헌들을 체계적으로 살펴보았고, 그것이 대학의 정책과 실천 방안에 대하여 가지는 함의가 무엇인지 고찰하였다. 교수들과 다양한 행정 직위에 있는 보직 교수 등 대학의 행정가들은 바로 이 책에서 자신의 직무를 설계하고 궁극적으로 자신이 봉사하는 학생들의 학업 성과를 높이는 데 적용할 수 있는 아이디어를 발견하게 될 것이다. 대학의 모든 구성원들은 물리적인 플랜트 운영자부터 시설과 기자재의 유지보수 인력, 교수, 행정 직원, 학사지도 전문 인력에 이르기까지, 대학의 환경 요소들이 어떠한 방식으로 대학에서 자신의 기회를 추구하는 사람들(대개는 학생들)의 행동을 형성하고 영향을 미치는지에 대해 이해할 수 있는 계기를 제공할 것이다. 이 책의 목적은 대학 캠퍼스 환경이 무엇이고, 어떠하며, 어떠한 역동성을 가

지는지를 다룬 여러 학술 문헌들에서 발견할 수 있는 많은 설명
들을 하나로 모아서 종합하며, 그것들이 어떠한 지향점을 가질 수
있도록 유도하는 데 있다. 바라건대, 이 책을 읽은 독자들은 자신
이 만들고 역할하게 되는 대학의 환경 요인들에 대하여 보다 높은
목적과 큰 영향력을 가지고 자신의 직무로 복귀하기를 희망한다.

　이 책은 두 개의 파트로 구성되었다. 첫째 파트인 '캠퍼스 환경
의 구성 요소와 영향'은 인간적 환경이 대학 맥락에서 어떻게 나
타나고, 이들이 교육 시설, 시스템, 실천 방안의 디자인에 어떠한
함의를 주는지 살펴보면서 캠퍼스 인간 환경의 개념 및 모델에 대
하여 개관을 한다. 제1장은 캠퍼스 건축물의 특성, 배치 및 공간
디자인을 포함하는 물리적 영역을 분석하는데, 물리적 특성들이
학생의 캠퍼스 생활 경험 및 행동에 대하여 어떠한 영향을 미치는
지를 중점적으로 살펴본다. 제2장은 캠퍼스의 거주자인 학생들의
'집합적인 특성'의 반향으로서 캠퍼스 환경의 역동성을 살펴본다.
집합적 인간 특성 이론(human aggregate theories)의 관점에서, 주
류 집단의 특성이 어떤 방식으로 그들이 속한 환경에 차별적인 특
성을 만들어 내는지를 설명하는 모델들을 훑어본다. 제3장은 대
학 조직이 추구하는 특별한 목표에 부응하거나, 목표 달성을 지원
하는 과정에서 나타나는 조직 구조 또는 패턴의 측면에서 캠퍼스
환경 요소들을 논의한다. 이 장은 복합 조직의 사회학(sociology of
complex organizations)과 관련된 이론적 틀에 근거를 두고 있다.
이 이론들은 조직이 어떤 목표를 달성하기 위해 그리고 궁극적으
로 학생들의 행위에 선의든 악의든 영향을 미치기 위하여 하위

조직들을 어떻게 만드는지에 대한 정보를 제공한다. 제4장은 캠퍼스에서 생활하거나 이를 바라보는 사람들에 의해서 사회적으로 그리고 집합적으로 구성(socially and collectively constructed)되는 캠퍼스 환경의 본질을 탐색한다. 여기에는 캠퍼스 환경의 압력, 사회적 풍토 및 캠퍼스 문화와 관련된 모델에 대한 설명이 포함된다. 이상의 네 개 장은 물리적 영역(physical dimension), 인간 집합적 특성(collective personal characteristics), 조직 구조(organizational structures) 및 사회 구성적 특성(collective social constructions)을 포함하는 캠퍼스의 인간 환경(human environment) 요소들을 이해하고 진단할 수 있는 지적 토대를 제공한다.

두 번째 파트인 '성공적 학습과 성장을 촉진하는 캠퍼스 환경 만들기'에서는 효과적인 교육 환경을 만드는 과정에서 중요하다고 여겨지는 조건들을 다룬다. Rudolf Moos(1986)의 저서는 인간 환경에 대하여 처음으로 폭넓게 다룬 책들 중의 하나다. 그는 다음과 같은 주요한 질문을 던졌다. "환경이 우호적이라고 판단할 수 있는 준거는 무엇인가?"(p. 4). 우리는 교육 환경이 다음과 같은 기본적인 조건을 제공할 때 가장 강력할 수 있다는 제안을 한다. 통합과 안전의 느낌(a feeling of inclusion and a sense of security), 몰입을 위한 참여적 메커니즘(engaging mechanisms for involvement), 그리고 공동체의 경험(the experience of community). 따라서 제5장은 캠퍼스의 영역성(territoriality)과 보호될 수 있는 공간의 중요성, 주류 집단 중심 집단화가 주는 영향, 대학 규모, 캠퍼스 문화 등 다양한 캠퍼스 디자인 특징에 초점을 두면서, 캠퍼스의 환경이 어떻게 구성원의 통합과 안전에 대한 느낌을 만들고 손상시키는지를 살펴본다. 제6장은 교실 안팎에서 학생의 학습에 대한 몰입과 참여를 불러일으키는 캠퍼스 환경의 특징들에 대하여 논의를 한다. 인간 지향 디자인, 차별화된 집단 구성, 역동적 조직 구조, 지원적인 문화 환경의 중요성을 강조한다. 제7장은 인간 공동체의 본질과 특성에 대하여 살펴본다. 특히, 학습 공동체에서의 완전한 소속감을 불러일으키고, 보존하는 교육 환경 디자인의 힘과 역할에 대한 시사점을 제시한다. 제8장에서는 고등교육 환경에서 적용되는 디지털 형태의 인간 환경에 대한 논의를 시작한다. 학생들의 통합, 안전, 참여, 공동체 경험에 영향을 미치는 캠퍼스 디자인과 새로운 디지털 기술의 잠재적 영향력에 초점을 둔다. 마지막으로, 제9장에서 이 책에서 지금까지 제시한 다양한 환경 이론 및 디자인과 관련된 여러 가닥을 하나로 묶어서 제시한다. 학생들이 그들의 교육적 목표를 성공적으로 달성할 수 있도록 참여시키기 위해 대학이 생각할 수 있는 가능한 전략적 대안들을 제시한다.

이 책은 캠퍼스 환경의 효과와 관련하여 현존하는 문헌에 대한 완벽한 고찰은 아니며, 최종적인 비판적 검토도 아니다. 문헌들이 너무 많아서 다루기 어려울 뿐만 아니라 이질적이어서 종합하기 쉽지 않다. 그럼에도 우리가 제시하기 위해 노력한 것은 엄선된 개념과 모델들이다. 이들은 차별적인 논리의 틀로 구성되었고 오늘날 고등교육기관이 성공적으로 기능하는 데 있어 필수적으로 생각해 보아야 할 주제들을 제시한다. 우리는 교육 연구자들과 실천가들을 위해 풍부한 아이디어를 발굴했고, 앞으로 이러한 아이디어의 타당성과 적용 가능성에 대해 심층적인 분석이 이루어질 것이라고 믿는다. 우리는 여기서 제시된 아이디어들이 학습의 장소로서 대학을 보다 개선할 수 있는 정책과 실천 방안을 이끌어 내는 데 도움이 되길 바란다. 이 책에서 제시된 아이디어들에 비추어, 현재 대학에서 시행 중인 방안들의 효과성 여부를 판단해 볼 필요가 있다. 그리고 만약 효과적이지 않다면 변화를 모색해야 한다.

우리는 지금 고등교육에 종사하는 교육자들이, 효과적인 교육 환경과 관련된 개념들을 미리 알았다더라면, 오늘날 많은 캠퍼스에서 당연시되고 있는 수많은 특징적 요소들을(예컨대, 고층의 대학 기숙사와 넓은 극장 스타일의 강의실) 우선적으로 제안하지는 않았을 것이라는 믿음을 가지고 있다. 또한 지금 당연시하고 있는 고등교육 체제와 시설에 관련된 많은 부분들이 향후 50년 내로 변화되어야 하거나 그렇지 않으면 위험스러울 수도 있다고 생각한다.

마지막으로, 우리는 미국 고등교육이 그 역사에서 다시 한번 티핑 포인트(Gladwell, 2006)에 도달했다고 본다. 즉, 고등교육기관의 미래는 우리가 익숙한 현재와 크게 달라지거나 확대되지 않을 것으로 본다. 하지만 정보와 지식을 얻기 위해 더 이상 대학의 물리적 공간(campus)에 연연하지도 않을 것이다. 반면 우리가 유지하고 있는 물리적인 캠퍼스를 활용해서 학생들의 학습을 지원하고자 한다면 개선될 여지가 많다. 셀 수 없는 파괴적인 혁신들이

(Christensen & Eyring, 2011) 전통적인 방식에 대하여 도전을 하고 있다(예: 온라인 학습 시스템). 가파르게 상승하는 비용 구조에서 소비자들은 지금 대학에서 진행하고 있는 것들의 실행 가능성과 성과에 대하여 조심스럽게 문제를 제기하기 시작했다. 여러 가지 다른 대안들이 있는 상황에서, 자신의 성년기 초기 4~5년을 전통적인 캠퍼스에서 지내는 것은 과연 이들에게 가치가 있다고 느껴질까? 그것이 가능하기는 한가? 이제 미국 대학들은 그들의 미래를 생각하기 시작했고, 이러한 우려들은 대학이 고민할 최우선 순위가 되고 있다. 대학들이 오늘날 우리가 알고 있는 모습대로 살아남을지는 불분명하다. 이전에도 우리는 우리의 임무를 어떻게 수행할 것인지와 관련하여 급진적인 변화를 이끌어 내기 앞서 티핑 포인트들을 경험해 왔다. 19세기 초기의 소규모 사립대 모습으로, 고전 강독을 중심으로 교육을 하던 대학 체제는 40여 년에 걸쳐 대규모, 공립, 선택 기반, 실험 기반 체제로 진화했다. 이러한 지진과 같은 변화는 다시 교육과 전달 방식에 대한 사고방식도 크게 변화시켰다. 지금의 우리도 비슷한 순간에 서 있을까? 시간이 말해 줄 것이다.

  이 책의 초판인 『Educating by Design: Creating Campus Learning Environments That Work』(Strange & Banning, 2001)이 출간된 이후, 대학 캠퍼스의 환경에 대한 논의가 더욱 풍부해졌고, 이는 우리에게 개정판이 필요함을 제시하였다. 이것이 우리가 개정판인『Designing for Learning: Creating Campus Environments for Student Success』를 출판하게 된 이유다. 기본적인 논리의 틀은 초판과 같이 유지

되었지만, 개정판은 대학이 학생들의 학습을 어떻게 지원할 것인
지에 대하여 새로운 것들을 많이 담고 있다(예: 보편적 디자인, 다문
화 환경, 사회적 네트워킹, 모바일 러닝, 대학생의 학습 참여, 기숙사의
학습 공동체). 다시 말하지만, 이러한 주제들과 관련된 문헌들은
광범위하고 이질적이다. 우리가 의도하는 바는 오늘날 대학 캠퍼
스의 디자인에 보다 영향을 미칠 수 있는 핵심적인 개념들을 종합
하고, 맥락화하며, 이를 사실적으로 보여 주는 데 있다. 만약 독자
들이 자신이 일하는 대상인 학생들의 요구에 제대로 부응하고자
한다면, 이 책에서 제시되는 조치와 개입 방안들을 자신의 대학에
어떻게 적용할 수 있을지 생각해 보길 권한다. 당연히, 제안된 방
안들은 여러 목적을 위해 적용할 수 있고, 대학이 가진 제한적인
자원을 두고 경쟁하게 된다. 기관의 효율성에 대한 질문은 특히
자원 감소 시대를 맞아 크게 다가올 것이다. 의도했던 성과를 기
준으로 덜 바람직하거나 효과적인 정책이나 방안도 적지 않을 것
이다. 현시점에서 이러한 우려를 무시해서는 안 될 것이다. 그러
나 이러한 우려가 대학의 경영자들이나 행정가들의 토론에서 주
류를 이룬다면, 대학의 본질적인 과업, 즉 학생들의 학습을 지원
하는 것을 위태롭게 할 수도 있다. 이 책은 두 가지의 교육적 질문
에 초점을 두었다. 학생들은 어떻게 배우고, 발전하고, 성숙하는
가? 우리는 그 프로세스를 보다 고양하기 위하여 대학 캠퍼스 환
경을 어떻게 디자인할 것인가? 비록 이러한 두 가지 질문과 대답
이 매일같이 논의되지는 않겠지만, 적어도 대학 의사결정자들의
논의 테이블 위에는 놓여야 할 것이다. 이는 왜 대학이 존재하는

지를 가장 먼저 생각하도록 만들기 때문이다.

　미국 고등교육의 역사가 진행되는 동안, '어떤 특정 유형의 캠퍼스 디자인이 진화하고 발전했다 하더라도 학생 성공'이라는 기본 토대는 변하지 않았을 것이다. 학생들은 확신을 주고, 에너지를 주며, 도전적이고 생산적인 교육 환경을 가질 권리가 있다. 이 책에 담겨진 생각들이 그러한 도전에 대하여 대답하는 데 도움이 될 수 있기를 희망한다.

2014년 12월

C. Carney Strange

James H. Banning

차례

제1부

캠퍼스 환경의 구성 요소와 영향

제1장 대학의 물리적 환경: 장소와 공간 구성의 중요성 / 33

제2장 집합체로서 환경: 인간 특성의 영향 / 85

제6장 학생 참여 이끌어 내기 / 265

제7장 학습 공동체 만들기 / 297

제8장 모바일 테크놀로지를 통한 학습 / 333

제9장 학생 성공과 학습 증진을 위한 캠퍼스 디자인과 진단 / 375

제1부

캠퍼스 환경의 구성 요소와 영향

그동안 고등교육 연구자들은 대학생과 소속 대학 사이에서 일어나는 상호작용에 대해 몇 가지 접근 방식을 제시하였다. 첫 번째 접근은 '비계몽적 관점(an unenlightened perspective)'으로 "성인 학생을 포함한 대학생들 모두가 소속 대학에 잘 맞을 수는 없고, 상당수 학생들이 대학과 잘 맞지 않아서 중도탈락할 수 있다는 가설에 기반하고 있다(Banning & Kaiser, 1974, p. 371)." 그렇다면 이 관점에서 대학이 할 수 있는 역할은 상담을 통해 학생들을 편하게 학교 밖으로 유도하여 다른 기회를 찾도록 하는 것이다. 두 번째 관점은 '적응(adjustment)' 개념에 초점을 둔다. 따라서 "만약 학교생활을 제대로 따라가지 못하는 학생이 있다면, 우리는 그들에게 상담을 비롯한 적절한 서비스를 제공하고 그들이 교육 환경으로부터 혜택을 입고 변화할 수 있도록 조력해야 한다(p. 371)"는 것이다. 다시 말해, 대학의 역할은 학생들이 대학 적응 문제를 해결해서 성공적인 대학 생활을 영위할 수 있도록 돕는 것이다. 세 번째는 '발달적(developmental)' 관점이다. 이 관점은 "모든 나이에 걸쳐 대학생은 전환과 성장의 시기에 있고, 성숙을 위해 반드시 수행해야 할 특별한 과업이 있으며, 교육 환경으로부터 어떠한 혜택을 받기 전에 어느 정도 성장이 필요하다"(p. 371)고 가정한다. 이 경우 대학의 역할은 학생들이 대학에서 이루어지는 교육적 경험을 통해 어떠한 혜택을 입을 수 있을 만큼 성숙한 상태가 되도록 적절히 지원하는 것이다. 비록 각 관점 모두 타당한 요소들을 포함하고 있지만, Banning과 Kaiser에 따르면 "대학생의 변화나 적응, 성장 이슈에서 가장 중요하다고 볼 수 있는 학생과 소속 대학 환경과의 관계에 관심을 가진 연구자가 부족하다"(p. 317)고 주장했다. 이상의 관점들이 가지는 한계를 극복하고자 나온 개념이 바로 '생태학적 관점(ecological perspective)'이다. 이 관점은 '개인에 대한 환경의 영향과 환경에 대한 개인의 영향'(p. 371)에 주목한다. 이 관점은 대학이 스스로 교육 목적을 달성하기 위해 적절한 방식으로 캠퍼스 환경을 디자인하고 창조해야 한다고 주장한다.

Moos(1986)는 인간 행동과 관련이 있는 환경 요인과 이것의 결정 요인들을 폭넓게 고찰한 다음에 다음과 같은 결론을 제시하였다. "환경을 잘 조성하는 것은 아마도 인간의 행동에 영향을 미치기 위해 우리가 할 수 있는 가장 강력한 수단일 것이다. 우리 사회의 모든 기관은 인간 행동과 개인의 성장에 대한 영향력을 극대화할 수 있는 요건을 만든다"(p. 4). 따라서 대학은 학생을 자극해서 그들이 교육받은 사람으로서 자질을 고양할 수 있도록 학생을 유치하고, 이들의 만족도를 높이며 학업을 지속하도록 하는 환경적 조건들을 구비해 나가야 한다. 여기서 학생의 자질이란 비판적인 사고력, 의사소통, 리더십, 자아정체성과 목표에 대한 인식, 다름에 대한 이해, 평생 학습에 대한 적극적 참여로 나타난다. Dewey(1933)가 제안한 바와 같이 위의 목표들은 교육자들이 내세우는 전통적인 영역이며, 이는 우연함보다는 매우 구체적이고 명확한 조치를 통해서 보다 잘 달성된다. "우리는 직접적으로 교육하기보다는 환경이라는 수단을 통해 간접적으로 교육을 수행한다. 우리가 그러한 가능성을 허용하건 말건 환경은 그 일을 해낸다. 우리가 어떻게 디자인을 하든지 관계없이 환경은 그 목적을 위해서 위대한 변화를 이끌어 낸다"(p. 22). Dewey는 인간 환경의 역동성과 그것의 영향에 대한 이해를 바탕으로 교육적 환경을 디자인하면 이러한 목적들이 잘 달성된다고 주장하였다.

효과적인 캠퍼스 디자인에 대한 주제를 다루면서 Moos(1986, p. 4)는 이상적 환경과 최적(optimum) 환경을 구분하였다.

> 모든 사람의 필요를 충족하는 가장 이상적인 환경이 무엇인지에 대한 명확한 정의는 존재하지 않는다. 하지만 그 환경에서 생활하고 일하는 사람이 그 환경을 조성하고 변화시키는 중요한 의사결정 권한을 갖는다면 최적인 환경을 구성할 가능성도 높아진다. 이제 그런 의사결정이 이제 우리의 손에 달려 있다. 그리고 현명한 의사결정을 위해서 우리는 인간 환경(human environments)과 그것이 인간에게 미치는 영향들에 대한 신뢰할 만한 정보들을 수집해야 한다.

따라서 이 책의 제1절(제1장부터 제5장)은 교육적 맥락에서 인간 환경의 본질과 그것이 인간에 미치는 영향에 대하여 개략적으로 설명하고자 한다.

지난 10년 동안 대학생과 그들의 고등교육 경험을 탐구한 선행 연구들이 꾸준히 나타났다(Evans, Forney, Guido, Patton, & Renn, 2010; Levine & Dean, 2012; Pascarella & Terenzini, 2005; Renn & Reason, 2012a). 그러나 이러한 선행 연구들도 '특별히 의도한 어떤 효과들을 극대화하기 위해 필요한 요건들(Moos, 1986, p. 4)'을

만들어 내려는 목적에 천착한 나머지 '인간 환경에 대한 통합적 관점'을 제시하지 못했다는 한계를 지닌다. 지금까지 이루어진 선행 연구들이 기반하고 있는 여러 가지 가정과 이해가 무엇인지를 밝히는 것으로부터 선행 연구들에 대한 검토와 분석 결과의 통합을 시작하고자 한다.

Moos(1986)처럼 우리도 '개인적 관점에서 인간에게 영향을 미치는 물리적·사회적 환경에 대한 학제적 연구(p. 28)'에 중점을 둔 '사회 생태학적 접근(social ecological approach)'의 아이디어들을 활용하고자 한다. 이 방법론은 "개인의 적응(adaptation)과 순응(adjustment), 대처(coping)에 초점을 맞추고 실제적인 적용의 맥락을 유지한다. 그리고 명백한 인본주의(humanistic) 가치를 지향하고 개인이 자신의 환경을 선택함에 있어 누려야 하는 선택의 폭을 확대하는 데 기여한다"(p. 31). 이러한 접근 방법은 학생의 학습 효과를 극대화하는 환경이 무엇인지를 이해하고 이를 디자인하는 것이 교육자들의 역할이라는 관점을 내포한다.

교육자들이 인간 환경을 보다 정교하게 이해한다면, 대학에서 학생들에게 불필요한 스트레스를 유발하거나 학생을 억압하는 환경 요인들을 제거하고, 학생들이 보다 적극적으로 학습하고, 성장하며 발달할 수 있도록 자극하는 환경 요인들을 만들어 낼 수 있을 것이다. 우리가 그것을 원하든 아니든 또는 교육적 환경은 학생들에게 영향력을 발휘한다. 우리는 보다 개방적인 관점과 명확한 정보, 적극적인 의도 등을 토대로 이러한 환경을 디자인하고자 한다. 이러한 목표를 달성하려면 앞서 제시한 질문에 대한 해

답이 될 수 있는 다양한 행동과학 개념과 모델들에 철저히 기초해야 한다. 교육자들이 그렇게 교육 환경을 구성하게 하는 것이 이 책의 핵심 목표다.

처음 네 개의 장은 대학 캠퍼스의 인간 환경에 대한 묘사와 관련 요소들을 설명한다. 비록 우리가 환경적 요소들의 효과에 대하여 둔감하다 하더라도, 교수, 행정가 그리고 학생들이 모두 경험하는 전형적인 하루를 살펴보면 이러한 환경의 영향이 어떤 범위에서 펼쳐지는지 발견하게 된다. 캠퍼스의 인간 환경 요소는 다양하다. 연구실, 강의실, 또는 기숙사의 방에 갈 때 지나게 되는 건물 주변의 보도들, 같은 학과나 사무실에 속한 동료, 학생, 직원의 성격 유형, 오가는 대화와 행동 양상들, 개인에게 주어진 책임이나 과업을 수행하는 과정에서 주어지는 기대, 매일 반복되는 일상(routines)과 일련의 업무 절차들, 그리고 마지막으로 우리가 캠퍼스에서 숨을 쉬면서 직관적으로 느낄 수 있고 우리로 하여금 대학에 있다는 것의 의미를 깨닫고 주변인과 공유하게 하는 캠퍼스의 차별화된 가치와 인상들(impressions)과 같이 이상에서 설명한 것들은 모두 캠퍼스 인간 환경을 구성하는 요소들이다. 이들은 그 환경에서 생활하는 사람들의 행동을 유도하고, 방향을 전환하며, 이를 형성해 간다. 우리는 캠퍼스 환경의 구성 요소들을 확인하고 이해하기 위한 첫걸음으로 다음 사항을 살펴본다.

대학 캠퍼스의 모든 인간 환경은 다음과 같은 요소들을 포함한다.

- 물리적 조건, 건물과 시설의 디자인, 배치
- 캠퍼스에 있는 사람들이 가진 집합적인 특성들
- 대학이 지향하는 목적 및 목표와 관련된 조직의 구조
- 대학 캠퍼스의 맥락과 문화를 보여 주는 집합적인 인식과 사회적 구성들

제1부에 포함된 네 개의 장은 해당 장에서 설명하려는 대학 환경의 요인들을 보여 주는 사례와 함께 시작된다. 이어서 독자들이 핵심 개념을 이해하고, 그것이 캠퍼스 탐색, 대학 정책 및 실천 사례에 주는 시사점을 생각해 보는 토의 과제를 제시하였다. 따라서 제1장에서는 대학 캠퍼스 환경에서 가장 명시적으로 나타나는 물리적 특성이 논의된다. 예컨대, 캠퍼스 빌딩의 기본적인 배치와 공간(Griffith, 1994), 접근성과 청결성, 내부 인테리어 채색 그리고 심지어 대학을 방문하는 날의 날씨 등에 이르기까지 대학의 물리적 특성은 학생의 초기 태도들을 미묘하나 매우 강력한 방식으로 형성한다(Stern, 1986; Sturner, 1972; Thelin & Yankovich, 1987). 자연적이든 인위적이든, 대학 캠퍼스의 물리적 환경을 구성하는 요소들은 학생들의 다양한 활동, 기능 및 이벤트를 위한 공간을 결정하고, 여러 가지로 해석될 수 있는 비언어적(nonverbal) 메시지를 보내면서 대학이 기능적 목적과 상징적 목적을 달성하는 데 기여한다. 능동적 학습 공간으로서 대학은 학생의 학습 참여와 공동체 경험을 지원하는 디자인을 만들어 가야 한다(Chapman, 2006).

제2장에서는 인구학적(예: 성별, 나이, 민족) 특성이든, 분류적 관점의 특성이든(예: 개성, 학습양식, 강점, 활동들), 대학 구성원들의 집합적인 특성은 캠퍼스 환경의 지배적인 특성 중 하나다. 대학 구성원의 집합적인 특성의 내용은 차별성(구성원들 사이의 유형 동종성)(differentiation)과 일관성(유형 유사성)(consistency)의 정도에 따라 대학 캠퍼스 환경의 패턴(pattern)이나 강점(strength), 특성(character) 등을 반영한다(Holland, 1973).

다른 집단과 고도로 차별화되면서, 집단 내부적으로는 유사한 환경, 다시 말해 특정 유형의 사람들이 지배하는 조직은 집단의 독특한 특성이 쉽게 나타나고, 집단 내부와 외부를 명확히 구분한다. 이러한 집합성(aggregates)은 시간이 지나면서 자신의 특성들을 더욱 강화시키며 조직에 대한 구성원들의 적응, 만족, 잔류의사 등에 지속적인 영향을 미친다. 특정 문화, 민족 또는 연령층으로 구성된 대학의 경우, 캠퍼스의 주류 집단과 유사한 성향을 가진 사람들이 더 많이 유입되고 높은 만족도를 느끼며 잔류할 가능성이 높다. 이러한 관점에 따르면, 학생에 대한 대학 경험의 질은 캠퍼스 주류 집단의 특성과 자신의 특성 간의 일치도 혹은 적합도의 함수다. 집단의 특성과 유사한 특성을 가진 학생들은 자신이 속한 환경에 친숙함을 느끼고 만족하지만, 자신과의 특성이 다른 집단에 속할 경우 집단이 선호하는 행동 규범, 가치, 태도, 기대 등에 부응하지 않을 것이다. 이들은 자신이 속한 환경에 불만족을 느끼면서 떠나 버릴 위험이 있는 것이다.

제3장은 모든 조직이 자신의 명시적, 또는 암묵적 목적을 달성

하기 위해, 어느 정도의 조직화를 유지한다는 관점에서 시작한
다. 전형적인 대학 캠퍼스에서 대부분의 교수, 직원, 학생들은 기
숙사, 강의실, 학과 사무실, 레크리에이션 센터, 각종 서비스나
프로그램 등과 같은 목적성을 지닌 환경에서 많은 시간을 보낸
다. 이러한 환경들을 소기의 목적을 달성하도록 설계하려면, 적
절한 조직 구조를 갖추는 것이 중요하다. 이와 같은 책임은 누구
에게 있는가? 누가 어떤 방식으로 자원의 배분에 대한 결정을 내
리는가? 조직의 운영 규정은 어떠한가? 조직의 목표는 무엇이고
어떻게 그 목표를 달성해야 하는가? 참여자들은 그들의 성과에
대하여 어떻게 보상받을 것인가? 이상의 질문에 대한 답은 조직
의 일 처리 방식과 구조를 결정하고, 이는 다시 우리가 다루는 캠
퍼스 환경의 조직 형태를 형성한다. 예컨대, 한 명 또는 소수에게
의사결정 권한을 집중시키면 고도로 중앙 집권화된 환경을 조성
하게 된다. 반대로 의사결정 권한을 조직 전반에 분산시키면 다
양한 유연성과 역동성을 가진 환경을 창출할 수 있게 된다. 이러
한 환경적 특성은 결국 구성원들이 경험하게 되는 혁신, 효율성,
생산 그리고 사기 등과 같은 환경의 핵심적인 성과에 영향을 미치
게 된다.

　제1부를 끝내는 제4장은 대학 캠퍼스 구성원들의 주관적인 관
점, 경험을 강조하는 모델을 다룬다. 환경의 구성원들이 합의한
인식은 종종 환경적 압력, 사회적 풍토, 다양한 문화적 인공물 등
으로부터 나오는 의미의 형태로 나타난다. 이는 환경과 구성원들
의 행동에도 직접적인 영향을 미친다. 따라서 개인이 어느 특정

환경에 편안함을 느끼고 만족하며 그 안에 계속 머물지는 그들이 주어진 환경을 어떻게 인식하고 평가하느냐에 달려 있다. 결국, 구성원들이 가지고 있는 인식은 바로 그들을 위해 존재하는 환경의 실재(實在)라 할 수 있다.

물리적 특성, 인간 집합적 특성, 조직적 특성, 사회 구성적 특성으로 이루어지는 네 개의 캠퍼스 환경 요소는 구성원의 행동에 영향을 미치는 힘의 다양한 근원이 된다. 요컨대, 대학에서 교육자들이 학생들의 학습과 성공적 대학 생활을 지원하는 정책과 방안들을 고민할 때, 이상에서 밝힌 네 개의 구성 요소들은 그들이 활용할 수 있는 환경 디자인의 대상이자 수단이 된다. 이러한 환경 요소들이 가진 역동성을 인지하고 이해하는 것이야말로 대학이 교육적 목적을 달성하기 위한 첫걸음일 것이다.

대학의 물리적 환경
장소와 공간 구성의 중요성

시나리오: 캠퍼스 방문

에릭 카터는 얼마 전 하루 연차를 내서 마운틴 패스 커뮤니티 칼리지(Mountain Pass Community College: MPCC)를 방문하였다. 록 시티(Rock City)에 위치한 이 대학은 고속도로로 24km 정도만 운전하면 닿을 수 있는 곳에 있다. 10년 전 고등학교를 졸업하고 마을에 있는 공장에서 일해 왔던 에릭은 정말 오랜만에 대학을 방문하였다. 에릭이 전문대학 과정을 시작할지 고민하던 차에 그의 사촌이 이 대학의 야생자원 경영학과로 진학하고 싶다고 하여 두 사람은 시간을 내서 대학을 방문하기로 한 것이다. 두 사람은 록시티 근처에 도착할 즈음부터 대학 캠퍼스로 향하는 방향을 보여 주는 표지판을 찾기 시작했다. 에릭은 전에도 이곳을 여러 번 지나쳤지만 대학 캠퍼스를 들른 적은 한 번도 없었다. 두 사람이 찾은 첫 번째 표지판은 다음에 나올 세 개의 고속도로 출구 모두가 캠퍼스로 이어진다고 적혀 있었고, 에릭은 어떤 출구로 나갈지를 망설였다. 두 사람이 대학의 입학처 건물이 어디에 있을까 이야기하는 동안 차는 이미 두 번째 출구에 도달했고, 그들은 그곳을 통해 나가기로 했다. 그들은 출구로 나가는 길목에서 등장한 두 번째 표지판을 보고 좌회전을 하였다. 좌회전 후, 몇 마일을 더 직진할 때까지 더 이상 표지판은 보이지 않았다. 그러다가 그들은 문득 대학 캠퍼스처럼 생긴 지역에 들어와 있음을 깨달았다. 두 사람은 사거리 신호등 앞에서 직진 신호를 기다리다가 통나무처럼 생긴 구조물에 희미하게 새겨진 MPCC라는 이름과 '방문객'을 위한 것처럼 보이는 특별한 화살표를 발견했다. 에릭과 그의 사촌은 '방문객' 표지판을 따라가면서 곧 입학처나 대학안내센터, 아니면 적어도 방문객 전용 주차장이 나올 것이라고 생각했다. 그러나 네 개의 방문객 표지판을 따라간 끝에 도달한 곳은 대학 시설관리본부의 막다른 골목이었다.

결국 그들은 주변 사람들에게 물어서 방문객 주차장에 도착했다. 그곳에 설치되어 있는 캠퍼스 안내도를 보니 입학처 건물은 상당히 가까운 곳에 있었다. 입학처 건물 주변에 있는 표지판들이 두 사람을 약간 혼란스럽게 만들기는 했지만, 그들은 입학처 건물로 들어갔고, 엘리베이터가 없다는 것을 확인하고 3층 사무실로 걸어서 올라갔다. 그러나 막상 올라가 보니, 그 사무실은 간호학과의 입학만을 담당하는 곳이었다. 다시 얼마 동안 캠퍼스를 탐색한 후, 에릭과 그의 사촌은 마침내 대학 전체의 입학 업무를 담당하는 사무실을 찾을 수 있었다. 그들을 그곳에서 친절한 직원을 만나 대학 안내 카탈로그와 입학 관련 자료들을 받을 수 있었고 궁금한 사항들을 질문할 수 있었다.

이어서 에릭과 사촌은 캠퍼스를 둘러보기로 했다. 두 사람은 캠퍼스의 여러 빌딩 사이를 거닐면서 캠퍼스가 주는 전체적인 느낌을 느껴 보고 싶었기 때문이다. 건물들은 오래되어 보였지만 전반적으로 잘 관리되고 있는 것처럼 보였다. 강의동에 들어가 빈 강의실을 살펴보았는데 매우 익숙한 모습이었다. 큰 강의실 안에는 경사진 형태로 많은 책걸상이 여러 줄로 배치되어 있었다. 책걸상은 바닥에 고정되어 있고 강단은 학생들로부터 멀리 떨어진 곳에 있었다. 이는 상당히 익숙한 교실 모습이었지만, 에릭은 '체험 중심 개인 맞춤형 학습'을 강조하는 대학에는 그리 어울리지 않는 모습이라고 생각했다. 한편 그들은 지구과학과가 있는 건물에서는 카펫 위에 이동이 가능한 책걸상이 있고 환한 조명과 여러 학습지원 기기가 있는 강의실과 실험실을 보았다. 소규모 강의실과 그곳에서 교수와 좀 더 상호작용을 할 수 있는 기회를 갖는 것은 그들이 대학에서 기대하던 모습이었다. 지구과학과의 강의실이야말로 '더불어 배우는 대학'이라는 MPCC의 모토에 걸맞은 곳이었다.

강의실 투어를 마치고 에릭과 사촌은 학생회 사무실을 방문하기로 했다. 학생회 사무실은 앞서 경험했던 입학처를 찾아다녔던 캠퍼스 탐험보다 쉬웠다. 이는 캠퍼스 중앙에 있었고, 그곳은 인도들이 건물 입구에 있는 광장에 모이도록 배치되어 있었다. 그리고 넓은 학생 주차장이 바로 뒤에 있었다. 건물 내부 인테리어는 숲으로 둘러싸인 MPCC의 경관에 어울리도록 최근에 철제와 플라스틱에서 원목 소재로 바꾼 듯했다. 만약 식사시간이었다면 시끄러웠을 텐데 두 사람이 방문하였을 때에는 조용했다. 푸드 코트에서 바깥 인공 연못이 보였는데 그곳에서는 오리들이 즐겁게 헤엄치고 있었다. 에릭은 주차장과 가까운 곳에 연못이 있다는 것이 좋았다. 고속도로를 거쳐 통학하는 학생들이 잠시나마 쉴 수 있는 곳처럼 보였기 때문이다.

에릭과 사촌은 푸드코트에서 간단히 요기를 한 다음 다시 주차장으로 이동했다. 주차장으로 걷고 있을 때 근처 운동장에서 스포츠 경기를 하는지 함성 소리가 들렸다. 입구에 서 있던 학생에게 물어보니 MPCC 26개 전공의 춘계 졸업식이 거행되고 있다고 했다. 에릭은 언제가 그 자리에 설 자신의 모습을 상상해 보았다. 비록 MPCC 캠퍼스 방문은 약간 짜증이 났지만, 최근 MPCC 졸업생의 취업 실적이나 캠퍼스의 전체적인 느낌, 그리고 통학 가능성 등을 확인할 수 있어서 좋았다. 이러한 방문 경험 덕분에 에릭은 MPCC가 자신에게 어울리는 대학이라고 생각하게 되었다.

이상에서 보여 준 에릭 카터의 경험은 대학 방문자, 학생 또는 직원 신분으로 미국 대학의 캠퍼스에 머물러 본 사람이라면 누구나 한 번쯤은 겪었을 법한 일이다. 또한 이 시나리오는 전체적인 캠퍼스 배치나 디자인, 강의실 내부 모습과 환경이 인간과의 상호작용의 차원에서 볼 때 얼마나 중요한지를 보여 준다. 여기서 우

리는 앞으로 이루어질 논의의 기본 틀이 되는 두 가지 중요한 질
문을 제기할 수 있다. 인간의 행동에 영향을 미치는 물리적 환경
은 일반적으로 어떤 특징을 가지고 있는가? 대학 캠퍼스의 물리
적인 환경은 사람들의 행동에 구체적으로 어떻게 영향을 끼치는
것일까?

장소로서의 캠퍼스

앞의 시나리오에서 에릭 카터가 MPCC에서 겪었던 짧은 경험
에서 볼 수 있듯이, 대학 맥락에서 '장소(place)'라는 것은 캠퍼스
의 환경 특성과 그것이 학생의 행동에 미치는 영향을 생각해 볼
때 매우 중요하다(Chapman, 2006). 다양한 학문적 배경(Lewicka,
2011)과 철학적 토대를 바탕으로 하는 이 관점은 '인간과 장소로
서 환경 사이에서 이루어지는 상호작용'(Cresswell, 2004, p. 11)에
주목한다. 이러한 장소는 단순히 건물, 보도, 주차장, 자연 경관이
나 인공적 경관과 같은 구조물로 이루어지는 것만은 아니다. 장
소는 사람들이 창조한 물건이나 캠퍼스를 장식하고 있는 수많은
인공물로도 구성되고, 학생, 교수, 직원, 그리고 방문객 모두와 상
호작용을 한다. 따라서 "장소의 의미는 그것의 '용도'나 물리적 모
습에 내재되어 있기보다는 인간과 장소, 인간과 인간 사이에서 이
루어지는 상호작용에서 나오는 해석을 통해 만들어진다"(Morill,
Snow, & White, 2005, p. 232).

장소라는 개념은 인간이 갖는 경험에서 매우 기초적인 부분이기 때문에 대학 캠퍼스의 역동성을 이해하는 데 도움을 준다. Bott(2000)는 장소를 환경적 특성, 개인적·인간적 특성, 문화적 특성, 그리고 기능적 특성이라는 네 가지 영역으로 살펴보았다. Bott와 동료들은 대학 캠퍼스의 환경과 이상의 네 가지 요소를 연계하는 질문을 개발하였는데 대표적인 것은 다음과 같다(Bott, Banning, Wells, Haas, & Lakey, 2006). 건물들은 아름다운가? 캠퍼스는 대학의 역사를 느끼게 하는가? 캠퍼스에는 소속감을 느끼게 하는 요소가 있는가? 캠퍼스는 개인적 차원에서 어떠한 의미를 제공하는가? 캠퍼스는 구성원들의 기대 수준을 충족하는가? 캠퍼스는 안전한가? 이와 같은 질문들은 캠퍼스가 주는 '장소감(sense of place)'[1](Sturner, 1972)을 평가하고, 캠퍼스의 디자인을 개선하는 데 도움을 줄 수 있다. 학생들이 캠퍼스에서 느끼는 장소감은 '대학에서 이루어지는 학문적 삶에 참여하는 정도(Okoli, 2013), 중도탈락, 출석, 동기, 학습과 학업 성취'(Scott-Webber, Strickland, & Kapitual, 2013, p. 1), 동문회 활동 및 기부(Reeve & Kassabaum, 1997) 등과 깊은 관계가 있다.

다른 어떤 기관보다 사람들은 대학에서 경험한 장소감(Sturner, 1972)에 대해 오래도록 강한 인상을 갖는다. 예를 들어, 홈커밍데

---

1) 역자 주: '장소감'은 우리말 사전에는 없지만 영어에서 말하는 '특정 공간이나 장소에서 개인이 느끼는 느낌' 혹은 더 나아가 '특정 공간이나 장소에 개인이 부여하는 긍정적 의미의 느낌'을 가리키기 위해 이 책에서는 '장소감'이라는 단어를 사용하였다.

이와 같은 각종 행사들을 통해 학생들은 대학이라는 장소에 대해 애착을 갖게 되고, 대학이 자신이 속한 사회의 문화와 전통을 내면화하는 중요한 공간이라 여기게 된다. 잘 디자인된 대학은 두고두고 기억나는 장소가 되고, 학생들이 장소에 대해 강력한 애착을 형성하게 해 준다(Giuliani & Feldman, 1993). 이때 학생들의 소속감과 정체성은 Proshanky, Fabian, 그리고 Kaminoff(1983)가 말했던 장소 정체성과 깊은 관계가 있다.

　대학 진학을 계획하는 학생들에게 대학 캠퍼스가 주는 장소감은 해당 대학에 대한 첫 인상을 결정하는 중요한 요소다(Sturner, 1972; Thelin & Yankovich, 1987). 캠퍼스의 기본적인 구조와 개방된 공간, 그늘진 잔디밭(Eckert, 2013), 편리하고 깨끗한 주차 공간, 건물 내부의 색 구성, 기숙사나 강의실 건물, 도서관, 갤러리, 체육관 등의 형태와 디자인, 심지어 거기서 느껴지는 분위기(Knez, 2005)까지 캠퍼스의 모든 요소들은 앞으로 이 대학에 입학할 학생들에게 매우 섬세하고 강렬한 방식으로 영향을 미친다(Stern, 1986). Boyer(1978, p. 17)는 29개 대학의 캠퍼스 생활에 대한 연구를 통해 장소가 가지는 역할의 중요성을 다음과 같이 기술하고 있다.

　　학생들에게 캠퍼스에서 가장 인상이 깊었던 것을 꼽으라고 하면 절반 이상이 '우리가 만난 친절한 학생들'이라고 답할 것이다. 그러나 사실 그보다 더 큰 효과를 발휘하는 것은 캠퍼스의 건물, 나무, 산책로, 잘 가꾸어진 잔디밭 등이다. 캠퍼스 외관은 방문객들에게 가장 큰 영향력을 미친다는 것이다. 그러

므로 학생 모집에 있어서 교무처장보다 캠퍼스 시설 담당자
가 보다 중요한 역할을 맡는다고 해도 과언이 아니다.

캠퍼스의 물리적 환경은 대학에 대한 애착과 만족을 이끌어 내
는 중요한 요소임에 틀림없다. 그렇다면 학생들에게 캠퍼스 환경
이 미치는 영향의 본질은 무엇이고, 캠퍼스 환경은 어떤 방식으
로 학생 행동에 영향을 미치는 것일까? 물리적 환경이 사람의 행
동에 영향을 미치는 문제에 대하여 이야기할 때 가장 많이 인용되
는 것이 Winston Churchill의 말이다. 그는 "인간은 건물을 짓고,
건물은 인간을 형성한다"고 했다. 이 말은 인간과 환경의 관계를
지나치게 단순화한 면도 있지만, 우리가 대학 캠퍼스에서 매일 마
주치는 건물 디자인이나 공간, 인공물에 대한 경험을 생각해 보면
수긍할 수밖에 없다. 다시 말해 장소는 중요하고, 우리의 행동에
영향을 미친다. 예를 들어, 한 건물의 문이나 복도가 건물 안에서
사람들이 이동하는 방향에 어떤 식으로든 영향을 미치도록 해 놓
으면, 건물 안에서 사람들의 이동 패턴은 잘 관리될 수 있다. 그러
나 건물 디자인이 사람들의 행동을 완벽하게 통제할 수는 없다.
건축가들은 건물 안 혹은 건물과 건물 사이에서 사람의 이동 방
향을 통제하기 위해 많은 노력을 기울이지만 항상 반대 방향으로
가거나 길을 잃는 누군가가 있기 마련이다. 또한 사람들은 자전
거 보관대나 벤치, 피크닉 테이블 등 기능이 어느 정도 정해져 있
는 것들을 자신의 필요에 맞추어 재배열하거나 바꾸고 심지어 없
애 버리기도 한다(Rapoport, 2005). 또한 캠퍼스 구성원들은 부단

히 자신 혹은 다른 사람이 추구하는 목적을 위해 캠퍼스의 문화적
특징을 보여 주는 요소들(예: 포스터, 그래피티,[2] 상징적 구조물들)을
없애거나 위치를 바꾸기도 하고, 때로는 재배열한다. 환경 안에
서 인간의 행동이 환경의 영향을 받는 것인지(건축적 결정론의 입
장) 아니면 적어도 그것에 의해서 촉진되는 것인지(가능론의 가정)
또는 단순히 그럴 가능성이 있는 것인지(개연론의 결론) 단언하기
는 어렵다. 그러나 분명한 것은 학생들의 행동을 이해하려면 대
학의 캠퍼스 환경을 고려해야 한다. 위의 세 가지 가설 중에서 어
느 것이 정확한지는 좀 더 따져 보아야겠지만, 분명 대학 캠퍼스
의 기본 구조, 위치, 공간 배열, 편의 시설, 다양한 인공물들 그리
고 그것들이 전달하는 비언어적 메시지는 구성원들이 어떤 행동
을 다른 행동보다 더하도록 만든다. 잘 계획된 장소는 단순히 주
어진 것을 활용하는 것 이상의 적극성을 발휘해서 학생들에게 보
다 큰 영향력을 발휘할 수 있다. 결과적으로 말하면, 장소는 어떠
한 목표를 달성하기 위해 디자인된 공간이며, 따라서 이를 대학에
적용해서 생각해 보면, 대학이란 처음부터 명확하게 '학습'을 위
해 디자인된 공간이어야 한다.

장소가 가지는 기능과 상징

인공적인 것이든 자연적인 것이든, 캠퍼스의 물리적 환경은 인

---

2) 역자 주: 그래피티(graffiti)는 (공공장소에 하는) 낙서를 말한다.

간이 다양한 반응을 하도록 한다. 그러나 사실 인간이 어떠한 특별한 행동을 하도록 유도하는 것은 장소가 가진 기능적이고 상징적인 영향력이다. 예를 들어, 서두의 시나리오에서 나온 입학처의 위치가 그러하다. 입학처 사무실이 2층에 위치하는 이유를 여러 활동이나 이벤트를 개최하기에 적합하기 때문이라고 해석한다면 이는 장소를 기능적으로 이해하는 것이다. 그러나 입학처 사무실이 2층에 있다는 것이 전달하는 상징적 메시지는 전혀 다를 수 있다. 즉, 어떤 사람(아마도 학교를 처음 방문한 고등학생이나 학부모)들의 입장에서 보면, 이러한 위치는 대학이 입학처를 찾는 사람의 편의나 접근성을 충분히 고려하고 있지 않거나, 학생 모집에 대해 큰 관심이 없는 것으로 해석될 수 있다. 심지어 어떤 사람들은 아마도 대학 재정이 어려워서 입학처를 보다 개방된 곳으로 이전하지 못하고 있는 것으로 이해하는 사람도 있을 것이다. 이처럼 캠퍼스의 물리적 환경은 사람들에게 매우 다양한 내용의 상징적 메시지를 전달할 수 있다(Gustafson, 2001).

이와 같이 장소가 가진 기능과 상징을 이해하게 되면, 캠퍼스의 물리적 환경과 그것을 구성하는 인공물들이 비언어적인 의사소통(Rapoport, 2005)의 방식으로 구성원의 행동에 영향을 미치고 있음을 알게 된다. 비언어적 의사소통이란 언어적 수단이 아닌 것을 통해서 표현되는 메시지를 의미한다(Adler & Proctor, 2014, p. 18). 예컨대, 물리적 환경이나 장소의 문화적 인공물들이 보내는 각종 신호가 있다. 이와 관련해서 Rapoport(1982)는 다음과 같이 주장한다. "환경은 사람들의 특정한 행동을 억제하거나 촉진하는 등의 촉매제 역할 이상의 영향을 준다. 환경은 우리에게 무엇인가를 환기시킬 뿐만 아니라 어떤 결과를 예측하게 하고 묘사하기도 한다"(p. 77). 환경은 수많은 신호를 보내면서 사람과 소통함으로써 그들이 주어진 상황에서 가장 적절한 선택을 하도록 유도한다. 즉, 환경이 보내는 신호는 적절한 상황과 맥락을 구성함으로써 개인이 해당 상황에서 가장 적절하다고 여기는 감정, 상황에 대한 해석과 행동, 그리고 교류의 방법이 무엇인지 알도록 해 주는 것이다(Rapoport, 1982, pp. 80-81). 물리적 환경과 인간의 행동 사이에서 이루어지는 비언어적 소통을 탐색한 연구는 많다. 예를 들면, 좋은 작업장은 노동자들에게 긍정적 정서와 에너지를 상승시키는 효과가 있다(Maslow & Minz, 1956). 식당이나 술집에서 낮은 조명, 부드러운 음악, 안락한 의자는 손님을 더 오래 머무르게 한다(Sommer, 1978). 학교 건물 곳곳에 붙어 있는 여러 인공물(포스터나 대학 상징물들)들은 학생들이 대학에 어떻게 적응해 가고 있는지를 보여 주는 메시지라고 할 수 있다(Hansen & Altman, 1976). 캠퍼스의 건축 양식도 학생의 개인적인 목표 달성, 자극, 질 높은 교육에 대한 기대 등에 영향을 미친다. 대체로 전통적인 디자인보다는 현대적 건축양식이 이러 면을 촉진하는 데 보다 효과적이라고 알려져 있다(Bennett & Benton, 2001).

캠퍼스의 물리적 환경은 기능적인 차원에서 디자인과 건축으로 이루어져 있지만, 그것들이 보내는 상징적인 비언어적 메시지가 있다. 예를 들어, 어떤 대학이 휠체어를 위한 경사로를 설치할 때 시멘트로 제대로 만드는 대신 아스팔트를 대충 뭉쳐서 건물 입구와 지면을 연결했다고 생각해 보자. 기능적인 면에서 양자 사이에 차이가 없을 수도 있다. 그러나 그 경사로는 대학이 장애인들을 충분히 존중하지 않거나, 그들의 이동을 위한 편의에 최소한으로 대응하고 있다는 메시지를 보낼 것이다. 즉, 장애학생이 임시변통으로 만들어진 불편한 경사로를 사용하게 되면, 그는 대학에서 자신이 충분히 존중받지 못한다는 메시지를 받을 수 있다. 반대로 경사로가 제대로 디자인되어 건축물의 일부로 설치된다면 그것이 보내는 메시지의 톤은 완전히 바뀐다. 즉, 자신이 다니는 대학이 해야 할 일을 제대로 하고 있다는 느낌을 받게 되는 것이다. 아스팔트 경사로든 제대로 된 경사로든 기능 면에서는 크게 다르지 않을 수 있으나 그들이 보내는 상징적 효과는 매우 다를 수 있다.

　캠퍼스의 물리적 환경은 기능적 관점에서 구성원들에게 허용되는 행동과 그렇지 않은 행동을 구분해 준다. 또한 물리적 환경은 문자화된 메시지보다 훨씬 진실해 보이는 비언어적 메시지를 강력한 방식으로 전달한다(Mehrabian, 1981). 캠퍼스 환경이 보내는 언어적 메시지는 앞에서 제시한 시나리오에서 에릭 카터가 MPCC 캠퍼스의 환영 팻말을 보았을 때처럼 때로는 모호하고 때로는 모순되는 경우도 있다. 입학식에서 대학 총장은 소수 인종을 환영하면서 캠퍼스의 개방적 자세에 대하여 말하지만, 캠퍼스 곳곳에 있는 그래피티는 정반대의 호전적 메시지를 보낼 수도 있는 것이다. 이러한 이중적인 메시지는 사람의 행동에 영향을 크게 미치는데, 이때 사람들은 보통 언어적 메시지보다 비언어적인 메시지를 더 신뢰한다(Eckman, 1985). 앞의 사례에서 에릭이 보수적인 강의실 구조를 보면서 MPCC가 내세우는 '더불어 공부하는 대학'이라는 구호에 대해 의구심을 가진 것처럼 말이다. 같은 맥락에서 Kenneth Clark는 학교의 교장과 실제 학교 건물(그리고 교실과 학습자료) 중 무엇이 진실을 말하는지 묻는다면, 건물을 믿어야 한다고 주장했다(Anderson, 1971, p. 291). 왜냐하면 비언어적 메시지는 감정을 전달하기 때문이다(Alder & Proctor, 2014). 사진한 장이 천 마디의 말을 대신할 수 있는 것처럼 캠퍼스의 물리적 환경을 살펴봄으로써 우리는 대학에 대해 보다 신뢰할 수 있고 훨씬 개인적인 관점을 가질 수 있다.

비언어적 메시지의 전달

캠퍼스의 여러 장소들은 다양한 방식과 경로를 통해 구성원에게 메시지를 보낸다. 행동 환경, 물질 문화적 인공물, 행동 흔적 등이 바로 그 방식과 경로이다. 대학 캠퍼스는 이러한 기제를 통해 학생들이 의식적으로 또는 무심코 장소감을 느끼게 한다. 구체적으로 캠퍼스의 구성원이 된다는 것이 무엇을 의미하고, 어떤 특정 상황에서 기대되는 적절한 행동이 무엇인지 대학 캠퍼스는 대학의 명시적 가치나 이미지를 보여 줌으로써 전달한다.

행동 환경

행동 환경(Behavior settings)이란 인간의 행동이 일어나는 사회적·물리적 맥락을 의미한다(Barker, 1968; Wicker, 1984). 이 개념은 생태행동심리학에 기원을 두고 있지만 장소라는 개념과 분명 관련이 있다(Rapoport, 1994). 대학 캠퍼스는 환경적 관점에서 인간 또는 사회적 환경과 장소 관점에서 무생물 혹은 물리적 환경이라는 두 가지 요소를 가진 전통적인 행동 환경이다. 예를 들어, 대학 캠퍼스에서 학생, 교수, 직원들은 복도, 주차장, 운동장, 조각 동상, 미술품, 그리고 건물 등 물리적 환경을 배경으로 상호작용을 하는데, 이러한 환경은 크기, 색깔, 배치 방식 등의 면에서 얼마든지 차이가 있을 수 있다. 행동 환경은 캠퍼스 구성원의 행동에 영향을 미치는 환경 요소들끼리 서로 영향을 주고받는 교환적(transactional)인 관계로 설명될 수 있다. 이는 비언어적 기억술과 같은 역할을 하는데(Rapoport, 1982), 물리적 환경에 내포된 암호화된 메시지가 구성원들에게 기대되는 행동이 무엇인지를 상기시키는 것이다. 예를 들어, 운동장의 좌석과 소품, 팀, 치어리더, 그리고 장식들은 시끄럽고 소란스러운 행동이 인정될 뿐만 아니라 당연하다는 신호를 전달하는 행동 환경이 된다. 에릭이 MPCC 졸업식 현장에서 소란스러운 장면을 보았는데. 이 경우 그러한 행동을 촉발하는 행동 환경을 다시 디자인하거나 졸업식 장소를 바꾸어야 한다는 결정을 내리게 할 수도 있다. 실제로 졸업식을 운동장에서 거행하는 대학이 많다. 운동장에서 졸업식이 치러질 경우, 학생들은 스포츠 경기를 관람할 때처럼 단과대학이나 전공별로 자리 배치를 받는 경우가 많다. 치어 리더들의 후프 스커트와 점수판, 시간기록계, 과거 승리했던 사실들을 내세우는 배너들이 자리 잡았던 곳에 행사용 나뭇잎 장식, 커튼, 대학의 상징이 새겨진 강단이 위치할 뿐이다. 졸업식이라는 행사가 암시하는 흥분이나 기대와 같은 느낌과 더불어 운동장이라는 장소에 암호처럼 내포된 메시지는 학생들이 졸업식장에서 고함을 치거나 환호하는 것, 다소 소란을 피우는 것들이 모두 적절한 행동이라는 것을 암시해 준다. 반대로, 클래식 음악, 조명, 카펫이나 특별한 질감을 가진 벽지 같은 것으로 내부 환경을 꾸민 공간에서 졸업식을 치른다면, 학생들은 상기된 분위기를 누그러뜨리고 좀 더 점잖게 행동하도록 할 것이고, 참석자들에게 졸업식이 중요한 공식 행사라는 비언어적인 메시지를 전달할 것이다.

행동 환경을 구성하는 요소들은 때로는 어떤 행동을 억제하는 적대적(antagonistic) 영향을 미치지만, 때로는 어떤 행동을 유도하는 동형적(synomorphic) 성격도 가진다(Wicker, 1984). 예를 들어, 물리적 환경 요소들은 어떤 특별한 행동이 다른 어떤 행동보다 많이 일어나도록 하면서 환경의 영역에서 일어나는 여러 현상들을 광범위하게 통제한다. 이러한 현상에 대해 Michelson(1970, p. 25)은 '시스템 간 조화(inter-system congruence)'라고 했다. 예컨대, 강의실에서 의자가 일렬로 바닥에 고정되어 있으면 소그룹 토론이 형성되기 힘들다. 반대로 바퀴가 달린 회전의자는 학생 간 상호작용을 촉진하는 환경을 제공한다. 이것이 바로 환경과 행동의 동형적 관계다. 우리가 가진 상식과 경험에 비추어 볼 때, 캠퍼스의 건물, 강의실 등 물리적 환경이 교육자가 기대하는 학생 행동을 유도할 때 우리는 보다 더 높은 학업 성과를 기대할 수 있다. 행동 환경의 관점에서 보면, 캠퍼스 디자인은 단순히 기능적 공간이나 무드 혹은 분위기를 창출하는 것에 그치지 않고 특정 행동을 촉진할 수도 있다는 것이다(Wicker, 1984).

사회적, 심리학적 관점에서 볼 때, 행동 환경은 그 안에 있는 구성원과 소통하는 관계를 가진다. 강의실 강단이 맨 앞자리 좌석에서 7m나 떨어져 있다는 사실은 학생들에게 매우 전형적인 강의실 경험을 하게 될 것이라는 메시지를 전달한다. 앞서 제시한 시나리오에서 에릭이 MPCC에서 이러한 강의실 모습을 보고 대학이 표방하는 미션과 부합하는지에 대해 의심을 품는 장면을 떠올려 보라. 반대로 학생회 사무실의 후미진 구석에 위치한 심플한 소파는 학생 공동체로서 친밀한 사회적 상호작용을 표방하는 상징으로 다가왔다. 명시적이든 아니든 모든 행동 환경은 어떠한 목적이 내포된 장소로 해석되며, 더욱이 그것이 효과를 발휘하려면 행동 환경의 디자인과 구성원의 활동이 서로 상호작용하고 융합될 수 있어야 할 것이다.

물질적 · 문화적 인공물

장소는 캠퍼스의 문화를 구성하는 인공물까지 포괄하는 개념이다. 이러한 인공물들은 주로 그 장소에 거주하는 사람들에 의해서 만들어지거나 보완되고, 어떤 특정 목적을 달성하기 위해 캠퍼스에 배치된다. 대학에서 흔히 볼 수 있는 인공물로는 예술작품이나 장식물, 조경, 그리고 가구의 배치 등이 있다(Prown, 1982). 이와 같은 물건과 인공물은 표지판, 상징물, 예술품, 포스터, 그래피티 그리고 특별한 물리적 구조물의 형태로 구성원들에게 어떤 방향을 제시하거나 영감을 주기도 하고, 반대로 경고를 하거나 순응시키기도 한다(Banning, Middleton, & Deniston, 2008). 캠퍼스의 문화적 인공물들도 캠퍼스 문화와 그것이 구성원들에게 기대하는 바를 비언어적인 메시지로 전달한다. 여자 화장실 문에 붙은 '숙녀용'이라는 표시는 '여성용'이나 '성중립적(gender-neutral)' 표시와는 다른 메시지를 준다. 만약 건물 입구에 입학처 팻말과 간호학과 팻말이 나란히 붙어 있다면 혼란스러울 것이다. 아직도 많은 대학 캠퍼스의 공사 현장에는 여성 노동자들이 있음에도 불구하고 'Men Working'이라는 표지판을 쓰기도 한다. 오늘날 여성의 존재를 부정하는 이러한 암묵적 메시지에 대해 누구도 동의하지 않겠지만, 아직도 대학 캠퍼스에 있는 인공물들은 무심코 이런 메시지를 전달하고 있을 때가 많다.

캠퍼스 곳곳에 있는 예술품들도 비언어적인 방법으로 사회적 메시지를 전달하는 환경적 요소가 된다. 오래된 대학의 경우, 현재 역사적으로나 금전적으로 가치를 헤아리기 힘든 유명 화가의 벽화로 건물 내부를 장식하는 경우가 많다. 그러나 어떤 경우에는 오래된 벽화가 해당 대학이나 사회가 더 이상 용인하고 지지하기 힘든 사회적 메시지를 내포하고 있기도 하다. 예를 들어, 뉴멕시코 대학교의 짐머만 도서관(University of New Mexico's Zimmerman Library)에 설치된 Kenneth Adams의 벽화는 백인들을 과학자로 묘사하고 인디언과 멕시코 출신 미국인들을 농장에 일하는 노동자로 그리면서 이들의 동화 과정을 보여 주는 작품이다. 이 벽화 때문에 뉴멕시코 대학교는 수년 동안 갈등을 겪고 있다(Banning & Luna, 1992; Stockdale, 2011). 캠퍼스의 예술품, 특히 동상들은 여성을 수동적 자세(보통 앉아 있는 자세)로 하고 남성들은 보다 적극적인 자세(서 있거나 움직이는 자세)로 묘사할 때가 많다. 이 작품들은 모두 현대 사회에서 부적절하고 시대착오적인 성 개념을 바탕으로 했다고 볼 수 있다. 캠퍼스 그래피티도 캠퍼스 문화를 시각적 메시지로 전달하는 또 다른 요소다. 특히, 대학이 이를 제때 지우지 않으면, 이를 보는 사람들은 대학이 표방하는 가치를 보여 주는 구성원들의 비언어적 메시지로 읽을 수 있다. 예를 들어, 인종주의나 동성애자 혐오를 지지하는 그래피티가 강의동 외벽에 그려진 채 오랫동안 방치된다면, 이는 대학의 모든 구성원들을 위한 안전하고 쾌적한 환경을 만드는 데 대학이 큰 관심이 없다는 뜻으로 읽힐 수 있다는 것이다.

마지막으로, 물리적 구조물은 앞의 시나리오에서도 나타났듯이 그 자체로 비언어적 소통을 하는 인공물이 된다. 휠체어 경사로의 디자인과 설치, 엘리베이터가 없는 2층짜리 입학처 건물 등은 장애인이나 유모차를 가진 부모들에 대해 대학의 배려가 없음을 보여 준다. 이와 유사하게 건물 내의 열악한 조명 시설은 안전 문제가 방치되고 있음을 암시해 준다. 이러한 예들은 캠퍼스 안의 장소가 보여 주는 문화가 장소의 기능이나 분위기만의 문제가 아니라 대학이 강조하는 핵심적 가치나 어떠한 기대를 대중에게 설파하는 수단이 되기도 한다는 점을 시사하고 있다.

행동 흔적

캠퍼스 공동체 구성원들에게 비언어적 메시지를 전달하는 마지막 범주는 행동 흔적(Behavioral Trace)(Zeisel, 2006)이다. 학생, 교수, 직원 그리고 방문객들은 캠퍼스의 여러 장소들을 사용하면서 다양한 흔적을 남긴다. 우리는 이 흔적을 보면서 어떤 행동이 있었음을 추론하고 이와 관련된 잠재적 단서나 메시지를 파악할 수도 있다. 사람들이 캠퍼스 환경을 어떻게 이용하는지에 대해서 보다 잘 이해하기 위해 고고학적 지식을 빌리면, 고고학자인 Zeisel(2006)은 행동의 부산물, 용도 변경, 자기 표시, 그리고 공공 메시지 등을 통해 사람들이 남긴 행동의 흔적을 읽을 수 있다고 하였다. 이러한 접근 방식에 대해 Bechtel과 Zeisel(1987)은 "내일의 화석이 될 것들이 오늘 쓰레기 더미에 들어가고 있다는 사실에 대해 생각하는 사람은 거의 없다."고 말한 바 있다. 과거 역사의 많은 인공물들이 새로운 건설 사업이나 리노베이션 프로젝트를 하는 동안 전혀 보호받지 못한 채 방치되는 것이 다반사인 대학 캠퍼스에도 꼭 들어맞는 말이다.

'행동의 부산물'은 흔히 침식물이나 잔재 그리고 사라진 흔적 등에서 발견할 수 있다(Zeisel, 2006). 캠퍼스에 있는 부산물은 학생들이 캠퍼스 빌딩 사이를 오가면서 만든 지름길 같은 것이다. 이러한 부산물은 새로운 보도를 설치할 때 유용하게 쓰일 수 있다. 사실, 어떤 캠퍼스들은 학생의 이동 패턴을 반영하고 오랫동안 사용할 수 있는 보도를 만들기 위해 학생들이 스스로 만든 길이 생길 때까지 신축 건물과 기존 건물을 연결하는 보도를 만들지 않기도 한다.

'잔재(leftovers)'는 어떠한 행동이 일어나는 동안 완전히 소비되지 않아 쓰레기 형태로 남아 있는 물건으로 대표되는 흔적이다. 가끔 이런 잔재들은 특정 그룹을 연상시키기도 한다. 점심시간에 가장 좋은 피크닉 테이블을 선점하는 여학생 사교 동아리(greek letter society)가 이 그 예이다. 남겨진 캔이나 패스트푸드 종이봉투 등은 남학생과 여학생 사교 동아리에 대해 부정적인 이미지를 형성할 수 있다.

'실종된 흔적'은 대학 구성원이 만들어 내는 침식물이나 잔재가 있을 것으로 예상되는 자리에 그것이 거의 없을 때 나타난다. 캠퍼스의 어떤 공간들은 그것의 디자인 때문에 거의 사용되지 않고 방치된다. 이러한 실종된 흔적에 대한 정보를 잘 정리해 두면, 사용자의 필요에 맞춰서 캠퍼스를 다시 디자인하고자 할 때 좋은 자료로 쓸 수 있다. 실종된 흔적은 도난이나 기물 파손(분침이나 시침이 사라져 버린 벽시계 같은)에 의해 발생하기도 한다. 이런 유형의 실종된 흔적은 캠퍼스 안전에 대하여 우려를 자아낼 수도 있다.

다음으로 '용도 변경'은 사용자의 필요나 목적에 부응하도록 공간이 제대로 디자인되지 못했을 경우, 사용자가 자신의 목적에 따라 그것의 변화를 시도하는 것을 의미한다(Zeisel, 2006). 원래는 한 묶음이었던 것을 분리해서 사용하거나, 개별적으로 만들어졌던 것을 한데 모아 전시하거나 사용하는 것이 대표적인 용도 변경의 예이다. 절도를 방지하기 위해 실외에 있는 가구를 사슬로 묶어 두거나 기숙사에서 레크리에이션을 할 마땅한 공간이 없어 복도 공간을 새롭게 꾸미는 것이 대표적인 용도 변경의 예이다. 대규모의 용도 변경으로는 내부 인테리어 공사나 확장 같은 개보수 공사를 들 수 있다. 캠퍼스에서 범죄가 늘어났을 때 대학은 조명 시설을 확충한다. 캠퍼스의 공터가 새로운 주차장으로 변신했다면, 장거리 통학생들의 수가 늘어났기 때문이라고 추측할 수 있다. 어떤 공간을 대학이 의도하지 않았던 다른 목적으로 사용하기 시작한다면, 학생들은 그것은 그 공간에 대한 새로운 디자인이나 내부 인테리어 공사가 필요하다는 신호로 해석할 것이다.

대학 캠퍼스의 사교 클럽 공간에 그리스어로 된 명패를 붙이는 것과 같은 '자기 표시'는 물리적 공간이 어떤 개인과 집단의 소유권을 보여 주는 메시지를 전달하는 수단으로 사용될 수 있음을 보여 준다(Zeisel, 2006). 이러한 행위는 공간을 개인화하는 효과적인 방법이다. 기숙사 창문에 붙여진 큰 표식들은 특정 학생 공동체의 독점적 사용을 표시하기도 한다. 많은 학생들이 자신이 속한 단체, 예컨대 학생회 조직이나 전공을 표시하는 티셔츠를 입고 다닌다. 이러한 표시는 캠퍼스에 존재하는 사회적 환경을 보다 잘 이해하도록 도와주기도 하지만, 외부인들에게 캠퍼스의 전체적인 사회적 환경이 어떠한지를 전달하기도 한다. 대학 건물의 장식품들도 상징적인 자기 표시의 다양한 예이다. 국제학 전공이 있는 건물에는 지구본이 있기 마련이고, 화학공학과 건물 지붕 위에는 유정탑 모형이 있다. 마찬가지로 ROTC 건물 앞에는 대포 모형이 자리 잡고 있을 수도 있다. 이러한 상징들은 그것에 속해 있는 사람들의 정체성을 표시할 뿐만 아니라 다양한 캠퍼스 단체들의 가치와 관심사에 대한 공공적인 메시지를 담고 있다. 이것이 바로 캠퍼스가 가지고 있는 또 다른 모습의 흔적이기도 하다.

　공공 메시지는 캠퍼스에 있는 공식적 · 비공식적 · 비합법적 표지판들을 포함한다(Zeisel, 2006). 이는 대개 디자인이나 설치 위치, 내용의 명확성 면에서 문제가 되는 경우가 많다. 에릭 역시 MPCC 캠퍼스에 있는 여러 표지판들의 애매모호한 메시지에 혼란스러워했다. 대학들은 보통 추가 표지판을 설치해서 모호성을 해결하려고 하지만 결과적으로 표지판의 범람을 초래하기도 한다(Rapoport, 1982). 이는 대학이 구성원이나 방문객들에게 원래 의도했던 메시지를 정확하게 전달하지 못한다는 신호로 해석될 수 있다. 대학이 설치하는 공식 표지판 외에 캠퍼스 그래피티와 같은 인공물도 구성원의 창의성이나 지역 이슈와 관련된 신호를 보내기도 하고, 다양성과 사회적 정의 문제에 대한 대학의 태도에 대한 메시지를 전달하기도 한다. 요약하면 행동 환경이나 캠퍼스 문화, 행동 흔적 등의 개념들은 캠퍼스를 관찰하고자 하는 사람들에게 유용한 도구가 될 수 있다. 더욱이 캠퍼스 구성원이나 외부인과 의사소통하는 회로로서 그것들의 영향력을 이해한다면 캠퍼스 환경을 개선하고 이를 통해 학생들에게 장소감을 부여하려는 시도가 보다 쉬워질 것이다.

학습의 장소

대학은 탄생 이후 지금까지 줄곧 학습의 장(場)이었다. 그러나
지난 50년 동안 대학이 진화해 온 방식을 살펴보면, 대학이 스스
로 추구하는 미션과 목표를 수행할 능력이 있는지 여전히 의문을
제기하게 된다. 제2차 세계 대전 이후 1970년대까지 미국 대학들
은 전례 없이 급속한 양적 팽창을 경험했다(Bonner, 1976). 대형
대학들은 더욱 커졌고, 브랜치 캠퍼스가 건설되었다. 보다 편리
하게 고등교육을 이용하려는 수요가 증가함에 따라 커뮤니티 칼
리지[3]도 늘어났다. 물리적 인프라로는 기숙사, 강의동, 실험실,
스포츠 센터, 학생회 그리고 레크리에이션 센터에 이르기까지 새
로운 시설들이 빠르게 도입되었다. 이 모든 움직임은 학생들이
좋아하는 학습 환경으로서 긍정적인 장소감을 갖춘 캠퍼스를 만
들기 위한 노력의 일환이었다. 이와 함께 대학생의 발달과 캠퍼
스 생태학에 대한 연구도 늘어났다. 이 연구들은 결과적으로 대
학의 목적과 기능에 대한 논의까지 변화시키기에 이르렀다. 좋은

---

3) 역자 주: 커뮤니티 칼리지(community college)는 영국의 경우 대학의 자
   체 학생들뿐 아니라 성인인 지역 주민들에게도 수강을 허용하는 교육기
   관을 의미한다. 미국 맥락에서는 지역 전문대학(주로 인근 지역 출신 학
   생들에게 실용적 기술 위주의 교육을 하는 2년제 대학)을 의미한다.

교수법에 대한 질문들은 학생의 학습에 대한 관심으로 진화했고, 그것은 다시 학생 참여와 학습의 서비스에 대한 연구로 이어졌다.

우리가 발견한 것은 지난 40년 동안 일련의 가정과 목적에 따라 디자인되고 건축된 대학의 인프라와 시설들이 오늘날의 변화된 가치나 기대에 부응하지 못한다는 점이다. 그런 점에서 지난 10년 동안 진행된 미국 대학들의 캠퍼스의 개보수 및 신축 공사 붐에 대해 최근의 학계는 학생 참여와 학습이라는 대학의 핵심 미션 달성을 위한 캠퍼스 디자인과 편의시설 개선 방법의 모색으로 해석하고 있다. 즉, 최근 미국 대학에서 일어난 캠퍼스 건설 붐은 학생의 학습 촉진과 관련하여 캠퍼스라는 공간이 가지는 의미와 중요성에 대한 기존의 생각을 근본적으로 변화시키는 생산적인 논의가 이루어지게 하였다. Troyer(2005)는 대학 캠퍼스를 새롭게 건축한 경험을 토대로 "캠퍼스와 강의실을 디자인하기 전에 대학 경영진은 대학의 '교육 철학(learning signature)', 즉 이 대학에서 학생의 학습을 어떻게 촉진할 것인가와 관련된 가치와 신념 등을 결정해야 한다"(p. 6)고 주장했다. 즉, 대학 캠퍼스의 건축에 대한 논의는 대학이 학습하는 장소라는 사실로부터 시작되어야 한다는 것이다.

대학은 다른 무엇보다도 학습의 장(場)이기 때문에, 캠퍼스의 물리적 디자인과 학습 성과 간의 관계에 대해 많은 연구가 이루어졌다(Chapman, 2006; Chism & Bickford, 2002). 사회적 장소로서 대학은 새로운 통찰이나 이해를 불러일으키는 구성원 간의 상호작용에 대하여 가치를 부여해 왔다. 이는 학습 조직의 대표적인 특징이기도 하다. Thornburg(2001)는 인류학적 관점에서 대학을 리더가 주도하는 집단토의가 일어나는 캠프파이어나 술집에 비유하기도 하였다. 학습 공간의 물리적 디자인은 학습 성과를 결정하는 데 있어 매우 중요한 역할을 한다(Banning & Cunard, 1986). 사실 미국 대학들은 지난 몇십 년 동안 과거로부터 물려받은 수많은 불편한 디자인이 낳은 결과물과 싸워 왔다. 어떤 이는 미국 대학의 물리적 환경에 대해서 "교수와 학생들이 익숙하게 사용하는 공간들은 볼품이 없고, 다양한 교수법의 사용이 불가능하며, 성인 학습자의 신체에 매우 불편하게 설계되었다. 하지만 대다수는 이런 열악한 환경을 대학 생활의 일부로 여기고 있을 뿐이다."라고 주장하기도 했다(Chism & Bickford, 2002, p. 1). 이런 이유로 대학에서 수많은 건물의 개보수 공사가 진행되자 연구자들은 대학의 학습 공간 개선과 관련한 새로운 사실과 가이드라인을 제시하기 시작했다(Oblinger, 2006).

이와 같은 연구의 연장선에서 Strange(2014)는 대학에서 학생의 참여와 학습을 촉진하는 공간 디자인의 요소를 평가할 때 참고할 만한 학습 공간 유형을 제시했다. Strange(2014)는 우선 캠퍼스 디자인의 위계 구조를 반영하여(Strange & Banning, 2001; 제2장을 참조할 것), 학생의 소속감, 안전감, 참여, 그리고 학생 공동체 경험을 지원할 수 있는 열 개의 공간적 특성을 제안했다. 먼저 소속감과 안전감을 형성하기 위해서 캠퍼스는 자신과 다른 사람의 정체성을 인정하고 그들의 표현을 지지하는 등, 새로운 구성원이나 방문객들을 환영(welcoming)하고 포용(inclusive)해야 한다. 또한 학생

의 학습 참여를 이끌어 내기 위해서 대학 캠퍼스는 주요 과업이나
활동을 수행할 수 있는 공간으로서 기능적(functional)이어야 하고,
집(集)사회적(sociopetal)⁴⁾ 공간이어야 하며, 다양한 목적과 참여자
의 요구에 따라 변할 수 있도록 유연(flexible)해야 한다. 또한 대학
이라는 장소는 창의적 마인드를 자극하고 기분 좋게 만들 만큼 아
름다워야(esthetic) 하고, 개인의 고요한 상상과 의미를 구하는 행
동을 가능하도록 반성적(reflective)이고, 에너지를 재충전하여 더
나아가도록 동기부여하는 회복적인(regenerative)인 특징을 지녀
야 한다. 아울러 학습 공동체를 형성할 수 있는 공간이 되기 위해
서 대학의 공간은 오래 기억되는 인상을 남길 수 있도록 독특하고
(distinctive), 적절한 비율, 길이, 자원 등을 통해 인간의 경험을 꾸
준히 지원하며 지속 가능(sustainable)해야 한다. 이러한 특성을 가
진 공간들은 학생들에게 다채로운 학습 경험을 제공한다. 이 가운
데 소속감과 안전에 관련된 공간이 가장 중요하다. 그러한 공간
이 없다면, 대학은 학생이 학습에 참여하도록 유도하기 어렵기 때
문이다.

  다른 연구자들은 교수와 학습 시설이 가지는 특정 유형에 주목
하였다. 예를 들어, Kopec(2012)은 강의실의 접근 용이성이나 강

---

4) 역자 주: 집(集)사회적 공간(sociopetal)은 미국의 심리학자 험프리 오즈
   먼드(Humphry Osmond)가 제안한 개념으로서 구성원들 사이에 개방적
   이고 즉흥적인 상호작용과 만남을 촉진하도록 디자인된 공간을 의미한
   다. 반대로 개인을 서로 분리시켜 사적 공간을 보장하는 공간의 특징을
   'sociofugal[이(離)사회적 공간]'이라고 부른다.

의실 내의 채광 상태, 학생들의 상호작용을 촉진할 수 있는 강의
실과 복도 디자인, 다양한 교수법을 가능하게 하는 책걸상 형태의
중요성을 강조하면서 교육 공간 디자인이 가지는 영향력에 대하
여 역설하였다. 그는 학생이 어떻게 학습 공간에 애착을 갖게 되
는지, 사생활 보호와 공동 공간의 문제가 어떻게 학생의 학습에
영향을 미치는지, 건물 인테리어의 색깔, 소음, 조명, 온도를 포함
한 환경 요인들이 학생에게 어떤 영향을 끼치는지에 대해서도 논
하였다. 공간의 질과 학습이 갖는 관계는 공간 계획의 관점을 반
영하는 「공유 학습 공간」(Narum, 2013)이라는 보고서에서도 중점
적으로 다루어졌다. 이 보고서는 대학이 캠퍼스에 있는 여러 학습
시설을 '학생들이 어우러질 수 있는 공간(spaces for becoming)'으로
만드는 평가 기준을 제시했다(p. 20). Scott-Webber, Strickland, 그
리고 Kapitula(2013)는 '거주 후 평가(post-occupancy evaluation)' 결
과를 통해 의도적으로 디자인된 강의실 구조의 효과를 살펴봄으
로써 좋은 학습 장소를 만드는 것이 학생의 학습에 변화를 줄 수
있음을 보여 주었다. 이에 따르면, 강의실 구조는 학생이 인지하
는 학습 참여의 정도, 높은 성적을 받을 가능성, 출석하려는 의지
에 영향을 끼쳤다.

이 문제에 대한 선행 연구를 종합하여 Painter 등(2013)은 '대학
건축 협의회(The Society for College and University Planning)'의 지
원 아래 학습 공간 디자인에 대한 보고서를 발간했다. 그들은 이
보고서에서 미국 대학들의 학습 공간 디자인 상태를 진단하고 미
래 교육을 위한 방향을 제시하였다. 이 보고서는 실증적 데이터,

다양한 사례 연구, 개념 분석을 통해 캠퍼스 학습 공간을 '공식적 학습 공간(강의실이나 실험실)'과 '비공식적 학습 공간(도서관, 그룹 스터디룸, 기타 회합 장소)', 그리고 '캠퍼스 전체(빌딩과 전체적 구조, 자연 경관 등)'의 세 가지 유형으로 분류했다(p. 6). 각 유형들은 다시 하위 범주로 세분화되었다.

먼저 공식적 학습 공간의 세부 영역은 다음과 같다.

1. 전통적 강의실: 평평한 바닥, 전면을 향한 책걸상 배치, 전면에 위치한 강단, 강의실 앞과 뒤의 분명한 구분(p. 8).
2. 대형 강의실: 대규모 강당, 몇 개 구역으로 나누어진 좌석, 전면에 위치한 강단, 앞뒤 구역의 분명한 구분(p. 8).
3. 기술이 접목된 강의실: 전통적 강의실 구조와 비슷하지만 강단에 있는 컴퓨터, 천정 빔 프로젝터, 전면 스크린 등 기자재가 설치되어 있음(p. 8).
4. 실험실: 공식적 · 전통적 · 고정적 실험 장비가 구비된 공간으로 특정 학문의 강의 내용에 따라 세부 디자인이 달라질 수 있음(p. 9).
5. 능동적 학습(active learning) 강의실: 원형 공간에 이동 가능한 책걸상, 콘센트나 포트의 구비, 컴퓨터, 이동식 화이트보드, 빔 프로젝터, 비디오, 인터넷 등 다양한 시설이 구비되어 있음. 기본적으로 여러 교수법 모드로 전환이 가능하고 학생들을 협력적 학습 환경에 보다 쉽게 참여시키려는 의도로 디자인된 공간임.

이러한 공간 디자인이 가지는 학습 효과를 검토해 보면, 능동적 학습(active learning) 강의실이 다른 어떤 형태의 강의실보다 높은 학업 성취로 활발한 토론, 강의실 내에서 개인과 그룹에 조언을 주기 위한 교수의 이동성 증가, 그룹용 소형 칠판 사용 빈도 증가 등을 유발하였다. 또한 도시에 거주하는 학생과 저학년(1, 2학년) 학생일수록 적극적 학습 강의실을 선호하는 것으로 나타났다. 호환성과 이동성이 높은 책걸상은 같은 강의에서도 여러 학습 전략을 사용하는 데 효과적이었다. 기술이 접목된 디자인 역시 학습 참여와 과제 완수에 대한 책임감, 협력적 학습에 대한 열의 등을 고양시켰다. 바퀴 달린 테이블은 학생들이 서로를 좀 더 알게 만들고, 질문과 토론을 촉진함으로써 학생 간 상호작용의 질을 높이는 효과를 보였다(Henshaw, Edwards, & Bagley, 2011). 이 보고서의 저자들은 공식적 학습 공간이 교수-학생 상호작용을 촉진하고 다양한 교수 전략을 지원하며, 필요한 기술이 구비된 유연한 공간일수록 학습 효과가 가장 높았다고 주장했다. 강의실 디자인이 교수 방법과 교수자 행동, 학생의 활동에 영향을 미친다는 보고서의 전체 결론(Painter et al., 2013, p. 11)은 "강의실 유형은 교수와 학생 행동에 영향을 미친다"는 다른 연구의 결과(Brooks, 2012, p. 1)와 일맥상통한다.

Painter 등(2013)은 학습의 상당 부분이 공식적 공간 밖에서 일어난다는 점에 착안하여 이른바 '우연적 학습(incidental learning)'(Marsick & Watkins, 2001)의 배경이 되는 도서관, 사회적 회합 공간, 복도 등 비공식 학습 공간의 잠재력을 탐색했다. 도서관의 경우, 학생들은 쾌적함, 편리함, 기술에 더하여 다양한 학습 과제를 수행할 수 있게 도와주는 공간적 유연성과 인적·물적 자원의 제공 정도를 중요한 디자인 요소로 꼽았다. 창문이나 예술 전시품, 벽면 색깔도 동일한 공간에 머무는 사람의 수나 적절한 서비스와 더불어 학생의 주의를 끄는 요소라 할 수 있다. 대학 도서관의 사서로 명예퇴직한 사람의 말을 빌려 Painter 등(2013)은 "대학의 교육 미션에 초점을 맞춘 도서관 디자인은 학생들을 최우선시해야 하고, 서비스보다 학습을 중시해야 한다."고 주장했다(Bennett, 2007, p. 18).

대학 도서관 디자인을 분석한 Cunningham과 Tabur(2012)는 [그림 1-1]과 같이 이상적인 학습 공간을 구성하는 4단계 모델을 제안했다.

이 위계 구조에서 가장 기초 단계는 접근성과 연결이다. 이것이 학생의 핵심적이고 실용적인 요구에 부응하면, 다음으로 그 공간이 다양한 학습과 사회적 활동이라는 상위 욕구를 충족시키는지 살펴볼 수 있다. 대학이 이러한 조건을 가지고 있으면서, 4단계와 5단계의 쾌적하고 편안한 분위기까지 있다면 이상적인 학습 공간을 가진 독보적인 대학으로 부각될 것이다(p. 1).

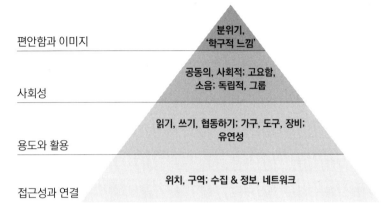

[그림 1-1] 학습 공간 특징의 위계적 구조

출처: Cunningham, H., & Tabur, S. (2012). Learning space attributes: Reflections on academic library design and its use. *Journal of Learning Spaces,* *1*(2), Retrieved from http://libjournal.uncg.edu/index.php/jls/article/view/392/283

'탁월한 학습 공간'(p. 5)에 대한 Cunningham과 Tabur(2012) 의 물음은 아마도 현대적 공유 학습 공간(McMullen, 2008)과 시설 을 개발한 몇몇 캠퍼스에서 답을 찾을 수 있다. 이 공간들은 학생 이 학습을 진행하면서 형성하는 모든 관계, 즉 학생 대 학생, 학 생 대 교수, 학생 대 교직원, 학생 대 시설, 학생 대 정보의 관계 (Lippincott & Greenwell, 2011, p. 1)가 잘 형성되도록 돕기 위한 목 적으로 디자인되었다.

학습이 이루어지는 또 다른 장소는 사회적 회합 장소다. 이곳에 서는 학문적 · 사회적 · 개인적 목적의 다양한 비공식적 상호작용 이 대규모로 이루어진다(Cunningham & Tabur, 2012, p. 14). 식당,

학생회, 야외 광장, 카페 등이 대표적 예가 될 수 있다. 최근의 대학생 생활 편의시설 트렌드 조사(Treanor Architects, 2011)에 따르면, 많은 미국 대학들이 학생들의 공동체의식을 고양하고 교수-학습 활동을 지원하며 학생 모집 및 중도이탈 방지를 위해 이러한 시설을 확충하고 있다. 이와 관련된 선행 연구 수는 매우 적지만, 사회적 학습 공간이 학생의 학습 참여와 동료와의 상호작용, 협동 학습을 촉진하는 데 효과적이라는 사실은 분명하다(Matthew, 2010; Matthew, Adams, & Gannaway, 2009; Matthews, Andrews, & Adams, 2011). 이러한 공간이 늘어나면서 대학에서 개인 학습 공간이 다소 줄어든다 해도 그렇다. 대학 캠퍼스의 다양한 사회적 공간에서 협동 학습이나 자유로운 지식 교환, 뜻밖의 만남, 화기애애한 사교 모임이 일어나면(Crook & Mitchell, 2012), 학생의 학습은 그룹 활동이나 사교 활동, 개인적 휴식이나 독서, 직원과의 상호작용, 진로 개발에 대한 토론까지 확대될 수 있다(Randall & Willson, 2009; Wilson & Randall, 2012). 사회적 학습 공간에 대한 물리적 디자인은 처음부터 끝까지 학생들에게 영향을 끼친다. 예를 들어, 학생회 라운지 좌석 배치를 어떻게 하느냐에 따라 라운지에서의 사회적 상호작용을 촉진할 수도, 억제할 수도 있다. 학생들은 이러한 공간에서 대학 생활을 하면서 받는 스트레스를 이겨낼 힘을 북돋거나, 위축시키기도 한다. 그 공간에서 볼 수 있는 각종 인공물은 학생들에게 소속감 혹은 거절당하는 느낌, 환영받는 느낌 혹은 무시당하는 느낌, 안전하다는 느낌 혹은 위협받는 느낌, 그리고 역할과 가치에 대한 느낌과 관련된 메시지를 전달한다(Banning, Middleton, & Deniston, 2008). 다양한 성소수자 행사를 위한 홍보 전단지와 화장실에 그려진 동성애 혐오 그래피티가 주는 상반된 느낌을 생각해 보자. 휠체어를 탄 장애인 학생이 기대를 품고 행사장에 도착했을 때, 휠체어를 위한 경사로나 엘리베이터가 없어서 입장하지 못한다면 어떤 느낌일까? 대학이 발표한 다양성 존중 문화에 대한 포스터에 백인 외의 다른 인종을 찾아볼 수 없다면 유색인종 학생들은 어떻게 생각할까? 학생의 성장과 발달은 이와 같은 부정적 경험이 주는 스트레스로 인해 늦추어질 수도 있음을 알아야 할 것이다.

학생의 학습을 촉진하는 또 다른 사회적 공간은 바로 기숙사이다. Parks(2000)는 젊은 세대가 가지는 질문과 꿈에 대해 서술한 탁월한 저서에서 John Henry Newman이 인간의 생각을 훈련시키고 확장시키는 사회적 환경에 대해서 했던 말을 인용했다. Newman은 기숙사가 없는 대학과 모든 학생이 기숙사에서만 살아야 하는 대학 중 한 곳을 선택해야 한다면 후자를 선택하겠다고 말한다. 왜냐하면, 기숙사 생활은 "학생 사이에서 대화가 계속해서 이루어지는 강의와 다르지 않기 때문(Newman, 1982, p. 110)"(Parks, 2000, p. 95)이다. Lawless(2012)는 '학생의 신체적·사회적 안녕을 위한 기숙사 공간이 갖추어야 할 가장 기본적인 조건'에 대하여 Parks가 제시한 사항을 다음과 같이 정리했다.

- 참여와 상호작용을 촉진하는 작고 아담한 생활공간
- 500명 이하의 학생들을 수용하고, 공동체 지향적인 상호작용

패턴을 형성하기에 적합한 5층 이하의 낮은 건물
- 우연한 교제 기회를 늘리고, 친구의 친구를 사귈 수 있는 소규모 사교 및 스터디 공간을 많이 구비한 건물
- 거실, 식당, 주방 등 다목적으로 사용할 수 있는 방이 10~12개 정도 있는 공간
- 공식적 스터디 공간과 사교 활동, 비형식적 학습 기회를 위해 유연하게 사용할 수 있어서 정규 교육과정을 보완할 수 있는 공간
- 거주자의 적극적이고 맞춤화된 사용을 허용하는 공간. 예를 들어, 학생들이 공용 공간의 가구 배치를 변경할 수 있도록 하거나 벽화를 그릴 수 있도록 건물 내벽을 제공하는 것, 학생들이 자유롭게 사용할 수 있는 게시판을 제공하는 것 등

추가적인 사회적 공간은 학생들이 자발적으로 발견해 낸다. 학생들은 야외나 복도 한쪽 구석에서도 잠깐씩 혼자 혹은 친구들과 머물면서 인터넷을 검색하거나 과제를 검토할 수 있는 공간을 찾아낸다. 이처럼 적당히 보기 좋고, 편안하게 앉을 수 있는 장소도 있으면서, 접근하기 쉬운 곳들이 틈새 공간으로 활용되기 마련이다.

기타 비공식적 학습 공간으로는 카페나 서점과 같이 캠퍼스 근처에 위치한 '제3의 공간'(Oldenburg, 1989)이 있다. 제3의 공간은 '집과 일터 외의 공간(제1의 공간과 제2의 공간)'으로서 '좋은 친구들과 정기적으로 쉴 수 있는 장소'(p. 2)를 뜻한다. 나아가 이 장소

는 누구나 쉽게 자신의 친구들을 데려와서 소개시킬 수도 있는 곳으로 새로운 친구를 사귀고, 공동의 활동을 기획하며 놀기도 하고, 중요한 대화를 할 수 있는 장소로 활용된다. Oldenburg(1989, p. xxiii)는 제3의 공간이 가지는 이러한 기능의 중요성을 역설했다. 그에 따르면 사람은 매일매일 방문할 수 있고 여러 사람이 모여 대화할 수 있는 곳이 있어야 친구를 사귀고 그들과 깊이 있는 관계를 형성할 수 있다. 그러한 장소는 학생 간 토론을 통해 비공식적 학습을 진작하고 학생 공동체를 형성해 준다는 점에서 대학생의 삶에서 큰 가치를 발휘한다(Oldenburg, 1997; Stantasiero, 2002). Banning, Clemons, McKelfresh, 그리고 Gibbs(2010)의 연구에서 응답자의 80%는 적어도 일주일에 한두 번씩 방문해서 사람들과 사귀거나 식사나 음료를 즐기고, 독서나 공부를 할 수 있는 제3의 공간이 있다고 응답했다. 미국의 볼링그린 주립대학교(Bowling Green State University) 학생들에게는 사우스 메인 스트리트(South Main Street)에 위치한 그라운즈(Grounds)라는 카페가 그런 곳이다. '생각을 위한 땅(Grounds for Thought)'이란 이름에서 시작한 이 카페는 지난 25년 동안 카페이자 서점이자 레코드 가게로 많은 학생들에게 사랑받아 왔다. 많은 학생들이 대학 캠퍼스에서 외로움, 향수, 새로운 사람과의 만남에 대한 두려움을 느끼면서(Keup & Stolzenberg, 2004), 대학이 학생의 사회생활에 충분한 관심과 지원을 기울이지 않는다고 불평하는 것은(Miller, Bender, & Schuh, 2005) 아마도 캠퍼스 안이나 주변에 이러한 제3의 공간이 충분치 않거나 접근하기 힘들기 때문일 것이다. 학생들은 강의실의 복잡함과 긴장되는 대학 생활로부터 잠시라도 떨어져서 친구들과 수다를 떨 수 있는 제3의 공간이 필요한 것이다.

　제3의 공간 외에 더 필요한 곳이 있다면, 그것은 학생들이 휴식을 취하면서 긴장을 풀고 재충전할 수 있는 안전한 장소다(Banning et al., 2010). 우리는 이런 장소를 '회복 공간(restorative places)'(Staats, 2012)이라고도 부를 수 있다. 학생들은 이곳에서 일상생활에서 받는 스트레스를 풀 수 있을 것이다. 자연 공간이나 집, 작업실, 박물관, 종교적 장소 등이 여기에 해당된다. Kaplan, Kaplan, 그리고 Ryan(1998)에 따르면, 이러한 회복 공간은 쉽게 찾을 수 있어야 하고, 스트레스를 받는 곳에서 멀리 떨어져 있어야 한다. 또한 이곳은 학생들이 사유하고, 물음을 던지고, 문제의 해결방안을 구상하고, 자신이 있고 싶은 곳이라는 느낌을 가질 수 있도록 매력적인 공간으로 조성되어 있어야 한다. 단언컨대, 학생들은 대학 생활을 하는 동안 다양한 사회심리적 고민(Chickering & Reisser, 1993)에 부딪히게 되고 삶과 학습에서 발생하는 문제를 해결하면서 많은 스트레스를 겪을 것이다(Vye, Scholljegerdes, & Welch, 2007). 만약 그들이 캠퍼스 안팎에서 조용한 장소를 발견할 수 있다면 대학 생활을 지혜롭게 헤쳐 나가는 데 있어 큰 도움이 될 것이다. Banning 등(2010)의 연구에서는 표본 집단의 45% 정도가 캠퍼스에서 이러한 회복 공간을 알고 있다고 응답했다. 주로 연못, 정원, 공원 등 혼자서 책을 읽거나 공부할 수 있는 장소였다. 캠퍼스 밖에서 이런 회복 공간을 찾은 나머지 55%는 산책로, 호수, 숲, 산 등을 꼽았다. 다섯 명 중 한 명은 자신의 회복 공간을 매일 찾았고, 67% 정도는 적어도 일주일에 한 번은 회복 공간을 찾는다고 응답했다.

마지막으로, 캠퍼스의 인도나 대학 캠퍼스 안내도 역시(Kenny, Dumont, & Kenny, 2005) 안전, 기능성, 즐거움, 대학 문화에 대한 긍정적인 경험을 형성하면서 학습에 영향을 끼친다. 에릭이 MPCC 캠퍼스 투어에서 느낀 감정들이 그것이다. 캠퍼스의 생김새나 시설의 상태에 따라 사람은 안전이나 위협에 대한 즉각적인 인상을 받기 마련이다. 비상연락 전화와 적절한 조명, 자전거와 스케이트보드 사용자를 위한 신호 체계를 보면서 느끼는 감정과 난간이 없는 계단이나 부서진 벤치, 전체적으로 낡은 경관을 볼 때 느끼는 감정은 매우 다를 것이다. 편이성과 접근성은 캠퍼스의 기능적인 면에서도 나타난다. 간결하고 쭉 뻗은 보도는 길 찾기를 쉽게 해 주고 좋은 디자인이라는 느낌을 준다. 낮은 돌담, 벤치, 꽃, 비가림막과 같은 것들은 전체적으로 즐거운 느낌을 준다. 캠퍼스에서 길을 찾으면서 마주치게 되는 각종 문화적 조형물들도 걷는 사람들에게 대학이 중시하고 가치 있게 여기는 것이 무엇인지를 암묵적으로 알려 준다.

요약하면, 형식적 또는 비형식 학습을 지원하는 캠퍼스의 시설들은 학생들을 동료, 존경할 만한 멘토, 필요한 자원과 연결해 줌으로써 효력을 발휘할 수 있다. 그러나 궁극적으로는 개인적이고 조용한 공간과 사회적 상호작용이 활발한 공간 모두가 학생에게 균형적으로 제공되어야 할 것이다. Matthew, Adams, 그리고 Gannaway(2009)는 이러한 공간의 효과는 능동적, 협동적 학습

참여와 학업적 도전을 위한 지식 공유로 이어질 수 있는 사회적
네트워크를 얼마나 개발할 수 있느냐에 따라 달라진다고 주장했
다(Painter et al., 2009에서 재인용). 학생의 학습을 위해 보다 많이
투자하기를 원하는 대학은 캠퍼스 관리부서가 건물을 건축하거
나 개보수할 때 활용할 수 있는 '학습 공간의 성과 평가 시스템'[5]
을 제안한 Felix와 Brown(2011)의 연구 및 Felix(2011)의 연구를
참고하면 좋을 것이다. 이 시스템은 캠퍼스의 공간적 특징과 기
관적 특징을 고려하여 다음과 같은 것들을 목표로 삼고 있다.

- 캠퍼스 공간 계획과 디자인, 학습 공간 지원을 안내하기 위해
  공통적으로 적용할 수 있는 정량 평가 기준 제시
- 능동적 학습과 학생 참여를 촉진하는 학습 공간 디자인을 독려
- 대학이 캠퍼스 전체에 걸쳐 공간 디자인과 지원 체제를 표준
  화하는 것을 도움
- 학습 공간 디자인 우수 사례를 다른 대학과 공유하고 비교를
  가능하게 함
- 전략적이고 능동적인 학습 목표를 향한 대학의 노력을 측정
  (Felix & Brown, 2011)

---

5) http://www.educause.edu/eli/initiatives/learning-space-rating-system

장소감을 통한 연결

장소의 개념에 대한 연구는 환경심리학, 사회학, 공동체 심리학, 인간지리학, 문화인류학, 노인학, 인구통계학, 도시학, 레저 관광학, 산림학, 건축학 그리고 경제학에 이르기까지 다양한 학문 분야에서 이루어져 왔다(Lewicka, 2011, p. 207). 그동안 이러한 인접 학문의 도움을 얻어 대학 구성원들이 느끼는 장소감(sense of place)이 어떻게 진화되어 왔고, 그들은 이를 어떻게 얻게 되는지를 이해하기 위한 구인(constructs)과 도구들이 다양하게 개발되어 왔다. 관련 구인의 예로는 '길 찾기(wayfining)', '거주자 중심 장소 만들기(placemaking)', '장소 표시하기(placemarking)', 장소 짓기(placebuilding) '공공장소(public space)', '서비스 환경(service scape)', '분위기(atmosphere)', '거주 후 평가(post-occupancy evaluation)' 등이 있다. 이러한 개념들을 제대로 활용한다면, 캠퍼스 공간 디자인, 대학 구성원의 공간 사용 용이성, 궁극적으로는 구성원이 느끼는 장소감의 질을 개선하는 데 도움을 준다.

길 찾기

어느 대학이나 개강을 하루 앞둔 날의 저녁은 다음 날 들어갈 강의실을 찾거나 캠퍼스를 이리저리 둘러보는 학생들로 들썩거리게 마련이다. 어떤 학생도 캠퍼스에서 길을 잃고 싶지는 않겠지만, 개강 첫날 어디로 가야 할지를 모르는 상황에 대한 불안감은 쉽게 가라앉지 않는다. 학생들에게 직감적으로 떠오르는 해결 방법은 그것이 인공적인 건물이든 자연환경이든 자신을 둘러싸고 있는 어떤 특정한 환경을 힌트로 삼아 자신의 위치를 파악하는 것이다(Delvin, 2012, p. 42). 이는 캠퍼스에서 자기가 가야 할 길을 찾아가는 데 도움이 된다.

　이러한 길 찾기(wayfinding)와 관련해서 Passini(2002)는 두 가지 중요한 점을 제안한다. 하나는 공간의 구성과 순환, 다른 하나는 각종 표지판과 그래픽이 제공하는 환경적 의사소통이다. 대학 캠퍼스가 빌딩 위치, 포장 도로, 오솔길, 표지판, 상징물, 자기 위치를 표시해 주는 캠퍼스 지도와 모바일앱, 건물명을 알려 주는 표지판 등을 제대로 갖추고 있을 때, 그 캠퍼스는 사용자 중심으로 디자인된 캠퍼스이고 방문객이 즐겁게 길 찾기 할 수 있는 캠퍼스가 된다.

　캠퍼스를 돌아다닐 때 길 찾기와 편안함은 항상 서로 관련되어 있다. 잘 디자인된 대학들은 찾기 쉬운 랜드마크나 돌아다녀도 쉽게 길을 잃지 않도록 해 주는 경관을 가져서 즐거운 캠퍼스 탐색을 가능하게 한다. 어떤 캠퍼스를 얼마나 쉽고 즐겁게 탐색할 수 있느냐는 이전에 방문했던 경험과 현재 지금의 대학 캠퍼스 환경이 우리가 이동할 길을 얼마나 효율적으로 안내하고 있느냐에 달려 있다. 예컨대, 에릭이 MPCC를 방문했을 때 이리저리 헤맸던 것은 이전에 그 캠퍼스들을 방문했던 경험이 매우 제한적이었고, 지금도 캠퍼스 곳곳에 있는 표지판들이 매우 혼란스러운 신호를 보내고 있기 때문이다. 이러한 안 좋은 캠퍼스 경험이 주는 결과는 즉각적으로 나타난다.

대학 캠퍼스에서 많은 사람들이 길 찾기를 하면서 어려움을 겪고 때로는 방향을 잃어버려서 스트레스를 받기도 한다. 캠퍼스를 매일 오가는 사람들이라면 약간 혼란을 느낄 수 정도의 사소한 문제도 처음 방문한 사람에게는 큰 스트레스를 준다. 방향이나 길을 완전히 잃은 느낌은 매우 공포스러운 경험이나 불안감 같은 감정적 반응을 유발할 수 있다. 이 경우 자기효능감이나 자신의 역량에 대하여 부정적인 방향으로 평가 내리기도 한다(Passini, 2002, p. 26).

길 찾기가 어려운 캠퍼스는 방문자는 물론 대학에게도 효율성이나 금전적 가치로 환산할 수 있는 피해를 입히기도 한다(Arthur & Passini, 1992, p. 11). 따라서 대학이 길 찾기 방법을 개선하려면 신입생이나 방문객들이 캠퍼스를 돌아다니면서 갖게 될 질문에 관심을 기울여야 한다. 학생회는 어디에 있을까? 이 빌딩의 입구는 어디에 있을까? 이 건물에도 엘리베이터가 있을까? 주요 건물의 방향 표지판은 어디에 있을까? 내 위치가 어디인지를 보여 주는 캠퍼스 지도는 있을까? 이 안내판이 무슨 뜻인지 설명해 줄 수 있는 사람이 있을까? 그 사무실을 찾는 것이 왜 이렇게 복잡할까? 그리고 디지털 기술이 발달한 오늘날 많은 사람이 하는 질문, 즉 이 대학은 캠퍼스 투어를 위한 앱은 없을까? 종합하면, 학생들이 긍정적인 장소감을 가져서 캠퍼스를 편리하면서 편안하게 느낄 수 있도록 하려면 쉬운 길 찾기가 가능하도록 노력해야 한다.

장소 만들기와 장소 표시하기

캠퍼스에서 느낄 수 있는 장소감의 질을 높이는 두 가지 전략은 사용자가 중심이 되는 장소 만들기와 장소 표시하기(placemaking and placemarking)다. 먼저 '장소 만들기(placemaking)'는 어떤 장소에 머무는(혹은 오랜 시간을 보내는) 사람들이 그 장소를 만들고, 변화시키고, 유지하며, 개선해 가는 일련의 행위들을 말한다 (Schneekloth & Shibley, 1995). 최근 대학 캠퍼스 건설과 관련해서 떠오른 핵심 주제는 대학이 가진 미션의 달성에 기여하는 캠퍼스 디자인이 무엇인지 찾는 것이다. 이와 관련해서 새로운 캠퍼스 공간을 만들거나 기존 시설을 개보수하는 프로젝트들은 앞서 설명한 장소 만들기를 통해 구성원의 장소감 개선을 목표로 해야 할 것이다. 캠퍼스 디자인과 관련된 종합 연구를 했던, Dober(1992)는 대학 캠퍼스의 핵심 요소를 "빌딩, 경관 그리고 순환 시스템"으로 정의했다(p. 4). 이 요소들이 캠퍼스에서 대지의 사용, 인도와 차도의 배치, 건물과 개방 공간의 위치 결정⋯⋯ 그리고 캠퍼스와 환경이 어떻게 조화를 이룰지를 결정하는 것이다. 반면, '장소 표시하기(placemarking)'는 '캠퍼스에 가시적으로 독창성을 부여하는 물리적 특징'에 주목하는 개념이다(Dober, 1992, p. 5). 다양한 랜드마크, 스타일, 건축 재료, 경관 등이 그것이다. 왜냐하면 이러한 요소들의 조합을 통해 독특하고 오래 기억에 남는 장소감이 형성되기 때문이다. Dober(1992)는 장소 만들기가 마을 계획이나 미래에 대한 청사진 그리기와 관련되는 것이고, 장소 표시하기는 캠퍼스 건축 스타일, 조경, 현장 설계와 같은 것이라고 하였다(pp. 229-231). 만약 대학이 교육 목표를 달성하고 대학생의 학습 참여를 높이려면, 장소 만들기와 장소 표시하기를 통해서 캠퍼스의 모습이 학습 공동체로서 일종의 메타포를 갖도록 하여 학생들의 장소감을 증진해야 한다.

장소 짓기

장소감과 관련된 또 다른 중요한 문제는 대학 캠퍼스를 다른 장소, 특히 지역 공동체와 어떻게 연결하느냐이다(Cronon, 1992; Cresswell, 2004). 역사적으로 대학 주변에 캠퍼스와 긴밀한 관계를 맺어 온 개방 공간이나 건물이 있는가? 반대로 도시나 지역 공동체의 기구가 대학 캠퍼스의 공간 구성 문제에 대하여 어떠한 영향력을 발휘하는가?(Lyndon, 2005, p. 3). 대학들은 지역 공동체처럼 보다 큰 환경과의 관계를 맺기 위한 장소를 만들기도 한다. Thomas(2004) 및 Thomas와 Cross(2007)는 자신을 둘러싼 환경과 대학의 관계를 다음 네 가지로 개념화했다. 첫 번째 유형은 주변 환경을 적극적으로 '사용'하려는 대학들이다. 이들은 자신을 독립적인 행위자로 보고 자신들이 위치한 장소에 대한 어떠한 의무감도 느끼지 않는다. 따라서 대학은 자신을 둘러싸고 있는 지역 공동체를 대학의 필요를 충족하기 위한 자원으로 바라볼 뿐이다. 두 번째는 환경에 자신을 '맞추려는' 대학들이다. 이들은 자신을 지역 공동체의 일부로 간주하지만, 그것에 대해 특별한 책임을 느끼지는 않는다. 이들은 지역 공동체가 대학에 해 줄 수 있는 것을 찾지만 대학이 보상 차원에서 할 수 있는 일은 지역사회에서 문제를 일으키거나 공동의 규범과 가치에 대해 의문을 제기하지 않는 정도라고 생각하는 경향이 있다. 세 번째 유형은 지역 공동체의 발전에 '기여'하려는 대학들이다. 이들은 자신들이 경제적 기여를 포함해서 다양한 방식으로 지역 공동체의 발전에 기여하고 있다고 생각한다. 마지막 유형은 변혁적인(transformational) 대학인데, 이들은 자신을 지역 공동체에서 변화를 이끌어 가는 상호 의존적인 존재로 간주하고, 대학과 지역 공동체가 다양한 협업을 통해 서로를 변화시키고 개선하기 위해 노력하고 있다고 생각한다.

장소 짓기(placebuilding)라는 개념은 앞서 살펴본 장소감 높이기 전략과 마찬가지로 대학과 지역사회의 관계 설정이나 대학의 하위 부서 간 관계 설정 등 캠퍼스의 여러 문제를 이해하고 해결하는 데 유용한 관점을 제공한다. Kuk, Thomas, 그리고 Banning(2008)은 장소 짓기라는 개념을 활용해서 학생 조직과 그들이 보다 큰 환경과 맺는 관계의 양상을 개념화하였고, 나아가 이러한 관점이 학생 조직의 시민적 참여를 이해하고 촉진하는 데 어떻게 쓰일 수 있는지를 탐색하였다(Kuk, Bannong, & Thomas, 2009).

공적 공간

공적 공간(public spaces)이라는 개념(Gehl & Svarre, 2013)은 캠퍼스의 장소감 형성에 대한 다양한 아이디어 중 하나이다. 공적 공간이라는 개념은 물리적 시설을 의미하는 것뿐만 아니라 거기서 이루어지는 활동까지 포함한다. 이 시설과 공간들은 학생들이 도보로 캠퍼스를 돌아다니면서 얻게 되는 경험에 영향을 미치고, 장차 이 대학에 지원할 학생과 학부모를 가장 먼저 만나서 환영하는 공간이 되기도 한다. 또한 공적 공간은 학생들의 대학 생활을 하면서 자투리 시간을 보내는 곳이기도 하다. 대학이 이러한 공적 공간을 만들고 관리하면서 어떤 입장을 취하느냐에 따라 학생들의 장소감을 강화하거나 약화시킬 수 있다. Francis, Giles-Corti, Wood, 그리고 Knuiman(2012)은 기숙사 신축에 대한 연구를 통해서 공적 공간의 질이 거주 학생의 공동체 정신과 정적인 상관관계를 가진다는 점을 밝혔다. Sucher(1995)는 "공적 공간 디자인의 핵심은 거주자 간 의사소통을 장려하고 촉진하는 데 있다"고 주장했다(p. 166). 그러므로 학생들이 캠퍼스에 대해서 가지는 장소감을 촉진하려는 대학은 편리하고 명확한 표지판, 충분한 벤치, 자유로운 녹색 잔디 공간 사용, 게임과 놀이 공간, 먹거리와 자판기가 있는 카페 공간 등을 구비해야 한다. 또한 이러한 공적 시설들은 주차장이나 교통의 영향에서 벗어나면서 채광이 적절해야 하고, 사람들이 모일 때 일어나는 우연한 학습(incidental learning)을 촉진할 수 있도록 배치되어야 한다. Banning(2002)은 학생의 학습과 발달을 촉진시키는 것이 캠퍼스 환경이라고 하였고, 그 환경은 걷기에 안전하고, 쉬기에 편안하며, 사회적 상호작용을 촉진하여 학생들이 캠퍼스 공간에서의 순간순간을 즐길 수 있는 곳이어야 한다고 주장했다.

Kenny, Dumont, 그리고 Kenny(2005)도 공적 공간이 가진 교육적 잠재력을 높이려면 대학의 교육 미션에 부합하는 방식으로 공간을 디자인할 필요가 있다고 강조했다. 예컨대, 자동차를 위한 공간, 즉 주차장의 경우 교육적 공간이 될 가능성이 전혀 없다. 하지만 건물 사이에 있는 아름다운 야외 공간, 캠퍼스의 커피숍, 공용 컴퓨터실, 심지어 교내 우체국처럼 사람들이 북적거리는 곳은 교육적 공간이 될 가능성이 높다(pp. 40-41). 이들은 캠퍼스에서 학생의 참여를 증진하고 학습 기회를 확대할 수 있는 디자인의 핵심 원칙으로 다음 여섯 가지를 제안했다.

• 건물 간 거리가 적절하고, 인접 건물들이 서로 보완적 기능을 할 수 있는 도보자 중심의 캠퍼스 환경 조성
• 실내 또는 야외의 사회적 공간을 캠퍼스의 일정 지역(예: 학생회관 주변)에 집중되지 않도록 캠퍼스 전역에 고르게 분산시킬 것. 즉, 기숙사에도 라운지를 설치하고 건물 로비마다 만남의 공간을 만들어 주거나 야외에 여러 명이 앉을 수 있는 테이블과 의자를 설치하는 것
• 카페나 커피숍을 캠퍼스의 여러 장소에 설치하고, 추가로 학생 간 상호작용이 이루어질 수 있도록 하는 편안한 시설을 충분히 설치하는 것. 이런 곳을 통해 음식을 제공하는 장소가 늘어나면 보다 많은 교수와 학생들이 만나게 될 것임
• 보다 큰 공동체로의 통합은 지역사회 학습 자원을 활용할 수 있는 장점이 있고, 학생들은 지역사회의 책임 있는 구성원이

되는 법을 배우는 기회를 가짐

- 온라인으로 상호작용할 수 있는 기회를 제공하는 정보통신기술에 대한 학생의 접근성 제고
- 비교과 활동에 참여할 수 있는 장소와 기회의 제공(pp. 40-41)

Kenny, Dumont, 그리고 Kenny(2005)는 캠퍼스에서 건물과 공적 공간들을 배치할 때, 이들의 적절한 밀도(density)를 신중하게 고려해야 한다고 제안한다. 건물마다 적절한 거리를 두는 것은 공동체 형성의 핵심 조건이라는 것이다. 왜냐하면 건물 사이의 거리가 적절하게 가까우면 그 사이를 오가는 사람들 사이에서 즉각적인 상호작용과 아이디어의 교환이 늘어나기 때문이다. 이러한 현상은 대학이 가진 고유한 특성인 "협력(collegiality)과 학문 간 소통의 토양"이 된다(p. 111). 또한 그들은 "대학이 자신의 규모, 위치, 문화에 적합한 수준의 '압축(compactness)'을 통해 구성원 간 상호작용을 촉진하고자 한다면 지방의 소규모 대학에서도 밀도를 통한 이점을 누릴 수 있을 것"(p. 105)이라고 주장한다. 대학 구성원의 상호작용 촉진은 무엇보다 건물과 공간의 배치 방법에 달려 있는데, 이 과정에서 이른바 '이(離)사회적(sociofugal)' 공간과 '집(集)사회적(sociopetal) 공간'(Osmond, 1957)을 고려해야 한다. '이(離)사회적' 공간은 사람들을 따로 따로 분리시켜 의사소통을 차단하지만(예: 혼밥 식당 좌석 배치), '집(集)사회적 공간'은 정반대 양상을 보인다(예: 여러 사람이 함께 앉도록 디자인된 테이블). '집(集)사회적 공간'으로 디자인된 캠퍼스는 사람들이 이동하는 노선

이 서로 합쳐지거나 중첩되게 해서 사람들이 한데 모이고 상호작용이 이루어지도록 한다(Howard, 2008). 결국 대학의 다른 공간처럼, 공적 공간들도 교육적 목표를 달성하는 데 있어 중요한 자산임이 분명하다. 대학이 이들의 사용에 대해 좀 더 많은 관심을 가질수록 공적 공간에서 생기게 되는 장소감은 학생들의 대학 경험을 보다 풍요롭게 만들 것이다.

장소의 서비스 환경과 분위기

　마케팅과 소매업에 대한 선행 연구들이 다루는 서비스 환경과 분위기라는 두 가지 개념은 대학에서 장소감의 질을 형성하는 추가적 관점이다. 두 개념은 캠퍼스의 서비스 환경과 구성원들이 가지는 서비스 이용 경험이 중요함을 강조한다. 두 요소는 대학의 방문객이나 향후 이 대학으로 진학할 수도 있는 학생과 학부모들이 대학에 대한 장소감을 형성할 때 직접적이고 중요한 인상을 결정한다. 입학처, 학생회관, 서점, 상담센터, 학생처 등 방문객들이 처음으로 접하는 공간의 물리적 환경이나 내부의 문화적 요소들은 학생들이 대학 생활을 하면서 느끼게 되는 서비스 환경의 대부분을 구성한다. 특정 공간에서 느낀 온도, 습도, 공기의 질, 냄새, 소리, 빛, 안락함(Ford & Heaton, 2000)과 담당자가 제공하는 서비스의 질은 소비자들의 행동을 결정할 때가 많다. 예를 들어, 불편하거나 어두침침한 대기실에서 오래 기다리고 싶은 사람은 없을 것이다. 하지만 쾌적하고 편안한 대기실은 기다리는 것도 참을 만한 경험으로 만들기도 한다. 여기서 서비스 환경의 핵심은 사용자들이 환대받는 느낌을 갖도록 하고 그곳에서 갖게 되는 경험의 질을 높이는 것이다(Ezeh & Harris, 207). 공간의 분위기도 그곳에서 이루어지는 상호작용에 영향을 미쳐 장소감을 형성하는 요소가 된다(Thang & Tan, 2003). 직원 한 사람의 실수가 조직 전체의 인상을 나쁘게 만들 수 있고, 한 번의 탁월한 서비스가 소비자들 사이에 두고두고 회자되는 전설이 될 수도 있다. 이상의 두 개념은 캠퍼스에서 공간 배치와 디스플레이를 통해 대학의 미션을 달성할 수 있도록 세심한 노력을 기울이는 것이 중요함을 시사하고 있다.

거주 후 평가

이제 장소감이라는 것이 완벽하게 완성될 수 없고, 지속적으로 개선해 나가야 하는 개념임을 강조하고자 한다. 특정 집단이 특정 시점에 경험한 것을 가지고 캠퍼스의 어떤 공간이 가지는 기능이나 인상을 완벽하게 평가할 수 없다. 같은 사람이라도 다른 시간이나 다른 맥락에서 그 장소를 사용하면 다른 느낌을 받기 때문이다. 즉, 한 공간의 특징이 계속 진화하는 것처럼 그곳을 사용하는 사람들의 필요도 변화할 수 있다. 거주 후 평가라는 것은 어떤 한 건물의 성능을 지속적으로 재평가해 가는 과정을 의미한다(Gabr & Al-Sallal, 2003). 일반적으로 건물의 성능은 난방 또는 환기처럼 사용자와 공식적인 용도에 관련된 기능성을 기준으로 평가할 수 있다. 이러한 평가는 건물을 평가하기에 적합한 기간 동안 충분히 사용한 후에 시행된다. 이러한 관점을 대학 캠퍼스의 건물에 대한 평가에 적용하면, 캘리포니아 버클리 대학교 에번스 홀(Evans Hall)처럼 중세 성 또는 감옥과 같이 보인다는 혹평이 나오기도 한다(Keller, 2007). 특히, 당장 뜯어고치고 싶다는 평가를 받는 건물은 결코 건물의 목적을 달성하고 있다고 보기 어렵다. 반면, 거주 후 평가 시스템을 캠퍼스 전체에 광범위하게 적용해서 그 결과를 해석해 보면, 구성원들이 캠퍼스 건물을 사용하는 패턴이나 다양한 내부 장식 효과, 보행자들이 갖는 캠퍼스 경험의 내용, 주변 자연환경 사용, 그리고 다른 시설과의 상호작용 등 다양한 정보를 파악할 수 있다. 거주 후 평가 방법은 오랜 역사를 가진 평가 과정이다(Mallory-Hill, Preiser, & Watson, 2012; Preiser, 1989). 장소감이라는 개념을 가지고 과거, 현재, 미래의 대학 구성원들(Sanoff, 2000)이 가지는 장소 사용 경험을 분석한다면, 캠퍼스 관리와 공동체의식 형성에 효과적인 방법을 제시할 수 있다(Schneekloth, & Shibley, 1995). 캠퍼스 환경에 대한 구성원의 인상과 경험을 지속적으로 관찰하고 해석하는 것은 강한 장소감을 형성하는 데 필수적인 활동이다. 거주 후 평가 방법은 그러한 목적을 달성할 수 있도록 도와주는 효과적인 도구 중 하나이다.

다섯 개 대학에서 여덟 번이나 총장으로 일했던 Gordon Gee는 캠퍼스의 물리적 환경을 어떻게 조성할 것인지에 대한 의사결정이 대학의 교육 역량에도 영향을 미친다는 점을 깨닫는 것이 대학의 교육적 잠재력을 높이기 위한 첫걸음이라고 주장하였다

(Kenney, Dumont, & Kenney, 2005, p. viii). 대학 캠퍼스를 조성하는 일은 대학의 교육 미션을 토대로 이루어지는 과정으로 보아야 하고, 여기에는 학생, 교수, 직원 등 모든 대학 구성원들이 참여할 수 있어야 한다. 대학 캠퍼스에서 긍정적인 장소감을 형성하기 위해서는 분명한 의지와 좋은 디자인이 필요하다. 캠퍼스에서 인공적이든 자연적이든 물리적 환경을 구성하는 요소들은 그 과정에서 각각의 특징들이 분명하게 드러나야 하고, 대학의 의사결정 과정에서 중요한 자산으로 간주되어야 한다.

Sturner(1972)는 대학 캠퍼스의 장소감에 대한 저서를 통해 오늘날 캠퍼스 설계자들이 물리적 환경의 조성과 관련해서 귀담아 들어야 하는 핵심 의제를 제시하였다. 특히, 캠퍼스 건설이나 개보수가 대학의 최우선 과제로 부상한 시점에서, 그의 제안은 물리적 환경 조성을 학생의 학습과 연계하여 이해하는 접근 방식이라는 점에서 중요하다. 이것을 통해 캠퍼스를 처음 조성할 때 저질렀던 실수를 만회할 수 있고, 우리가 지금까지 상상했던 것을 실현할 수도 있다. Stuner(1972)는 이 두 가지 효과를 극대화하면서 대학생의 학습 참여를 촉진할 수 있는 환경 조성의 여섯 가지 원칙을 다음과 같이 주장하였다.

1. 대학은 다양한 형태의 질서와 무질서 속에서 탐색적 활동이 일어나는 시스템이고, 총체적인 환경으로 이해할 수 있다. 이러한 대학의 현상은 물리적 환경에서 이루어진다(p. 98).
2. 공식적인 학습 활동의 배경으로 학습에 영향을 미치는 물리

적 환경은 교육기관이 표방하는 가치와 이를 위한 구체적인 활동의 결과이자 원인이다.

3. 캠퍼스 물리적 환경의 디자인과 건축은 학생들이 교육 기회를 잘 활용하게 하여 대학의 미션을 완성하는 데 기여해야 한다. 즉, 캠퍼스 환경은 학생들이 인간과 자연에 대해 다양한 방식으로 경험하게 함으로써 학생 자신과 상대방을 보다 잘 이해하는 활동을 촉진해야 한다(p. 99).

4. 캠퍼스 물리적 환경은 긍정적인 장소감이 반영되는 유기적 환경 또는 마을(village)로 통합되어야 한다(p. 99).

5. 캠퍼스 물리적 환경은 전체적으로 학습과정을 반영하고 촉진해야 하며, 거기서 생활하는 사람들의 고유한 가치나 지향점도 반영하고 있어야 한다(p. 100).

6. 특정 집단을 위해 마련된 공간은 외부자에 의해서는 결코 완벽하게 조성될 수 없다. 대학 캠퍼스 환경 역시 학생, 교수, 직원들의 경험, 요구, 가치를 반영해서 지속적으로 개선되어야 한다. 자신이 머물 공간을 만드는 과정에서 거주자가 담당하는 역할은 매우 중요하다. 따라서 건물 설계, 건축, 교통 시스템, 주변 환경과의 조화, 내부 장식 등과 관련된 의사결정 과정에 대학 구성원들을 반드시 포함시켜야 한다(pp. 100- 101).

이상에서 제시한 내용은 학생의 학습과 성공을 지원하기 위해 긍정적인 장소감을 형성하려는 대학을 위한 처방전과 같다. 이 장에서는 이러한 점들을 염두에 두면서 학생의 학습과 성장, 발달 기회에 영향을 미치는 캠퍼스의 물리적 환경에 대해 살펴보았다. 다음 장에서는 그러한 캠퍼스를 채우는 구성원들이 가지는 집단적 특징의 영향에 대해 살펴본다.

생각해 볼 문제

1. 우리 대학에서 학교를 대표하는 가장 중요한 건물은 무엇인가? 그 건물은 구성원이나 방문자에게 어떤 메시지를 보낸다고 생각하는가?

2. 만약 내가 고등학생을 대상으로 캠퍼스 투어를 진행한다면 어디를 먼저 보여 주겠는가? 그 이유는 무엇인가? 캠퍼스의 자연환경에 대해서는 뭐라고 소개하겠는가?

3. 우리 대학 캠퍼스에서 교수와 학생의 상호작용을 촉진하는 사회적 공간은 어디인가?

4. 우리 대학 캠퍼스에 새 시설이 필요하다면 무엇인가? 그 이유는 무엇인가?

5. 우리 대학 캠퍼스 시설 중 개보수 작업이 필요한 곳은 어디인가? 왜 그렇게 생각하는가?

제**2**장

집합체로서 환경

인간 특성의 영향

다음의 시나리오는 미드웨스턴 대학교(Midwestern University) 신입생 세미나에서 학생들이 대학 생활에 어떻게 적응할 수 있을지에 대해 조를 편성해서 토론하는 장면이다. 여기서 신입생들은 교수, 오리엔테이션 진행요원, 4학년 학생들의 지도 아래 자신들이 캠퍼스에서 경험한 첫 달에 대해서 토론을 한다.

시나리오: 걔네들은 저랑 달라요.

"세라, 회계학 수업은 어때?"라고 교수가 물었다. "그냥 그래요, 커밍스 교수님"이라고 세라는 대답했다. "저랑 회계학이 잘 맞는지 모르겠어요. 수업을 따라갈 수는 있지만, 그다지 재미있지는 않아요. 그래서 다음 주에 학과 지도 교수님과 면담을 할까 해요. 다른 전공으로 옮길 수 있을 거 같기도 하고. 잘 모르겠어요."

한편 연극 예술을 전공하는 필은 자신과 관심사가 비슷한 다른 학생들과 친해질 수 있다는 기대감에 한껏 들떠 있었다. "저는 고등학교 시절 항상 친구들로부터 겉도는 것 같았어요. 친구들 중 누구도 제게 깊은 관심을 보이지 않았거든요.

하지만 여기서는 모두가 연극에 참여하고 싶어 해요. 진짜 멋져요!"

인근 사립대학에서 편입해 온 사회복지학 전공의 마이크도 필과 비슷한 경험을 했지만 이유는 좀 달랐다. 마이크는 "저는 이미 대학에서 다양한 사람들을 만났어요. 그리고 저에게 훨씬 많은 선택권이 있다는 것을 알았어요. 저는 더 이상 다른 사람처럼 될 필요가 없다고 생각해요."라고 말했다. 이어서 그는 자신이 다녔던 대학의 학생들이 얼마나 비슷했는지, 자신이 주변 친구들과 다르다고 느끼는 것이 얼마나 힘든 것이었는지를 이야기했다. "저는 늘 어항 속 물고기 같았어요. 모두 나를 쳐다보는데 도무지 숨을 곳이 없는 것처럼 느껴졌어요."

"나도 네가 무슨 말을 하는지 알 것 같아."라고 라틴계 학생인 펠릭스가 말했다. 펠릭스는 이 학교에 계속 다닐지를 심각하게 고민하고 있었다. 실제로 고교 동창 두 명은 중퇴를 하였다. 펠릭스는 생물학 전공으로 수업은 잘 따라가고 있었지만, 자신이 다니는 대학에 대해 소속감을 갖는 것은 점점 더 어려워졌다. "공강 시간에 캠퍼스를 걸으면, 백인들밖에 보이질 않아요. 내가 친해질 수 있는 사람은 없는 것 같아요. 그게 참 이상하더라고요." 그는 마음 편안한 고향 집으로 갈 주말만을 손꼽아 기다리고 있다고 말했다.

아직 전공이 정해지지 않았고, 부모님 모두 미드웨스턴 대학교를 졸업한 질은 여학생 클럽에 가입할 때까지 신입생으로서 초반 몇 주 동안은 상당히 불안했다고 말했다. "고등학교 시절과 비교하면, 이 대학은 정말 큰 학교예요. 여기서 친구를 사귀면 어떤 일이 일어날지 전혀 예측할 수 없어요. 하지만 지금은 여학생 클럽에 가입해서 정말 마음이 편해요. 클럽 친구들은 고향 친구들을 생각나게 해요. 우리는 비슷한 점이 많거든요."라고 질은 신이 나서 말했다.

"여러분 중 일부는 대학에서 자기 자리를 찾은 것 같지만, 어떤 학생들은 여기가 과연 자신이 머물 최적의 장소인지를 계속해서 생각하는 것 같네요."라고 오리엔테이션 진행 요원인 캐럴린은 말했다. "선생님 말씀이 맞아요!" 펠릭스가 대답했다. "이번 학기가 지나면 모두에게 변화가 있을 거라고 생각하나요?"라고 4학년 그렉이 물었다. "내가 원하는 전공을 찾게 되면 지금보다 훨씬 나아질 것은 분명해요."라고 세라가 말했다. "제 생각엔 누구랑 어울리는지 혹은 어떤 친구를 만나느냐가 대학 생활에 큰 영향을 미칠 것 같아요."라고 필은 말했다. "그렇지, 아무래도 너와 관심사가 비슷한 사람과 친구가 되면 그렇겠지."라고 세라가 맞장구를 치면서 말했다. "그런 누군가를 만날 수 있다면 그렇겠지. 하지만 사람들은 다 다르다고!" 마이크가 다시 한번 말했다.

　학생들이 각자 대학에서 갖게 되는 경험이 특별할 수 있지만, 그들이 캠퍼스에서 가지는 총체적인 경험은 이번 장에서 소개하려는 캠퍼스의 인간 집합적 환경(human aggregate components of environment)을 이해하는 데 필요한 캠퍼스의 역동성을 보여 준다. 즉, 대학 캠퍼스의 환경은 사람들에게 영향을 미치고, 캠퍼스 환경이 가지는 지배적인 특성은 일정 부분 그 환경에 속한 사람들이 가지고 있는 집합적인 특성과 관련이 있다(Holland, 1973). 이번 장 서두에서 제시한 시나리오를 보면, 학생들이 대학에서 가졌던 처음 몇 주의 경험은 기숙사, 수업, 학과, 학생모임 그리고 캠퍼스 학생 조직에서 만나고 교류했던 사람들로부터 큰 영향을 받았음을 볼 수 있다. 필, 마이크, 질은 캠퍼스에서 다른 사람들과 어울리면서 무언가 일치되는 느낌(congruence)과 만족감을 얻을 수 있었다. 반면 세라와 펠릭스는 관심 분야 또는 개인적·문화적 특성의 차이 때문에 미드웨스턴 대학교에 계속 다닐지 말지를 고민하고 있었다.

　입학 초기부터 대학에 대해 소속감을 갖는 것은 학생들이 향후 대학 생활을 영위하는 과정에서 매우 중요하다. 이러한 사실은 최근 10년 동안 미국 북동부 지역의 리버럴 아츠 칼리지(liberal arts colleges)[6]에 다니는 학생들을 대상으로 수행되었던 연구 결과에서 알 수 있다(Chambliss & Takacs, 2014, p. 155).

성공적인 대학 생활의 중심에는 인간관계가 있다. 그것은 필수적인 전제 조건이자, 일상적인 동기 요인이고, 가장 중요한 성과이다……. 인간관계는 학생이 대학에서 겪는 경험을 구체적으로 만들어 간다. 예를 들어, 인간관계는 무슨 수업을 수강할지, 어떤 전공을 택할지, 운동 경기에 참여할지, 어떤 비교과 활동에 참여할지를 결정하거나, 대학이 제공하는 다양한 프로그램 중에 어떤 것에 참여할지를 결정하는 데 영향을 미친다. 또한 인간관계는 학습동기를 유발하거나 저해할 수 있기 때문에 중요하다. 좋은 대학은 학생들이 학습 동기를 유발하는 인간관계를 가질 수 있도록 적극 장려한다.

이렇게 볼 때, 우리는 이번 장에서 다루는 캠퍼스의 인간 집합적 특성이 학습이라는 관점에서 학생의 성공적인 대학 생활 경험과 분명히 관련이 있음을 알 수 있다.

---

6) 역자 주: 학부 중심의 소규모 4년제 대학교로, 인문학, 어문학, 사회과학, 자연과학, 교양과목을 중심으로 가르친다.

인간 집합체로서 환경

Moos(1986)는 "환경이 갖는 특징은 개별 구성원들에게 나타나는 일반적인 특성과 무관하지 않다"(p. 286)고 말한다. 즉, 사람들이 어떤 환경에 끌리고 이에 만족하는 정도와 그곳에 계속해서 남아 있을지 여부에 영향을 미치는 강력한 요인은 바로 그 환경을 구성하는 인간들이 가지고 있는 집단적인 특성이다. 예컨대, 특정 학과는 가르치는 전공과목의 성격과 구성원들의 집단적인 특징을 고려해서, 이에 부합하는 특징을 가진 학생과 교수들을 끌어들이고, 그들의 필요를 채워 줌으로써 대학에 정착하도록 한다. 도입부 시나리오에 나오는 대학생 세라는 회계학과 교수들이나 동료 학생들과의 관계에서 공유할 만한 점을 거의 찾지 못했고, 따라서 학과 생활도 만족스럽지 않다고 토로했다. 펠릭스의 주장대로 특정 문화, 인종이나 민족 또는 연령 집단이 지배적인 캠퍼스에서는 그러한 집합적 특성에 잘 어울리지 못하는 개인이나 소수 집단 학생들은 다양한 어려움을 겪으며 대학 생활에 불만족할 가능성도 높다. 앞의 시나리오에 등장하는 질은 이들과 비슷한 경험을 했지만, 결과는 달랐다. 특정 분야에 대한 관심이나 전통을 중심으로 뭉쳐진 학생 조직(여학생 클럽)에 참여함으로써 질은 보다 만족스러운 대학 생활을 할 수 있었다. 이상의 이야기는 특정 환경에 속한 개인들이 곧 그 환경이 가진 집합적 환경 요소가 무엇인지 알게 해 주는 정보임을 보여 준다. 이제 우리는 이 장에서 여러 이론들을 살펴봄으로써 어떠한 환경의 구성원들이 인구학적(성별, 연령, 인종) 또는 심리적(성격 유형, 관심사, 스타일, 강점) 측면에서 보여 주는 집합적 특성을 토대로 그 환경이 가지는 지배적인 특성을 예측해 보고자 한다. 이를 위해 대학생과 대학 캠퍼스를 다루는 선행 연구들 중에서 캠퍼스의 인간 집합체에 대한 몇 가지 연구를 깊이 살펴보겠다.

유유상종과 학생 하위문화

그동안 많은 학자들이 대학 캠퍼스에서 서로 다른 인간 집합적 환경이 불러오는 차이가 무엇인지를 규명하려고 노력해 왔다. 먼저 학생을 다양한 범주나 유형으로 구분해서 제시한 Astin(1993)의 모형(p. 36)을 토대로 캠퍼스의 인간 집합적 환경과 그것이 가져오는 영향에 대해 설명하려는 다른 모형들이 다양하게 개발되었다. 그중에서 Clark와 Trow(1966)는 학생들이 가지는 하위문화 개념을 적용해서 또래 집단이 캠퍼스에 미치는 영향을 최초로 규명하였다. 이들은 대학생들을 각자의 성향에 따라 학구파형(academics), 이탈형(nonconformists), 친목형(collegiates), 직장인형(vocational students) 등 네 개 집단(또는 학생 하위문화)으로 분류하였다(Walsh, 1973, p. 41). 예컨대, 친목형의 경우 대학과 자신을 동일시하고 캠퍼스에서 사교 활동, 비교과 활동, 운동 경기, 기숙사 활동, 친구들과 나누는 우정이나 교류를 중시하는 집단이다. 예를 들어, 인디애나 대학교(Indiana University)에서 대학생의 하위문화가 충분히 발달하지 않았다면, 기숙사 생활, 캠퍼스 활동, 학생 동아리, 대학 운동 경기와 같은 풍요로운 전통이 유지될 수 있었을까? 이와 반대로 이탈형은 개인주의 성향에 가치를 부여하고, 개인 정체성과 자기 인식에 보다 관심을 두며, 조직 사회를 그리 좋아하지 않는 유형(Walsh, 1973, p. 42)이다. 에버그린 주립대학교(Evergreen State University)나 오벌린 대학교(Oberlin College in Ohio)에 이러한 학생 하위문화가 없었다면 그 대학들은 어떻게 되었을까? 그런데 Clark와 Trow 이론의 핵심은 대학이 가진 조직적 특성이 적어도 하나 이상의 학생 하위문화에 영향을 미친다는 것이다. 또래 집단이 미치는 영향을 조절해 주는 조정자의 역할을 하는 학생 하위문화는 그것이 좋든 나쁘든 학생들이 학습에 관심을 갖고 참여하도록 유도하는 데 중요한 역할을 한다. 따라서 학생들이 보여 주는 하위문화의 특성과 전체 캠퍼스 환경에 대하여 하위 집단이 가지는 영향력이 무엇인지를 이해할 필요가 있다.

이와 같이 캠퍼스의 인간적 환경이 가지는 역동성에 초점을 두고, 많은 연구자들이 학생의 직업 선호(Holland, 1973), 성격 유형(Myers, 1980), 학습 및 적응 스타일(Kolb, 1984), 개인 장점(Clifton, 1997; Clifton, Harter, 2003), 학습 참여 유형(Astin, 1993; Kuh, Hu, & Vesper, 2000) 등을 활용해서 학생에 대한 유형 분류를 시도했다. 이 장에서는 대학 맥락에서 설명과 예시를 제시하면서, 이러한 연구들을 요약해서 설명한다. 각 이론을 전반적으로 살펴보기보다는 이들이 대학의 인간적 환경을 구성하는 인간 집합 요소 사이에서 어떠한 관계를 가지는지를 중심으로 설명한다.

직업적 선호

Holland(1973)에 따르면 "사람들은 현장형, 탐구형, 예술가형, 사회형, 기업가형, 관습형 등 여섯 가지 성격 유형으로 분류할 수 있다"(p. 2). 그에 따르면, 개인이 가진 관심사, 활동, 행동은 개인의 성격과 밀접한 관계를 가진다. 이는 결국 개인이 겪게 되는 다양한 경험에 대하여 얼마나 많이 매력을 느끼고 관심을 쏟을지를 결정하는 데 영향을 미친다. 다음 [예시 2-1]은 여섯 가지 유형을 제시하고 있으며, 유형별 개인의 선호도, 활동, 역량, 가치 및 관심사 등을 보여 준다.

[예시 2-1] 홀랜드 직업 선호-성격 유형
(Holland Vocational Interest-Personality Types)

현장형(Realistic)
사물, 도구, 기계, 동물 등에 대하여 명시적이고 체계적인 조작을 수반하는 활동을 선호한다. 반면 교육적이거나 치료적인 활동은 좋아하지 않는다. 이들은 자신이 기계를 잘 다루고 운동 능력은 뛰어나지만, 대인관계는 좋지 않다고 생각한다. 돈, 권력, 지위와 같이 실체가 있거나 손에 잡히는 것들을 가치 있게 여긴다.

탐구형(Investigative)
물리적, 생물학적, 문화적 현상을 이해하기 위해 관찰하고, 상징적이며, 체계적이고, 창의적인 탐구 활동을 선호한다. 반면 설득력 있고, 사회적이고, 반복적인 활동은 가급적 회피한다. 이들은 자기 자신을 학구적이고, 지적이며, 자신감이 넘치고, 수학과 과학은 능통하지만 리더십은 부족하다고 본다.

예술가형(Artistic)

모호하고, 자유롭고, 틀을 벗어난 활동들을 선호하며, 예술작품을 만들기 위해 물리적, 언어적 또는 인간과 관련된 재료들을 잘 활용한다. 반면 명확하고, 체계적이며, 질서 정연한 활동은 회피하는 성향을 지닌다. 자기 자신을 복잡하고, 감수성이 풍부하며, 여성스럽고, 이상적이며, 상상력이 풍부하고, 비현실적인데, 즉흥적이고, 독립적이며, 내성적이고, 직관력이 있는데, 자유분방하며, 독창적인 사람으로 표현한다.

사회형(Social)

사람들에게 정보를 제공해 주고, 교육시키고, 개발하고, 치료하거나 깨달음을 얻도록 하는 활동을 선호한다. 반면 물질, 도구 또는 기계를 다루는 일처럼 구체적이고 질서 정연하며, 체계적인 활동은 선호하지 않는다. 이들은 자신이 다른 사람을 돕고, 다른 사람들을 이해하고, 가르치는 능력이 있지만 기계적이거나 과학적인 기술이 부족하다 생각한다.

기업가형(Enterprising)

조직의 목표 또는 경제적 이득을 얻기 위해 다른 사람들을 다루는 활동을 선호한다. 또한 리더십, 대인관계 그리고 설득력 등을 배우는 활동에 관심을 가지지만 과학적인 역량은 부족하다.

관습형(Conventional)

조직의 목표나 경제적 목표를 달성하기 위하여 정해진 계획에 따라, 사무기계나 컴퓨터 같은 정보처리 기기를 활용해서 기록하고, 자료를 채워 넣거나 복사하고, 기록되거나 수량화된 자료를 정리하는 것처럼 구체적이고, 질서 정연하며, 체계적인 일을 좋아한다.

출처: Holland (1973), pp. 14-17.

Holland(1973)는 이상의 인간 유형을 활용해서 캠퍼스의 인간 환경 모델(human environment model)을 개발했다. 이를 통해, 그는 조직 구성원들이 가진 집합적 특성을 이해함으로써 조직 환경이 갖는 지배적 특성도 이해할 수 있다는 결론을 내렸다. 조직의 구성원들에게 나타나는 다양한 관심사, 활동 행동들을 평가함으로써 그 조직의 환경에 대해 적절하게 이해할 수 있다는 것이다. 결국 Holland는 직업과 관련된 인간의 성격 유형을 적용해서 조직 내 다양한 인간 집합적 특성을 이해하기 위한 틀을 만들었다. 그에 따르면 조직 환경은 구성원들이 조직의 특성에 가장 부합하는 행동을 하도록 하고, 그에 맞는 태도와 기술 그리고 관심을 갖도록 권장하고 이를 강화한다. 예를 들어, 조직이 진취적인 환경을 가지면 구성원들의 기업가적 행동과 특성을 강화한다. 요컨대, Holland의 유형 분류는 인간 환경이 가지는 집합적 특징을 이해하는 틀이 된다. 도입부의 시나리오에 등장한 세라는 회계 과목을 수강하면서 무언가 문제가 있다고 느끼기는 했지만, 보통 관습형으로 분류되는 회계학과 학생들이 갖는 일반적인 특징과 자신의 관심사가 다르다는 것을 미처 이해하지 못했던 것이다.

성격 유형

성격 이론 중에서 널리 활용되는 것은 Jung(1923~1971)의 심리 유형 이론을 바탕으로 Myers와 Briggs(Myers, 1980; Myers & McCaulley, 1985)가 개발한 성격 유형 이론이다. 다른 이론들처럼 이들의 이론도 "보기에는 별다른 차이가 없는 행동도 실제로는 상당히 의도적인 경우가 많고, 사람의 행동은 개인의 인식(perception)과 판단(judgment)을 근거로 일어난다"고 가정한다(Myers & McCaulley, p. 1). 그들에 따르면, "인식이란 사람이 사물, 사람, 사건 또는 아이디어를 이해하는 방법을 의미하고, 판단은 인식한 것에 대하여 결론을 내리기 위한 방법을 의미한다. 사람들은 같은 일에 대해서도 다른 반응을 보이고, 관심사와 가치관이 다양하며, 서로 다른 동기를 가지며 발휘하는 기술도 다르다"(p. 1).

Myers-Briggs의 성격 유형 검사(Myers-Briggs Type Indicator: MBTI)에 따르면(Myers & McCaulley, 1985), 개인의 성격 유형은 네 가지 차원으로 구분된다. 이들은 외향(E)과 내향(I), 감각(S)과 직관(N), 사고(T)와 감정(F), 그리고 판단(J)과 지각(P)을 각각 사이에 두고 나뉜다. 외향-내향(E-I) 차원의 경우, 외향적인 사람인지 진단하기 위해서는 외부 세계와 타인에 대하여 직접적인 활동(즉, 지각과 판단)을 지향하는지를 묻고, 내향적인 성향의 사람인지 확인하기 위해서는 개념이나 생각과 같이 내적인 활동을 선호하는지를 봄으로써 진단하게 된다. 이와 같이 방식으로 네 가지 차원을 조합하면 총 16가지의 서로 다른 성격 유형을 만들 수 있다. 각 유형은 세상을 살아가면서 각자가 선호하는 태도, 과정, 스타일이 무엇인지를 보여 준다. 이를 학습 측면에서 보면, 외형적이고, 직관적이며, 사고를 하고, 지각하는(ENTP) 학생은 특정 현상의 이면에 있는 이론에 대하여 공개적으로 토론을 하는 것을 선호한다. 반면, 내향적, 감각적, 감정적, 판단(ISFJ)의 성향을 가진 학생은 해당 이론을 구체적으로 어떻게 적용할지 그리고 이를 통해 나타나는 영향에 대해서 심사숙고하는 경향이 있다. 그러므로 내향적이고 판단하기를 선호하는 학생과 외향적이고 지각하기를 선호하는 학생들이 소규모 자유 토론 방식으로 진행되는 세미나 수업에서 각기 다른 경험을 하게 될 것이라는 점은 분명하다. 사전에 정해진 형식과 결론이 없는 위와 같은 수업 방식이 누군가에는 무언가 결여된 힘든 경험이 될 것이고, 다른 누군가에는 더 없이 좋은 학습 기회가 될 수도 있다. 이렇게 볼 때, 특정 성격 유형을 가진 학생이 많은 수업의 경우, 그러한 집합적 특성을 알게 됨으로써 앞으로 그 수업이 어떻게 진행될지 예측할 수 있고, 어떻게 하면 그 수업에서 성공할 수 있을지도 알 수 있게 된다.

Myers와 Briggs 이론으로 설명된 개인 간 성격 차이는 그들의 직업에 대한 관심 정도, 대인관계, 학습 방식을 이해하는 데에도 유용하다(Myers, 1980). 많은 학자가 학업 유지, 기숙사 환경 구성, 학습 참여, 학생 상담, 진로 계획, 효과적인 교수 방법에 이르기까지 다양한 문제에 Myers와 Briggs의 이론을 접목하였다(Provost & Anchors, 1987). 이러한 이론에 대해 비판적인 사람들(Pittenger, 1993, 2005)도 있지만, Myers와 Briggs 성격 유형은 사람의 성격과 선호 방식의 차이를 직관적으로 분류하고 이해하는 데 유용한 개념적 틀을 제공한다. 하지만 그들의 이론이 남긴 최대의 공헌은 비교적 명확하게 발현되는 사람들의 성격 차이를 개념화하고 이를 알기 쉬운 언어로 명명한 것이다.

학습 스타일

학생의 학습 주기를 이해하기 위한 모델로 시작했던 Kolb(1984)의 경험 학습(experiential learning) 개념이나 이후 반복 연구를 통해 확립된 경험 학습 이론(ELT; Kolb & Kolb, 2012)은 학과, 전공, 교실과 같은 학습 환경에 내재한 집합적 영향이 무엇인지를 보여 주는 데 유용하다. Kolb와 Kolb(2012)는 학생의 학습과정을 두 가지 축을 가지고 설명했다. 먼저 수직축으로는 구체적(CE) 차원과 추상적(AC) 차원을 양쪽에 놓는데, 이는 주로 이해(grasping)와 관련된다. 다음으로 수평축은 수동적(RO) 차원에서 능동적(AE) 차원을 포함하는데 이는 변화(transforming)에 대한 것이다. 예컨대, 어떤 이들은 자신이 선호하는 학습 방식이 실제로 행하는 실험이지만, 다른 이들은 추상적 개념화를 좋아한다. 어떤 사람들은 능동적으로 실험에 참여하기를 좋아하지만, 다른 사람들은 자신이 처한 상황에 대해 곰곰이 생각하는 것을 선호할 수도 있다. 물론 어떤 사람들은 이러한 학습 방식에 대하여 하나 이상을 동시에 좋아하기도 한다. 이상의 네 가지 방식(즉, 경험하기, 반성하기, 사고하기, 행동하기)은 학생의 학습 성향을 예측할 수 있을 뿐만 아니라, 다양한 과업을 수행하는 과정에서 나타나는 가치 또는 접근 방식의 차이를 보여 주기도 한다. Kolb와 Kolb는 이상의 학습 방식을 조합해서 아홉 가지의 학습 유형을 제시하였다. 물론 이들은 학생이 처한 학습 상황이나 맥락에 따라 유동적일 수 있다. 구체적으로 아홉 가지 학습 유형은 경험하기, 분기하기, 반성하기,

동화하기, 생각하기, 수렴하기, 행동하기, 수용하기, 균형 잡기다
(Kolb & Kolb, 2005, 2012). 다음 표는 각각의 학습 방식이 서로 다
른 강점과 선호하는 방식이 있음을 보여 준다([예시 2-2]).

[예시 2-2] Kolb의 학습 방식 유형

경험하기(Experiencing)
감정을 중시하고(CE), 행동(AE)과 반성(RO) 사이에서 균형을 이
룬다. 가장 큰 강점은 행위를 주로 하는 외부 세계와 반성이 핵심
인 내부 세계의 모두에서 편안함을 느낄 수 있다는 점이다. 실제적
이고 구체적인 경험을 하는 과정에 몰입할 수 있는 능력을 지녔다
는 것도 강점이다. 특히, 이들은 대인관계에 능숙하다. 새롭고 도
전적인 상황에 능동적으로 참여하고, 다양한 관점으로 자신의 경
험을 반추하면서 반성하고 학습한다. 직접 해 보는 활동을 좋아하
지만, 주변을 주의 깊게 관찰하면서 학습하기도 한다. 비형식적 학
습 상황, 조 모임, 역할 놀이, 브레인스토밍 또는 현장 학습 모두
이들에게는 충분히 흥미를 유발할 수 있는 상황이다. 추상적 개념
화에 대해서는 관심이 적기 때문에, 때로는 체계적이지 못하고 무
계획적으로 보일 수도 있다.

반성하기(Reflecting)
반성하기(RO)를 강조하고, 감정(CE)과 사고(AC) 사이에서 균형을
이룬다. 이들이 갖는 강점은 감정 지향, 개념 지향 또는 양쪽 모두
가능해서 양자를 통해 얻는 정보를 토대로 심사숙고를 한다는 점
이다. 창의적 아이디어를 생산하는 능력과 아이디어를 간결하고
논리적으로 표현하는 능력을 결합하면서 학습에 임한다. 집에서
도 자신이 경험한 것과 생각한 것에 대해서 반성적으로 생각해 보
는 경험을 갖는다. 결과적으로 자신에게 중요한 사항에 대해서 풍
부하고 직관적인 이해를 할 수 있게 된다. 주변 일들이 '왜' 그러한

방식으로 진행되는지를 알고 싶어 하고, 동시에 '무엇'이 세상을 변화시키는지를 밝히고 싶어 한다. 토론과 상호작용이 많은 학습 환경과 주변 세상을 깊이 이해할 수 있게 해 주는 독서를 통해 스스로 발전한다. 능동적인 실험을 중시하지 않고, 생각하는 데 많은 시간을 보내며, 계획을 행동으로 옮기는 데 어려움을 겪는다. 학습 주기에서 행동의 영역이 매우 적게 차지해서, 그들의 생각은 주로 직접적인 행동보다 무엇을 느끼는지와 관련이 있다. 이와 같이 불균형적인 학습 주기에서는 아이디어를 행동으로 옮겨서 검증해 보고 다시 원상으로 회복하는 경험이 부족할 수 있다.

생각하기(Thinking)

생각하기(AC)를 강조하고, 반성(RO)과 행동(AE) 사이에서 균형을 이룬다. 즉, 깊은 사상가 유형이다. 특정 개념이나 아이디어를 귀납적으로 발전시키고, 그것을 실제 맥락에서 검증해서 타당성과 실용성을 연역적으로 평가하는 유형이다. 풍부한 반성과 추상화를 중심으로 하는 내부 세계와 행동이 주를 이루는 외부 세계를 모두 활용한다. 다른 상황에 적용되거나 일반화될 수 있는 개념적 틀을 잘 만든다. 논리적이고 감정을 드러내지 않는 것에 가치를 둔다. 대인관계를 불편해할 수 있으며, 혼자서 일하는 것을 선호한다. 과학적 실험을 설계하고, 수행하거나, 데이터를 조작하는 체계적인 학습 환경에서 가장 학습이 잘 일어나는 유형이다.

행동하기(Acting)

행동하기(AE)를 강조하고, 감정(CE)과 사고(AC) 사이에서 균형을 이룬다. 기술적인 분석을 통해 문제해결 방안을 찾아내는 능력을 실제 상황에서 사람의 요구와 정보의 원천을 찾는 것과 연결한다. 사고 능력이 필요한 주관적 세상뿐만 아니라 자신의 감정과 행동을 활용하는 현실 세계에서도 편안함을 느낀다. 결과적으로 과업과 사람들의 요구를 식별하고 통합하는 능력이 탁월하다. 반성에 크게 관심을 두지 않기 때문에 때로는 과업 진행에 과도하게 몰입해서 문제가 발생할 수도 있다. 실제 생활과 관련된 프로젝트를 수행하거나, 현장 학습을 나가거나, 직접 실험을 하는 학습 환경에서 최상의 학습 효과를 얻을 수 있다.

분기하기(Diverging)

이들은 주로 감정(CE)과 반성(RO)을 통해 학습한다. 구체적인 상황을 확인하고 다양한 관점에서 탐구하는 데 익숙하다. 상황에 대한 접근 방식은 행동을 취하기보다는 관찰하기를 주로 한다. 브레인스토밍 회기 같이 다양한 감정과 아이디어를 끄집어내는 상황을 즐긴다. 또한 상상력이 풍부하고 감정에 민감해서 문화적 관심이 많고 정보 수집을 좋아한다. 공식적인 학습 환경에서 자신에게 집중된 관심과 피드백을 원한다. 정보를 수집하고 열린 마음으로 들으려고 집단 활동을 선호한다.

동화하기(Assimilating)

이들은 주로 생각(AC)하거나 반성(RO)적인 사고를 통해 학습한다. 다양한 정보를 파악하고 간결하고 논리적인 형식으로 표현하는 것을 잘한다. 사람에 대한 관심은 적고, 추상적인 아이디어와 개념에 관심을 둔다. 이론이란 실용적인 가치를 지니는 것보다 우아하고 논리적으로 타당해야 한다고 생각한다. 개인 특유의 감정이나 행동에 그다지 가치를 부여하지 않기 때문에, 대체로 혼자 일하는 것을 선호한다. 신속한 결정을 내리지는 않지만 충분히 생각할 시간을 갖는다. 공식적인 학습 환경에서 강의, 읽기를 좋아하고, 분석 모델 탐구와 충분한 사고를 하기 위한 시간을 필요로 한다.

수렴하기(Converging)

학습과정에서 생각(AC)과 행동(AE)하는 것을 강조한다. 이들은 아이디어와 이론을 현실에 적용하는 방법을 잘 찾는다. 이슈나 문제에 대한 논리적 해결책을 찾아내어 의사결정을 하고 문제를 해결하고자 한다. 사회 및 대인관계보다 기술적인 문제를 다루고 싶어 한다. 감정과 반성을 그리 중시하지 않기 때문에 모호한 상황과 대인관계에 대해 불편함을 느낄 수 있다. 공식적인 학습 환경에서 아이디어를 실험하고 시뮬레이션에 참여하며, 실험실 과제 및 응용 프로그램에 참여하는 것을 좋아한다.

수용하기(Accommodation)

이들은 주로 행동(AE)과 감정(CE)을 통해 학습한다. 직접 해 보는 경험을 통해 학습하고, 애매하고 불확실한 상황에서도 제대로 활동하는 능력을 가졌다. 목표를 달성하고 새롭고 도전적인 경험을 하는 것을 즐긴다. 논리적인 분석보다 직관적인 '직감'에 따라 행동하는 경향이 있다. 문제해결 과정에서 수용적 학습 유형을 가져서 자신의 전문적 분석보다 사람의 정보에 의존할 가능성이 높다. 학습과정에서 반성과 사고에 중점을 크게 두지 않기 때문에 때로는 혼란에 빠지며, 생각하기 전에 행동할 수도 있다. 공식적인 학습 환경에서 과제를 완료하고, 목표를 설정하며, 현장 작업을 수행한다. 프로젝트를 완료하는 과정에서 다양한 방법을 검증하기 위해 다른 사람들과 협력하는 것을 선호한다.

균형 잡기(Balancing)

이들은 행동과 반성 그리고 구체화와 추상화의 변증법적 사고에서 균형을 잘 잡는다. 네 가지 학습 방식의 중간쯤에서 균형을 잡으려고 하고, 쟁점에 대해 다양한 관점을 이해하고 다른 사람들과의 차이를 좁히고자 한다. 창의적이지만 결정을 내리는 데 어려움을 겪는다. 과제를 완료하기 위해서라면 팀의 결핍 요인을 자신이 보완하려고 적응하기도 한다. 공식적인 학습 환경에서 당면 과제의 해결에 유리한 학습 요구를 만족시키기 위해서 자신의 학습 스타일을 변경할 수도 있다.

출처: Springer Science + Business Media.

'경험 학습 모델'이 제시하는 것처럼 학습 유형의 차이가 주는 시사점은 많다. 개인 수준에서 각 유형별로 선호하는 것과 강점은 성격 유형, 전공, 직업 및 취업 선호도, 일반적인 적응 능력에서의 차이로 나타난다. 어떤 수업에서 특정 유형의 학생들이 많다면 그 수업에서 사용되는 자료와 방법이 학생들의 동기와 관심에 얼마나 영향을 미칠 것인지는 쉽게 상상할 수 있다. 이러한 개념적 연계 고리는 학생들의 만족도와 강사 평가에 대해서 의문을 제기한다. 학습 자료와 방법 모두가 자신의 학습 스타일과 일치하게 되면 긍정적인 결과를 기대할 수 있다. 반대로 불일치하면 긍정적인 결과가 나오지 않을 것이고, 이는 학생 개인의 차이에 따라서 수업에서 성공할 것인지와 관련이 많고, 수업을 진행함에 있어 이러한 관점이 적용되어야 함을 보여 준다.

이상에서 살펴본 학습 스타일 차이를 다양한 직업군과 연계하여 생각해 볼 수도 있다. Kolb(1984)가 주장한 것처럼 "교육, 간호, 사회사업 그리고 농촌 지도와 같은 사회적 직업은 학습 스타일이 주로 수용적인(accommodative) 사람들이 많다. 반면 회계, 공학, 의학, 그리고 경영 같은 기술이나 과학적 소양이 필요한 직업은 주로 수렴적인(convergent) 학습 스타일을 가진 사람들이 많다"(pp. 88-89). Holland(1973)의 직업-선호 패턴(vocational interest patterns)처럼, 학습 스타일과 직업의 연계는 대학의 어느 전공과 특정 분야에서 나타나는 인간 환경적 특성이 특정 학습 성향을 지닌 사람들을 선호하고 그들의 행동 특성을 보다 강화할 수 있음을 보여 준다.

재능과 강점

'긍정 심리학'(Seligman & Csikszentmihalyi, 2000)의 강점 이론 (strengths approach)이 부상하고 있다(Clifton & Harter, 2003). 강점 이론은 '자신에 대한 이해와 함께 행동의 변화를 가져오는 긍정적 인 개인 특성이나 대인 관계적 특성을 확인하는 데' 초점을 둔다 (Louis, 2012, p. 2). 사회조사기관인 갤럽의 후원을 받고 있는 이 접 근 방법은 클리프톤의 강점 찾기 진단도구(Clifton StrengthsFinder) 를 활용해서(Louis, 2012) '다른 사람과의 상호작용, 정보 처리 및 환경 탐색' 활동에 유용하게 쓰이는 개인의 고유한 재능이나 특성 이 무엇인지를 찾는다(Louis, p. 3). 여기서 재능(개인 차원에서 자 연스럽게 반복되는 생각, 느낌, 행동의 패턴으로 무엇인가에 생산적으 로 쓰일 수 있는 것)(Hodges & Clifton, 2004, p. 57)은 크게 34가지로 분류할 수 있다. 이들은 재능과 관련해서 개인이 가질 수 있는 대 표적인 주제 유형(theme)들이다(Clifton & Anderson, 2002). 이러한 재능 유형 중에서 개인에게 가장 지배적인 다섯 가지가 그의 경 험, 지식, 기술과 어우러져 강점 개발로 이어진다는 것이다. 예를 들어, "조정자 유형(arranger theme)은 '무언가를 조직할 역량이 있 고, 보완할 수도 있는 유연성을 지닌 사람'이다. 그들은 자신의 생 산성을 극대화하기 위해서 여러 요소들과 자원들을 어떻게 배열 할지를 강구한다"(Gallup, 2008, p. 9). 의사소통, 신중, 포용성, 자 기 확신이라는 다른 네 가지 주제 유형과 엮여서 이러한 유형에 속한 사람은 자신의 조직을 추구하는 목표를 향해 확신을 가지

고 이끌면서 구성원들이 그 과정에 참여하도록 독려하는 지도자
에 해당한다. 실제로 이 유형의 학생은 캠퍼스의 학생 단체, 정치
단체 및 사교 클럽을 이끄는 경우가 많다. 한편 다른 예로 사회복
지 동아리에 가입한 학생을 들 수 있다. 이들은 신념, 공감, 조화,
긍정, 회복(restorative)과 같은 특징을 조합한 유형으로 동아리 활
동에 참여하면서 타인을 돕는 경향이 있다. 이들은 동아리 활동
을 하면서, 문제해결, 자신이 헌신할 가치에 대한 명확한 이해, 타
인에 대한 관심 표현과 관련된 기술을 익힌다. 이 과정에서 자신
의 재능을 발휘하게 되고, 다른 사람에게 보일 수 있는 강점을 개
발하며, 자신이 다루고 즐길 수 있는 상황이 무엇인지 배운다. 이
때 학생들은 자신의 역량과 다가오는 기회가 시너지를 일으키는
경험도 할 수 있다. 이 이론은 자신의 약점을 극복하기 위해 너무
많은 시간과 에너지를 소비하기보다 자신의 강점을 파악하고 개
발해서 적극적으로 활용하는 것이 바람직함을 말해 준다. 강점을
개발하는 과정에서 긍정적인 피드백을 얻게 되고, 과업에 보다 적
극적으로 참여해서 배우고, 성공하려는 동기를 갖게 된다. 물론
이러한 방법이 모든 것을 해결해 주지는 않지만, 캠퍼스를 구성하
는 학생들이 가지는 다양한 강점 유형이 무엇인지를 알게 해 줄뿐
더러 학창 시절에 학생들이 자신의 시간을 어디에 투자하고 그들
의 강점을 어떻게 활용할 것인지에 대한 결정을 내리는 데 도움을
주기도 한다.

　지금까지 보여 준 '강점-재능 개발 접근법'을 대학에 적용한 사
례는 많다. Braskamp(2008)는 프로그램 수준에서부터 캠퍼스 문

화의 체계적 변화와 혁신에 이르기까지 많은 사례들을 분석하였다. 대표적인 사례가 텍사스 크리스천 대학교(Texas Christian University)의 학생 리더십 개발 프로그램, 테네시에 위치한 리 대학교(Lee University)의 진로 상담 및 조언 프로그램, 서던 메소디스트 대학교(Southern Methodist University) 기숙사 프로그램, 네브래스카 대학교(University of Nebraska) 경영 대학 신입생 프로그램 등이 있다. Braskamp (2008)는 일리노이 그린빌 칼리지(Greenville College)와 뉴욕의 톰킨스 코틀랜드 커뮤니티 칼리지(Tompkins Cortland Community College) 등 캠퍼스 차원의 재능 개발 문화를 구축하려 했던 대학에 관심을 기울였다. 앞서 설명한 다른 이론처럼 '강점 접근법'도 어떤 인간 집합체의 역동성을 파악함으로써 해당 조직이 어떤 것을 다른 것보다 선호하고, 어떤 것은 거부하지만 어떤 것은 강화하는지를 알게 하는 진단 방법으로 쓰일 수 있다.

참여 유형

한편 다른 연구는 학습 참여 척도를 사용해서 학생들이 캠퍼스에서 시간을 어떻게 보내는지를 분석했다. 이 연구는 Astin(1968)의 연구에 기반을 두고, 캠퍼스 환경의 영향을 파악하기 위해서 대학생들에게 나타나는 집단적인 활동의 양상을 분석해 왔다. 예컨대, 캠퍼스 환경이 학생들의 지적 또는 학문적 관심사에 얼마나 영향을 미치고 있는지를 살펴보려면, 관찰이 가능한 행동(교실 안

퐈에서 이루어지는 공식 또는 비공식 토론, 교수-학생 상호작용 빈도)
에서 학생 간 차이가 나는지를 보면 알 수 있다. 이러한 추론은 실
증적 방법에 기반을 둔 학생 유형 분류가 발전하는 데 기여하였고
(Hu & Li, 2011), 이와 관련해서는 Astin(1993)과 Kuh, Hu, 그리고
Vesper(2000)의 이론이 주목할 만하다. Astin(1993)은 전국 신입생
설문조사(Cooperative Institutional Research Program) 결과를 분석
해서 대학생의 유형을 도출하였다. 그의 분석에 따르면, 학생들
은 학자형(scholar), 사회활동가형(social activist), 예술가형(artist),
쾌락주의형(hedonist), 지도자형(leader), 지위추구형(status striver),
방관형(uncommitted)의 일곱 가지로 분류된다. 각 유형들은 행동,
태도, 기대, 가치 및 자기 개념에 있어서 다른 학생 유형과 차별화
된다([예시 2-3]). 이와 같은 일곱 가지 학생 유형은 캠퍼스에 있는
대다수 학생 집단의 속성을 설명하는 데 유용하게 쓰일 수 있다.
예를 들어, 학자형이 많으면 캠퍼스에서 학문적 활동과 관심을 촉
진하는 제도를 강조할 것이다. 반대로, 사회활동가형과 예술가형
학생들은 사회적 활동과 참여를 늘리도록 대학 당국에 집단적인
영향력을 행사할 것이다.

[예시 2-3] CIRP 1학년 대상 학생 유형 설문지

학자형(Scholar)
높은 수준의 학업적·지적 자존감을 가진다. 학업 성취에 대해 높
은 기대를 하고, 석·박사 등 학위에 대한 열망이 높다. 비즈니스
및 사회사업과 관련된 진로에는 큰 관심을 두지 않는다.

사회활동가형(Social Activist)

지역사회 활동 프로그램에 참여하면서 어려움에 처한 사람인을 돕고, 사회적 가치와 정치적 상황에 영향을 미치는 것을 강조한다. 정치와 사회 문제에 대한 토론, 캠퍼스 시위, 인종 및 문화 관련 워크숍, 자원봉사 활동에 참여하는 경향이 있다.

예술가형(Artist)

상대적으로 교육 수준이 높은 가정에서 자란 유형으로 다른 유형보다 여성 비율이 높다(65%). 순수 예술, 음악, 연설, 연극, 저널리즘, 영어를 전공하고 예술(음악, 글쓰기, 연극), 실내 디자인 및 건축 분야의 진로를 추구할 가능성이 높다.

쾌락주의형(Hedonists)

낮은 고교 성적과 상대적으로 매우 낮은 수준의 학습을 보이고, 수업 시간에 지루함을 느낀다. 전문직 또는 전문 기술을 요하는 직업(예: 비즈니스, 간호, 보건 기술 및 비서학)을 선호한다. 경력에 대하여 낮은 포부를 갖는다. 대학에 다니면서 파티를 하는 데 시간을 할애하고 종교 활동에는 많이 참여하지 않는다. 또한 캠퍼스 시위에 참여하고 다른 학생과 사교하는 데 많은 시간을 보내며, 상대적으로 낮은 성적을 받는다.

지도자형(Leader)

주로 사립대학과 종합대학에 많으며, 커뮤니티 칼리지에서는 찾기 어렵다. 고교시절 연설과 토론이 뛰어났고, 다른 학생들과 자주 스터디를 했으며, 학생회장으로 선출되고, 스포츠에서도 학교 대표 선수일 가능성이 높다.

지위추구형(Satuts Strivers)

자신의 일을 성취하고, 타인의 업무에 대해 행정적으로 책임을 지고, 재정적으로 넉넉하며, 특정 분야에서 성취를 이룬 것에 대해

동료들로부터 인정을 받고, 자신의 분야에서 권위자가 되도록 노
력한다. 이들이 가지게 되는 유물론적 가치는 그들이 회계나 비즈
니스 분야로 진로를 설정하고, 파티, TV 시청, 남녀 학생 사교클럽
에 가입하는 경향으로 나타난다.

방관형(Uncommitted Students)
전공이나 직업을 선택하지 않을 가능성이 있다. 대신 해외 교환학
생 프로그램, 외국어 코스, 정치적, 사회적 이슈에 대한 토론에 시
간을 쓴다.

출처: Astin (1993), pp. 38-44.

Kuh, Hu 그리고 Vesper(2000)도 미국 전역 128개 대학을 대상
으로 '대학생 경험 설문(College Student Experience Questionnaire:
CSEQ)'을 통해 얻은 51,155명의 학생 자료를 분석해서 10개의 학
부생 유형을 도출했다. 이들은 개인주의형(individualist, 7.4%),
공부벌레형(grid, 15.0%), 비참여형(disengaged, 18.2%), 지식인
형(intellectual, 5.4%), 과학자형(scientist, 8.8%), 사교형(socializer,
10.2%), 예술가형(artist, 7.2%), 여가형(recreator, 10.3%), 친목도모
형(collegiate, 9.8%), 관습형(conventional, 7.7%)이다. 일반적으로
학생들은 대학 생활을 하면서 자주 접하거나, 좋아하는 활동 또는
경험이 있게 마련이고, 그들은 이를 토대로 위와 같이 대학생 유
형을 구분하였다. 예컨대, 가장 많은 비참여형은 "모든 활동 요인
과 노력의 총 점수가 평균 이하였다. 특히, 학업 활동이나 사교 활
동에서 낮은 값을 보였다." 그들은 "대체로 남학생이고, 공립 대

학에 다니는 경향이 많았다." 또한 "주당 공부 시간이 적으며, 성적이 낮았고, 모든 대학성과 부문에서 가장 낮은 성취를 보였다" (p. 237). 반대로 공부벌레형은 "높은 수준의 학업적 노력을 보였고", "대학에서 다른 것은 거의 하지 않고, 학업에만 몰두하는" 특징을 보였다. 그들은 "종합 대학에 재학 중인 여학생일 가능성이 높고, 대학을 경험하는 첫 번째 세대이자 집안에서 첫째이며, 사회경제적 환경이 낮은 가정에서 자랐을 가능성이 높다"(p. 238). 한편 이상의 두 집단과 달리, 지식인형은 "대체로 모든 영역에서 평균 이상의 참여"를 보이며 "상급생이고, 인문학 전공자이며, 소규모 대학에 재학하고 있을 가능성이 높다"(p. 238).

한편 앞의 열 가지 유형은 성별, 학년, 전공에 따라 구분되기도 한다. 남학생의 경우, 가장 많은 유형은 비참여형(22.9%), 여가형(18.9%), 과학자형(11.8%) 등 세 가지다. 여학생은 공부벌레형(19.5%), 비참여형(15.2%), 사교형(13.5%)이 가장 큰 비중을 차지했다. 1학년은 비참여형(20.9%), 공부벌레형(15.8%), 사교형(11.5%) 순으로 많았고, 4학년은 공부벌레형(15.5%), 비참여형(14.4%), 친목도모형(13.3%)의 순서로 나타났다. 전공 간 차이를 보면, 인문계 학생들은 예술가형(29.2 %)이 가장 많은 비중을 차지했으며, 과학 및 수학 전공 학생들은 역시 과학자형(30.0%) 비중이 높았다. 사회과학 전공 학생은 친목도모형(15.5 %)이, 응용학문 전공 학생들은 비참여형(20.8 %) 비중이 높았다. 아직 전공을 정하지 않은 학생 중에서 가장 많은 비중을 차지한 유형은 비참여형(28.3%)이었다. 앞의 열 가지 유형은 모든 인구학적 배경에 걸쳐 고루 분포되어 있고, 학생들은 관심 분야와 선호하는 활동에 따라 구분될 수 있다. 이러한 특성은 그들이 겪어 가는 대학 생활 경험과 관련이 있다는 점에서 이 장에서 제시되었던 학생 유형 분석이 타당함을 보여 준다. 실제로 우리는 이상에서 설명한 학생 유형을 토대로 4년제 대학들도 기관 차원에서 유형화할 수 있다. 대학이 기관 차원에서 가지는 유형적 특성은 특별한 방식의 학습 참여를 유도하고, 그 대학의 졸업생들에게 나타나는 집합적인 특성과도 관련이 있다(Pike & Kuh, 2005).

[예시 2-2] Kolb의 학습 방식 유형

다양성이 있지만, 대인관계가 단편적인 대학
이러한 대학에 재학하는 학생들은 다양성과 관련하여 많은 경험을 하고, 테크놀로지를 사용하는 경향이 있다. 재학 중인 대학이 학업 또는 사회적 요구를 지원하고 있다고 생각하지 않고, 동료들이 자신을 지지하거나 격려하고 있다고도 생각하지 않는다. 결론적으로 학생들은 해당 대학이 거주하고 배우는 데 있어 쉬운 장소라고 생각하지 않는다.

동질적이고 응집력이 높은 대학
학생들은 다양성에 대한 경험이 비교적 적지만 대학과 동료 학우들이 자신을 지지하고 지원한다고 여긴다. 이러한 유형은 앞의 첫째 유형 대학과 정반대의 모습을 보인다.

지적 자극을 주는 대학
이러한 대학의 학생들은 다양한 학업 활동에 참여하며, 교실 내외에서 교수와 많은 상호작용을 한다. 또한 그들은 고차원적 사고를 하고, 협동 학습처럼 동료들과 협력하는 학습을 하는 경험을 많이 가진다.

대인관계를 지원해 주는 대학
이러한 대학에 다니는 학생들은 높은 수준의 다양성 경험을 하고, 동료 학우와 대학이 자신의 이러한 노력들을 지지하고 있다고 생각한다. 또한 이들은 교실 내외에서 교수들과 적절한 수준의 상호 작용을 한다.

높은 수준의 테크놀로지, 낮은 수준의 인간 접촉 대학
이러한 대학에서 제공하는 정보 기술은 오히려 다른 유형의 인간적 상호작용을 저해한다. 협업이 거의 없고, 학업 도전도 낮으며, 인간관계가 이루어지는 환경도 눈에 띄지 않아서, 삭막한 개인주의가 존재할 뿐이다.

학문적으로 도전적이고 지원적인 대학
교수진은 학생들에게 학문적으로 높은 기대치를 설정하고, 고차원적 사고를 강조한다. 반면 능동적, 협동적 학습은 그다지 요구되지 않는다. 학생들은 서로를 지지하고, 대학이 지원적이라고 인식한다. 이러한 대학은 공부에 흥미를 가진 학생들에게 친절하고 친근한 곳으로 생각된다.

협력적 대학
학생들은 학습을 위해 서로 의지하고 지원하며, 이 과정에서 기술(technology)이 매개적 역할을 하기도 한다. 다양성을 경험할 수 있는 기회가 매우 적지만, 대학 풍토에 영향을 주는 교수와의 상호작용을 충분히 하며, 교수들이 지원적이라 생각한다.

출처: Springer Science + Business Media.

앞의 유형을 기준으로 보면, 각각의 대학들은 인간관계와 관련된 환경(interpersonal environments)에서 차이가 있고, 이러한 특성은 긍정적이든 부정적이든 학생의 대학 생활 경험에 영향을 미친다. 예컨대, 학생 지원 측면에서, 대형 연구 중심 대학은 소규모 교육 중심 대학과 대학 특성이 다르다. 이러한 차이는 대학이 가진 특성과 캠퍼스 디자인 요소가 결합하면서 나타난 것이다. 이러한 연구 결과를 토대로 Zhao, Gonyea, 그리고 Kuh(2003)와 Hu와 McCormick(2012)은 대학생의 학습 참여 실태조사(National Survey of Student Engagement: NSSE) 자료와 와바시(Wabash) 교양교육 실태조사(Wabash National Study of Liberal Arts Education: WNSLAE) 자료를 분석해서 여덟 가지의 학생 유형을 제시하였다. 여덟 가지 유형에는 극대화형(maximizer), 공부벌레형(grind), 학구파형(academic), 친목도모형(collegiate), 직장인형(vocational), 관습형(conventional), 비관습형(unconventional), 비참여형(disengaged)이 있다. 대학에 재학하고 있는 학생들의 집단적 특성을 살펴보는 것은 대학의 문화를 파악하는 데 유용하다. 또한 학생들의 집합적 특성이 대학의 목표 달성 과정에 어떻게 영향을 발휘하는지도 알게 해 준다. 최근 Hu와 McCormick(2012)은 2006년 Wabash 교양교육 실태조사의 표본 중 대학 1학년 학생에 대한 유형 분석을 실시했다. 그들은 NSSE의 5대 학습 참여 영역[7]

---

7) 학업적 도전, 능동적 · 협력적 학습, 학생-교수 상호작용, 교육 경험 확대, 지원적 대학 환경

을 기준으로 일곱 가지의 학습 참여 유형을 제시했다. 이는 다시 보완되었지만(McCormick, Gonyea, & Kinzie, 2013), NSSE의 5대 학습 참여 영영과 일치한다. 일곱 가지 유형의 분포를 백분율로 살펴보면 다음과 같다. 학구파형(12%), 비관습형(17%), 비참여형(13%), 친목도모형(17%), 극대화형(10%), 공부벌레형(15%), 관습형(15%). 이를 인구학적 배경과 인종을 기준으로 살펴보면, 〈표 2-1〉과 같다. 이하를 보면, 유형에 따라 흥미로운 패턴이 있음을 알 수 있다. 예컨대, 남학생은 극대화형이 가장 많지만, 여학생은 비관습형, 친목도모형, 공부벌레형이 많다. 백인 학생들은 친목도모형, 비관습형, 관습형 비율이 높지만, 흑인 학생들은 학구파형, 비참여형, 극대화형 비율이 높았다. 히스패닉 학생들은 비관습형 비율이 높았고, 아시아계 학생들에게서는 비참여형과 공부벌레형 비율이 가장 높게 나타났다. 이러한 분석 결과는 학생의 인구학적 배경이 대학에서 이루어지는 학습 활동 경험과 밀접히 관련되어 있음을 보여 준다. 즉, 대학에 어느 유형의 학생들이 많은지를 살펴보면 그 대학의 학생 문화를 알 수 있고, 이것이 다시 대학생 학습 참여를 어떻게 유도할지를 알 수 있다는 것이다. 특히, 소외계층 학생을 선발하고 이들을 학습 활동에 참여시키고자 할 때 이러한 차이를 이해하는 것은 중요하다.

〈표 2-1〉학생 참여 유형에 따른 인구학적 집단 구분

참여 유형	남학생(%)	여학생(%)	백인(%)	흑인(%)
학구파형(12%)	10.2	13.9	12.3	17.5
비관습형(17%)	13.8	19.8	17.3	11.9
비참여형(13%)	12.8	13.6	12.5	19.8
친목도모형(17%)	13.5	19.7	18.6	11.1
극대화형(10%)	16.4	5.9	9.4	15.9
공부벌레형(15%)	10.1	17.9	14.6	7.9
관습형(15%)	13.6	16.0	15.3	15.1

출처: Hu & McCormick (2012), p. 748, 〈표 2〉

개념의 종합과 정리

캠퍼스의 인간 환경에 대한 이론과 모델들은 몇 가지 공통적인 핵심 개념을 가지고 있다. 첫째, 모든 이론이 캠퍼스의 인간 환경을 진단함에 있어 환원주의적 접근을 한다. 즉, 캠퍼스 환경의 차이가 구성원의 성격, 스타일, 선호, 강점 및 학습 참여 유형에 부분적일지라도 집단적 차원으로 영향을 미친다고 본다. 따라서 특정 유형의 학생이 지배적으로 많은 캠퍼스 인간 환경은 해당 학생 유형이 가진 특성을 다시 캠퍼스 인간 환경에 반영하고 강화한다. 예를 들어, Holland(1973)의 분류에서 '사회형'(예: 교육학 전공의 학습 공동체) 학생이 많은 캠퍼스 인간 환경은 학생들이 사회 활동에 보다 많이 참여하도록 자극하고, 그들은 이를 통해 다

시 사회적 역량을 기르게 된다. 또한 이러한 캠퍼스 환경은 학생
들이 다른 사람들을 돕도록 장려하고, 그들을 이해하며, 학생들
이 보다 협동적이고 사교적인 사람이 되도록 하고, 세상을 유연한
방식으로 바라보도록 이끈다. 이러한 '사회형' 캠퍼스 환경은 사
회적 가치를 행동으로 보여 주는 학생들을 보상하고, 이는 또 다
른 다양한 효과를 낸다. 예를 들어, 이러한 활동에 참여하는 학생
들은 "사회적, 인도적, 종교적인 영향에 보다 민감히 반응하고, 사
회적 활동을 통해 자신을 드러낼 수 있는 직업이나 역할에 매력을
느끼며, 타인에게 친절하고, 도움을 주고, 협동적으로 행동하게
된다"(Holland, pp. 31-32). 마찬가지로, Myers-Briggs의 유형 분
류에 따르면, 판단하고 감지하는 유형이 지배적인 근무 환경(입학
처나 재무팀일 가능성이 크다)에서는 조직적이고, 체계적이며, 예측
가능한 일에 가치를 둔다(Myers, 1980). 또한 기업가 정신을 테마
로 구성된 학생 조직은 특히 경쟁심이 높은 학생을 끌어들일 가능
성이 높고, 비참여형 학생들이 많이 살고 있는 기숙사에서 그들을
억지로 활동에 참여시키려고 하면 그들이 가진 관성이 얼마나 무
서운지 알게 될 것이다.

　이렇게 볼 때 캠퍼스 구성원의 집단적인 특성을 알면, 그 캠퍼스
자체의 지배적인 특징을 예측할 수 있게 된다. 따라서 캠퍼스 구성
원의 특성들을 종합해 보는 것은 해당 캠퍼스의 자체적인 특성을
진단하는 것이고, 이는 캠퍼스 구성원들이 다른 대학의 구성원들
과 비교해서 얼마나 차별성(differentiation)과 일관성(consistency)을
가지느냐를 통해 알 수 있다.

환경의 차별성과 일관성

캠퍼스 구성원들이 가진 특징의 양상과 강도 등은 차별성(구성원들이 가진 유형의 동질성의 정도)과 일관성(구성원들 유형들 간의 유사성)의 측면에서 파악할 수 있다. 이 개념을 만든 Holland(1973)에 따르면, "주어진 캠퍼스 환경에서 가장 많이 나타나는 성격 유형과 가장 적게 나타나는 성격 유형이 얼마나 차이가 있느냐는 해당 환경의 차별화 정도를 보여 준다"(p. 34). 예를 들어, 구성원들이 현장형 75%, 탐구형 10%, 관습형 15%로 구성된 환경은 현장형 35%, 탐구형 30%, 관습형 35%를 가진 환경보다 훨씬 높은 수준의 차별성을 가졌다고 할 수 있다. 그러한 접근은 인구학적 차이나 행동 패턴의 차이에도 적용된다. 즉, 고도로 차별화되거나 집중된 캠퍼스 환경은 단일 유형이 지배하는 환경이고, 차별화되지 않은 환경은 다양한 특성을 가진 구성원들이 공존한다는 의미다. 단일 유형이 절대적으로 많은 환경에서는 구성원들에게 어떠한 일관된 행동, 가치, 태도 및 역할 기대를 기대하지만, 다수와 다른 특성을 지닌 사람들은 소외시키는 경향이 있다. 따라서 고도로 차별화된 캠퍼스 인적 환경은 내부 구성원은 물론 외부인들도 이를 분명하고 쉽게 구분할 수 있다. 이는 여학생이나 라틴계 학생처럼 특정 인구학적 배경을 가진 집단이 많은 환경에서도 마찬가지로 나타난다. 고도로 차별화되거나 특정 유형의 학생들이 많은 환경은 시간이 지날수록 그 특성을 더욱 강화한다. 이러한 차별적인 환경에서는 구성원들이 환경에 순응하도록 압력을 행사하지만, 그렇지 않은 환경에서는 구성원들에게 "다양한 행동을 하도록 허용하거나 행동에 대해 모호한 지침을 준다"(Holland, 1973, p. 34). 아울러 학생 특성의 면에서 차별화되지 않은 환경은 외부로부터의 투입과 그 영향에 대해서 비교적 유연하고 개방적으로 대한다. 이러한 환경에서는 어느 특정 유형이 지배적인 위치를 점유할 때까지 구성원들이 가지는 다양한 행동, 가치, 태도 및 기대가 수용되고 권장되며, 캠퍼스 환경이 다양성의 이미지를 가지는 기여한다. 또한 차별화되지 않은 캠퍼스 인간 환경은 명확한 초점이 없기 때문에 해당 대학을 이해하고 특징을 부여하는 것이 쉽지 않다.

캠퍼스를 통틀어 학생 특성 면에서 나타나는 일관성(consistency), 즉 성격적 유사성(similarity)은 캠퍼스의 인간 집합 환경에 역동성을 부여한다. 예를 들어, Holland(1973)는 여섯 가지의 '직업-성격 선호 유형'을 육각형 모양으로 제시했는데, 이는 여섯 가지 중에서 어느 두 가지 유형이 서로 비슷한지를 보여 준다([그림 2-1]). 그림에서 볼 수 있듯이 맨 위부터 시계 방향으로 돌아가면서 현장형(realistic), 탐구형(investigative), 예술가형(artistic), 사회형(social), 기업가형(enterprising), 관습형(conventional)으로 구성된다. 예를 들어, 사회형과 기업가형은 서로 인접해서 배치되어 있는데, 반대편에 위치한 예술가형이나 관습형과 비교해 볼 때 서로 유사성이 많다는 것이다.

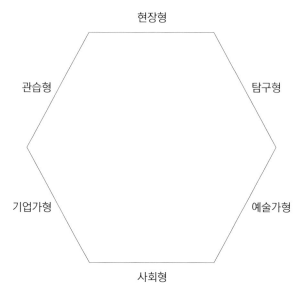

[그림 2-1] Holland 직업-성격 선호 유형

Astin(1993)의 학생 유형 분류도 비슷한 맥락에서 이해할 수 있다. 그의 분류에서 지위추구형(status strivers)과 사회활동가형(social activists)은 서로 다른 특성을 가진 집단이다. Myers-Briggs의 MBTI 모델도 마찬가지다. ENTP(외향적, 직관적, 사고적, 인식적) 유형은 ISFJ(내향적, 감각적, 감정적, 판단적) 유형보다 ENFP(외향적, 직관적, 감정적, 인식적) 유형과 유사한 성격이 많다. Kolb의 학습 유형 모델(learning style model), Gallup의 강점 이론 (The Gallup Strengths approach) 그리고 다양한 학습 참여(student engagement) 유형에 대해서도 유사한 해석이 가능하다. 예를 들어, Kolb의 모델에서 동화자(assimilators)는 수렴자(convergers)와 비교해서 추상적인 개념에 중점을 둔다는 점은 같지만, 능동적 학

습(active learning)보다 성찰적 학습(reflective learning)을 선호한다
는 점에서는 차이가 있다. 강점 이론의 관점에서 성취자(achiever)
의 재능을 가진 사람은 화합(harmony)보다 경쟁(competition) 상
황에서 재능을 발휘하는 유형과 유사한 성향을 가질 가능성이 높
다. 대학생의 학습 참여에서 나타나는 차이도 일관성의 관점에서
설명할 수 있다. 예를 들어, 친목도모형 학생들은 공부벌레형보
다 사교형 집단과 유사한 점이 많다.

고도로 일관성을 유지하는 환경은 비슷한 특성을 지닌 개인들
로 구성되지만 일관되지 않은 환경은 다양한 성향을 가진 사람들
로 구성된다. Holland(1973)에 따르면 "일관성을 가진 캠퍼스의
인적 환경은 유사한 보상과 요구를 제공하지만 일관되지 않는 환
경에서는 각기 다른 보상과 요구를 제공한다"(p. 34). 요약하면,
다른 대학과 가장 쉽게 구별될 수 있는 캠퍼스 인간 환경은 특정
유형의 학생이 지배적인 경우, 즉 고도로 차별화된 경우이고, 특
성이 유사한 사람들이 모인, 즉 고도로 일관된 환경이다. 여기서
살펴본 차별성과 일관성에 대한 개념은 구성원 개인과 캠퍼스 환
경이 일치(congruence)하느냐와 개인이 환경에 어떻게 어울리도
록 하느냐(fitting-in)의 문제를 풀 수 있는 유용한 정보를 제공한다.

개인과 환경의 일치

우리는 어떤 사람의 성향이 그가 속한 환경의 지배적인 특성과
유사하거나 동일할 때, 그가 환경에 잘 어울린다고 말한다. 예를

들어, 예술가형은 연극예술 학과라는 환경에서 개인-환경 적합도(person-environment congruence)를 경험할 가능성이 높다. 사회적 기업가형은 주로 경영학 전공자들이 참여하는 사교 모임에서 심리적인 적합(congruence)을 경험한다. 반면 특정 환경이 가진 지배적인 특성과 자신의 성향이 다르게 되면, 구성원은 환경과 불일치한다고 생각하고 불편함을 느낀다.

개인-환경이 얼마나 적합하는지를 알아보려면 자신이 속한 환경에 대해서 느끼는 매력, 만족, 그리고 환경에서의 안정감 정도를 살펴보면 된다. 동종애(homophily)라는 사회학 원칙(McPherson, Smith-Lovin, & Cook, 2001)을 적용해서 생각해 보면, 개인이 환경이 가진 집합적인 특성과 공통점이 많을 때 그 환경에 끌리게 된다. 그 결과로 해당 환경을 선택하고 이에 속하게 되면, 그는 다시 자신이 환경을 선택했던 이유, 즉 매력적이라고 생각했던 행동, 가치, 태도, 기대의 영향을 받을 가능성이 높아지고, 결국 개인-환경 관계의 적합도 정도는 더욱 커진다. 결과적으로 개인과 환경의 특성이 같아지면 그가 그러한 환경에 남게 될 가능성도 커진다. 이는 사람들이 불일치보다 일치된 상태를 선호하고 이로부터 만족을 느끼기 때문이다. 사람들은 자신의 특성과 비슷하지 않은 환경에 대해서는 매력을 느끼지 않는다는 것이다. 만약 환경이 자신의 특성과 양립할 수 없다고 생각하면 자신이 선호하는 행동, 가치, 태도 및 기대를 환경으로부터 접하기 어렵게 되고 그 환경을 떠날 가능성도 크게 높아진다. 만약 자신과 유사한 특성을 가진 환경의 구성원이 되면, 그 환경은 해당 구성원이 자

신의 강점을 활용할 수 있도록 도와준다. 또한 자신이 속한 환경
은 "[그가] 선호하지 않는 활동, 가치가 있다고 여기지 않는 과업,
자신의 이미지나 특성이 발휘되기 어려운 상황도 피하게 해 준
다"(Holland, 1973, p. 38). 이 장 앞부분에 제시한 시나리오에서 세
라가 했던 질문처럼 가장 중요한 질문은 캠퍼스 환경의 집합적 특
성과 자신의 성향이 잘 맞는지 여부다. 개인-환경 적합도 정도
가 높으면, 개인은 높은 만족감, 지속 욕구, 그리고 궁극적으로 해
당 환경에 머무를 가능성이 높아진다(Smart, Feldman, & Ethington,
2000).

　인간과 환경의 적합은 선택적 강화(selective reinforcement)를 통
해 구성원이 만족하고 안정감을 가지는 데에도 기여한다. 반면
환경과의 적합도가 낮으면, 불만족과 불안정감이 커지고, 그 구성
원은 다음 세 가지 방법을 선택할 가능성이 있다. 첫째, 자신에게
적합한 새로운 환경을 찾아 나서거나, 둘째, 현재 자신이 속한 환
경을 재구성하거나, 셋째, 자신이 현재 환경이 가진 지배적인 특
성에 부합하도록 행동을 한다. 즉, 환경과 개인이 얼마나 다르고
같은지는 개인의 행동과 선택에 영향을 미친다. 고도로 차별화되
어 있고 일관적인 환경은 환경 스스로 강화하려는 경향이 크다.
따라서 외부로부터 변화 요구를 거부할 가능성이 있다. 개인적으
로 매우 차별적인 특성을 가진 유형도 마찬가지다. 즉, 히스패닉
학생 펠릭스가 공강 시간에 백인 학생만 보였던 것에 대해서 우려
를 표했던 것처럼 고도로 집중된 성향을 가졌지만 그것이 구성원
개인의 그것과 일치하지 않는 경우 해당 구성원은 새로운 환경 또

는 보다 일치하는 특성을 지닌 환경을 찾아 떠날 가능성이 높다. 반면 Holland(1973)는 "차별화되지 않고 일관되지 않는 성격을 가진 사람은 떠나기보다 자신의 행동과 성격을 변화시킴으로써 환경에 적응하거나 일치될 수 있도록 노력하는 경향이 있다"는 가정을 했다(p. 42). 또한 자신의 성향이 차별적이고 일관적인 경우, 특별한 성향으로 집중되지 않은 환경에 속하면 그 환경을 재구성할 가능성이 크다. 예컨대, 구성형(arranger) 성격을 가진 사람이 조직이 추구하는 목적과 방향이 흐릿한 조직을 만나게 되면 해당 조직을 빠르게 구성해 나갈 것이다.

  이상의 가설들은 캠퍼스 환경의 집합적인 특성에 따라 개인이 환경에 적응하거나, 떠나거나, 환경을 변화시키는 행동을 할 수 있음을 설명한다. 비록 직업-선호 행동(vocational-interest behavior) 연구에서 유래되었지만, Holland는 개인-환경 적합도 개념을 "다른 사회적인 현상이나 교육 및 사회적 행동에도 적용할 수 있다"는 결론을 내렸다(Holland, 1973, p. 42). Kuh, Hu, 그리고 Vesper(2000)에 따르면, 학생은 캠퍼스 환경이 가진 집합적 특성과 자신의 성향이 일치할수록 환경을 닮아가려고 노력한다. 반면 자신의 성향과는 다른 유형들이 지배적인 환경이라면 일단 이에 적응하려는 행동은 쉽게 일어나지 않는다. 그들은 학생 유형의 면에서 동질적인 집단이 갖는 잠재적인 힘이 어떠한지를 설명한다. 또한 학생이 입학 단계에서 대학에 대하여 느끼는 매력과 입학 후 학생이 대학에 대하여 갖게 되는 만족이나 안정감의 근원은 개인-환경 적합도다.

요약하면, 이 장에서 설명한 캠퍼스 인간 집합(human aggregate) 모델과 개념들은 캠퍼스 구성원이 가진 다양한 특성에서 비롯되는 인간 집합적 환경을 발견하고, 교육적 목적에서 이러한 캠퍼스 인간 환경을 만들어 나가는 데 도움을 줄 수 있는 기술적 (descriptive)이면서도 처방적인(prescriptive) 도구가 될 수 있다. 개인 차원에서 정체성의 발달은 중요한 인생 과업인데, 이는 그들의 대학 생활 경험과 관련이 있다(Chickering & Reisser, 1993). 특히, 캠퍼스 인간 집합 모델들은 기숙사 환경(예: 생활-학습 공동체와 주제관)과 신입생 동아리, 학생회와 학생 지원 서비스에 이르기까지 교육 환경을 어떻게 디자인할 것인지에 도움을 주는 정보를 제공한다. 다음 장에서 논의하겠지만, 이러한 개념들은 대학의 경영자들이 캠퍼스에서 학생의 구성을 다양화하는 과업과 소외된 학생들의 요구에 대하여 보다 성공적으로 대응할 수 있도록 도와줄 것이다.

생각해 볼 문제

1. 우리 대학 재학생의 인구학적 구성에 비추어 볼 때, 우리 대학의 인간 집합적 특징은 무엇인가?
2. Pike와 Kuh(2005)의 학생 유형 분류에 따르면, 우리 대학은 어떠한 특징이 있는가? 왜 그렇게 생각하는가?
3. 우리 대학에서 전공에 따라 선호하는 학습 양식이 어떻게 다른가?
4. 우리 대학의 학생 리더 중 가장 훌륭한 두 명에 대해 이야기한다면, 이들의 강점과 재능은 무엇인가?
5. 우리 대학 재학생 전체에서 가장 뚜렷하게 다른 성향을 지닌 하위 집단은 누구인가? 왜 그렇게 생각하는가?

조직 환경

대학은 어떻게 자신의 목적을 달성하는가

다음 시나리오를 읽어 보자. 지구과학 전공 3학년 학생인 프란은 여름 방학을 마치고 캠퍼스로 돌아왔다. 그녀는 한 학생단체의 리더로 선출되었는데, 학교에 여러 가지 변화가 있음을 발견했다.

 시나리오: "그것은 우리가 일하는 방식이 아니에요!"

"하지만 그것은 우리가 생각했던 방식과 달라요!"

대학이 요구하는 동아리 등록 절차에 대해 프란은 강하게 불만을 제기했다. 프란은 알래스카주 내무부에서 여름 인턴십을 마치고 캠퍼스로 돌아온 후, 여대생들이 참여하는 환경 보호 동아리 '건강한 환경을 위한 학생 모임'의 새로운 리더로 선출되었다. 그녀는 리더로서 첫 번째 임무를 수행하는 과정에서 대학의 학생단체 조직 및 기금 마련 시스템이 지난 학기와 크게 달라진 것을 알게 되었다.

"우리가 매번 이 모든 양식을 제출하고 심사를 받아야 한다면, 이번 학기에 계획한 프로그램을 절대 완수할 수 없을 거예요. 예전 방식이 뭐가 그리 잘못되었나요?" 내막을 살펴보면, 이 문제를 담당하는 학생처의 새 담당자가 학생회비 사용의 효율성과 책무성을 강조하면서 행정 업무 개선에 적극적으로 반영하였던 것이다. 새로운 신청서와 양식을 도입하고 추가로 긴 심사 절차를 거치도록 했는데, 동아리 대표에게 사업 계획서와 제안서를 한 학기 이전에 미리 제출하도록 요구하였다. 하지만 동아리 대표들의 주장은 간단하다. "저는 우리가 하는 일에 책임을 져야 한다면 전혀 반대하지 않아요.", "하지만 이 모든 자료를 준비해서 제출하고 승인이 날 때까지 오랫동안 기다려야 한다면, 그것은 마치 새로운 계획을 제안하지 말라는 말처럼 들릴 뿐이에요."

수강했던 사회학 입문 강의는 프란에게 그다지 좋은 경험을 주지 않았다. 그녀는 일정이 겹쳐서 1학년 때 수강하지 못했던 강의를 이번에 수강하게 되었다. 그러나 놀랍게도 225개 좌석을 가진 강의실에 265명의 학생이 들어왔다. 칠판도 잘 보이지가 않았다. 그녀는 지도교수에게 불평을 털어놓았다. "교수님 강의는 정말 흥미롭지만, 강의 내용이나 매주 읽은 책에 대해서 토론할 시간이 전혀 없어요. 강의실 뒤에 서서 수업을 듣는 학생들은 수업이 끝나기도 전에 대부분 먼저나가 버려요."

윌리엄스 기숙사로 돌아와서야 프란은 드디어 편히 쉴 수 있었다. 윌리엄스 기숙사는 캠퍼스에서 학생들이 이용할 수 있는 다섯 개의 주거형 학습 공동체 중 하나다. 여기서 그녀는 각 층에 사는 학생들이 제안하는 안건과 활동을 조율하는 책임을 맡았는데, 이 덕분에 그녀의 리더십은 자주 시험대에 오르곤 했다.

그녀는 자신과 기숙사 친구들이 준비한 활동에 여러 친구들이 동참하도록 유도하려면 이번 학기를 정말 바쁘게 보내야 할 것 같다는 생각이 들었다. 하지만 프란은 그 업무가 기획과 조직에 대한 자신의 역량을 발전시킬 수 있는 좋은 기회가 될 것이라는 기대를 가지고 열심히 노력했다. 그녀는 의사소통과 문제해결을 즐기는 타입이지만, 윌리엄스 기숙사에서 지금의 책임을 맡기 전에는 이와 관련된 경험이 그리 많지 않았다. 그녀는 "누구든지 변화를 이끌 수 있는 기회를 가질 수는 있겠지만, 그 변화에 사람들이 동참하지 않는다면 효과는 없을 거예요."라고 말했다.

프란이 인턴을 마치고 돌아와 새롭게 경험한 것과 그것에서 비롯된 놀라움, 좌절, 도전, 흥분 등은 캠퍼스 환경의 영향과 관련해서 지금까지 우리가 논의하지 않았던 것들이 있음을 알게 한다. 조직에 따라 추구하는 목표를 달성하기 위한 조직의 구조와 프로세스는 편차가 있게 마련이다. 사실 대학에서 조직을 만들고 무엇인가를 수행한다는 것은 행정부서 직원, 학과 교수, 기숙사, 동아리, 캠퍼스 봉사단체 학생 등 대학 구성원들의 행동에 대하여 대학이 어떠한 영향을 미치기 위해 수행하는 전략의 하나이다. 예컨대, 프란을 대표로 하는 학생 단체가 해야 했던 새로운 등록절차나 그녀가 수강했던 대규모 사회학 강의를 통해 대학이 규모의 경제를 추구하고 있음을 엿볼 수 있다. 이는 대학에서 행정 효율성을 높이기 위한 대표적인 방법이다. 한편 기숙사에서 그녀가 새롭게 맡았던 역할과 책임도 매우 복잡하다. 프란이 겪었던 두 가지 경험은 조직의 목표 설정과 목표 달성을 위한 자원배분 방식이 조직의 일하는 방식과 밀접하게 연결되고, 이는 다시 캠퍼스 구성원의 행동에도 영향이 미치는 것을 보여 준다. 이 장의 목적은 프란의 사례에서처럼 구성원의 행동에 영향을 미치는 조직 차원의 요인을 탐색하고 평가하는 것이다.

조직화된 환경의 본질

학교, 일터, 병원, 사교 모임, 교회와 같은 인간 환경은 각 조직의 기능을 추구하기 위해 계획적이고 체계적이며 조직화된 구조를 갖추고 있다. 이러한 조직에 대해 가장 먼저 체계적으로 탐구한 학자는 독일의 사회학자 Max Weber(1947)였다. Weber는 현대의 관료제(bureaucracy)를 관찰하고 관련된 명제를 명료하게 정리함으로써 조직이라는 것이 어떻게 기능하는지(적어도 전통적 관료제 관점에서)를 이해할 수 있는 토대를 쌓았다. 예컨대, 사교모임 같은 다른 사회 집합체와 달리, 조직은 "특정 목적을 추구하기 위해 의도적으로 만들어지고 재구성되기도 한다"는 것이다(Parsons, 1960, Etzioni, 1964, p. 3에서 재인용).

조직으로서 대학은 학생들을 교육하고(개설 강좌 수, 졸업생 수, 성적 향상 정도 등으로 측정), 지식을 구성하고 전파하며(연구비 수주 규모, 논문 수 등으로 측정), 지역사회를 위해 봉사한다(전문가 단체 또는 다른 단체 대상 자문 활동, 참여 정도 등으로 측정). Etzioni(1964, p. 3)는 조직이 지니는 핵심적인 특징을 다음 세 가지로 요약하고 있다.

조직은 다음과 같은 특징을 지닌다. ① 일, 권력, 의사소통, 책임이 분화되어 있다. 이러한 분화는 무작위적이거나 전통적인 방식으로 결정되기보다 특정 목적을 달성하기 위해 의도적으로 계획된다. ② 하나 혹은 그 이상 권력의 중심이 있고, 이를 통해 조직의 목적을 달성하기 위해 다양한 노력들이 조정되고 목적을 향해 집중된다. 권력의 중심에 있는 사람은 조직의 성과를 지속적으로 점검해야 하고, 필요에 따라서는 조직의 효율성을 높이기 위해 조직 구조를 새롭게 한다. ③ 조직 구성원을 교체할 수 있다. 만족스럽지 못한 사람들은 배제하고, 다른 사람들이 그 임무를 할당받을 수도 있다. 또한 조직은 발령 및 승진을 통해 구성원을 새롭게 배치할 수도 있다.

조직으로서 대학도 마찬가지다. 여러 학과로 편성되어 있고, 다양한 부서에서 부여된 책임과 할당된 자원의 활용에 대해 학장이나 관리자에게 보고한다(일의 분화). 관리자, 직원, 교수 등은 대학의 목적 달성에 필요한 정책, 프로그램, 실천 방안을 계획하고 안내하며, 이를 구현하려고 노력한다(권력의 분화). 동료 평가 및 행정적인 심사를 통해 구성원을 평가할 수 있고, 필요할 경우 그들의 승진이나 해고를 위한 근거로 쓰인다. 대학 캠퍼스에서 학생들은 암묵적 또는 명시적으로 어떠한 목적을 지향하는 환경에서 많은 시간을 보내게 된다. 이 장에서 제시한 프란의 시나리오에서 보면, 이러한 조직으로서의 특성을 지닌 환경은 그녀가 이끄는 동아리, 수강하는 사회학 강의, 거주하는 기숙사 등이다. 이러한 환경들은 모두 어떤 목적을 달성하기 위해 만들어진 것들이다. 조직의 성공 정도는 그러한 환경들이 실제로 목적을 효과적으로 달성하고 있는지를 살펴봄으로써 측정할 수 있다.

'조직화'는 보통 어떠한 목표를 달성하기 위한 조직의 전략이고, 이를 위한 과정에서 많은 결정이 내려진다. 누가 책임자의 위치에 있을 것인가? 자원 배분에 대한 의사결정은 어떤 방식으로 이루어져야 하는가? 조직이 따라야 하는 규칙은 무엇인가? 무엇을,

얼마나 빨리 달성해야 하는가? 이러한 질문들에 답함으로써 조직의 구조와 체계가 결정되고, 이는 다시 조직들을 둘러싼 환경의 전반적인 설계와 기능에 영향을 미치게 된다. 또한 개인이 그 환경에 얼마나 매력을 느끼고, 거기서 어떠한 경험을 하며, 얼마나 만족하는지에 대해서도 영향을 미친다.

그동안 대학이라는 조직이 어떻게 작동하는지에 대해서 많은 연구가 진행되었다. 결국 대학의 효과적 운영은 사람은 많지만 자원은 한정되어 있는 문제를 얼마나 잘 풀어나가느냐에 달려 있다. 아마도 이에 대해 가장 잘 알려진 두 연구는 Birnbaum(1988), 그리고 Bolman과 Deal(2011)의 연구다. 이들은 대학의 조직적 특성을 분석할 수 있는 일종의 해석적 모델을 제공했다. Birnbaum은 우리가 조직의 질서를 세우고, 이를 위해 무엇을 해야 할지를 결정하는 데 도움을 줄 수 있는 네 개의 이론 모델을 제시했다. 관료제적(bureaucratic) 조직, 동료적(collegial) 조직, 정치적(political) 조직, 무정부적(anarchical) 조직이 그것이다. 각 모델은 조직 내에서 어떤 상황이 벌어지고 있는지를 가늠할 수 있게 해 준다([예시 3-1]). 예컨대, 조직 목표를 결정하는 작업을 예로 들어 보자. 관료제적 관점에서는 통합의 문제이고, 동료적 관점에서는 공감대 형성의 문제이며, 정치적 렌즈를 통해 보면 협상의 문제이고, 무정부적 조직 모델에서 보면 우연히 무엇인가 나온다는 등장의 문제이다. 이들 각각의 입장은 동일한 상황에서 리더십을 발휘하는 모습이 명령과 지시를 내리는 것부터 창의성을 이끌어 내는 것까지 다양하게 나타날 수 있음을 시사한다. 이러한 조직 모델들은 2년제 커뮤

니티 칼리지(관료제적), 리버럴 아츠 칼리지(동료적), 지역 기반 주
립대학(정치적), 연구 중심 대학(무정부적)에서 각각 다르게 경험
할 가능성이 크다.

[예시 3-1] 조직 형태의 예시			
	관료제적	동료적	정치적	무정부적
조직 목표	조직 목표와 조직 구조 간 정합성 추구	합의된 목표 추구	서로 다른 목표가 경쟁	목표가 모호
의사 결정	지휘 계통에 따른 의사결정	합의에 기초한 의사결정	협상과 교섭	불명확한 의사결정
리더십	위로부터의 수직적 리더십	분산적 리더십 (그러나 특정 집단이 더 많은 권력을 지닐 수 있음)	위로부터의 리더십과 아래로부터의 리더십 간 갈등과 충돌	리더십이 도처에서 등장함
조직 운영	지시에 따라 운영	합의된 가치에 따라 운영	협상된 합의에 따라 운영	개인의 의사결정과 전문적 가치에 따라 운영
조직 변화	명령에 의해 일어남	대화와 소통에 의해 일어남	경쟁하는 이해관계가 충동할 때 일어남	조직의 변두리에서 발생하는 혁신에 의해 일어남

출처: Birnbaum (1988). 허가를 받고 사용함.

　Bolman과 Deal(2011)도 비슷한 관점에서 조금 다른 네 가지 조
직 모델을 제안했다. 구조적(structural) 조직, 인적 자원(human
resource) 조직, 정치적(political) 조직, 상징적(symbolic) 조직이 그

것이다([예시 3-2]). Birnbaum과 마찬가지로, 이들은 조직의 관리자와 정책 결정자가 조직의 다양한 이미지를 활용해서 "정보를 취합하고, 판단을 내리고, 어떻게 일을 처리할지 결정하게 된다" (p. 11)고 말했다. 구조적 관점을 지닌 관리자는 규칙을 만들고, 목표를 명료화하고, 부서를 만들고, 자원을 업무와 연결시켜 목표를 달성하려 할 것이다. 반대로, 조직을 정치적 렌즈를 통해 바라보는 관리자는 갈등을 중재하고, 특정 방향을 옹호하며, 특정 의제의 지지를 위한 권력 기반을 강화할 것이다. 조직을 구축할 것인가, 권한을 부여할 것인가, 무언가를 옹호할 것인가, 영감을 줄 것인가 등은 조직화된 환경에 대해서 개인이 지니는 관점에 따라 결정된다. Manning(2013)은 고등교육 분야의 핵심 주제인 조직에 대한 개념을 검토했다. 그들은 위에서 제시한 모델처럼 조직에 대해 무정부적·동료적·정치적·문화적·관료제적 관점을 적용하고, 이에 대해 조직 맥락에서 동기와 과정의 결합에 대한 세 가지 추가적인 관점으로 양자과학(quantum science) 관점, 페미니즘(feminist) 관점, 영적(spiritual) 관점을 제시했다.[8] 이들은 각

---

8) 역자 주: 조직에 대한 양자과학 관점은 조직에 대한 뉴사이언스 관점이라고도 불리며, 조직 내부의 복잡성과 상호 의존적 역동을 간과해서는 안 된다는 점을 강조한다. 조직에 대한 페미니즘 관점은 조직 내 포용과 협력의 가능성에 주목하고, 조직을 거미줄과 같은 연결망 메타포로 이해하는 경향이 있다. 조직에 대한 영적 관점은 조직 구성원이 조직 내에서 의미를 찾아 나가는 과정을 일종의 여정으로 보고, 조직 구성원의 영적 성장과 조직 차원의 혼(정신) 등에 주목한다.

각 현실 세계와 의미 구성, 권력의 효용, 의사결정의 근본적 원천
과 메커니즘, 리더십 행사와 의사소통, 동료에 대한 이해에 대해
서 각기 다른 가정을 가지고 있다. 그에 따르면 양자과학 관점을
지닌 지도자는 추종자와 쉽게 구분되지 않고, 페미니즘 관점을 가
진 지도자는 협력적으로 일한다. 마지막으로, 영적 관점을 가진
지도자는 변혁적으로 움직인다. 각각의 경우를 보면, 비록 의사
결정은 이루어지지만 여기에 이르는 동기와 과정이 다르게 나타
난다.

[예시 3-2] 네 가지 조직 모델 요약				
	구조적	인적 자원	정치적	상징적
조직에 대한 메타포	공장, 기계	가족	정글	축제의 장, 신전, 극장
핵심 개념	규칙, 역할, 목표, 정책, 기술, 환경	욕구, 역량, 관계	권력, 갈등, 경쟁, 조직 내 정치	문화, 의미, 메타포, 의식, 의례
리더십의 이미지	사회적 건축	임파워먼트	주장하기	영감 주기
리더십의 기본 과제	과제, 기술, 환경에 맞추어 구조를 조직화하기	조직 목표와 개인의 욕구를 연결시키기	어젠다를 발굴하고 권력 기반을 다지기	신념, 아름다움, 의미를 창출하기

출처: Bolman & Deal (2008). 허가를 받고 사용함.

조직화된 환경의 해부

조직 구성원들이 겪는 경험에 대하여 어떤 분석적 틀을 활용해서 해석을 하더라도 조직이란 기본적으로 목적을 지향하는 환경이라는 점은 분명하다. 즉, 모든 환경은 어떠한 목적을 가진다. 이때 목적은 명시적으로 표현될 수 있지만, 어떤 경우에는 암묵적으로 존재하기도 한다. 조직화된 환경은 명확히 기술된 조직의 미션과 구체적인 조직의 목표를 살펴봄으로써 파악할 수 있다. 물론 조직의 목적에 대하여 구성원들이 암묵적으로 공유하고 있는 것을 살펴봄으로써 알 수도 있다. 어느 경우든 조직은 조직의 발전 방향과 다양한 자원의 효과적인 사용 방안에 대해 의사결정을 이룬다.

조직을 이루는 구성 요소들은 서로 촘촘하게 연결되어 있지만, 느슨하게 연결될 수도 있다. 어느 경우든 조직이 가진 특성은 자원의 공급이 끊어지거나 조직에서 권위의 경계가 무시될 때 또는 누군가 새로운 프로그램이나 업무 방식을 제안할 때 가시적으로 드러난다. 이러한 경우, 조직의 목적, 과정, 전통에 대하여 구성원들 사이에서 논쟁이 일어나기도 한다. 또한 조직이 그동안 유지해 온 관행을 지키면서 새로운 시도를 구현할 능력이 있는지에 대해서도 논의가 이루어진다. 결국 집단이 가진 목적, 의사결정 방식, 자원배분 방식을 고려해서 대학, 교실, 기숙사, 학과, 학생 동아리 등 목적 지향적 환경은 조직 인프라의 구조를 형성한다.

대학의 조직이 어떤 모습을 가지느냐는 우리가 캠퍼스 환경에

대하여 어떠한 관점을 가지느냐에 달려 있다(Kuh, 1996). 예컨대,
전통적인 합리적–관료제적 조직 모델은(예: 구조적 렌즈) 조직 구
조의 공식적 기능, 책임, 보고 라인에 초점을 둔다. 동료적 조직
모델이나 정치적 조직 모델 같은 분석 틀은 각각 설명과 설득의
메커니즘 또는 권력과 갈등해결의 메커니즘을 강조할 수 있다.
반면, 조직화된 무정부 상태(organized anarchy), 양자과학, 페미니
즘, 영적, 학습 조직 관점에 이르기까지 탈 전통적인 관점들은 분
절점(points of disjuncture),[9] 비공식 의사소통 채널, 공유된 가치,
대학의 전통과 역사, 유동성과 구조 간의 다양한 긴장을 중심으로
조직을 이해하려는 경향이 있다. 그러나 캠퍼스 환경의 조직 인
프라를 어떻게 구축할 것인가는 결국 업무 분배와 의사결정 방식,
핵심적인 규칙, 구성원의 업무량과 보상 체계, 업무의 변화 정도,
업무에 소요되는 비용 규모, 업무에 대한 구성원 인식에 의해 좌
우된다. 이러한 사항들을 고려해서 조직 구조가 결정되고, 이는
다시 조직의 하위 구성 요소와 구성원의 행동에 영향을 미치게 되
는 순환적 성격을 가진다. 즉, 우리는 조직이 어떤 구조를 갖추고
있느냐를 살펴봄으로써 목적 지향적인 대학 조직 시스템의 특성
을 파악할 수 있고, 이러한 조직 요소들이 캠퍼스의 인간 집합적
환경과 이를 구성하는 사람들의 경험에 어떻게 영향을 미치는지
알게 된다.

---

9) 역자 주: 분절점(points of disjuncture)은 일반적인 부분(예: 주류 문화)
   에서 달라지는 지점이라고 이해할 수 있다.

지금부터 조직의 복잡성, 중앙집권화, 형식화, 계층화, 생산, 일상화(관례화), 효율성 등 일곱 가지를 기준으로 조직의 구조적 특징을 살펴볼 것이다. 이 중 무엇을 얼마나 강조하느냐에 따라 조직은 고정적 환경에서 유동적 환경까지 다양한 모습과 특징을 가지게 된다. 이처럼 서로 다른 특성을 지닌 조직 환경은 구성원의 사기는 물론 조직의 목표 달성에까지 영향을 미친다.

복잡성

조직에서 업무와 책임을 어떻게 분담할 것인가? 이 질문을 통해 우리는 조직 환경을 설계할 때 다양한 옵션이 있음을 알게 된다. 즉, 구성원들의 업무를 고정시킬 것인가 아니면 순환시킬 것인가, 특정 하위 업무별로 담당자를 지정할 것인가 또는 프로젝트 전체 책임자를 지정할 것인가, 팀을 어떻게 구성할 것인가, 조직의 방향, 목적, 기능을 보다 명확하게 제시하기 위해 팀원 간 책임과 역할을 어떻게 분배할 것인가, 과제 완수를 위해 필요한 준비 교육이나 자격증, 추수 교육은 어떻게 할 것인가 등에 대해 다양한 결정을 내릴 수 있다.

이상의 질문들에 답하려면 우선 캠퍼스의 조직 환경이 구조적으로 그리고 업무적으로 얼마나 복잡한지를 알 필요가 있다. 구조적 복잡성(수평적 및 수직적)은 업무의 하위 단위와 전문 분야의 수가 얼마나 나뉘어 있느냐와 관련된다. 업무적 복잡성은 과제의 수행을 위해 요구되는 지식과 전문성의 강도와 범위(혹은 전문적

화 정도)가 어느 정도인지를 뜻한다(Hage & Aiken, 1970). 다양한
영역에 걸친 고도의 전문가들이 업무를 수행하는 대학은 분명히
고도의 복잡성을 띨 수밖에 없다. 대학의 학과와 행정 부서들은
캠퍼스 구성원의 요구를 충족시키기 위해 다양한 전문성을 갖추
어야만 한다. 예컨대, 자연과학대학에서는 화학 및 생물학 강의
를 수행하기에 적합한 교육과 훈련 과정을 거친 전문가가 필요하
다. 경력개발센터 전문가들은 학생들의 학문적, 직업적 관심, 능
력, 선택을 종합적으로 고려하여 효과적인 상담과 조언을 제공할
수 있어야 한다. 수업에서 만들어지는 토론 집단의 수, 동아리, 기
숙사 자치회 등 학생 집단의 수는 캠퍼스 조직의 하위 환경이 얼
마나 복잡한지를 말해 준다.

　대학 조직의 복잡성(complexity)은 조직의 목적을 달성하기 위
해 적절한 하위 부서의 수와 해당 부서의 배치 방식을 결정하는
과정에서 일차적으로 드러난다. 그러나 대학 조직의 복잡성은 조
직 구성원이 각자의 업무와 조직 전반의 활동에 대해서 보다 많은 지식을
얻으려고 시도하는 과정에서도 나타난다(Hage & Aiken, 1970, p. 18).
대학은 일반적으로 직원교육과 지속적인 학습을 중시하는 조직
이다. 대학에서 내려지는 많은 결정들은 실제로 여러 측면에 대
한 판단과 지식을 요구하는 복잡한 상황에서 이루어지곤 한다.
따라서 대학과 다양한 하위 조직은 구조적으로, 그리고 업무적으
로 고도의 복잡성을 띠고 이는 전문직들이 근무하는 환경에서 볼
수 있는 특징이기도 하다.

중앙집권화

조직에서 이루어지는 의사결정 방식에 대한 관심은 조직을 어떻게 설계할 것인지에 대한 고민으로 이어진다. 조직에서 누가 결정권을 가지는가? 어떤 결정을 내릴 때 더 많은 구성원들이 참여해야 하는가? 합의를 통해 결정해야 하는가 아니면 과반수 투표를 적용할 것인가? 경쟁적 이해관계가 있을 때, 누가 어느 방향으로 갈지를 결정하는가? 똑같이 효과적일 것으로 생각되는 복수의 대안이 있다면 어떻게 해야 하는가? 이상의 질문은 조직에서 이루어지는 권력의 배분과 활용, 즉 조직의 중앙집권화(centralization)와 관련된 것들이다.

조직의 중앙집권화 정도는 조직에서 권력이 얼마나 분산되어 있는지를 의미한다. 권력이란 "어떤 사회적 지위에 있는 자가 다른 지위에 있는 자들의 활동을 얽매는 조건을 정할 수 있는 힘이다. 다시 말해 권력은 어느 한 사회적 지위에 있는 사람이 다른 사회적 지위에 있는 사람의 행동을 결정할 수 있는 힘을 말한다……." 모든 조직은 예산 배분, 직원 승진, 새로운 프로그램 운영 등에 관한 결정을 내려야 한다. 이러한 결정은 누군가에 의해서 이루어져야만 한다. 이를 통해 여러 다른 부서들 간의 조정이 이루어지기도 한다(Hage & Aiken, 1970, p. 19).

대학의 경우는 가르칠 교과목과 시간표를 결정해야 한다. 또한 강의가 요구하는 과제 수, 유형, 마감일도 결정할 필요가 있다. 나아가 다양한 예산이 어떻게 배분되고 지출되며 이를 어떻게 회계 처리할 것인지도 결정해야 한다. 이와 관련하여 의사결정이 이루어지는 방식은 조직마다 크게 다르다. 소수 사람들이 권력을 가진 조직은 고도로 중앙집권화된(또는 독재적이고 권위주의적인) 조직이다. 조직의 의사결정에 대하여 많은 사람들이 공식적 권력을 공유하는 조직(예컨대, 평등주의적 동료 모델이나 페미니즘 모델)은 중앙집권화의 정도가 낮고, 탈 중앙집권화되어 있다고 말할 수 있다. 교실 환경의 맥락에서 보면, 교수가 읽기 자료와 보고서 작성 등 강의 계획에 대한 모든 결정을 전적으로 내릴 때, 내용 전달을 위한 강의 중심의 수업을 할 때, 중앙집권화 정도가 높다고 할 수 있다. 반면 세미나식 강의를 하면서 학생과 교수가 협력적으로 강의 계획서를 만들어 가고, 교수가 학생의 관심 분야와 학습 스타일을 고려하고, 과제가 개인별 맞춤형으로 주어지며, 성적을 매기는 방식이 협의되고, 공개적인 토론이 선호될 때, 탈 중앙집권적 학습 환경이라고 할 수 있다. 마찬가지로 동아리나 기숙사 자치회 등이 다양한 프로그램과 자원에 대해 의사결정을 내릴 때에도 위와 같이 서로 다른 방식도 가능하다. 고도로 중앙집권화된 조직에서는 오직 극소수의 사람들만이 다양한 결정에 참여할 뿐이다.

형식화

조직의 규칙과 규정에 대한 논의는 조직의 권력 및 중앙집권화에 대한 논의와 밀접하게 연결되어 있다. 우선 권력은 종종 정해진 규칙을 통해 공식화되고 분배된다. 일부 규칙은 매우 명시적인데, 명문화된 공식 핸드북, 매뉴얼, 기타 문서 등에서 찾을 수 있다. 한편 어떤 경우 규칙이나 지침은 보다 암묵적이고, 광범위하며, 종종 구두로 전달되거나 상징적으로만(조직 문화에 깊숙이 스며들어 있는 규칙) 전해질 수도 있다. 어떤 규칙으로 조직을 규제할 것인가? 규칙은 어느 정도로 구체적이어야 하는가? 규칙이 다루어야 할 문제는 무엇인가? 구성원들이 어떻게 규칙을 알고 이해하도록 할 것인가? 규칙을 어떻게 강제할 것인가? 규칙에 예외를 둘 것인가? 규칙 위반 시 어떻게 할 것인가? 이 모든 관심은 조직화 환경 맥락에서 볼 때, 조직의 형식화(formalization) 정도와 관련된다.

어떻게 보면, 조직화한다는 것은 운영 지침 및 절차를 만들어 조직의 형식화 정도를 결정하는 것을 의미한다. 보다 구체적으로, 형식화란 조직 규칙과 규정(공식적으로 명문화된 것이든 관습적으로 이해된 것이든)의 중요성을 의미한다(Hage & Aiken, 1970). 이 개념에는 세 가지 측면이 있다. 첫째는 규칙의 수로, 고도로 형식화된 조직은 많은 수의 규칙을 가지고 있다. 둘째, 정해진 규칙의 구체성으로, 고도로 형식화된 조직은 명확하고 구체적인 규칙을 수립하고 있다. 셋째, 규칙이 강제되는 정도로, 고도로 형식화된 조직은 규칙의 엄격한 시행을 강조한다.

특히, 관료제 관점에서 보면, 규칙은 효율적인 기능과 역할을 위해 지침을 제공하고 조직의 노력에 어느 정도 예측 가능성을 부여한다. 예컨대, 수강 편람과 관련 자료는 강의할 시간과 장소를 체계적으로 보여 준다. 또한 우리는 잘 만들어진 매뉴얼을 봄으로써 공적으로 사용한 경비를 돌려받기 위한 절차가 무엇인지 알 수 있다. 캠퍼스 환경에서 형식화 정도는 학생 행동 강령, 행정 매뉴얼 및 직무 기술서, 대학 안내 책자, 강의 계획서, 규정과 부칙, 업무 수행에 대한 관습적 이해 등에 반영될 수도 있다. 형식화가 높다는 것은 조직에 엄격성과 비유연성(합리–관료제 모델에서 흔히 나타나는 한계)이 있음을 뜻한다. 반면 낮은 수준의 형식화는 조직에 유동성과 유연성을 부여한다. 다시 서두에 제시된 시나리오를 생각해 보자. 학교에 복귀하자마자 프란을 가장 힘들게 했던 것은 바로 동아리 담당자가 추진한 고도의 형식화가 낳은 결과였다. 하지만 이러한 일을 어떻게 진행해야 할지에 대하여 갖게 되는 걱정과 좌절은 대개 적절한 규칙과 지침을 마련함으로써 해결되기도 한다.

계층화

어떤 조직이든 보상은 중요한 동기부여 요소다. 보상은 종종 지위, 직책, 혜택의 수준으로 나타난다. 누구의 일이 보다 중요하고 더 높은 평가를 받는가? 서로 다른 역할을 함에 따라 다른 보상 수준이 적용되는가? 조직에서 권한과 지위가 가지는 특권은 무엇이고, 이는 어떻게 사용되는가? 위계적 관료제 조직에서 조직 피라미드의 아래쪽에 있는 사람들은 위쪽에 있는 사람들에게 어떻게 접근할 수 있는가? 보상은 현상을 유지하기 위해 사용되는가, 아니면 변화를 촉진하기 위해 사용되는가? 이 모든 질문들은 조직의 계층화 정도와 관련된 것이고, 결국 보상의 차별적 배분에 대한 것이다(Hage & Aiken, 1970).

고도로 계층화된 시스템은 여러 수준의 지위로 구성되고, 이들은 차등적 보상(소득, 존중, 명예 등)을 받음으로써 구분된다. 예컨대, 높은 지위의 사람들은 낮은 지위의 사람들보다 높은 수준의 인정과 보상(주차 공간 등)을 받는다. 또한 계층화(stratification)는 구성원들이 낮은 지위에서 높은 지위로 옮겨 갈 수 있는 이동성의 정도와도 관련이 있다. 높은 수준으로 계층화된 시스템은 현재의 지위 구분을 그대로 유지해서 지금의 보상 구조를 유지하려는 속성이 있다. 또한 이러한 구조에서는 구성원의 이동성이 제한되고 상향 이동의 기회가 거의 없다. 권력과 규칙을 통해 조직화된 시스템은 구성원들에게 동조의 압력을 행사하지만, 계층화는 보상 구조를 경쟁에 맡기기 때문에 조직 내에서 분열을 발생시키는 경향도 있다. 성과급 및 생산성 보너스 제도는 객관적이라고 강변해도 그 이행 과정에서 관계자들 사이에 논쟁의 불씨를 만들곤 한다.

학생들의 캠퍼스 생활에 영향을 미치는 다양한 조직에 이러한 계층화 개념을 적용해 보면 그 의미를 보다 잘 이해할 수 있다. 예컨대, 학생과 교수 간의 거리는 형식을 갖춘 호칭을 지속적으로 사용하고 공식적인 학문적 권위가 행사됨으로써 유지될 수 있다. 이 경우 강의실은 고도로 계층화되어 있는 것처럼 보일 것이다. 마찬가지로, 여러 가지 보상(사무실 공간 및 장비 사용 권한, 직함, 인정 등)이 학생 단체의 대표에게 차별적이고 배타적으로 배분된다면 이 단체에서도 높은 수준의 계층화가 이루어지고 있다고 할 수 있다. 기숙사에서 사감과 조교들이 학생보다 높은 지위와 현저히 나은 환경을 누린다면, 이 또한 고도로 계층화된 조직이라 할 수 있다. 대학의 캠퍼스 환경에서 계층화를 보여 주는 또 다른 예들은 일반적으로 학년(상급 학년이 새내기들보다 더 많은 발언권을 가진다), 전공(자연과학 전공 학생들은 교육계열 전공 학생들에 비해 보다 높은 지적 영민함을 지녔다고 인식되기도 한다), 지위(체육 특기생은 수강 신청 시 편의가 제공되고 캠퍼스에서 특별한 생활환경을 이용할 수 있다) 등의 요소와 관련된다. 조직에서 계층화 정도가 높으면 구성원을 구분하려는 속성을 지닌다. 이러한 시스템에서 타인에 비해 불균형적으로 높은 보상을 받는 구성원들은 보통 현재의 상태를 유지하려는 속성이 있다.

생산

합리적 관료제적 관점에 따르면, 조직의 가치는 조직이 무엇을 하는지, 무엇을 생산하는지에 의해 평가된다. 자원이 희소한 상황에서 업무를 거의 수행하지 않는 부서가 존재 가치를 인정받을 수 있는 유일한 방법은 불가능해 보이는 어려운 일을 맡는 것이다. 조직이란 목적 지향적 시스템이기 때문에 조직의 성공은 의사결정자들의 눈에 적절해 보이는 각종 지표들이 얼마나 달성되었는지 또는 생산(production)되었는지를 통해서 측정된다. 그럭저럭 괜찮은 해는 지난해와 거의 동일한 수준을 달성할 것이고, 잘한 해는 지난해 거둔 성과를 넘어서는 해일 것이다. 훌륭한 해는 목표치를 두 배로 늘리는 해를 말한다. 연말이 다가오는데 성과나 생산이 기대에 못 미칠 경우에는 문제가 발생한다. 대학의 맥락에서 보면, 학과는 졸업생을 배출해야 하고, 교수들은 논문을 게재해야 하며, 직원은 더 많은 사람들에게 더 많은 프로그램을 제공해야 한다. 그런데 이러한 이슈는 조직이 만들어 내는 서비스나 생산품, 즉 조직의 생산 수준의 양과 질 중 무엇을 더 상대적으로 강조하고 있는가와 관련된다(Hage & Aiken, 1970).

모든 조직은 무엇인가를 생산해야 한다. 이처럼 무엇인가를 만들어 내는 이유는 조직의 존재 가치를 정당화하고, 현재 보유한 자원의 수준을 유지하거나 추가 자원을 끌어오며, 조직이 추구하는 목적 달성에 기여하는 구성원들에게 성취감을 안겨주기 위함이다. 따라서 생산량이 많거나 혹은 충분하다면, 그 조직은 잘 작동하고 있는 것으로 보아야 한다. 다시 말해 목표치를 달성하고 있는 조직은 곧 성공하고 있음을 의미한다. 그러나 일부라도 생산량의 감소가 발생한다면, 조직에 대한 재검토나 평가의 필요성이 있음을 뜻한다. 조직화된 시스템으로서의 대학은 종종 생산을 늘리라는 압력을 받는다. 즉, 학생 고객들은 특정 강의가 더 자주 개설되기를 요구하고, 이사회는 전공별 졸업생 수를 확인하며 대

학의 임무 완수를 보여 주는 지표들을 점검하기도 한다. 대학 조
직에서 가장 대표적인 생산 지표는 학생들의 등록 학점 총량, 프
로그램별 등록 학생 수, 전임 교원 수, 학업 지속 학생 비율, 다양
한 배경을 가진 학생 비율, 졸업생 수, 취업 알선 수, 재학생 수,
지도학생 상담 빈도, 강의 시수, 연구 활동 정도, 교수들의 전문적
봉사 활동 정도, 연구비 수주 규모, 출판물 수, 후원을 받는 프로
그램 수, 학생들에게 부여된 과제량, 학생들이 읽은 책의 양 등이
다. 대학의 연례 보고서는 이러한 자료와 지표들이 담겨 있어야
한다. 이 중 일부가 매년 증가한다면, 그것은 조직이 성공적으로
운영되고 있음을 보여 준다. 게다가 예산이 부족해지면서 이 지
표들은 보다 많은 자원을 필요로 하는 부서들을 중심으로 자원을
재배치하는 근거로도 활용된다. 역설적이게도 자원을 더욱 필요
로 하는 부서들은 가장 생산적인 부서일 때가 많다.

  생산의 양은 질과 반비례 관계인 경우가 많다. 등록 학생 수를
늘리고 과목별 수강생 수를 늘리는 것은 학생의 수강 학점을 확
대하는 효과가 있다. 교수 1인당 학생 수를 늘리는 전략은 규모
의 경제(그릇된 전략이지만)를 활용하는 방법 중 하나다. 한 강의
에 100명의 학생이 수강할 수 있도록 허용하면 25명으로 수강 인
원을 제한하여 네 개의 강의로 분반하는 것보다 생산은 네 배로
늘어난다. 전공별로 입학생이 늘어날수록 졸업생 수도 증가한다.
그러나 이러한 전략의 결과로 나타나는 학생 경험의 질에 대한 질
문은 대학의 성공을 진단하는 공식(formula) 어디엔가는 반영되어
야 한다. 특정 강의에서 수강 인원의 증원은 학생들의 비판적 사

고 발달에 기여하는 지적인 학습 참여의 질에 어떤 영향을 미치는가? 이러한 환경에서 학생들이 보고서나 에세이 형식을 통해 소통할 기회가 줄어들지는 않는가? 교수는 강의를 수강하는 모든 학생에게 양질의 피드백을 제공할 수 있는가? 전체 프로그램 면에서, 이러한 학생 수 증가는 학생 상담과 교수-학생 상호작용의 질에 어떤 영향을 미치는가? 학습 성과에 대한 기대치가 바뀔 것인가? 이러한 질문들은 대학들에게 교육에 있어 생산성뿐만 아니라 실질적인 교육 목표 달성을 위한 역량을 갖추고 있는지에 대해서도 상당한 함의를 제공한다.

일상화

Price(1972)는 "한 사회 시스템에서 다양한 역할들이 얼마나 반복적으로 수행되는지를 일상화"라고 정의했다(p. 150). 대학 조직에는 매 학년 반복되는 거시적 · 제도적 차원의 관례와 일상이 있다. 매년 가을 학기는 수강 신청과 신입생 환영 행사로 시작되고, 수강 신청 취소와 수강 신청 추가 기간이 뒤따라온다. 등록금 납부도 기한 내에 이루어져야 한다. 중간고사 성적이 나오면 기말고사 날짜가 정해지고, 이어서 성적 입력 마감일이 다가온다. 그사이 가을 방학과 추수감사절 휴일이 돌아와 잠시 학업에서 벗어나게 된다. 겨울 방학이 시작되면 과제나 프로젝트 마감일이 다가온다는 스트레스를 뒤로 하고 가족, 친구들과 편안한 시간을 보내게 된다. 겨울과 봄 학기는 또 다른 규칙적인 일상이 순환하는 경험을 선사한다. 과제들은 봄 방학 이전에 몰려 있고, 학기 말까지 대장정은 계속된다. 시작과 마무리는 대부분 대학의 학사 일정을 따르는데, 매 학기 마치 밀물과 썰물처럼 예측 가능한 경험으로 장식될 때가 많다.

 미시적 수준에서 보더라도 이러한 일상적인 흐름은 대학에서 중요한 역할을 한다. 장학금 분배를 담당하는 학생처 직원들은 제출된 지원서들을 때에 맞추어 검토하고, 학생들이 반복적으로 물어보는 질문에 대해 성실히 답해야 한다. 교육과정이나 학칙에서 중요한 사항들을 변경하는 업무를 맡은 교무처 직원들은 교육과정 이수 요건을 면밀히 검토하고 관련자들의 동의나 승인을 얻는 과정을 수행해야 한다. 반면 일상적인 업무가 매우 역동적인 사람들도 있다. 학과장들은 갑작스러운 사건이나 요구에 당면해서 즉각적인 조치를 취해야 할 때가 많다. 성인 학습자나 외국인 학생들을 담당하는 학생처 직원들은 예측 불가능하고 복잡한 학생들의 생활 문제를 해결하느라 극적인 하루를 보낼 때가 많다. 이러한 일상화 또는 관례화는 대학에서 일하는 전문가들에게 편안함을 주기도 하지만 때로는 제약으로 작용하기도 한다. 이는 그들이 가진 개인 특성이나 기대 수준에 달려 있다. 즉, 특정한 업무 패턴을 따라서 일하는 것이 누군가에게는 안정감과 성취감을 가져다줄 수 있지만, 다른 누군가에게는 진부함과 지루함만 가져다줄 수도 있다. 이처럼 누군가는 반기고 누군가는 저항하지만, 일상화는 결국 생산성 향상을 위한 메커니즘으로 작동하는 경우가 많다. 사람들이 관례를 따를 경우 원활한 기능을 기대할 수 있지만, 누군가 관례에서 벗어날 경우 이들을 다시 원래 궤도에 되돌리기 위해 많은 노력이 필요하기 때문이다. 이와 같은 일상적인 일 처리가 조직의 생산성에 대한 강조와 결합되면 이는 이어서 검토할 조직의 효율성을 극대화하는 도구가 될 수 있다.

효율성

조직이 무엇을 얼마나 많이 생산하는가에 대한 관심은 일반적으로 비용에 대한 질문을 동반한다. 돈을 제대로 쓴 것인가? 동일한 비용으로 더 많이 생산할 수는 없었는가? 덜 쓰고 절약할 수 있는 방법은 무엇인가? 어떻게 비용을 보다 절감할 수 있을 것인가? 최종적으로 얻는 것은 무엇인가? 이들은 모두 조직의 효율성(efficiency)에 대한 질문이며, 조직의 생산물이나 서비스에 들어가는 비용에 대한 질문들이다(Hage & Aiken, 1970). 앞서 생산성에 대해 언급한 것처럼, 최고의 효율성을 가졌다는 것은 시스템이 원활하게 운영되는 상태를 말한다. 합리주의적 관점에서, 최소 자원으로 최대 생산을 이룬다면, 그렇게 잘 돌아가는 시스템을 일부러 고칠 필요가 있겠는가? 다른 복잡한 조직처럼 대학은 효율적인 자원 사용을 강조하며, 이를 위해 다양한 전략을 사용한다. 예컨대, 복사기 사용 권한을 제한하고, 강의 개설 조건으로서 최소 수강신청 인원수를 늘리며, 저임금 대학원생 조교를 대규모 기초 교육에 배치하는 것은 모두 전체 생산 비용을 낮추는 효과가 있다. 또한 기숙사에 10~15% 정도의 초과 예약을 받고, 공유 공간을 없앰으로써 기숙사의 수용 능력을 최대화하고 강의실도 항상 가득 채워 가면서 활용할 수 있다면, 설비 투자에 드는 비용을 줄일 수 있다.

비용 절감은 어떤 조직이라도 중시하는 목표다. 하지만 대학에서는 그것을 측정하고 평가하는 것이 매우 어렵다. 대학은 상황과 필요에 따라 늘 새로운 제도나 프로그램을 창출해야 한다. 여기서 새로운 제도나 프로그램을 도입하는 것은 본질적으로 성공과 실패를 예측하기 쉽지 않다는 위험을 내포한다. 어떤 프로그램이 실패하면 생산성은 낮아지고 자원은 낭비되기 때문에 결과적으로 자원의 효율적 사용에 좋지 않은 영향을 끼친다. 대학과 같은 교육기관의 경우, 그 임무의 성격이 생산성이나 자원 사용에 있어서 전통적인 관점과 기준을 벗어나는 경우가 종종 발생한다. 따라서 교육기관에서는 효율성에 대해서 다른 기준을 적용해야 한다는 주장도 제기되곤 한다. 즉, 졸업생 1인, 전문 학술지 논문 한 편, 특정 강의의 B학점 이상 취득 학생 등을 만들어 내기(생산) 위해서 얼마나 투자되어야 하는가? 이러한 질문에 답을 하기는 매우 어려울 것이다. 왜냐하면 이 문제와 관련해서 토론할 때, 명확하고 합리적인 기준점을 찾기 어렵기 때문이다.

더욱이, 조직이 추구하는 목적에 대해 명료하고 간결한 정의가 없다면, 무엇을 이루었는지, 즉 성취 수준을 증명하기가 더욱 어려워진다. 대학의 목적은 정확히 무엇인가? 이 문제와 관련하여 구성원 간 합의된 관점은 존재하는가? 누구의 관점이 더 중요한가? 교사 양성 프로그램을 졸업한 학생이 교직이 아닌 다른 분야로 진출했지만 배운 지식을 활용해서 경력을 쌓는다면 혹은 풀타임 부모가 되었다면 이를 실패로 보아야 하는가, 아니면 거시적 관점에서 성공으로 보아야 하는가? 학술저서의 출판 비용은 저자인 교수들의 월급 수준에 따라 다르게 보아야 하는가? 이러한 질문들에 가치 의존적이고 일목요연하게 답하기란 결코 쉽지 않다. 따라서 고등교육의 효율성에 대한 논의는 훨씬 복잡하다. 안타깝게도 불분명한 대학 교육의 성과, 예컨대 자율적 태도의 계발, 모호함에 대한 인내, 비판적 사고력 등은 이들을 제대로 반영하고 있는지 알기 어려운 몇 개의 지표로 측정되곤 한다. 이러한 경우 무엇이 자원의 효율적인 사용이고 무엇이 아닌지에 대하여 의문을 갖게 된다. 그러나 이에 대한 만족스러운 답변은 쉽게 찾을 수 없을 것이다. 그럼에도 불구하고 다른 모든 조직과 마찬가지로 대학 또한 비록 힘들더라도 조직의 미션과 관련된 책무성을 전제로 하여 조직의 효율성을 추구해야만 할 것이다.

사기

조직과 관련된 이상의 관심사들이 뒤엉켜 있는 어딘가에는 조직 구성원이 얼마나 만족하고 있는지에 대한 근본적인 질문이 자리 잡고 있다. 구성원들은 자신이 수행하는 과제와 업무에 대해 희열을 느끼는가? 그들은 함께 일하는 사람들에 대해 긍정적으로 이야기하는가? 과업과 학습 참여자들 사이에서는 대체로 선의와 만족의 정서가 흐르는가? 구성원의 사기(morale)나 만족은 조직 자체라고 말할 수는 없지만 구성원들이 조직화된 시스템에 참여하는 것과 관련된 여러 측면들을 요약해서 보여 주는 척도이다. 다른 조건이 같다면, 사기와 만족도는 조직 시스템에서 구성원의 이탈 정도를 보면 알 수 있다. 사기가 높으면 일반적으로 이탈률이 낮고, 이탈률이 높다면 종종 사기가 낮을 수 있음을 암시한다. 예컨대, 어떤 강의에서 학생들의 결석이 많거나 특정 학생 단체에 대한 학생들의 참여 수준이 낮다면, 이는 시스템에 내포된 조직 특성에 대해 구성원들이 가지는 불만을 보여 준다. 기관 수준에서 탈락이나 중도이탈 비율은 이탈률을 보여 주는 척도이다. 이들 지표가 높아지면 이는 캠퍼스 행정가들이 학생들의 불만과 낮은 사기를 심각하게 생각하고 거기에서 원인을 찾아야 함을 시사한다. 인간 조직이 만약 살아남으려면, 구성원들에게 최소한의 사기와 충성심이 유지될(Hage & Aiken, 1970, p. 27) 수 있도록 해야 한다. 그렇게 하지 않으면, 업무효율 저하, 규칙 위반, 속임수, 생산성 저하 등 여러 어려움이 발생할 수 있다. 궁극적으로는 조직화된 시스템의 지향점과 목적 자체가 훼손될 수도 있는데, 이는 구성원들이 자신의 역할을 완수하지 않고 시스템에서 이탈하기 때문이다. 이것은 이 장의 서두에서 소개한 시나리오에 등장하는 일부 학생들에게 임박한 운명일지도 모른다. 왜냐하면 이들은 프란이 수강하는 대규모 사회학 강의에서 나오는 익명의 분위기에 지칠 수 있기 때문이다. 어떠한 목적을 가진 강의실 환경에서 학습자인 학생들에게 강의 주제와 관련된 토론 기회가 없다면, 이는 계속해서 학생들의 사기를 낮추고, 일부 학생들은 그냥 뒤로 물러나 다른 학생의 노트를 빌리는 지경까지 이르게 된다. 만족한 사람들이 생산적이고, 생산적인 사람들이 만족한다는 시대를 초월한 격언은 어느 환경이든 사기가 중요하다는 점을 분명하게 말해 준다. 높은 사기가 높은 생산성을 가져오는지, 아니면 높은 생산이 큰 만족을 이끌어 내는지에 대해서는 논쟁의 여지가 있다. 그럼에도 불구하고 두 관점이 강조하는 것은 캠퍼스 구성원들을 참여하게 만드는 원인 또는 그들의 참여 결과로서 그 구성원들이 갖게 되는 정서적인 경험을 충분히 고려할 필요가 있다는 것이다.

조직화된 환경의 역동성

지금까지 살펴본 조직 모델, 구조, 특성은 서로 결합해서 어떠한 환경 조건을 만들어 가는데, 이것은 조직 유연성의 차이를 통해 설명할 수 있다. Hage와 Aiken(1970)은 모든 조직은 일반적으로 역동적인 상태부터 정적인 상태에 이르는 연속선상의 어디엔가 위치한다고 주장했다. 그 연속선의 한쪽 끝에는 유연하게 설계되어 변화에 쉽게 대응할 수 있는 역동적 환경이 있으며, 다른 한쪽 끝에는 견고하게 설계되어 변화에 저항하는 정적인 환경이 있다. 이러한 틀을 가지고 조직 설계 방식과 관련된 조직의 역동성에 대한 내용을 살펴볼 수 있다([예시 3-3]). 교실, 학과 사무실, 학생 단체, 기숙사 등 그것이 어떤 단체든지 역동적이거나 정적인 특성을 얼마나 가지는지는 지금까지 살펴본 조직의 구성 요소 및 특징을 적용해서 살펴볼 수 있다. 이러한 조직의 틀에서 구성원

들의 사기가 어느 정도인지를 예측하려면 구성원들의 특성을 추
가로 살펴볼 필요가 있다.

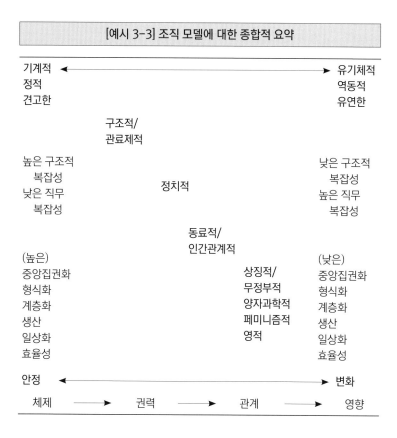

[예시 3-3] 조직 모델에 대한 종합적 요약

이때 특히 중요한 것은 조직의 구조가 성공적인 교육 경험을 불
러올 수 있는 역동적 시스템을 만드는 데 어떻게 기여하는지를 이
해하는 것이다. Hage와 Aiken(1970)의 관점을 적용하면, 역동적
으로 조직된 환경에서는 높은 수준의 직무 복잡성이 낮은 중앙집
권화, 낮은 형식화, 낮은 계층화, 낮은 효율성, 낮은 일상화, 서비

스에서 양보다 질을 강조하는 것과 결합된다. 앞서 살펴본 조직 모델을 대입해 보면, 이는 동료적·인간관계적 모델, 상징적·무정부적 모델, 양자과학적 모델, 페미니즘적 모델, 영적 모델에 가까우며, 여기서 조직의 지도자는 관계의 질에 관심을 두면서, 변화를 지원하고, 조직이 지향하는 바를 제시하기 위해 노력한다. 강의실에서 흔히 나타나는 높은 수준의 업무 복잡성은 다루는 학습 주제에 대한 다양한 관점과 자기 주도적 과제 수행, 학습의 성격을 통해서 명백하게 알 수 있다. 중앙집권화 정도와 형식화 정도(종종 두 가지는 함께 움직인다)는 보다 참여적인 방식을 도입해서 낮출 수 있다. 즉, 학생들이 강의 계획 수립에 적극적으로 참여할 수 있는 기회를 부여하고, 강의의 목표를 달성하기 위해 각자가 다양하고 창의적인 학습 방법(협동 프로젝트, 독립적인 개인 과제, 여러 가지를 섞은 하이브리드 형식 등)을 시도하도록 권장하는 것이다. 물론 이러한 과정 외에도 교수와 학생 모두 고도의 노력을 할 필요가 있다. 객관식 시험을 통한 기계적 점수 부여보다 에세이 형태의 시험을 도입하거나 웹 페이지나 공연처럼 독특한 학습 결과를 평가하게 되면 교수들은 보다 많은 시간과 노력을 투자해야 하고, 효율성의 수준은 낮아질 수도 있다. 그러나 이러한 역동적인 환경은 변화와 혁신에 유리하고, 개개인의 요구에 부응하는 강력한 교육 시스템이 되기 위한 핵심 요건이 된다(Strange, 1983).

반면, 정적 환경에서는 변화와 혁신을 꺼리고, 업무의 복잡성은 낮지만 중앙집권화와 형식화, 계층화의 정도는 높다. 또한 조직의 효율성과 상품이나 서비스의 양을 강조하는 경향을 띠게 된

다. 이러한 개념적 틀을 강의실 맥락에 적용해 보면, 이러한 정적
인 환경이 얼마나 학생들의 창의성과 혁신을 가로막고, 결과적으
로 능동적 학습까지 방해하는지 분명하게 알 수 있다. 교수 혼자
서 작성한 강의 계획서는 학생들이 학습 측면에서의 관심과 학습
목표에 대해 고민할 기회를 거의 제공하지 못한다. 이러한 정적
인 조직은 높은 수준으로 구조화되는 경향이 있고 명시적이고 엄
격한 형태를 갖춘 과제를 부과한다는 것은 개별 학생의 학습 스타
일과 요구를 충분히 감안하지 못하는 것이다. 조직에서 공식 직
함과 지위를 강조하는 것도 새로운 것을 학습하는 데 필요한 편안
한 분위기를 조성하는 데 도움이 되지 못한다. 효율성(예: 지금 우
리는 그것에 대해 탐구해 볼 시간은 없어요)이나 읽기 자료 및 과제의
양을 지나치게 강조하면(질을 희생하면서) 학기가 진행됨에 따라
학생들이 이번 학기는 '그냥 해치우자'는 식의 태도를 형성하도록
유도할 수 있다. 이러한 분석이 주는 시사점은 강의실, 동아리 모
임, 기숙사 자치회 등 어느 조직에서든지 발달을 촉진하는 환경은
역동적인 특징을 갖는다는 점이다. 역동적 환경에서는 개인 간
차이를 인정하고, 모두 참여하도록 기대하며, 구성원 사이의 상호
작용은 단순히 기능적이라기보다는 인간적이고, 위험을 감수하
는 것이 장려된다([예시 3-4]).

　어떠한 환경이든지 조직이 얼마나 정적인지 또는 역동적인지는
조직 구성원의 사기 수준을 결정한다. 예컨대, 정적인 강의실 환
경(합리-관료제적, 정치적인)을 생각해 보자. 이런 환경에서 교수
는 가르칠 내용과 순서에 대한 모든 결정을 혼자서 내리고(높은 중

앙집권화), 과제 수행은 매우 상세하고 엄격한 규칙을 따라서 해야 하고(높은 형식화), 시간 낭비를 걱정해서 학생들의 질문이나 코멘트는 그다지 권장되지 않는다(생산과 효율성에 대한 높은 수준의 강조). 즉, 수업은 강의를 중심으로 진행되고, 시험은 정보를 얼마나 암기하고 있는지를 단순하게 평가한다(높은 관례화와 낮은 업무 복잡성). 이러한 강의실 환경은 학습을 확실한 답을 얻는 것이라고 생각하는 학생들에게는 편안하게 느껴질 수도 있다(King & Kitchener, 1994). 반면, 상대주의적(Perry, 1970)이거나 반성적 사고를 즐겨 하며(King & Kitchener, 1994) 불확실한 세계에서의 확률 추론을 좋아하는 학생들에게 이러한 수업 환경은 매우 지루하고 답답할 것이다. 또한 개인의 성격 유형이 다르면 동일한 조직 환경에 대해서 달리 반응할 수 있다. Myers-Briggs 성격 유형(Myers, 1980)에서 감각형과 판단형(구체성과 폐쇄성을 강조)인 경우 또는 Holland 유형(Holland, 1973)에서 관습형과 현장형(질서와 조직화를 지향)인 경우에는 강의실 환경이 관례화 또는 일상화되거나 표준화된 것을 선호할 수 있다. 하지만 이처럼 환경에서 높은 수준의 구조화가 이루어지면, 직관형 이해자, 예술형, 또는 사교형 사람들은 좌절할 수도 있다. 다른 예로 엄격한 규칙과 권한을 바탕으로 조직된 동아리(합리-관료제 모델 스타일)에서는 배려와 친밀함의 윤리에 익숙한(ethic of care and connectedness)[10] 여학생들의

---

10) 역자 주: 발달(사회·도덕성)에 있어 남녀 간의 차이를 연구한 학자들은 여성과 남성이 도덕적 딜레마에 대해 다른 태도를 가질 수 있음을 밝혔

경우 매력을 크게 느끼지 못할 수 있다(Forrest, Hotalling, & Kuk, 1986; Gilligan, 1982). 이들은 보다 수평적이고 유동적이며 비공식적인 환경(동료적 모델)을 선호할 가능성이 높기 때문이다.

[예시 3-4] 정적인 조직과 발달을 촉진하는 환경	
정적 조직	발달을 촉진하는 환경
획일화, 단순화, 관례화	독창적이고 창의적인 것이 인정받음
갈등과 차이를 최소화함	복잡성, 다양성, 논쟁이 장려됨
중요한 결정은 위에서 이루어짐	구성원 모두가 의사결정에 참여함
권한과 책임이 위계적으로 배분됨	지위와 권력보다 인격주의와 공동체가 강조됨
명확한 책무성을 위해 규정을 만들고 이를 상세화함	개인의 욕구가 충족될 수 있도록 어느 정도의 모호성과 유연성을 확보하고 형식화를 최소화함
단위 시간과 자원당 성취를 극대화함	단위 성취당 시간과 자원을 극대화함
상호작용은 기능적 역할과 책임을 바탕으로 이루어짐	상호작용은 인간적 모델링과 멘토링을 바탕으로 이루어짐
자원의 효율적 사용을 위해 위험을 감수하는 것을 최소화함	교육적 효과성을 극대화하기 위해 위험 감수가 장려됨

출처: Strange, C. C. (1983). Human development theory and administrative practice in student affairs: Ships passing in the daylight? *NASPA Journal* 21(1): 2-8. NASPA-Student Affairs Administrators in Higher Education (http://www.naspa.org)의 허가를 받고 사용함.

다. 이들에 따르면 남성은 도덕적 딜레마에 빠졌을 때 '정의'를 추구하는 반면, 여성은 '해답'을 구하되 타인에게 해가 되지 않고, 타인을 배려하는 방향으로 해답을 구하는 경향이 있다.

이상에 살펴본 바와 같이, 개인-환경의 역동적인 관계는 기숙사에서 이루어지는 학생 모집과 그곳에서 생활하는 학생들의 만족 정도를 이해하는 데에도 적용될 수 있다. 기숙사의 경우, 조직이 얼마나 구조화되어 있는지 정도는 기숙사 생활의 목표를 정하는 방식, 규칙을 적용하는 방식, 기숙사 생활과 관련된 정책을 결정하는 방식, 자원을 쓰는 방식 등으로 구체화된다. 이와 관련된 방식은 그곳에서 생활하고 거주하는 학생들의 특성과 부합할 수 있지만, 그렇지 않을 수도 있다. 예컨대, 조직에서 리더십과 참여에 대한 지식이나 경험이 부족한 학생의 경우, 기숙사라는 조직을 매개로 만들어진 민주적 생활 공동체에서 책임을 분담할 자세가 되어 있지 않을 수도 있다(Crookston, 1974). 차라리 이들은 보다 구조화되고 정적인 조직 환경이 편할 수도 있다. 반면 상급 학년 학생들의 경우, 재학하면서 다양한 재능과 스타일을 계발하는 경험을 많이 해 왔기 때문에 학생들의 주장이나 참여를 제한하는 고도로 구조화된 시스템에서는 곧장 흥미를 잃을 수도 있다. 이런 이유로 기숙사를 관리하는 사람들은 교수, 학생처 직원들과 함께 학생의 발달적인 특성을 정확히 이해하고, 이를 활용해서 바람직한 기숙사 환경을 조성하는 노력을 해야 한다(Strange, 1983, 1994, 2010, 2014).

조직의 성과

이제 우리는 인간 환경(human environment)의 조직적 특징과 관련된 논의를 Hage(1980)가 제시한 조직의 네 가지 핵심적인 성과 기준과 연계해서 정리하고자 한다. 이는 혁신, 효율성, 생산량, 사기이다.

Hage(1980)는 이러한 성과 기준들이 "조직성과에 대한 모든 이론의 핵심에 있으며…… 모든 조직의 생존을 위해서 필요하다고 주장한다. 직원, 교수, 학생 등 대학 구성원들이 그만두거나 이들에 대한 비용이 급증하는 경우 또는 생산이나 서비스의 변화가 전혀 없거나 무엇이 되었든 산출 자체가 없다면 그 조직은 더 이상 존재하지 않는 것과 다름이 없다"(Hage, 1980, p. 35). 비록 그가 사용하는 생산과 같은 용어가 기업과 같은 조직을 가정하는 것일 수도 있지만, 그가 제시한 네 가지 성과의 중요성은 교육기관의 맥락에서도 마찬가지로 적용될 수 있다. 예컨대, 만약 낮은 사기가 학생, 교수, 직원의 높은 이탈로 이어진다면, 그 대학은 분명 살아남기 어려울 것이다. 구성원들의 이탈은 어느 조직에서나 불안정성을 가져오고, 나아가 남아 있는 구성원들이 무엇인가 잘못되어 있다는 느낌을 갖도록 만든다. 또한 인간관계론적 관점에서 보면, 조직이 기능하는 정도를 이해함에 있어서 구성원의 사기와 만족을 고려하는 것은 중요하다. 왜냐하면 만족한 구성원은 조직에서 더 오래 생산적으로 일하기 때문이다. 반대로 불만족한 구성원은 생산성이 낮아지거나 아니면 조직을 이탈하려는 위험에 놓인다.

혁신 역시 대학에서 중요한 성과 준거이다. 역동적인 기관으로서 대학은 거시적인 사회 변화에 발맞추어 프로그램과 교육과정을 변화시킴으로써 재학생의 규모를 충분하게 유지해야 한다. 대학을 설립해서 운영한다는 것은 두 가지 의미를 지닌다. 첫째는 우리를 둘러싼 세계에 대한 이해를 넓히는 역할을 수행하는 기관을 만든다는 것이고, 둘째는 설립된 교육기관으로서 대학의 기능과 역할을 개선하기 위해 새로운 아이디어와 실천 방안을 창출하며 이를 적극적으로 구현해 나간다는 것을 의미한다. 이러한 점에서, 대학은 전통적인 문화를 전수하는 역할을 수행하는 기관이면서 동시에 혁신을 도모하고 구현하는 기관의 특성을 지닌다. 사실 변화와 혁신에 저항하는 것은 새로운 지식과 학습을 창출하기 위해 헌신하는 대학 조직의 본질적 특성에 대한 위협이다.

교육기관은 또한 생산적이어야 한다. 대학은 다양한 학과를 운영하고, 유익한 강의들을 개설해야 한다. 학생을 졸업시키고, 다양한 재원을 확보하며, 연구를 수행하고, 그 결과물을 출판해야 한다. 대학은 연례 보고서에 제시된 학생 수, 취업자 수, 학생 등록과 학점 총량 등 여러 지표 중에서 지난해보다 상승한 것이 무엇이고 하락한 것(예: 학생 수 감소)은 무엇인지를 따져보아야 한다. 결국 대학은 추구하려는 목적을 달성하기 위해 한정된 자원을 투입해서 생산을 극대화하려는 노력을 해야 한다. 자원에 대한 경쟁이 더욱 치열해지고 대학에 재정을 지원하는 집단과 교육소비자들로부터 제기되는 책무성 압력이 증가하고 있다. 이런 상황에서 대학이 책임 의식을 가지고 효율성을 추구하는 것은 대학에 대한 공적 그리고 사적인 신뢰를 유지하기 위해 필수적인 조건이다. 실제로 개별 수업, 학과 사무실, 학생 서비스 센터, 동아리, 기숙사를 막론하고 대학의 모든 하위 조직들은 자신의 성과를 확대하기 위해 변화에 대한 능동적 대응, 생산성과 효율성 증대, 구성원의 사기 촉진을 위해 노력해야 하고, 이는 대학 조직이 당면한 기본적인 과제들이다.

조직 규모의 문제

조직이 역동성을 유지하고, 원활한 운영을 하기 위해서는 특히 조직의 규모가 중요하다. 규모가 커질수록 조직은 소규모, 인간 중심 시스템(human-scale system)으로서 가지는 특성은 상실하게 된다. 이는 다시 구성원의 사기와 조직성과에도 일정한 영향을 미친다.

대학의 규모는 오늘날 대학이 당면한 주요 조직 문제의 하나이다. 미국의 고등교육 역사에서 대학의 규모에 대한 관심은 비교적 최근 들어 확대되기 시작하였다. 제2차 세계 대전 이후, 특히 1960년대 10년 동안, 대학 사회는 고등교육에 대한 접근성과 기회 확대에 대한 사회적 요구에 직면했다. 대학들은 이에 부흥하여 연방 자금의 투입과 규모의 경제를 활용해서 급격히 성장했다. 즉, 대학의 성장은 시대적 흐름이었다. 교실이 넓어지고, 고층 기숙사가 새로 지어졌으며, 재학생 수가 급격하게 늘어났고, 교수와 직원을 전례 없이 대폭 채용하였다. 1960년대가 끝날 즈음, 미국 대학생의 대다수는 학생 수 1만 명이 넘는 대규모 대학에 재학하게 되었다. 대학 수와 규모 모두에서 일어난 이러한 팽창은 대학 사회의 발전을 가져온 것이 사실이다. 새로운 집단에게 고등교육 기회가 제공되었고(Cross, 1971), 대학 기반 연구는 우주의 비밀을 밝히겠다는 약속을 이행했다. 졸업생들은 정보화 시대를 열고 위대한 새 시대를 열어 가는 구성원이 되었다(Toffler, 1970). 하지만 어두운 측면은 미국의 고등교육이 점차 인간적인 성격을 잃고 관료제적 특성을 갖게 된 것이다. 대학이 비인간화된다는 것은 다양한 학생들의 개별적인 요구에 점차 무관심해지게 됨을 의미한다. 더욱이 이러한 현상은 새롭게 확대된 대학 규모와 깊은 연관이 있다. Boyer(1987, p. 145)는 대학의 규모가 고등교육기관으로서 미션과 관련이 있다고 주장했다.

강의실 규모는 교수-학습의 다른 측면들과 마찬가지로 대학 유형에 따라 편차가 있다. 설문조사에 참여한 연구 중심 대학 재학생 29%가 자신이 수강했던 강의 '대부분' 혹은 '전부'가 100명이 넘는 규모였다고 답했다. 반면 리버럴 아츠 칼리지에서는 단지 1% 학생들만 이러한 규모의 강의를 수강했다고 답했다. 또한, 연구중심대학에서는 단지 5% 학생만이 100명이 넘는 규모의 강의를 수강한 적이 없다고 답했다. 리버럴 아츠 칼리지에서는 이러한 답변이 80%를 차지하였다.

나아가 Boyer는 "대학이 교육에 얼마나 신경을 쓰고 있는지를 확인하는 중요한 방법은 교양 강의의 규모를 보는 것"(p. 145)이라고 결론을 이어 간다.

대형 대학들은 자원의 효율적 사용이란 명목으로 규모의 경제에 의존하게 되고 캠퍼스는 대체로 과잉 인원의 환경이 되어 버렸다(Wicker, 1973). 이러한 환경에서는 너무 많은 수의 학생들이 의미 있는 학습 참여와 성취를 위해 너무 적은 기회를 놓고 경쟁을 하게 된다. 『학생 발달과 대학 생활』이라는 저서에서 Chickering(1969)은 이러한 상황에 대하여 처음으로 '중복성의 조건[11]'이라고 명명했다. 일반적으로 말해서, 대형 대학은 과잉 인원이자 중복적인 경향이 있고, 소형 대학은 과소 인원인 경향이 있다. 소형 대학에서는 의미 있는 성취를 위한 기회가 그것을 활용할 사람보다 더 많다는 것이다.

기관의 규모 문제는 고등교육에서 매우 중요한 관심사이지만 답을 쉽게 내리기 어렵다. Blau(1973, pp. 99-100)는 교육 조직에 대한 연구를 통해서 대학이 처한 딜레마를 다음과 같이 설명했다.

대학이 훌륭한 교수와 우수한 학생들을 유치하고 좋은 평판을 유지하는 능력은 그 대학이 가진 조건들에 달려 있다. 높은 평판을 위해서는 여러 다양한 분야에서 특성화가 필요한

---

11) 역자 주: 중복성의 조건(condition of redundancy)은 한정된 자원이나 기회를 다수의 사람이 '중복적으로' 사용해야 하는 상황을 의미한다.

데, 이는 소규모 대학에서는 결단코 가능하지 않다. 높은 평판을 위해서는 최고의 교수 영입과 최고의 학생 모집을 위해 다른 대학들과 경쟁해야 하는데, 소규모 대학에는 이를 위한 재정 여건이 충분하지 않을 가능성이 높다. 일단 최고의 명성을 얻는다면 그 대학은 재정을 끌어들이고, 뛰어난 학생을 모집하며, 훌륭한 과학자와 학자들을 영입하게 됨으로써 엘리트 대학으로서 명성을 유지하는 것이 쉬워지고 지속적인 성장도 촉진된다.

한편 Blau(1973)는 대학 규모의 규모가 클 때 긍정적인 면도 있지만 교육에 대해서는 부정적인 영향을 미칠 수도 있다고 하면서, 큰 규모가 "교육의 질을 위협한다. 대학이 커질수록 대학은 획일적이면서 관료적인 기관으로 변화하게 마련이다. 그렇게 되면 대학이 최고의 학생과 교수를 유치할 수 있는 가능성은 오히려 줄어든다"고 말했다(p. 100). 이렇게 볼 때, 대학이 규모의 경제를 위해서 기꺼이 포기하는 것들은 소위 학습의 경제(Strange & Hannah, 1994, 3월)이다. 즉, 대학의 규모가 커질수록 공동체의식, 참여 의식, 창의성 등의 계발 기회는 줄어든다. 일반적으로 대학의 규모가 커질수록 이러한 역량을 기르기 위한 교육 환경을 만들고 유지하는 것이 훨씬 더 어려워진다는 것이다.

조직의 규모는 사람들이 시스템에서 어떻게 업무를 수행하며 자신의 경험을 어떻게 평가하는지에 대해서도 함의를 제공한다. Moos(1986)는 조직 규모에 대해 논의하면서 실증적인 결론 하나에 주목했다. 이는 "집단 규모가 커질수록 사기와 태도는 부정적으로 변하고 결석은 더욱 빈번해진다"는 것이다(p. 410). 그는 나아가 "다른 학생들과 비교해서 대규모 학교(즉, 상대적으로 과잉 인원 환경을 가진 학교)에 다니면 낮은 의무감을 갖게 되고, 큰 규모는 소외된 학생들"(p. 408)에게 더욱 부정적인 영향을 미칠 수 있다고 말한다. 이와 관련해서 Banning(1989, p. 59)도 대학 환경이 신입생에게 미치는 영향을 분석하면서 동일한 결론을 얻었다.

> 환경당 인원의 비율은 그 환경에서 생활하는 사람들에게 중요한 영향을 미친다. 과소 인원 환경(Wicker, 1973 참조)에서는 사람들이 보다 많은 책임을 지고, 도전적인 일에 참여하며, 그 환경을 위해 필요한 일들을 수행한다. 또한 구성원들은 광범위하게 활동에 참여하면서 자신을 그 환경에서 중요하고 책임이 있는 사람으로 인식하고, 환경이 긍정적 기능을 제대로 발휘하도록 열심히 노력한다.

우리는 대학 캠퍼스에서도 조직 역동과 관련된 많은 사례들을 볼 수 있다. 예컨대, 관료제와의 싸움은 대규모 명문 대학의 조직에서 나타나는 장벽들을 무너뜨리려는 학생들의 데모로 이어지곤 한다. 학생들이 캠퍼스에서 경험하는 긴 대기 줄, 이름 대신 부여된 번호, 삼중으로 작성해야 할 각종 양식 등은 자신의 정체성과 삶의 목적에 대한 질문과 무관하다(Chickering & Reisser, 1993). 또한 개별화, 개성화, 그리고 정서적 지지 등과도 무관하다는 점에서(Widick, Knefelkamp, & Parker, 1975) 학생들의 삶에서 인간성을 앗아간다. 심지어 큰 대학 규모는 지성과 이성의 계발이라는 대학의 명시적인 목적까지도 위태롭게 할 수가 있다. 이 장의 서두에 제시된 시나리오에서 프란이 좌절감을 느끼면서 토로했듯이, 200명씩이나 수강하는 대규모 강의에서 개별 학생들이 질문이나 의견을 제시하고 서로 생각을 교환하면서 자신의 입장을 글로 표현할 수 있는 기회가 과연 얼마나 될 것인가? 900명이 함께 거주하는 기숙사 환경에서 학생들이 단지 여섯 개에 불과한 기숙사 자치 위원회 자리를 놓고 경쟁하게 된다면 개별 학생이 책임 있는 자리를 경험해 볼 수 있는 기회는 과연 얼마나 될까? 이처럼 조직 규모와 관련된 결론이 주는 함의는 분명하고 일관된다. 교육과 학습에 관해서는 규모가 크다고 좋은 것이 아니라는 것이다.

　그렇다면 어느 정도의 규모가 적절한가라는 질문이 가능하다. 이에 대해 분명하고 간단한 답은 없지만, 우리는 인간 중심(human scale) 개발 및 설계와 사회 네트워크에 대한 연구를 통해서 단서를 찾을 수 있다. 인간 중심 개발 모델(human scale development)[12]은 인간의 평안한 삶의 문제에 초점을 두고 경제

---

12) 역자 주: 인간 중심 개발 모델(human scale development)은 Manfred A. Max-Neef(1989) 등에 의해 주창된 이론으로, 이 이론은 사람에 의한, 사람을 위한 개발의 중요성을 강조하고 있다. Max-Neef는 인간의 기본적 욕구 충족, 자립도(self-reliance)의 증가, 인간과 환경 간의 균형 잡힌 상호 의존성을 기반으로 개발이 이루어져야 한다고 본다.

학 분야에서 등장했다(Max-Neef, 1989). 이 모델에 대한 자세한 설명은 이 장의 범위를 벗어나므로 간략히 설명한다. 저자들은 이 문제를 인간의 기본적 욕구(생존, 보호, 애정, 이해, 참여, 여유, 창조, 정체성, 자유)를 충족시키는 다양한 요인(존재, 소유, 행위, 상호작용)의 함수로 이해한다. 이러한 면에서, 인간 중심 기반 개발 및 설계 이론은 인간적 성취감을 주는 환경과 시스템이 무엇인지를 규명하고 이를 창조하는 것을 목적으로 발전되어 왔다. 고등교육 맥락에서 보면, 대학들도 이러한 목적을 추구하고 인간 중심 이론을 캠퍼스 교육 환경의 조성에 적용할 수 있고 이를 통해 큰 효과를 얻을 수 있을 것이다. 이러한 질적인 관심 너머에는 캠퍼스 전체 또는 하위 그룹의 크기를 어느 정도로 할 것인지에 대한 실천적인 관심사가 존재한다. 이와 관련해서 영국의 인류학자인 Robin Dunbar(1992)는 유용한 판단 기준을 하나 제시한다. 즉, 한 사람이 안정적인 사회적 관계, 즉 서로가 누구인지 알고 서로 누구와 어떤 관계를 맺고 있는지를 알 수 있는 사람 수는 대략 150명(즉, Dunbar의 숫자) 정도라는 것이다. 대규모 대학이 소규모 대학보다 높은 중도 이탈률을 보이는 것은 잘 알려진 사실이다. 어쩌면, 학생 수가 많은 대형 대학의 최우선 과제는 클러스터 칼리지(cluster college)[13](Blau, 1973), 기숙사 학습 공동체, 학생 동아리,

---

13) 역자 주: 클러스터 칼리지는 영국의 옥스퍼드 대학교와 케임브리지 대학교의 모델을 따르는 '대학 안의 작은 대학들의 모둠'이라고 정의할 수 있다. Brodzinski(1971)는 클러스터 칼리지를 "자신만의 교육과정과 교원, 기숙사, 그리고 행정 조직을 갖춘 준자율적인 대학 조직"으로 정의

강의 토론 소모임 등 소규모 하위 환경들을 조성함으로써 과잉 인원 문제를 해소하는 것일지도 모른다. 인간적 중심 기반 개발의 원리에 Dunbar의 숫자에 대한 통찰을 결합해서 생각해 보면, 좋은 출발점이 될 것이다.

우리는 이 장을 통해 인간 환경의 많은 부분이 특정 목적을 달성하기 위해 사회 시스템으로서 만들어진 조직의 구조가 어떠한 모습을 가지는지와 관련되어 있음을 알게 되었다. 조직의 복잡성, 중앙집권화, 형식화, 계층화, 생산, 일상화, 효율성의 차원은 인간 환경이 얼마나 유연하고 경직적인지에 영향을 미친다. 또한 이러한 특성을 통해 결정되는 조직의 역동성 정도는 다시 조직의 혁신, 효율성, 생산, 참여자의 사기 등 조직성과에 영향을 미치게 되는데, 조직의 규모는 이러한 영향 관계를 매개한다. 마지막으로 학생들의 개별적 학습 요구에 보다 잘 부응하려면 캠퍼스의 교육 환경은 보다 유연해지고 혁신적이어야 한다. 따라서 캠퍼스 환경도 인간 중심 설계의 취지를 고려해서 학생들의 의미 있는 참여를 유발할 수 있도록 디자인되어야 할 것이다.

하였다. 하버드 대학교 총장을 역임한 클라크 커(Clark Kerr)는 현대의 미국 대학들이 당면한 학부교육의 가장 큰 과제는 '나날이 확장되는 대학을 학생들로 하여금 보다 작은 조직으로 느끼게 하여 소속감과 안정감을 갖게 하는 것'이라고 주장했다. 이렇게 느끼게 하는 대학 조직 구조 중 하나가 거대한 종합대학교(university) 안에 작은 클러스터 칼리지를 만드는 것이다.

생각해 볼 문제

1. 우리 부서나 학과의 조직 환경을 가장 잘 설명하는 조직 모델은 무엇인가?

2. 우리 대학의 근무 환경을 보면, 어떤 조직 구조가 떠오르는가?

3. 내가 우리 대학 근무 환경과 관련해서 조직 구조를 바꿀 수(키우거나 줄일 수) 있다 면 그것은 무엇이며, 어떻게 바꿀 것이고, 왜 그러한가?

4. 우리 대학의 규모(소규모 혹은 대규모)는 대학의 조직성과에 어떤 영향을 미친다고 생각하는가?

5. 우리 대학의 전반적인 조직 역동성은 학생들의 성공에 어떤 영향을 미치는가? 촉진하는가, 방해하는가?

제**4**장

사회적으로 구성된 환경

다른 시각에서 바라본 관점

시나리오: 여기 정말 멋져!

사회복지 전공으로 입학한 1학년생 클레어는 총장, 교수진, 핵심 보직자, 학생회장이 참석해서 대학의 역사와 전통에 대해 설명해 주었던 신입생 오리엔테이션의 기억을 아직도 지울 수 없었다. 그녀는 오리엔테이션에서 돌아온 날 저녁 부모님과 통화하면서 이렇게 말했다. "이곳에는 무언가 특별한 게 있어요. 정말로 멋졌어요.", "우리 대학 교수님들은 일찍부터 열심히 공부하는 것에 대해서 정말 진지하게 생각하는 것 같아요. 학생들이 어떻게 해야 할지에 대해서 세심하게 신경쓰고 있다는 느낌을 받았어요."

클레어는 오리엔테이션이 있던 날 아침 사회과학 학부에서 교수들과 공동 연구를 진행하는 윌리엄스 박사를 만났다. 두 사람은 사회과학 분야의 전공 교육과정을 살펴보고, 다른 학생들과 대학 교육과정과 애덤스 프로그램(Adams program)에 대해서 이야기를 나누었다. "우리가 참여할 수 있는 서비스 러닝 프로젝트(service learning projects)에 대해서 들었는데 정말 흥미로웠어요. 그분들은 심지어 한 학기에 두 번 정도 열리는 저녁식사 겸 프로젝트 점검 회의에 참석해 달라고도 했어요!" 그밖에도 신입생 오리엔테이션에서 들었던 모든 말들은 놀라움을 주기 충분했고, 클레어는 흥분을 멈출 수 없었다.

사회과학은 애덤스 대학교가 전통적으로 강한 분야였다. 최근 국립보건원과 포드재단(Ford Foundation)의 지원금을 받아 다학제 협동 프로그램을 만들었고, 이 프로그램을 통해서 여러 학문 분야의 교수와 학생들이 모여서 지역사회 문제와 관련된 다양한 프로젝트를 수행하고 있었다.

클레어는 "그분들은 제게 하향 취업이 가족복지에 미치는 영향을 살펴보는 프로젝트에도 참여해 보라고 권유했어요. 이 팀에는 철학과 사회학 전공 교수님들도 한 명씩 참여하고 있어요."라고 말했다. 사실 그녀는 고등학교 시절 선생님들과 몇 개의 작은 프로젝트를 수행해 본 경험이 있다. 그러나 그 프로젝트들은 여기서 본 것들에 비하면 훨씬 단순한 것이었다. 또한 여기서는 팀으로 함께 일하는 것을 강조한다는 인상을 받았다. 그저 눈으로 읽는 것이 아니라, 함께 나가서 무엇을 하는 것이었다. 이를 보여 주듯 건물 복도에는 과거 여러 팀들이 수행했던 프로젝트에 대한 설명과 사진이 전시되어 있다.

그녀는 애덤스 대학교가 제공하는 주말 캠퍼스 투어에도 참여했는데, 캠퍼스 전체에 일종의 도전적이면서도 지원적인 분위기가 스며들어 있다는 것을 직관적으로 느낄 수 있었다. 그래서인지 클레어는 부모님과 통화하면서 짧지만 지금까지 대학에서 보냈던 생활이 캠퍼스에 왔던 첫날 기대했던 것 그대로이고, 벌써부터 프로젝트가 거둔 성과를 축하하는 연말 행사가 기다려진다고 말했다.

그녀는 애덤스 대학교 캠퍼스에서 이루어지는 다양한 비교과 활동도 마음에 들었다. 신입생 오리엔테이션 때 속했던 팀은 이제 그녀에게 정말 중요한 커뮤니티가 되었다. "그 팀은 우리가 학생회에 가입하고, 여러 캠퍼스 활동에 참여할 수 있도록 용기를 북돋워 주었어요. 캠퍼스에서 이루어지는 리더십 계발 활동에 대해서 다른 신입생들에게 설명해 주는 위원회 활동을 함께하자는 요청도 받았어요. 지금 이 팀은 우리 학교에서 정말 다양하고 놀라운 일들을 하고 있어요."

애덤스 대학교는 지역사회 봉사에도 특별한 가치를 부여하고 있다. 사회과학대학 학장은 신입생에게 보내는 환영 편지에서 "세상을 이해하는 것은 세상을 바꾸는 행동과 함께 균형을 이루며 가야 한다."고 했다. 이 말은 아직도 클레어의 뇌리에 생생하게 남아 있다. 대부분 사람들이 매주 자원봉사 활동을 위해 조금씩 시간을 할애하고 있다는 것을 알게 되었으며, 자신도 강의 시간표가 확정되면 사회봉사 활동에 참여하겠다고 다짐했다.

지난 10여 년 동안 애덤스 대학교는 학생발달기록 시스템을 운영해 왔다. 이 것은 학생들이 자신이 수행한 캠퍼스 활동과 경험들에 대해 고학년 어드바이저와 멘토 교수의 지도를 받으면서 스스로 확인하고, 평가하고, 기록하는 것이다. 학위 과정이 끝나면, 이 기록들은 학생이 받는 공식적인 대학 성적기록 문서의 일부가 되고, 여기에는 대학의 인장과 모토가 새겨진다. 이 대학의 모토는 "대학에서 이 루어지는 모든 경험에는 배움이 있다"(Omnia Experientia Eruditi)는 것이다. 애덤 스 대학교에서 보낸 일주일에 대하여 클레어는 "여기는 정말 멋진 곳"이라고 느 꼈다.

애덤스 대학교에 대한 클레어의 깊은 인상이 오리엔테이션 기 간에 받았던 공식 자료에서 나온 것만은 아니다. 이는 재학생 선 배들과의 대화, 여러 사람들에게 전해 들은 이야기들, 캠퍼스를 장식한 인공물과 상징들, 참여했던 의식과 행사들로부터 받았던 느낌과 이런 것들이 의미하는 바에 대한 직관적인 이해가 종합된 것이다. 클레어는 신입생으로서 열심히 생활해 보겠다는 포부를 가졌고, 이를 위해 긍정적이면서 뚜렷한 배려와 적극적인 지원이 묻어나는 캠퍼스 분위기를 원했다. 그런 그녀에게 가장 인상적이 었던 것은 애덤스 대학교가 추구하는 가치와 그 가치를 실현하는 방식이었다.

이 대학이 강조하는 학업적 도전, 다학제 팀 활동, 교수들과 갖 는 개별적 인간관계, 홀리스틱 학습(holistic learning), 교실 밖 리 더십 활동, 타인에 대한 봉사는 모두 하나로 어우러져 독특한 캠퍼스 기풍을 만들어 냈고, 클레어는 이 모든 것에 대해서 매력을 느끼고 만족했다. 그녀는 자신이 꿈꿔 왔던 아주 특별한 대학을 찾았다는 느낌을 받게 된 것이다. 이처럼 캠퍼스의 환경은 그 무언가를 통해 전달되거나, 개인이 주관적으로 인식하거나, 캠퍼스 구성원들이 사회적으로 구성하는 것들을 통해서 학생들의 기대, 태도, 행동에 영향을 미치게 된다. 이 생각이 바로 캠퍼스 인간 환경(human environments)에 대한 네 번째 관점이다. 캠퍼스 환경의 사회 구성적 모델(socially constructed model)은 캠퍼스 환경에 대해 구성원들이 갖게 되는 인식을 통해서 캠퍼스의 환경적인 압력, 풍토, 문화를 진단할 수 있다고 설명한다. 즉, 구성원들의 인식을 기반으로 구성된 환경적 특성과 그것에 내포된 문화적 표현들은 다시 구성원 개인의 행동에 영향력을 발휘하게 된다는 것이다(Moos, 1986). 앞서 보여 준 클레어의 경험에서 알 수 있듯이, 애덤스 대학교의 캠퍼스가 뿜어내는 보이지 않는 환경적 압력, 사회적 풍토, 문화적 인공물(cultural artifacts) 등은 사회과학 분야에서 그들이 거둔 성취와 맥락을 같이하고, 연구와 학습과정에서 교수와 학생들이 협력하도록 만드는 분위기를 이끌어 내고 있다. 대학에 대해서 여러 구성원들의 생각이 일치하는 것은 대학이 가지고 있는 이러한 특성들이 애덤스 대학교의 캠퍼스 환경에 깊이 스며들어 있음을 보여 준다. 따라서 어느 한 대학의 캠퍼스 환경을 깊이 이해하려면 대학 구성원들이 그 장소, 즉 대학 캠퍼스에 대해서 무엇을 보고, 이해하고, 느끼는지를 살펴볼 필요가 있다.

백문이 불여일견

　캠퍼스에 대한 사회 구성적 접근(constructed approaches)은 앞서 논의한 물리적, 인간 집합적, 그리고 조직적 환경에 대한 접근과 달리, 대학 구성원들이 가지는 집합적이고 주관적인 관점과 경험을 분석의 근거로 삼는다. 사실 어떤 환경이 가지는 특성은 사람마다 다르게 느낄 수 있다. 예컨대, 21도라는 온도는 정해져 있지만 사람에 따라 느끼는 온도는 다를 수 있다. 누군가는 이를 따뜻하게 느껴서 스웨터를 벗을 수도 있고, 다른 누군가는 춥게 느껴 스웨터를 입을 수도 있다. 마찬가지로 똑같은 공동체에 대해서도 누군가는 '우호적'으로 받아들이겠지만, 다른 누군가는 '고압적'으로 느낄 수도 있다. 형식화되어 있고, 명시적 규칙이 많은 조직에 대해서 누군가는 안심할 수 있는 환경이라고 인식하는 반면, 다른 사람들은 지나치게 억압적인 분위기라고 느낄 수도 있다.

　캠퍼스 환경을 구성원의 지각이나 인식을 통해 진단하려는 시도는 환경에 대한 구성원들의 집단적인 관점을 살펴보는 것부터 시작한다. 또한 이는 구성원들이 환경에 대해서 어떻게 반응할지를 이해하고 예측할 수 있게 한다. 개인이 특정 환경에 매력을 느끼고 만족스러워하는지, 그 안에서 안정감을 느끼는지는 개인이 환경을 인식하고 평가하고 구성(construct)하는 방식이 낳은 결과라는 것이다. 이렇게 볼 때, 우리는 구성원들의 인식 자체가(그 환경이 객관적으로 어떠한지와는 상관없이) 바로 그 구성원들이 속한 환경의 실재라고 할 수 있다. 이런 의미에서 사회 구성적 접근은 어떤 환경 아래서 구성원들의 행동을 이해하고 예측하는 것을 가능하게 하고, 조직의 인간 환경을 현상학적으로 이해하는 데 도움을 준다. 이러한 사회 구성적 모델은 개인적 욕구와 환경적 압력의 상호작용에 대한 Murray(1938), Pace와 Stern(1958), Stern(1970)의 초기 작업에 뿌리를 두고 있다. 이러한 생각은 조직의 환경을 서술하고 이해하는 수단이 될 수 있고, Rudolph Moos(1974, 1979)가 제시한 '사회적 풍토'라는 개념과 캠퍼스 문화의 역동성에 대해 새로운 관심(Kuh, 1993; Tierney, 1993)을 촉발했다.

환경적 압력

Murray(1938), Pace와 Stern(198), Stern(1970)은 환경이 주는 압력을 고등교육 맥락에서 처음으로 명료하게 제시했다. 다양한 기관을 대상으로 했던 그들의 선구적 연구에서 압력(press)이란 "특정 환경에 살고 있는 구성원들이 그 환경으로부터 느끼는 대표적인 요구나 특성"으로 정의된다(Walsh, 1973, p. 114). 따라서 특정한 환경에 속한 사람들 또는 외부자들이 말하는 공통의 특징들을 살펴봄으로써 환경이 주는 '압력'을 유추할 수 있다. 예를 들어, 시나리오에 나온 애덤스 대학교에서 학생 표본의 75% 정도가 지역사회 봉사를 위해 자신의 시간을 자주 투자한다면, 캠퍼스에 형성된 압력은 이타주의와 봉사 정신이라고 짐작할 수 있다. 한편 대학에서 진행되는 활동에 대한 외부인들의 평가를 통해서도 캠퍼스가 발하는 환경적 압력을 확인할 수 있다. 이처럼 환경이 제

공하는 압력, 즉 "구성원 개인의 행동에 통일성과 방향성을 부여
하는 조직적 경향성"은 구성원 개인의 욕구와 일치할 수 있지만,
그렇지 않을 수도 있다(Stern, 1970, p. 6). 예를 들어, 어느 한 학생
의 학업 성취에 대한 욕구 수준은 모타르 보드(Mortar Board)[14]나
우수학생 클럽과 같은 캠퍼스 활동에 얼마나 참여하는지를 살펴
봄으로써 유추해 볼 수도 있다. 개인적 욕구와 환경적 압력이 일
치할 때 개인은 비로소 성장한다. 이러한 일치는 앞서 나온 시나
리오의 주인공인 클레어 사례에서 분명히 드러난다. 클레어처럼
성취, 관계, 참여에 대해 많은 욕구를 가진 학생은 애덤스 대학교
처럼 학생이 가진 여러 욕구를 지원하고 이를 위해 풍부한 기회를
제공하는 환경에서 보다 성장할 것이다. 반면, 욕구와 압력 사이
에서 발생하는 불일치는 학생의 성장을 저해하고, 결과적으로 불
만족과 중도탈락을 초래할 가능성이 높다.

　한편 '욕구−압력 연구(need-press line of inquiry)'는 대학 특성 인
덱스(College Characteristics Index: CCI)(Saunders, 1969) 연구로 이
어졌다. Saunders(1969)는 대학 특성을 진단하기 위해서 대학 환
경을 평가하는 11개 요소를 제시하고, 이러한 틀을 가지고 캠퍼
스의 환경적 압력을 측정했다. 이러한 11개 요소에는 포부 수준,

---

14) 역자 주: 미국 4학년 학생을 대상으로 한 전국 단위의 우등생 단체로, 미
　국 국가 내 231개의 지부를 가지고 있다. 이 단체의 동문으로 미국 전
　대통령인 지미 카터, 미 국무장관을 지낸 콘돌리자 라이스, 미국 최초의
　여성 우주 비행사인 샐리 라이드, 뉴욕 시장을 지낸 루돌프 줄리아니 등
　이 있다.

지적 환경, 학생 존엄성, 학문적 풍토, 학업 성취, 자기표현, 공동체적 삶, 학문적 조직, 사회적 형태, 놀이-일(play-work), 직업적 풍토가 포함된다. 우리는 이러한 요소들을 살펴봄으로써 대학 캠퍼스가 전반적으로 얼마나 학구적 혹은 비학구적 환경을 가지고 있는지를 파악할 수 있다. 예를 들어, 놀이-일과 직업적 풍토는 약하지만, 포부 수준, 지적 환경, 학생의 품위, 학문적 풍토, 학업 성취, 자기표현 등을 중시하는 분위기는 대학의 강한 학구적 풍토를 의미한다. 이는 시나리오에서 클레이가 경험한 애덤스 대학교 사례와 유사하다. 반대로 자기표현, 집단적 삶, 학문적 조직, 사회적 형태, 놀이-일, 직업적 풍토 등에 상대적으로 많은 비중을 두는 대학 환경은 비학구적 풍토를 표방한다 할 수 있다.

한편, Pace(1969)는 대학 환경 척도(College and University Environment Scale: CUES)를 제시했다. 이 척도는 대학에서 나타나는 일곱 개의 특징적인 압력을 측정하기 위해 개발되었다. 여기에는 대학의 학문 풍토(scholarship), 자기인식, 공동체성, 행동양식, 실용성, 구성원 사기(morale), 교수의 질(교수-학생 관계)에 대한 구성원들의 서술(description)과 인식이 포함된다. 이러한 진단 방법은 참여자들이 가지고 있는 집단적인 느낌과 경험을 바탕으로 한다. 즉, 구성원들이 대학의 특징적인 압력에 대하여 직관적으로 느끼는 정도가 대학의 환경적인 압력인 것이다. 앞에서 제시한 대학의 고유한 특징들을 살펴봄으로써 대학 간 캠퍼스 환경과 문화의 차이를 알 수 있다. 즉, 2년제 전문대학에 재학하는 학생들은 대학의 교육적 미션에 부합하는 캠퍼스의 직업적인 풍토나 실용성에 보다 민감한 반면, 애덤스 대학교처럼 소규모 사립 리버럴 아츠 칼리지에서는 학업 성취, 공동체, 교수의 질이 보다 강력한 환경적 압력으로 작용할 수 있다.

오늘날 대부분의 대학들은 대학의 시장 경쟁력과 학생 충원을 위해 노력해야 하는 처지에 있다. 구체적으로 캠퍼스에서 공동체 구축, 건강한 행동 규범의 공고화, 사기 증진, 교수의 질 제고(교수-학생 상호작용 포함)를 위해서 꽤 많은 노력을 기울이고 있다. 특히, 이들 요소는 신입생 오리엔테이션을 포함한 첫 1년 동안의 대학 생활 경험을 통해 느끼도록 하는 것이 중요하다. 이를 효과적으로 추진하려면, 대학 구성원이 대학에 대해 느끼는 인상을 측정하고, 관련 정보를 얻을 수 있는 분석 틀을 사용하는 것이 중요하다. 사실 이러한 접근 방법은 대학생 경험 설문(College Student Experience Questionnaire: CSEQ)(Pace & Kuh, 1998)과 대학생의 학습 참여 실태조사(National Surveys of Student Engagement: NSSE)(Kuh, 2003) 등 대학에 대한 대학생의 인식을 조사하는 설문도구 사용의 방법론적 타당성을 제시하는 토대이기도 하다.

사회적 풍토

앞서 논의되었던 캠퍼스 환경 압력 이론과 함께, 스탠퍼드 대학교의 Moos(1979, 1986)와 그의 동료들은 대학 구성원이 인식한 다양한 '환경적 특성'과 그것의 영향을 설명하기 위해 사회적 풍토 모델(Social Climate Model)을 개발했다. Moos에 따르면, 사회적 풍토는 크게 세 개의 사회-환경적 차원으로 구성된다. 또한 이러한 세 차원은 여러 범주들로 구성되어 있다. 먼저 관계 차원은 "사람들이 서로 지지하고 도우며, 자기의 생각이나 의견을 자유롭고 개방적으로 표현할 수 있는 환경에 속해 있는 정도"를 보여 준다(Moos, 1979, p. 14). 개인적 성장과 발달 차원은 "개인적 발달과 향상이 일어나는 부분"인데, 환경이 추구하는 기본 목표가 무엇인지를 측정한다(Moos, 1979, p. 16). 체제 유지와 변화 차원은 "환경이 질서 정연하고, 분명하며, 통제력을 유지하고, 변화에 적절히 대응하는 정도"를 의미한다(Moos, 1979, p. 16). 이 세 차원은 대학이 가진 사회적 풍토의 핵심을 측정하는 데 사용될 수 있고, 진단 대상인 환경의 종류에 따라 다른 방식으로 나타나기도 한다. 예컨대, Moos(1979)는 이 모델을 사용해서 캠퍼스 기숙사에서 나타나는 환경의 영향을 분석하는 열 가지 영역을 제시하였다([예시 4-1] 참조). 학생들에게 가장 의미 있는 환경일 수도 있는 강의실도 이들을 활용해서 분석할 수 있다([예시 4-2] 참조). 요컨대, 사회적 풍토 모델은 학생의 삶에 영향을 미치는 다양한 환경들이 내포한 사회적 풍토를 다룬다. 따라서 Moos(1994)의 모델은 다양한 구성원들의 경험을 이해하는 데 쓰일 수 있는 캠퍼스의 사회적 환경과 각종 작업 환경에 내재된 사회적 풍토를 설명해 준다. 우리는 이 모델을 통해 대학의 업무 환경, 캠퍼스 안팎에서의 학생 경험, 학생의 가정환경, 학생 간 관계 등을 파악할 수 있다([예시 4-3] 참조).

[예시 4-1] 대학 기숙사 환경 척도(University residence Environment Scale: URES) 차원과 하위 범주

관계 차원(Relationship Dimensions)
- 참여(Involvement): 기숙사 활동에 대한 헌신 정도, 구성원과의 상호작용과 친밀감의 정도
- 정서적 지지(Emotional support): 다른 구성원들에 대한 관심, 학업적·개인적 문제에서 서로 지원하고 도와주는 정도, 개방적이고 솔직한 의사소통에 대한 강조 정도

개인적 성장과 발달 차원(Personal Growth and Development Dimensions)
- 독립성(Independent): 자유 및 자립성과 사회적으로 적절하고 순응적인 행동 사이의 강조 정도
- 전통적 사회적 지향(Traditional social orientation): 데이트, 파티 참여, 이성교제 강조 정도
- 경쟁(Competition): 데이트, 공부 등 다양한 활동들이 경쟁적인 방식으로 이루어지는 정도
- 학업 성취(Academic achievement): 엄격한 수업, 학업 성취, 학업적 관심사에 부여하는 중요성 정도
- 지성(Intellectuality): 문화, 예술, 기타 지적 활동에 대한 강조 정도

체제 유지와 변화 차원(System Maintenance and Change Dimensions)
- 질서와 조직(Order and organization): 공식 구조, 정돈됨, 조직화(규칙, 일정, 절차)의 정도
- 학생 영향력(Student influence): 기숙사 학생들이 스스로 규칙을 만들어 집행하고, 예산, 학생임원 선발, 룸메이트 선택 등을 결정하는 정도
- 혁신(Innovation): 행동과 아이디어가 조직적·개인적 차원에서 자발적으로 나오는 정도와 새롭게 일어나는 활동의 수 및 다양성 정도

출처: Moos (1979), p. 29.

[예시 4-2] 강의실 환경 척도(Classroom Environment Scale: CES) 차원과 하위 범주

관계 차원(Relationship Dimensions)
- 참여(Involvement): 학생들이 수업에 관심을 가지고 토론에 참여하는 정도, 학생 스스로 노력하고 수업을 즐기는 정도
- 소속감(Affiliation): 학생들이 서로에게 느끼는 우정, 과제할 때 서로 돕고, 쉽게 친해지고, 함께 일하는 것을 즐기는 정도
- 교수 지원(Teacher Support): 교수의 학생들에 대한 도움, 관심, 호감 정도, 교수가 학생과 거리낌 없이 말하고, 학생을 신뢰하고, 학생의 생각에 관심을 갖는 정도

개인적 성장과 발달 차원(Personal Growth and Development Dimensions)
- 과업 지향(Task Orientation): 교수가 수업 주제를 계속 다루고, 계획된 활동의 완수를 중요시하는 정도
- 경쟁(Competition): 성적과 인정을 위해 서로 경쟁하는 학생에 대한 강조, 높은 성적을 얻기 어려운 정도

체계 유지와 변화 차원(System Maintenance and Change Dimensions)
- 질서와 조직(Order and Organization): 학생의 질서 있고 예의 바른 행동, 과제와 수업의 전반적인 구성, 학생이 차분하고 조용하게 지내는 것을 중시하는 정도
- 규칙의 명확성(Rule Clarity): 명확한 규칙을 만들고 준수하는 것, 규칙을 따르지 않을 때 일어날 결과에 대한 강조, 교수가 규칙을 어긴 학생을 대하는 일관성의 정도
- 교수 통제(Teacher Control): 규칙의 수, 곤경에 처한 학생을 편하게 대한 정도, 교수의 규칙을 준수 정도 및 규칙 위반 행동에 대한 처벌의 엄정성
- 혁신(Innovation): 얼마나 많은 학생들이 수업 계획에 기여하는지, 교수가 계획한 색다르고 다양한 활동 및 과제의 양, 교수의

새로운 기술 사용과 학생의 창의적 사고 권장 정도

출처: Moos, R. H., & Trickett, E. J. (1974). *Classroom environment scale: Manual*. Palo Alto, CA: Consulting Psychologists Press, p. 3.

[예시 4-3] 환경 전반에 대한 사회적 풍토의 차원과 하위 범주			
	관계	**개인적 성장과 발달**	**체제 유지와 변화**
기숙사 조직 환경	참여 정서적 지지	독립성 전통적/사회적 지향 경쟁 학문적 성취 지성	질서와 조직 학생 영향력 혁신
교실 조직 환경	참여 소속감 교수 지원	과업 지향 경쟁	질서와 규칙의 명확성 교수 통제 혁신
집단 환경	통합 리더의 지원 자기표현	독립성 과업-지향 자아-발견 분노와 공격성	리더 통제 혁신
업무 환경	참여 동료 화합 지도교수 지원	자율성 과업 지향 과업 압력	명료성 통제 혁신 물리적 편의
가족 환경	통합 자기표현 충돌	독립성 성취 지향 지적 문화 지향 활동-레크리에이션 지향 도덕-종교 강조	조직 통제

출처: Moos (1974). *The social climate scales: An overview*. Palo Alto, CA: Consulting Psychologists Press, p. 3.

사회적 풍토의 구체적인 범주는 환경 유형에 따라 달라진다. 예컨대, 사회단체나 집단의 경우, 관계 차원은 구성원의 통합 정도, 리더의 지원 정도, 자기표현 정도를 포함한다. 업무 환경에서는 구성원의 참여, 동료와의 화합, 지도교수의 지원 정도가 포함되고, 가족 환경에서는 통합과 자기표현 정도가 주된 범주가 된다. 사회적 풍토를 구성하는 하위 범주들은 다시 참여자의 특성에 따라 그 강도가 다를 수도 있다. 또한 세 가지 차원의 범주들이 어떻게 조합되느냐를 봄으로써 대학이 추구하는 지향점을 파악할 수 있다. 일례로, Moos(1979)는 URES 데이터를 활용해서 캠퍼스 공동체가 가질 수 있는 여섯 가지의 환경적 특성을 제시하였다.

1. 관계 지향적 환경 또는 지원적 관계의 특징을 지닌 집단은 정서적 지지와 참여를 가장 중요시한다. 데이트와 문화 활동을 강조하긴 하지만, 새롭고 다른 활동에 참여하는 것을 크게 독려하지는 않는다.

2. 전통적, 사회적 환경을 지향하는 집단은 "데이트하는 것, 파티에 가는 것, 전통적인 이성적 교제를 중시하고, 규칙, 일정, 확립된 절차처럼 형식적인 조직 구조에 초점을 둔다"(p. 55).

3. 지원적 성취(supportive achievement)를 지향하는 거주 환경은 "참여와 정서적 지지로 구성되는 관계 차원과 학문적 성취라는 개인적 성장 차원을 중시하고…… 비경쟁적 맥락에서…… 독립성은 거의 강조하지 않는다"(p. 56).

4. 경쟁 지향적 거주 환경은 "참여 또는 정서적 지지가 거의 없

는 경쟁을 강조"하는 환경이다"(pp. 56-57).

5. 독립성 지향 거주 환경은 "사회적인 통제 없이 학생들이 다양하게 활동하는 것을 장려하고, 사회적으로 적절하거나 순응적인 행동은 그리 중시하지 않는다"(p. 57).

6. 지적 활동을 지향하는 거주 환경은 상대적으로 드문 편이며, "주로 테마하우스[15]와 생활-학습 공동체, 대부분의 인문·사회과학 분야 학생으로 구성된 집단일 때가 많으며"(p. 58), 지성과 독립성을 강조한다.

대학은 교실, 사회적 활동 집단, 작업 맥락, 가정환경에 있어서 각기 다른 다양한 중점을 둘 수 있고, 그 결과 대학은 어떤 지향점을 향해 나아가게 된다. 예컨대, 동일한 대학에서도 어떤 수업에서는 혁신을 지향할 수 있지만, 다른 수업에서는 통제적 분위기를 지향할 수도 있다. 어떤 학습 집단은 아주 경쟁적일 수 있지만, 다른 학습 집단은 서로 친밀하고 지원적인 성격을 띨 수도 있다. 가정에 따라 지원적 성취를 지향하는 풍토가 나타날 수도 있고, 구성원의 독립성을 강조하는 풍토가 형성될 수 있는 것처럼 말이다.

이처럼 다양하게 나타나는 환경적 특징은 기숙사 맥락에서 보

---

15) 역자 주: 테마 하우스는 3~4학년을 대상으로 소규모 집단을 구성하여 함께 생활하며, 독립심을 기르고, 다양한 서비스 러닝 또는 봉사 활동에 참여하는 경험을 할 수 있는 주거 시설이다. 보통 대학 기숙사가 아닌 지역사회에 위치한 공간에서 2~15명 정도의 학생이 함께 거주하며 서비스 러닝이나 지역 봉사 활동을 한다.

면 다양한 구성원과 물리적 환경이 함께 만든 결과다. 예컨대, Moos(1979)는 주로 남학생 집단이 경쟁 지향적이고, 여학생 집단은 전통적 · 사회적 지향적이며, 남녀 혼성 집단은 독립적 · 지적 성향을 가진다고 주장했다. 지원적 성취와 관계 지향적 집단은 대부분 여학생 및 남녀 혼성일 때가 많다. Moos는 또한 1인용 방으로 구성된 기숙사에서는 학생들 사이에서 경쟁 지향적 성향이 상대적으로 강한 반면, 지원적 성취를 위한 상호 지원이나 독립성, 지성, 관계 지향성은 상대적으로 취약한 경향이 있다고 하였다. 이렇게 볼 때 학생들이 인식하는 대학의 특징들은 캠퍼스에서 사회적으로 구성된 환경을 형성하고, 그 환경은 다시 대학에 대한 학생들의 애착, 만족도, 안정성에 영향을 미친다.

마지막으로, 사회적 풍토 모델은 캠퍼스의 사회 구성적 환경을 분석하는 데 활용할 수 있다. 즉, 이러한 종합적인 분석 모델을 통해 캠퍼스의 다양한 맥락과 환경을 설명할 수 있다. 또한 이러한 모델을 활용함으로써 캠퍼스 환경의 다양한 구성 요소들이 학생들에게 어떠한 영향을 미치는지도 진단할 수 있다.

캠퍼스 문화

사회 구성적 접근을 통해서 대학 캠퍼스의 환경을 분석하는 다른 개념적 틀은 캠퍼스 문화 관련 문헌에서도 찾을 수 있다. Chaffee 와 Tierney(1988), Horowitz(1984, 1987), Kuh와 Whitt(1988),

Moffatt(1989), Kuh, Schuh, Whitt 등(1991), Matthews(1997), Magolda(2000; 2001), Kuh, Kinzie, Schuh, Whitt과 동료들(2005), Thornton과 Jaeger(2007) 등은 문화적 개념을 가지고 대학을 이해하려는 학문적 노력을 기울여 왔다. 인류학, 사회학, 사회심리학에 뿌리 두는 문화라는 개념은 본질적으로 사람들의 인식을 기반으로 한다. 문화(culture)란 어떠한 상황에서 일어난 사건과 행동이 가진 의미를 해석하고 이를 이해하는 과정에서 구성원들이 갖는 가정, 신념, 가치들을 의미한다. Schein(1992)은 문화를 "외부 적응과 내부 통합의 문제에 대처하는 것을 배우면서 기존의 집단이 만들고, 발견하거나 혹은 개발한 기본 가정들의 유형이라고 했다. 그는 문화가 충분히 유효하게 잘 기능했기 때문에 새로 들어온 구성원이 문제와 관련하여 올바른 방식으로 인식하고 생각하고 느낄 수 있도록 가르쳐야 한다."고 했다. Kuh와 Hall(1993)은 캠퍼스 문화를 "대학의 역사, 캠퍼스 전통, 대학의 특성을 형성하는 가치와 여러 가정들의 조합이라고 정의했다"(pp. 1-2). 문화는 본질적으로 "사회적으로 구성되는 것"(Chaffee & Tierney, p. 10)이며, 집단이 가진 전통, 이야기, 의식, 역사, 신화, 영웅, 구성원들 간 상호작용, 정치와 실제, 상징, 사명, 철학에 투영된다. 앞서 나온 시나리오를 보면, 클레어가 가장 인상 깊었던 것은 바로 애덤스 대학교의 문화였다. Kuh와 Hall(1993)은 문화에 대한 다른 연구들(Dyer, 1986; Lundberg, 1985; Schein, 1985)과 마찬가지로 문화를 네 가지 수준, 즉 인공물(artifacts), 관점(perspectives), 가치(values), 가정(assumptions)으로 제시했다.

문화적 인공물(cultural artifacts)이란 "구성원들만이 알 수 있는 의미와 기능"이 있는 구체적이면서도 실제로 존재하는 것으로 물리적이거나, 언어적인 또는 행동적인 측면을 모두 포함한다(Kuh & Hall, p. 4). 사실상 모든 캠퍼스에는 입학 또는 오리엔테이션 투어에서 학생들이 관심을 가질 만한 물리적 인공물(physical artifacts)을 보여 주는 코스가 있다. 이러한 물리적인 인공물에는 건물, 주변 풍경 특성, 기타 다양한 물리적인 요소들이 포함된다. 대학이 역사를 거치면서 만들어 온 광장, 최첨단 레크리에이션 센터, 잘 정돈된 녹지, 장엄한 모습을 지닌 도서관, 종탑 또는 최첨단 강의실은 모두 대학 구성원과 방문자들에게 대학의 문화와 역사, 핵심 가치를 전달하는 역할을 한다. 한편 언어적 인공물(verbal artifacts)이란 말, 이야기, 대학의 전설 등을 뜻한다. 언어는 전형적인 대학생 그룹이 사용하는 속어들이나 특정 기관에 대한 애착을 표현하는 단어들(Kuh et al., 1991)을 포함한다(Hancock, 1990). 캠퍼스 리더, 유명인, 심지어 신화적인 인물에 대한 이야기는 대학이 가진 역사의 중요한 순간들을 되새기게 하고 대학이 추구하는 가치를 몸소 보여 준 인물의 모델을 제시한다. 행동적 인공물(behavioral artifacts)은 대학과 그 구성원을 연결시켜 준다. 여기에는 대학의 하위문화와 집단(예: 여학생 및 남학생 사교 클럽)에 가입하거나, 대학의 다양한 기념 활동과 행사(예: 오리엔테이션 및 학위 수여식 등)에 참여하는 것이 포함될 수 있다. 예컨대, 매년 동문 모임 주간에 특정 학번 동문이 별도의 시간을 가지는 것처럼, 행동적 인공물이라 할 수 있는 다양한 캠퍼스 행사는 캠퍼스의 과거와 현재를 연결하는 역할을 한다(Masland, 1985).

"주어진 맥락에 적용되는 공동의 규칙과 규범"(Kuh & Hall, 1993, p. 6) 혹은 관점(perspectives)은 대학 문화의 이차적인 수준을 구성한다. 사람의 행동을 통해서 표현되는 사회적 관습처럼, 관점은 대학 구성원들이 행동하는 방식을 정의하고 "각 대학의 상황에서 학생, 교수, 직원 및 다른 사람들이 수용할 수 있는 행동이 무엇인지 결정한다. 대학 구성원들은 대학의 규칙과 규범이 무엇인지 비교적 쉽게 판단할 수 있고, 이러한 관점을 충실히 지키는 구성원은 대개 대학에서 어떻게 행동해야 할지를 알고 있다"(p. 6). 그들은 대학에서 용납되는 적절한 행동, 복장 및 이데올로기 등을 재빨리 알아챈다. 예컨대, 얼햄 대학교(Earlham College)(Krehbiel & Strnage, 1991)에서 통용되는 의사결정 방식은 합의(consensus)이고, 아이오와 대학교(Iowa State University)(Schuh, 1991)에서는 대학에서 첫날 학과별 학생 동아리나 학생회 조직에 참여해야 한다. 또한 루이빌 대학교(University of Louisville)(Strange, 1991)는 캠퍼스 토론을 통해 정치적으로 자유로운 분위기를 만드는 것으로 유명하다. 이러한 행동을 통해서 캠퍼스 구성원들은 대학의 문화를 구성하는 사람들이 갖게 되는 전형적인 관점을 형성하고 알게 된다.

대학 문화의 세 번째 단계라 할 수 있는 가치(value)는 관점보다 추상적인 개념이다. 이는 "기관 또는 집단이 지지하고 만들어 낸 이상이 무엇인지 보여 주고, 문화 또는 하위문화의 구성원들이 주어진 상황, 행동, 사물과 사람들을 판단할 때 이용하는 토대가 된다"(Kuh & Hall, 1993, p. 6). 대학 카탈로그, 학위 수여식 연설, 캠퍼스 철학 및 미션, 대학 발전 계획 등은 기관의 가치를 이해하는 데 있어 중요한 자료이다. 퀘이커(Quaker) 공동체에 기반을 둔 얼햄 대학교(Earlham College)는 신입생들에게 대학의 규칙과 실천 사항들이 적힌 자료를 나누어 줌으로써 대학의 핵심 가치, 구성원들이 공유하는 대학의 지배 구조, 책임 있는 행동의 중요성에 대한 메시지를 전달한다(Krehbiel & Strnage, 1991).[16]

가정(assumption)은 대학 문화의 네 번째이자 가장 심층적인 단계로서, 암묵적이고 추상적인 원리, 혹은 "조직 구성원들이 자신의 역할, 타인과의 관계, 조직의 성격 등을 정의할 때 사용하는 암묵적인 신념"이다(Kuh & Hall, 1993, p. 7). Schein(1992, pp. 95-96)은 조직이 가진 다양한 인공물들(조직 미션, 주요 과업과 목적, 목적 달성을 위해 선택하는 방법 등)이 이러한 가정들을 반영한다고 말한다.

1. 실재와 진실의 본질: 무엇이 실재이고 그렇지 않은지, 물리적인 영역과 사회적인 영역에서 무엇이 사실인지, 궁극적으로 어떻게 진실이 결정되는지, 진실은 밝혀지는지 또는 발견되는 것인지를 정의하는 공유된 가정.

---

16) 역자 주: 퀘이커는 개신교계 종교로 인간의 평등과 사회적 평화를 중시한다. 얼햄 대학교의 원칙과 실제는 다음 사이트를 참조. http://www.earlham.edu/about/mission-beliefs/principles-practices/

2. 시간의 본질: 집단에서 시간에 대해 가지는 기본 개념, 어떻게 시간을 정의하고 측정하는지, 얼마나 많은 종류의 시간이 있는지, 그 문화에서 시간이 얼마나 중요한지 등을 정의할 때 사용하는 기본 가정.

3. 공간의 본질: 공간과 분포, 어떻게 공간을 할당하고 소유하는지, 사람을 둘러싼 공간의 상징적인 의미, 타인과의 친밀도나 사생활과 같이 관계의 측면을 정의함에 있어 공간이 가지는 역할에 대해 공유된 가정.

4. 인간 본성의 본질: 인간이 된다는 것이 무엇을 의미하는지, 인간의 속성이 본질적으로 또는 궁극적으로 무엇인지에 대한 공유된 가정. 인간 본성은 선한가, 악한가, 중립적인가? 인간은 완성된 존재인가, 그렇지 않은가?

5. 인간 활동의 본질: 인간이 자신이 처한 환경과 관련해서 무엇을 하는 것이 올바른지를 정의하는 공유된 가정. 삶의 기본 방향에서 능동 또는 수동적 삶의 적절한 수준은 무엇인가? 조직 수준에서 조직과 조직 환경의 관계는 무엇인가? 일과 놀이는 무엇인가?

6. 인간관계의 본질: 사람들이 서로 관계를 맺고 권력과 사랑을 나누는 방식이 무엇인지를 정의하는 공유된 가정. 삶이란 협동적인가 또는 경쟁적인가? 개인주의, 집단 협업 혹은 공동체인가? 고용주와 피고용인 사이의 적절한 심리적 계약은 무엇인가? 궁극적으로 전통적 권위, 도덕적 합의, 법률 또는 카리스마에 근거한 권위인가? 갈등을 해결하고, 의사결정을 내

리는 방법에 대한 기본 가정은 무엇인가?

이 질문들에 대해 구성원들이 어떻게 대답하느냐에 따라 대
학 문화의 핵심 요소들을 정의하고 구성하는 다양한 가정들이 생
겨나고, 이 가정들은 다시 교육 활동의 강력한 환경을 형성한다.
Schein(1985)에 따르면, 조직 문화는 외적 적응과 내적 통합의 문
제들을 해결하는 데 도움을 준다. 여기서 외적 적응이란 변화하
는 환경에서 대학이 생존하기 위해 해야 할 일들을 의미하고, 내
적 통합은 대학에서 내적인 관계와 기능을 유지하기 위해 해야 하
는 과제를 의미한다. 이 둘 사이에서 균형을 이루는 방법이 무엇
이냐고 묻는다면, 〈지붕 위의 바이올린(Piddler in the Roof)〉에서 테
비에(Tevye)가 말한 대사를 인용하는 것이 적절할 것이다. "내가
말할 수 있는 것은 오직 하나야, 전통!"[17) 외적 적응에는 기관의
핵심 미션, 미션에서 도출되는 목적, 전략을 위한 방법, 성공의 측
정 준거, 목적의 미충족 시 개선 전략의 수립 등이 포함된다. 내적
통합을 위해서는 공통적 언어와 핵심 개념의 설정과 유지, 멤버십
의 준거 확립, 권력 사용 방식의 결정, 구성원 간 관계 구분, 보상
과 처벌의 본질 파악, 조직의 이데올로기 정의 등을 행해야 한다
(Schein, 1985).

---

17) 역자 주: 영화 〈지붕 위의 바이올린〉에서 다섯 딸의 아버지인 테비에는
전통을 상징하는 인물이다. 지붕 위에서 연주하는 바이올리스트는 가까
스로 균형을 잡고 있어 더욱 안타까운 전통을 상징한다.

조직 문화의 패러다임에서 볼 때, 기숙사, 수업, 비공식 학생 집단, 공식 캠퍼스 조직들은 모두 대학 구성원들이 학생들의 대학 경험을 의미 있게 만드는 데 기여하는 하위문화들이라고 말할 수 있다. 사실 문화는 고등교육의 목적에 맞게 학생을 사회화시키는 강력한 도구다. 예컨대, 명예의 전당이나 기숙사의 생활–학습 공동체(residential learning community) 등은 대학이 가진 목표를 분명하게 보여 줄 수 있다. 하지만 대학의 문화가 쾌락주의적이거나 파괴적인 활동을 부추기는 방향으로 흘러가게 되면, 대학의 교육 목적 달성은 오히려 방해되기도 한다(Moffatt, 1989).

문화적 관점에서 캠퍼스 환경을 이해하는 것은 개인 인터뷰, 참여자 관찰, 문헌 분석과 같은 질적 연구를 수반한다(Kuh et al., 1991, 2005). 대학의 다양한 사건, 특성, 규정, 프로그램, 전통, 상징, 이야기, 상호작용의 의미를 구성원 관점에서 파악하고, 이를 설명하고 이해해야 한다. 구성원이 가진 관점에 조직 차원의 신념이나 가정의 핵심 내용이 반영되어 있기 때문이다. 미시간 대학교(University of Michigan)의 유서 깊은 여학생 기숙사 마사 쿡 홀(Martha Cook Hall)의 학생들은 일요일 디너(Sunday sit-down diners)와 함께 새로운 주를 시작한다. 버지니아 대학교(University of Virginia)는 학업 성취와 학교에 대한 전반적인 공헌을 인정받은 4학년 학생 47명에게 개인 욕실이 딸린 1인용 방을 제공한다. 학생들은 이러한 명예를 얻기 위해 치열하게 경쟁한다. 또한, 애틀랜타에 있는 전통적인 흑인 남자 대학교로서 마틴 루서 킹의 모교이기도 한 모어하우스 칼리지(Morehouse College)는 킹 목사

(David Luther King, Jr.)를 포함한 훌륭한 졸업생들이 사용했던 기숙사 방을 기념하면서 여전히 사용하고 있다.

뉴올리언스의 자비에르 대학교(Xavier University)는 '여섯 개 사다리 프로그램(six ladder programs)'을 운영해 왔다. 이 프로그램은 의료 분야에서 소수 집단에 속한 학생의 수를 늘리기 위해 "체계적이고 지원적인 학습 환경을 제공하고 높은 기대 수준을 적용하는 '자비에르 방식'을 근간으로 운영되고 있다(Kuh et al., 1991, p. 233)." 퀘이커 문화를 기반으로 하는 얼햄 대학교(Earlham College)에서는 퀘이커의 가치와 신념을 강조하고, 매사추세츠 명문 여자 대학인 마운트 홀리요크 대학교(Mount Holyoke College)에서는 대학의 역사와 창립자 메리 라이언스(Mary Lyons)가 설파한 신념을 강조한다. 캠퍼스 특정 장소 또한 대학 캠퍼스 문화의 한 요소다. 에버그린 주립대학교(Evergreen State College)의 붉은 광장(Red Square), 그린넬 대학교(Grinnell College)의 포럼(Forum),[18] 루이빌 대학교(University of Louisville)의 붉은 헛간(Red Barn),[19] 데이비스의 캘리포니아 대학교(University of California)의 자전거 수리점[20] 같은 장소가 전해 주는 의미를 이해하면, 캠퍼스

---

18) 역자 주: 1964년에 콘크리트, 철, 나무, 유리를 이용해서 지어진 다목적 공간을 의미한다.
19) 역자 주: 1969년에 설립된 학생과 교수들을 위한 다목적 공간을 말한다. 콘서트, 영화, 회의 등 다양한 행사가 열리고 여러 프로그램이 제공된다.
20) 데이비스 대학교는 캠퍼스의 주요 교통수단으로 자전거를 이용하고 있다. 자전거 수리점은 캠퍼스의 중앙에 위치해 있다.

문화를 보다 명료하게 이해할 수 있다. 캠퍼스 문화에 대해서 구
성원들이 갖는 인식과 이해는 구성원들이 민감하게 반응하는 교
육 환경을 디자인하는 데 필요한 정보가 된다. 이 때문에 고등교
육에 종사하는 교육자들은 대학과 학생들에게 나타나는 관점의
차이를 민감하게 파악해야 한다.

　이 장에서 다룬 환경적 압력, 사회적 풍토, 캠퍼스 문화와 같은
개념들은 캠퍼스 환경의 본질을 이해함에 있어 구성원의 인식, 인
상 및 의미를 만들어 나가는 상징 체제의 중요성에 초점을 맞추고
있다. 이 개념들은 특정 환경 내에서 개인이 취하는 행동을 이해
하는 주요 원천으로 캠퍼스 환경 요소들에 대한 공동의 해석과 구
성의 중요성을 강조한다. 또한 이 모델은 캠퍼스 환경을 진단할
수 있는 개념적 모형을 제공한다. 즉, 다양한 캠퍼스 환경 중 어떤
측면에 보다 관심을 기울여야 하는지, 환경을 재설계하기 위해 자
원을 어떻게 배분할 것인지 결정할 때 유용하다. 오늘날 대학의
특성을 보여 주기 위한 캠퍼스 브랜드화 작업들은(Moore, 2004),
이처럼 집단적인 사회적 구성을 활용하려는 시도와 별반 다르지
않다. 이러한 시도는 대학이 어디에서 왔고, 어디로 가야 하는지
를 잘 보여 준다.

생각해 볼 문제

1. 무엇이 우리 대학에서 캠퍼스를 처음 방문한 사람들에게 가장 인상적일까?
2. 우리 대학 웹 사이트는 캠퍼스에 대해 어떤 메시지와 이미지를 전달하고 있는가? 대학의 브랜드에 대해 무엇을 말하고 있는가?
3. 우리 대학의 강의실, 기숙사 및 업무 환경이 가진 사회적 풍토에 내포된 관계 요소들은 어떻게 향상되는가?
4. 우리 대학의 졸업생들이 가장 오래 기억하는 문화적 인공물(물리적 · 언어적 · 행동적)은 무엇인가?
5. 우리 대학에서 신입생 적응을 위해 운영하는 제도적 행사나 프로그램은 무엇인가?

제**2**부

성공적 학습과 성장을 촉진하는
캠퍼스 환경 만들기

이 책의 전반부에서 우리는 대학 캠퍼스와 관련된 인간 환경 (human environments)이 대학 구성원들, 특히 학생들에게 미치는 영향력에 대해서 살펴보았다. 또한 캠퍼스의 인간 환경은 캠퍼스 의 물리적인 특성, 구성원들의 집합적인 특징, 대학의 조직 구조, 구성원들이 공유하는 문화가 함께 어우러져서 만들어짐을 알았 다. 이제 이 책의 두 번째 부분은 학생 성공을 위해 이러한 캠퍼스 요소들을 어떻게 만들어 가야 할지에 대해서 살펴본다. 미리 말 하자면 캠퍼스 환경은 학생들이 대학에 대하여 소속감(inclusion) 과 안전함(safety)을 느끼게 하고, 무언가에 몰입(involvement)하 거나 참여(engagement)하는 기회를 부여하고, 공동체의 일원으로 성장하는 경험을 갖도록 구성되어야 한다는 것이다. 따라서 대학 들이 잘 가르치는 대학이 되기 위해서는 학생들이 위와 같은 경험 을 하도록 도와주는 환경적 조건들이 무엇인지를 이해하는 것이 매우 중요하다. 또한 학생들이 위와 같은 경험을 거쳐 성장하고 발전하도록 하려면 무엇보다도 대학에서 이루어지는 학습이 무 엇인지를 제대로 이해하는 것이 필요하다.

학습의 기본적인 속성

지난 300년 동안 대학생의 학습과 관련해서 미국 고등교육을 지배했던 담론은 주로 교수와 학생들 사이에서 무엇이 일어나는 지에 대한 것이었다. 즉, 우리는 학습(learning)을 교수의 가르침

(teaching)이 낳은 산물로 이해하였다. 그러다 보니 오늘날 특히, 중시되는 교우관계도 학습자의 주의를 분산시키거나 어떠한 부정적인 행위를 유발하는 것이 아니라면 그리 중요하게 여겨지지 않았다. 학습이 일어나는 장소도 가끔 실험실이나 야외가 되기도 했지만, 대부분은 교실에서 일어나는 활동으로 여겼다. 이러한 맥락에서 볼 때, 학습이란 무언가에 대한 깊은 이해(deep understanding)와 제한된 기억(limited recall)으로 이해되고, 일방향의 수동적 경험(one-way passive experience)이 될 수밖에 없었다.

하지만 지난 50년 사이에 미국 고등교육에서는 혁명적인 변화가 일어났다. 특히, 지난 20년 동안 대학들이 교육적 책무성을 중시하고, 대학에 다니는 학생들이 여러 면에서 다양해지는 가운데 학생들의 학습 성과에 대해 관심이 커지면서 학습에 대한 패러다임이 정말 놀라울 정도로 빠르게 변화했다. 이러한 분위기에서 대학들은 학습 참여(student engagement)와 학생 성공(student success)이라는 새로운 관점에 대해 논의하기 시작했다. 학계에서도 학습법, 학습 장소, 동료 학습자의 역할 등에 대하여 다른 관점을 가지기 시작했다. 이제는 학습이 일차원적인 활동이라기보다 다중 지능(multiple intelligence) 관점에 따라 다양한 양식을 띠어야 하고, 개인의 선호가 반영된 다차원적인 경험의 모습을 가져야 한다는 생각이 지배적이다. 실제로 우리는 닫힌 교실 문 뒤에서 일어나는 전통적 학습보다는 다양한 장소에서 다양한 방법(실제 학습, 가상 학습, 원거리 학습 등)이 적용된 학습을 맛보고 있다. 또한 학생과 교수 사이에서 일어나는 수직적인 학습(vertical path)에서 벗어나 교육 전문가, 동료 학생들, 현장 교육자들과 역동적인 학습 공동체를 형성하고, 지식의 탐색, 통찰, 그리고 적용이 일어나는 총체적인 학습을 중시하는 수평적인 그물망(horizontal webs)의 관점에서 학습을 바라보기 시작했다. 결국 잘 가르치는 대학이 되려면 우선 학습에 대하여 이처럼 폭넓은 관점을 가지는 것부터 시작할 필요가 있다. 우리는 캠퍼스 환경과 관련해서 이러한 점을 깨닫고, 이를 염두에 두면서 여러 선행 연구들을 살펴보았다.

그동안 많은 연구자들이 학습에 대한 이해를 넓히는 데 기여했다. 예컨대, 교수-학습에 임하는 태도(Palmer, 2010)나 다양한 형태의 학습 스타일과 방식(Kolb & Kolb, 2012)을 살펴보려는 시도들이 그것이다. 특히, '유의미한 학습 경험(significant learning experiences)'을 만드는 것이 무엇인지를 연구해 온 L. Dee Fink(2013)는 많은 시사점을 주었다. 그는 유의미한 학습에 포함되는 여섯 가지 학습 유형을 제시했다. 첫째는 '기본적인 지식(foundational knowledge)'의 함양이다. 이는 통상 교육과정의 내용을 구성하는 주요 개념, 원칙, 관계, 사실을 이해하고 기억하는 것을 의미한다. 둘째는 '적용(application)'이다. 이는 어떤 학습 주제를 생각해 보는 과정에 참여하고(예: 비판적 사고, 창의적 사고, 문제해결, 의사결정 등), 이를 통해 다른 지식과 기술을 발전시키며, 복잡한 프로젝트를 어떻게 관리해 나가는지를 배우는 것이다. 셋째는 '통합(integration)'이다. 이는 지식, 관점, 생각 사이에서 유사성이나 상호작용을 찾아가는 것을 의미한다. 넷째는 '인간 영역(human dimension)'에 관한 것이다. 이는 새로운 방법으로 자신이나 타인과 상호작용하는 것과 새로운 지식을 학습하면서 개인적인 또는 사회적인 시사점을 발견하는 것을 의미한다. 다섯째는 '보살핌(caring)'이다. 이것은 어떠한 주제와 관련하여 자신의 흥미, 느낌, 가치를 점차 변화시켜 나가는 것을 말한다. 마지막으로, '배우는 법을 배우는 것(learning how to learn)'이다. 이것은 보다 나은 지식과 기술을 습득하고, 특정 주제와 관련된 지식을 어떻게 찾고 구성하는지를 배우며, 이를 통해 자기주도적 학습자가 되어 가는 것을 의미한다.

대학에서 학습이라는 이름으로 제공하고 있는 것들은 실상 제한적인 효과를 발휘하는 경우가 많다. 이를 극복하기 위해서는 학생들이 '유의미한 학습 경험'을 하도록 유도해야 한다. 이는 '사람들이 실제로 살아가는 방식', 즉 그들이 앞으로 살아갈 삶에 있어 어떠한 변화를 만들어 낼 수 있는 토대를 만들어 가는 학습이 일어나도록 하는 것이다. 우리는 학생들이 사고하는 방식, 그들이 할 수 있거나 하고 싶은 것, 삶의 참된 의미, 그들이 가치를 부여하는 그 어떤 것의 일부분이 되기 위해 배워야 할 것들을 대학 생활을 하면서 배워야 한다고 생각한다. 또한 학생들이 자신의 삶을 보다 풍성하고 의미 있게 살아가는 법을 배우기를 원한다 (Fink, 2013, p. 7). 이러한 맥락에서 Fink는 참으로 흥미로운 연구 결과를 제시했다. 그에 따르면, 학생들은 대학에서 학습하면서 두 가지의 파일을 만든다는 것이다. 하나는 수업에 관한 파일이고, 다른 하나는 그들의 삶이 담긴 파일이다. 수업 파일은 대학에서 배우는 모든 것들을 담아두는 곳이다. 학생들은 시험을 보거나 숙제할 때 이 파일을 끄집어낸다. 반면, 삶의 파일에는 일상의 삶에서 나오는 교훈을 담아두며, 삶과 관련된 의사결정을 하거나, 중대한 의문이 생기거나, 무엇인가를 결단해야 할 때 참고하게 된다. 두 개의 파일 모두 폭넓고 깊은 지식으로 채워질 수 있다. 하지만 Fink에 따르면, 오늘날 대학생들에게 이들은 '전적으로 분리'되어 있다(p. 8). 우리는 여기에서 유의미한 학습이라는 관점이 주는 의미를 찾을 수 있다. 만약 학생들이 유의미한 학습을 하도록 만들고 싶다면, 학생들이 수업에서 배운 것을 자신의 삶의 파일과 연결할 수 있도록 도와야 한다는 것이다. 왜냐하면 학생들이 학습을 위한 기초 토대를 닦거나 새롭게 학습한 것을 자신의 미래 삶과 연계하려 할 때, 자신의 과거와 현재의 삶에서 나오는 경험에 의존하기 때문이다. 학생들은 이러한 유의미한 학습을 하면서 자신의 삶은 물론 타인과의 사회적 상호작용도 더욱 풍요롭게 하고, 보다 많은 것을 아는 사려 깊은 시민으로 성장할 수 있게 된다. 한편, 학생들이 대학에서 수업 파일과 삶의 파일을 각각 만든다는 것은 Palmer(1998)의 말을 연상시킨다. 우리에겐 자기 삶의 작은 이야기와 지식 세계의 큰 이야기가 각각 따로 있다는 것이다. 그의 말처럼, 진정한 학습이 일어나기 위해서는 두 가지가 통합되어야 한다.

이상의 논의들로부터 우리는 학습이란 것이 형식적 또는 비형식적 교육 환경에서 광범위하게 일어나는 학습 공동체에 깊이 빠져드는 총체적 경험이라는 것을 알게 된다. 즉, 학습은 기존 관점, 이해, 역할에 도전할 수 있는 새로운 기회에 적극적으로 참여하도록 돕는 것을 뜻한다. 이러한 학습 경험으로부터 기대되는 교육 성과는 기존의 관점, 이해, 행동을 새롭고 보다 적절한 형태로 바꾸어 나가는 것이라고 이해할 수 있다. 예를 들면, 대학 재학 중에 학생에게 나타나는 인지적 발달에 대한 연구(Love & Guthrie, 1999)에 따르면, 학생들이 세상을 바라보는 관점은 절대적이고 단정적인 것에서 점차 불확실성과 탄력성을 가진 복잡한 것으로 바뀐다. King과 Kitchener(1994)는 이러한 변화를 사전 반성적(pre-reflective) 사고에서 유사 반성적(quasi-reflective) 사고로 전환하는 것이라고 설명했다.

성공적인 학습 경험이라 하더라도 위험 요소는 있다. 사실 무언가 의미를 주는 시스템에 새롭게 접하거나, 새로운 역할 수행 방식을 배운다는 것은 쉬운 일이 아니다. 시행착오를 거치면서 형성된 사고 체계와 행동 양식은 개인에게 편안함을 주고, 새로운 상황이 생겨도 쉽게 바뀌지 않는다. 사실 새로운 시도를 한다는 것은 오랜 시간에 걸쳐 안전하다고 느껴지고 신뢰할 수 있게 된 기존 시스템에 일종의 위기를 불어넣는 것과 같다. 세상을 해석하는 방식이나 새롭게 적용한 행동 방식이 실패를 가져올 수 있지 않을까? 세상에 다가가고 세상을 이해하는 지금의 방식을 버림으로써 얻게 되는 대가는 무엇인가? 새로운 사고방식과 행동 양식이 보다 효과적일 것이라는 보장은 있는가? 학생들이 교육 환경에서 여러 가지 도전적인 상황에 당면하면서 위와 같은 걱정과 의문이 생기는 것은 당연하다. 이는 학습과정에서 나타나는 일반적인 양상이다.

이러한 관점에서 보면, 학습이란 폭넓은 관점을 가지고 세계를 바라보고, 세상과 상호작용하는 방식도 점차 복잡해지고 고도화 되는 과정이라 할 수 있다. 이러한 과정에서 학생들은 새로운 정 보를 습득하는 것과 함께 새로운 기술, 역량, 사고, 행동 양식을 가지고 과업을 수행하는 것 등을 요구받는다. 궁극적으로 학습의 목표는 개인이 가진 정체성, 가치, 믿음, 지식, 기술, 흥미를 자아실 현과 성취라는 종착점으로 조금씩 발전시켜 가는 것이어야 한다.

한편, 이러한 관점은 Maslow(1968)에 의해서 제시된 인간의 발 달과 동기에 대한 고전 모델과 맥락을 같이한다. 그에 따르면, 모 든 인간이 가진 기초적인 욕구는 생리적 욕구에서 시작해서 안전, 소속감, 애정 그리고 자존감과 자아실현의 욕구를 향해 나아가는 위계 구조를 띤다. Maslow 모델의 기본 가정은 아래 단계의 욕구 가 충분히 충족되어야 다음 상위 단계 욕구가 해결될 수 있다는 것이다. 요컨대, 생리적 욕구, 안전 욕구, 소속감, 애정에 대한 욕 구는 자존감과 자아실현 욕구보다 먼저 발생하고 충족되어야 한 다. 즉, "안전, 심리적 안정성, 의존성, 보호, 공포, 불안 및 혼돈으 로부터의 해방, 구조, 질서, 법, 제약에 대한 요구, 수호자로서의 힘(Tribe, 1982, p. 50)"과 같은 문제들이 우선 해결된 후에라야 우 리는 보다 강한 에너지를 상위 단계를 향해 쓸 수 있다는 것이다.

말하자면 소속감의 욕구와 사랑받고자 하는 욕구가 충족될 때, 다음 단계로의 성공적인 적응이 가능하다. Maslow 모델은 안전, 소속감, 사랑, 존중과 자존감 등 기본적인 욕구를 먼저 충족시킴 으로써, 학생들이 내재적 동기를 넘어 자신에게 일어나는 어떠한 일치(unity)와 통합(integration), 즉 자아실현을 추구하는 건강한 사람으로 발전해 갈 수 있음을 제시한다.

대학 캠퍼스 디자인의 위계 구조

우리는 Maslow가 제시한 '인간욕구 위계 모델'을 적용한 '대학 캠퍼스 디자인 모델'을 제안한다. 이 모델에서 소속과 안전에 대한 욕구는 참여와 공동체 정신에 대한 욕구보다 먼저 충족되어야 한다([그림 1]). 즉, 학생이 소속감과 안전을 의문시하면, 참여와 공동체 형성의 가능성은 줄어든다는 것이다. 궁극적으로 대학에서 학습 공동체 형성을 위한 환경적 조건이 제대로 갖추어지느냐는 앞서 나타나는 두 개의 욕구를 충족시키는 환경이 얼마나 효과적으로 제공되느냐에 전적으로 달려 있다.

제5장에서는 학생들이 캠퍼스에서 소속감과 안전을 느끼게 하는 기본적인 환경 조건들을 살펴본다. 우리가 제시한 모델에 따르면, 어떤 교육기관이든지 좋은 교육을 하려면 우선 모든 학생에게 포용적이고, 안전한 환경을 제공해야 한다. 기본적으로 소속감과 안전을 느끼지 못한 상태에서는 만족스러운 교육적 경험을 추구하기 어렵기 때문이다. 캠퍼스 공동체에서 어떠한 소속감을 느끼지 못하면, 위협, 공포, 걱정으로부터 벗어나지 못하게 되고, 다음 단계로 나아가려는 노력을 하는 것도 힘들어진다. 그러므로

[그림 1] 대학 캠퍼스 디자인 모델

출처: Strange & Banning (2001)에서 수정.

대학 경영자가 해야 할 첫째 임무는 물리적, 인간 집합적, 조직적, 사회 구성적 환경을 잘 제공해서 학생들이 소속감과 안전을 느끼도록 하는 것이다.

하지만 소속감과 안전은 마지막 종착점이라기보다 시작에 불과하다. 앞서 설명한 바와 같이, 교육이란 기본적으로 위험을 감수하고라도 도전하는 일에 학생들을 적극적으로 참여시키는 것이다(Sanford, 1966). 따라서 캠퍼스 환경은 학생들로 하여금 교실 안팎에서 의미 있는 역할을 하고 책임감을 느끼게 하는 학습 경험에 효과적으로 참여시킬 수 있어야 한다. 만약 이와 같은 '학습 참여(engagement)'를 촉진하고 지원하는 환경이 조성되어 있지 않다면, 학생들은 시간과 노력을 들여서 중요한 교육 성과를 달성하고 그 결과에 대해 책임을 지는 경험을 하지 못한 채 대학 생활을 끝내게 될 것이다. 이것이 제6장에서 논의하려는 초점이다.

마지막으로, 소속감, 안전 그리고 학습에 대한 적극적인 참여는 교육 목표를 달성하기 위한 필요 조건이지만, 그것만으로는 학생을 위한 통합적, 총체적 학습 경험을 조성하지 못한다. 이를 위해서는 제7장에서 논의할 바와 같이, 공동체 형성이라는 또 다른 조건이 요구된다. 여기서 공동체라는 것은 목표(goals), 구조(structures), 가치(values), 조직 구성원(people) 그리고 여러 자원(resources)들이 구성원의 자아실현과 충족을 도모하는 경험의 과정에 녹여져서 하나로 모이는 곳이다. 실제로 학생들이 각자 캠퍼스의 구성원이라는 느낌을 완전하게 경험할 수 있는 것은 하나의 공동체라는 조건이 갖추어질 때다. 이러한 공동체는 교실, 학생회나 동아리, 친구와 함께하는 프로그램이나 기숙사 거실에서도 나타날 수 있다. 공동체를 형성하는 것은 학생들이 캠퍼스에서 경험하고 구성하는 역사와 문화의 일부분이 되고, 학생들이 그곳을 떠났을 때 그리워하게 되는 흔적을 남기게 된다.

제1부에서 논의한 네 가지 캠퍼스 환경 요소들(물리적, 인간 집합적, 조직적, 사회 구성적 환경)은 각각 학생의 소속감, 안전, 참여, 그리고 공동체로서 경험을 형성하는 데 기여하거나 이를 방해할 수 있는 잠재력을 가지고 있다. 한편 최근 캠퍼스의 교육 환경과 관련해서 디지털 캠퍼스에 대한 이해와 관심이 커지고 있다. 디지털 캠퍼스에서 발생하는 역동적인 움직임들은 학생들의 교육 활동에까지 깊은 영향을 미칠 것으로 보인다. 제2부의 제5장부터 제8장까지는 각각의 환경 조건이 가진 기본 특성들을 살펴보고, 선행 연구에서 제시된 연구 결과와 사례를 기반으로 '캠퍼스 디자인 전략'과 이를 위한 구체적인 방안들을 제시한다.

마지막으로, 우리는 제9장에서 대학 캠퍼스의 전체적인 생태계를 고려하면서 대학 캠퍼스 디자인 전략을 수립하고 적용해야 한다는 점을 설명할 것이다. 여기서 의도하는 바는, 각 대학 캠퍼스가 가진 구체적 맥락을 고려하면서 캠퍼스 디자인 방안을 수립하는 전략을 제시하는 것이다.

제**5**장

소속감과 안전감의 형성 촉진하기

소속감(inclusion)과 안전감(safety)은 서로 밀접하게 관련되어 있다. 두 가지 모두 학생들의 학습과 발달의 전제 조건이며, 의심할 여지없이 상호 보완적이다. 둘 중 하나를 형성하는 데 실패한다면 나머지 하나도 제대로 이루어지기 어렵다는 것이다. 예를 들어, 캠퍼스 곳곳이 어둡다면(안전감의 문제), 어떤 학생들은 캠퍼스를 좋아하지 않을 것이고(소속감의 문제), 이는 결국 다양한 배경을 가진 학생들을 모집하지 못하는 결과(소속감의 문제)로 이어진다. 이러한 상황이 벌어지면, 그 대학에 입학하려고 결심한 학생들은 아무래도 심리적인 부담을 느끼게 될 수 있다(안전감의 문제).

소속감과 안전감 문제를 해결하기 위해서는 캠퍼스 환경의 물리적 측면과 심리적 측면을 함께 살펴보아야 한다. 학생이 소속감을 느끼기 위해서는 우선 해당 캠퍼스에 있어야 하지만, 진정한 소속감을 가지려면 다른 필요들도 충족되어야 한다. 물리적 위협에서 자유로운 것과 안전하다고 느끼는 것은 사실 별개의 문제다. 교육적 책무를 완수하려는 대학들은 소속감과 안전감 형성이라는 목표를 동시에 추구해야 한다. 둘 중 하나라도 달성하지 못한다면 학생들의 학습 참여를 저해하는 환경이 조성되고, 대학 경험의 질은 낮아지며, 효과적인 대학 공동체를 구성하는 것도 힘들게 된다.

다양한 배경을 가진 학생들이 캠퍼스 공동체에 잘 편입될 수 있도록 하기 위해 정부와 대학들은 지난 수십 년 동안 많은 교육 프로그램을 도입하고 관련 법규들을 정비해 왔다. 특히, 미국은 1964년 제정된 「인권법」과 1972년 「고등교육 개정안」 제11조, 1973년 「재활법」 504조, 1990년 「장애인법」 제정을 통해 그동안 고등교육의 기회를 박탈당했던 사람들에게 대학의 구성원으로서 고등교육 기회를 확대하기 위해 부단히 노력해 왔다(Schuh, 1993). 구체적으로 인종이나 피부색, 민족, 성별, 혹은 장애 때문에 받았던 차별과 참여나 혜택의 제한을 없애기 위한 노력이 광범위하게 펼쳐졌다.

학생들에게 안전한 학습 환경을 제공하려는 대학의 노력은 물리적 공간으로서 캠퍼스를 기반으로 하는 대학이 등장하면서 시작되었다. Turner(1995)는 초기 미국 대학들이 학생들을 '퇴폐한 도시 문화'로부터 보호하기 위해 도시 외곽 지역에 자리 잡기 시작했다고 주장했다(p. 4). 네 개의 건물들을 사각형으로 배치하는 캠퍼스의 전형적인 폐쇄 구조 쿼드랭글(quadrangle)[21]은 도시의

---

21) 역자 주: 쿼드랭글(quadrangle)은 학교나 대학에서 건물이 사방으로 둘러싸고 있는 사각형의 안뜰을 말한다.

시민이기도 한 학생들을 외부의 적으로부터 보호하는 역할을 했던 것이다(p. 10). 아울러 캠퍼스 전체에 몇 개의 출입문만을 만들어 구성원(특히, 학생들)의 출입을 엄격히 통제했던 방식은 칼리지 중심으로 발전한 미국 대학 시스템의 핵심 요소가 되었다(p. 10). Smith와 Fossey(1995)에 따르면, 하버드 대학교 졸업식에 지역 보안관이 참석하는 관행은 과거 하버드 대학교 입학식에 보안관이 참석하여 학생들을 통제하고 입학식을 안전하게 진행하도록 도왔던 전통에서 유래되었다.

캠퍼스 안전에 대한 우려는 최근 대학 캠퍼스와 관련된 전통적 관점이 약화되고 상아탑 내부에 다양한 균열이 생기면서 다시 확산되고 있다(Hopkins, 1994). Whitaker와 Pollard(1993)는 대학이 더 이상 안전한 피난처라기보다는 '점점 더 포악해지는 사회의 축소판'(Whitaker & Pollard, 1993, p. xi)이 되어 가고 있다고 주장한다. 이들에 따르면, 지난 20년 동안 캠퍼스 범죄가 새로운 사회 문제로 부상하였고, 일반 대중에게 대학 캠퍼스는 마치 폭력과 범죄의 본상처럼 비추어지고 있다는 것이다(Sloan & Fisher, 2010). 이러한 주장의 진위 여부를 떠나 최근 대학과 관련된 자료들을 살펴보면, 대학들이 캠퍼스에서 학생들의 안전을 위한 경계 수준을 높이고 이에 적극적으로 대응하고 있음을 알 수 있다.

한편 캠퍼스에서 안전이 보다 중요한 문제로 떠오르고 있음은 이를 지적하는 다양한 연구들(Jackson & Terrell, 2007; Jang, Kang, Dierenfeldt & Lindsteadt, 2014; Janosik & Gergory, 2009; Kaminski, Koons-Witt, Thopmson, & Weiss, 2010; Katel, 2011; Nicoletti,

Spencer-Thomas, & Bollinger, 2010)뿐만 아니라 관련 법규의 제ㆍ개정22)을 통해서도 미루어 짐작할 수 있다. 미국 법무부는 2013년 버몬트 대학교(University of Vermont)에 처음으로 국립 캠퍼스공공안전센터를 설립하면서 장차 이러한 기구가 대학에 널리 제도화될 것임을 시사했다. 현재 미국 대학들은 캠퍼스에서 발생한 안전 및 범죄 상황을 정부에 보고해야 한다. 이를 어길 경우에는 학생들이 받는 정부 재정 지원이 제한될 수도 있다(Schuh, 1993). 나아가 대학은 구성원들이 신체적인 부상을 당할 가능성이 있으면 이를 사전에 경고해야 하는 의무가 있다. 또한 학생들에게 부상이 발생하면, 그로 인한 피해에 대한 책임도 져야 한다.

대학들은 자신의 교육 목적을 달성하고 정부 당국의 요구에 부응하기 위해서 지난 수십 년 동안 학생들의 소속감과 안전을 촉진하려는 다양한 노력들을 기울여 왔다. 앞서 논의된 캠퍼스 환경 요소(물리적ㆍ인간 집합적ㆍ조직적ㆍ사회 구성적)들은 학생들이 캠퍼스 환경과 공동체에 대해서 소속감과 안전감을 느끼게 도울 수도 있고, 반대로 그것을 저해할 수도 있다. 따라서 캠퍼스 환경 요소들이 학생들의 소속감과 안전 문제에 대하여 어떻게 해결책을 만들어 낼 수 있는지를 살펴보는 것이 이번 장의 목적이다. 학생들에게 소속감을 만들어 주는 환경은 대체로 그들의 안전 수준도 높여 주기 마련이다. 하지만 분명한 것은 소속감과 안전은 각기 다른 것이며 서로 다른 목적을 가지고 있다는 점이다.

---

22) 역자 주: 1989년의 마약 없는 학교와 공동체법 개정과 공공법 101-266조.

대학에 대한 소속감을 형성하는 캠퍼스 환경

대학에 대한 소속감은 모든 학생들을 환영하는 분위기가 캠퍼스 전체에서 완연히 느껴질 때 비로소 싹튼다. 자신이 속한 조직에 소속되었다는 느낌을 갖지 못하거나 자신의 정체성 때문에 자신이 속한 조직 내에서 피해를 입을 수 있다는 생각을 가질 때 그 학생이 대학 생활을 성공적으로 마무리할 가능성은 현저히 떨어진다. 소속감이 부족하고 과도한 위협을 느끼게 된다면, 누구라도 우선 심리적으로, 다음은 물리적으로 그 조직을 떠나기 때문이다. 다시 말해 학생들은 어떤 이유든 대학에서 성공할 것 같지 않으면 중도탈락을 선택할 가능성이 높아진다. 이러한 결정에 영향을 끼치는 요인은 대학 캠퍼스의 물리적인 디자인, 거기에서 함께 생활하는 구성원들의 집단적 특성, 그들을 둘러싼 조직 구조, 그리고 캠퍼스 문화를 보여 주는 인공물(artifacts) 등을 들 수 있다. 이제 하나씩 살펴보겠다.

물리적 요인

대학의 물리적 환경이 미치는 영향력에 대한 연구를 보면, 어떤 요소들은 학생들을 대학으로 끌어당기지만, 다른 요소들은 오히려 학생들을 밀어내기도 한다. 예컨대, 대학 신입생들에게 기숙사 입사는 대학 생활에 본격적으로 첫발을 내딛는 중요한 순간이다. 학생들에게는 어디에 거주하는지, 거기서 어떤 시설을 이용할 수 있는지가 소속감을 형성하는 데 즉각적인 영향을 미치기 때문이다. 기숙사 시설에 대한 연구들은 기숙사의 다양한 형태(스위트룸 스타일,[23] 싱글룸, 아파트, 전통적인 중복도형 기숙사[24])가 학생들의 대학 경험과 학습, 성장, 발달을 위한 기회에 상이한 영향을 끼친다고 주장한다. Gifford(2007)는 고층 기숙사 건물이 주는 영향에 대한 30년 동안의 연구를 종합하면서 "고층 기숙사 건물에서의 생활은 대다수 사람들에게 다른 모습의 기숙사보다 낮은 만족도를 유발하며 ……(중략)…… 고층 기숙사에서 사는 학생들은 보다 비인간적인 사회적 관계를 경험하고 타인을 도와주는 행동도 줄어드는 반면 범죄와 범죄에 대한 공포는 증가한다고 설명했다"(p. 12). 한 마디로 고층 기숙사 구조는 단기적으로는 경제적이지만 교육의 궁극적인 목적과는 상충된다.

최근 학생들에게 인기가 있는 기숙사 디자인은 스위트룸(suits) 스타일, 혹은 군집(cluster)형 구조[25]로 기존의 중복도형 구조와는 대조된다. 오늘날 학생들은 자신만의 공간과 필수적인 편의시설을 원하는 것처럼 보인다. 아마도 그것은 성장기 동안 다른 누군가와 같은 방을 사용해 본 경험이 없는 세대가 가진 문화적 특징

---

23) 역자 주: 스위트룸 스타일은 개인용 침실과 화장실로 이루어진 방 2~4개가 거실과 간이 부엌을 공유하는 구조의 아파트형 기숙사이다.
24) 역자 주: 중복도형 기숙사(double-loaded corridor)는 복도를 가운데 두고 작은 방들이 마주 보고 길게 나열하는 전통적 기숙사 구조이다.
25) 역자 주: 군집형 구조(cluster arrangements)는 1인용 침실 다수와 공동 거실 및 공동 화장실로 이루어진 구조이다.

일 것이다. 그러나 이러한 학생들의 필요에 부응하는 것이 학생
의 학습을 이끌어 낸다는 대학의 목표를 달성함에 있어 예기치 않
았던 결과를 초래할 수도 있다. Devlin, Donovan, Nicolov, Nold,
그리고 Zandan(2008)은 최근 개보수를 마친 노스이스트 대학교
(University of Northeast)의 기숙사 건축 스타일과 학생들의 공동체
소속감의 관계를 조사했다. 그 결과, 스위트룸이나 군집형 구조
의 새로운 기숙사는 쾌적함, 정숙성, 수납공간 등의 면에서는 높
은 만족감을 나타냈으나 학생들이 느끼는 공동체의식에서는 과
거의 중복도형 기숙사보다 낮은 수준을 나타냈다. 중복도형 기숙
사 구조에서 학생들은 항상 방문을 열어 두고, 돌아다니면서 주변
학생들과 부단히 상호작용하기 때문이다.

　유사한 주제의 다른 연구에서도 전통적 기숙사 구조가 스위트
룸 스타일의 신형 기숙사보다 학생들 사이에서 보다 많은 상호
작용을 촉진한다는 점이 보고되었다(Brandon, Hirt, & Cameron,
2008). 물론 높은 상호작용이 모든 학생들에게 무조건적으로 긍
정적인 효과를 가져 오는 것은 아니다. 이와 관련하여 Rodger,
Johnson, 그리고 Wakabayashi(2005)는 내성적이고 성실한 학생
일수록 전통적인 기숙사 건물에서 더 쉽게 소외감을 느낄 수 있다
고 보고하였다. 그러나 학생들 간 활발한 상호작용이 공동체의식
을 촉진한다는 점에서 볼 때, 특정한 기숙사 디자인은 학생들에게
소속감을 불러일으키고 동료 학생에게 배울 수 있는 기회를 확대
하는 반면, 다른 디자인은 오히려 기회를 위축시킬 수 있다는 것
이 초기 선행 연구들(Heilweil, 1973)의 잠정적 결론이다. 어찌 되

었든, 학생을 고립시키거나 동료들로부터 심리적으로나 물리적으로 멀어지게 하는 캠퍼스 디자인은 학습 공동체의 지속성을 떨어뜨리는 요인이 된다(제7장 참조). 그러한 디자인은 학생의 학습을 지원하는 학문적 동료 집단과의 상호작용, 교수-학생 상호작용까지 감소시킬 수 있기 때문이다(Moran & Gonyea, 2003).

정해진 공간에서 생활하는 학생들의 인구 밀도도 물리적 환경 디자인에서 중요한 문제다(Banning, 1997). 선행 연구들(Baum & Valins, 1977; Bell, Greene, Fisher & Baum, 2001)은 높은 인구 밀도가 소속감이나 공동체 형성을 저해한다고 보고했는데, 다른 연구를 보면 이는 성별에 따라 효과가 다소 달라질 수 있다(Regoeczi, 2008). 일례로 기숙사의 높은 인구 밀도는 사람이나 공간에 대한 부정적인 태도와 깊은 관계를 가지고 결과적으로 학생들의 사회적 활동 기피, 사회적 네트워크 교란, 이웃과의 연대 감정의 약화, 공격적인 행동 증가 등으로 이어질 때가 많은데, 특히 남학생들에게 그런 효과가 두드러진다고 한다. 대형 강의실의 높은 인구 밀도 역시 유사한 결과를 가져 온다. 즉, 대형 강의실에 모인 대중들 사이에서 느껴지는 익명성은 학생들 사이에 잦은 결석을 유발할 때가 많다(Cuseo, 2007).

오늘날 많은 대학들은 소속감 형성의 전제 조건이라 할 수 있는 연결성 증대를 위하여 캠퍼스 개보수나 신축 계획을 수립할 때 의도적으로 캠퍼스 마을을 조성하고 있다. 미시건 주립대학교(Michigan State University), 이스트 캐롤라이나 대학교(East Carolina University), 엘론 대학교(Elon University), 웨스턴 미시건

대학교(Western Michigan University) 등이 캠퍼스에 편리한 서비
스를 갖추고 학생들의 공동체 형성을 돕는 마을형 기숙사를 운영
하고 있다. 볼링그린 주립대학교(Bowling Green State University)
도 남녀 학생 사교 동아리가 마당을 함께 공유하는 타운하우스 스
타일의 기숙사에 함께 거주하면서 공동체에 대한 참여와 리더십
을 함께 계발하는 '사교 클럽 마을(Greek Village)' 건축을 시작했
다. 이 대학의 한 보직 교수가 말한 것처럼 이러한 기숙사 마을은
학생들에게 대학에 대한 소속감을 효과적으로 형성해 준다(Zipp,
2013). Lawless(2012)는 대학 환경에 강한 소속감을 형성한 학생
들이 기숙사에 오래 거주할 뿐 아니라 학위를 이수하고 보다 적극
적인 동문이 될 확률이 높다고 주장하였다. 사이페어 칼리지(Cy-
Fair College)의 보직 교수들은 새 캠퍼스를 짓는 과정에서 제1장
에서 언급한(Troyer, 2005), '캠퍼스 디자인이 구성원들에게 암시
하는 메시지'에 대해서 주의를 기울였다. "캠퍼스 환경은 접근성,
안전성, 개방성의 느낌을 전달해야 하고 학생들이 캠퍼스에 가능
한 오래 머물면서 동료 학생들이나 교수와 격의 없이 상호작용하
도록 유도해야 한다"는 것이다(p. 6).

 캠퍼스의 물리적 환경은 장애 학생의 소속감을 형성함에 있어
서 무엇보다 큰 영향력을 끼친다. 캠퍼스와 각종 시설들, 여러 기
회에 대한 근본적인 접근성이 제한될 때 이들은 쉽게 소속감을 잃
어버린다. Jones(1996)는 장애(disability)라는 개념이 사회적으로
구성되는 개념이라는 점을 강조하고, 캠퍼스를 개조하면서 건물
간 접근성을 강화하고자 할 때 진지하게 고려해야 한다고 주장했

다. 그는 장애인들의 편의를 위한 디자인보다는 완만한 경사로처럼 장애인이든 일반인이든 누구라도 쉽게 사용하면서 장애인을 드러나지 않게 포용하는 보편적인 디자인을 선호했다. 유사한 관점에서 Strange(2000)도 다양한 유형의 학생들을 환영하고 포용하는 '유연한 환경'을 조성해야 한다고 주장했다. 그런 시각에서 볼 때 지금까지 대학 건물들에서 나타나는 전통적인 구조는 이러한 요구에 부응하기에 매우 부족하다. 대학들이 캠퍼스 개보수나 재건축을 주기적으로 추진하는데, 미국 「장애인법」의 기준과 보편적인 디자인 원칙이 제시하는 가이드라인을 참고해서 이러한 사회적 요구에 부응하도록 노력해야 할 것이다.

구성원의 집합적 특징 요소

인간 집단에 내재한 역동성은 학생을 위한 포용적인 캠퍼스 환경을 만드는 일이 그리 쉽지 않음을 알 수 있게 해 주는 요소이다. 왜냐하면 대학의 환경은 그 안에서 생활하는 사람들이 가지는 집단적 특징을 내포하기 때문이다(Strange, 1993). 다시 말해 캠퍼스가 보여 주는 두드러진 특징은 거기서 다수를 점하는 집단의 특성과 영향력이 반영된 결과다. 포용적인 캠퍼스 공동체를 만드는 것이 쉽지 않은 이유는 캠퍼스가 가진 지배적인 특징과 유사한 특성을 가진 사람들은 더 쉽게 소속감을 느끼는 반면, 그러한 특징이 결여된 사람들은 소외되기 쉽기 때문이다(제2장 참조). 따라서 캠퍼스에서 환영받지 못하는 학생들은 대부분 소수자들인 경

우가 많다. 이러한 '다수 대 소수의 대결 구도'는 특히 여학생들이
캠퍼스에서 쉽게 느낄 수 있는 소위 '싸늘한 풍토(chilly climate)'
(Hall & Sandler, 1982, 1984)를 더욱 확산시킨다. 여학생들의 능력
을 인정해 주지 않고 평가절하하거나, 그들의 참여 기회를 제한하
고 적대적이거나 모욕을 주는 언어로 참여를 방해하는 것 등이 이
러한 '싸늘한 풍토'를 만드는 행위들이다.

　마찬가지로 소수민족 학생들 역시 소속감을 가지기 어려운 환
경을 경험할 때가 많다(Grunnings, 1982; Johnson et al., 2007). 이
들은 입학 정책부터 장학금 지원 정책, 교육과정, 기숙사 정책, 그
리고 다른 많은 사안들로부터 자신들을 향한 싸늘한 공기를 느낀
다(Hawkins, 1980). 동성애자, 양성애자, 성전환자 등 이성애 외
의 성적 지향을 가진 학생들도 캠퍼스 환경이 자신들에게 적대적
이라고 느끼기 쉽다(D'Augelli, 1989; Evans & Rankin, 1998; Evans &
Wall, 1991). 이처럼 소수자라는 위치는 주류 집단에 통합되는 것
을 저해하기도 하지만 멘토링이나 심리적 지지를 받을 수 있는
소위 '역할 모델(role models)'을 만나기 어려운 결과도 초래한다
(Sandeen & Rhatigan, 1990). 다수와 소수(혹은 주류와 비주류) 간 분
리 현상은 캠퍼스 환경의 배타적인 면을 부각시키면서 꼭 필요한
환경 변화는 가로막는 문제를 유발한다. 예를 들어, Jones(1996)
는 소수자 집단과 관련된 문제를 해결할 때 대학이 일반적으로 취
하는 방식을 비판하였다. 즉, 대학들도 캠퍼스에서 권력, 지위, 특
권 등의 불균등한 분배 문제를 해결한다고 하면서 구성원들을 한
덩어리로 묶어 획일적인 방식으로 취급하고 그들의 개인적 차이

를 무시하거나, 소수자 그룹을 다른 구성원들과 분리해서 대우함
으로써 이들의 통합을 오히려 저해하는, 이른바 '결핍 모델(deficit
model)'을 취한다는 것이다. 소수자 학생만을 위한 오리엔테이션
이나 다문화 학생센터 등으로 대표되는 이러한 분리주의적 접근
방식은 소수자 학생들의 초기 적응이나 소속감 형성에 어느 정도
효과가 있을 수 있겠지만 장기적으로는 캠퍼스 공동체에 이들을
통합시키는 후속 조치가 취해지지 않는다면 오히려 더 큰 분리와
배제를 초래할 수도 있다. 반면, 다른 인종 학생과 룸메이트를 만
들어 주는 기숙사 제도는 룸메이트를 넘어 캠퍼스에서 다른 인종
학생들과 교류를 촉진하여(Mark & Harris, 2012; Stearns, Buchmann,
& Bonneau, 2009) 그들이 주류 집단에 통합되는 것을 유도할 수
있다.

조직적 요소

대학 캠퍼스 환경의 조직 요소들도 구성원의 포용적 행동과 태
도에 영향을 끼친다(Strange, 1993). 이 중에서도 가장 중요한 요소
가 있다면 그것은 대학의 미션과 규모다. 대학의 미션은 다양하
다. 그러나 무엇보다 포용과 다양성 문제에 대한 대학의 공식적
입장은 이 문제에 대해 대학이 가진 추상적 개념과 실제 행동 사
이에서 일종의 '인터페이스(interface)' 역할을 한다. Kuh와 동료들
(1991)은 대학이 포용적인 학습 공동체가 되기 위해서 가져야 할
네 가지 조건을 제시했다. 첫째, 캠퍼스의 다양한 집단들이 가지

는 차이에 대한 이해가 필요하다. 둘째, 캠퍼스의 여러 하위 공동체(인종, 민족, 문화, 성별 등을 기준으로 하여 형성된) 구성원 간의 상호작용을 권장하는 분위기가 조성되어야 한다. 셋째, 캠퍼스의 모든 학생들이 함께 공유하는 공통적인 특성들에 대하여 일정한 가치를 부여해야 한다. 넷째, 캠퍼스의 하위 공동체들이 공동체 전체에 기여하는 다양한 점들에 대해 충분히 공감하면서 공동체 전체가 가진 공통점들을 지속적으로 발견하고 확대해 나가는 노력이 뒤따라야 한다(p. 294).

미국 대학들은 지난 1970년대를 지나면서 다문화 사회로의 전환과 모든 학생들을 위한 교육의 질 제고라는 시대적 변화에 부응하기 위해 다양한 배경을 가진 학생 선발을 대학이 추구할 공식적인 미션에 포함했다. 예컨대, 마이애미 대학교는 '우리 대학 가족 공동체의 다양성이 바로 우리의 자존심'이라고 선언했고(Miami University of Ohio, 2014), 이타카 칼리지(Ithaca College, 2014)는 "다양성을 우리가 만들어 갈 공동체와 교육적 경험의 핵심 요소로 삼겠다"고 천명했다. 오클랜드 커뮤니티 칼리지(Oakland Community College, 2014)도 '다양성과 포용의 협동적 형태를 촉진하고 주창하는 것'을 대학 목표로 삼는다고 강조했다. 이렇게 활자로 제시되는 포용적 공동체를 지향하는 대학의 미션은 이제 구체적인 실행으로 옮겨져야 한다. 실제로 이상의 대학들을 포함해서 많은 대학들이 다양한 배경을 가진 학생들을 환영하고 이들의 성공적인 대학 생활을 돕기 위한 다양한 프로그램과 서비스들을 제공하고 있다.

캠퍼스와 교내 조직들의 규모도 다양한 학생들을 향한 대학의 포용력을 결정하는 중요한 요소이다. 모순적인 사실은 대규모 대학들이 소규모 대학들보다 다양한 배경을 가진 학생들을 효과적으로 모집하고는 있지만, 그 결과가 그리 성공적이지 못하다는 것이다. 그 이유는 제3장에서 소개한 바 있는 '적정 인원 이론(manning theory)'을 통해 설명할 수 있다. 이 이론에 따르면 어떤 공간에 거주하는 사람의 수가 그 환경 내에서 완수해야 할 다양한 과업들이 필요로 하는 인력보다 많으면(과잉 인원 상태), 그 환경의 관리에 대한 구성원들의 참여 의지나 책임감은 오히려 감소하게 된다(Wicker, 1973). 즉, 소속감이 떨어진다. 아울러 과잉 인원의 결과로 나타나는 높은 인구 밀도는(특히, 남성 집단) 타인에 대한 호의적 감정의 감소, 상호작용에 대한 회피, 공격성 증가, 친화적 행동의 감소 등으로 이어진다(Bell et al., 2001, p. 365). 이와 같은 조직 환경은 결국 대학의 전반적인 포용 풍토에 간접적인 영향을 끼친다. 특히, 과잉 인원 상태는 조직 구성원들의 참여를 저해하는 환경임을 명심할 필요가 있다. 때문에 대학들은 신입생 취미 공동체, 스터디, 동아리, 특정 주제를 표방하는 기숙사 공동체 등 작은 규모의 다양한 하위 공동체를 캠퍼스에 만들어서 큰 규모 대학에서 나타나는 부정적인 효과를 상쇄하기 위해 노력하고 있다. 이처럼 인간 중심 환경(human scale environment)을 조성하려는 노력은 학생들의 소속감 증진에 매우 효과적이다(Price, 2005).

대학의 규모는 대학 조직이 현재의 자원을 가지고 스스로를 유지해 갈 수 있는 '관리 역량'에도 중대한 영향을 끼친다. 대학들은 대체로 캠퍼스나 기숙사를 신설하더라도 그것을 유지하는 데 필요한 인력이나 프로그램을 같은 비율로 확대하지는 않는다. 그러나 Goldstein(1996)에 따르면, 대학의 규모는 대학의 관리 활동에 대한 참여 저조와 비인간화 현상과 비례한다. 즉, 대학이 클수록 구성원의 익명성, 즉 스스로를 광대한 바닷속을 헤매는 작고 이름 없는 물고기처럼 느끼는 비인간화(de-individualization) 현상을 초래하고(Zimbardo, 1969), 반사회적인 행동에 대한 통제력도 약화시킨다. 대학 관계자들은 인구 밀도가 높은 도시 지역에서 이러한 현상이 자주 나타난다는 점을 감안해서 대형 대학 규모의 부작용을 최소화하려는 노력을 기울여야 할 것이다. 궁극적으로 대학에서 소속감은 서로 격려하는 인간적 만남을 통해 형성되고 강화된다. 대학 규모가 클수록 그러한 소속감을 키울 수 있는 가능성은 줄어든다고 할 수 있다.

사회적으로 구성된 요소들

앞서 우리는 캠퍼스의 물리적 요소, 구성원들의 집단적 특징, 대학의 조직 특성들이 모두 대학생들이 느끼는 소속감에 직접적인 영향을 미친다는 점을 살펴보았다. 하지만 이들이 영향을 미치는 정도는 대학 캠퍼스에서 이 요소들이 사회적으로 구성되는 방법이나 과정에 따라서 달라질 수 있다. 다시 말해, 이들에 대해서 대학의 구성원들이 어떤 의미를 부여하는지에 따라서 영향력의 결과와 정도가 달라진다는 점을 이해할 필요가 있다. 캠퍼스 여러 곳에서 볼 수 있는 그래피티(벽화)가 좋은 예다(Hemphill & LaBlanc, 2010; Rankin, 2005). 대도시 출신 학생들은 그래피티 문화가 낯선 학생들이나 그래피티가 겨냥하는 특정 소수자 집단에 속한 학생들보다 그래피티가 던지는 메시지에 대해서 단순하게 반응하는 경우가 많다. 하지만 캠퍼스 그래피티를 보면, 상당수는 특정 인종이나 민족, 종료 성별, 성적 지향성 등을 겨냥한 비판적 메시지를 담고 있다. 경우에 따라서는 구성원들이 이를 보면서 사회적으로 구성하게 되는 의미나 인식으로 인해서 알게 모르게 캠퍼스의 소수자 그룹에 대해 높은 적대감이나 배제하는 마음이 형성될 수도 있다. Banning(1992, 1995)과 Banning과 Luna(1992)는 여학생, 남미 출신 학생들, 동성애자들을 풍자하는 캠퍼스 그래피티들의 사진을 분석했다. 그들에 따르면 그래피티는 타깃 집단에 대해서 그들을 캠퍼스 공동체의 일원으로 받아들이기 싫고, 이들이 계속 캠퍼스에 있고 싶다면 안전에 대한 위협을 감수하거나 불공평한 대우를 참아야 한다는 메시지를 담고 있을 때가 많았다(Banning & Bartels, 1993). 적대감은 어떤 형식으로 표출되든 대학 공동체 전체에 대해 해를 끼치고 학생의 학습과 발달을 저해한다. Taming Campus Vandals(1980, p. 44)의 표현을 빌리자면 적대감은 '캠퍼스의 정신을 갉아먹고 대학에 대한 신뢰를 허물어뜨리는 암적 존재'이다.

언어폭력도 대학의 포용적 공동체 형성을 막는 또 다른 심각한 문제다(Palmer, 1996). Palmer(1996)는 캠퍼스에는 다른 인종이나 성별, 성소수자, 유태인을 비하하고 위협하는 외설적 발언들이 여러 형태로 존재하고 있다고 주장했다(p. 270). 그래피티 역시 비슷한 메시지를 전달하지만, Palmer가 언급한 언어폭력은 직접 말로 전해지는 추행이나 폭력이다. 물론 대다수의 언어폭력이 인종이나 민족, 성별, 성적 지향 등으로 눈에 띄는 집단에 대해서 이루어지지만, 사실 캠퍼스의 누구라도 언어폭력을 당할 가능성이 있다. Hill과 Silva(2005)가 수행한 연구에 따르면, 미국 대학생의 3분의 2가 상대방의 불쾌한 발언이나 농담, 몸짓, 혹은 표정을 통해서 성추행을 당한 경험을 가지고 있다. 성추행은 보통 데이트를 하는 남녀 사이에서 많이 발생하지만(Amar & Gennaro, 2005; Sugarman & Hotaling, 1989), 캠퍼스의 다른 영역에서도 발생한다. Dziech과 Weiner(1984)는 여학생의 30% 정도가 교수로부터 성추행을 당했다고 보고했는데, 이와 같은 강의실 성추행은 나머지 학생들에게도 매우 심각한 영향을 끼친다(Huerta, Cortina, Pang, Torges & Magley, 2006). Hall과 Sandler(1982, 1984)나 Boyer(1987)는 캠퍼스에서 여학생들이 경험하는 것들을 설명하면서 Hall과 Sandler가 지적한 '싸늘한 풍토'는 포용성과 관련된 모든 문제와 관련되는 현상이고, 반드시 해결되어야 한다고 주장했다.

　하지만 학생들의 심리적 소속감 형성은 적대감이나 추행 같은 부정적 행위를 제거하는 것만으로는 부족하다. 특히, 캠퍼스에서 주류 집단이 아니거나 어떤 식으로든 대학에서 소외되기 쉬운 집단들에게는 Schlossberg(1989)가 말하는 이른바 '중요한 사람 되기(mattering)'와 Rendon(1994)의 '인정(validation)'이 필요하다. 먼저 '중요한 사람 되기'는 다음의 다섯 단계를 거쳐 일어난다. 1단계는 주변 사람들이 자신의 존재를 인식하는 '주목 받기(attention)'이고, 2단계는 주변 사람들이 관심을 갖고 신경을 쓰는 '중요성(importance)' 단계다. 3단계는 자신이 겪은 성취나 실패에 대해서 주변인들과 공감을 나누는 자아 확장(ego extension) 단계이고, 4단계는 주변인들이 자신에게 도움을 요청하게 되는 '의존(dependence)' 단계다. 마지막 5단계는 자신이 주변 사람들을 돕기 위해 펼치는 노력을 인정받는 '인정(appreciation)' 단계다(Rosenberg & McCullough, 1981; Schlossberg, 1989). Schlossberg는 공동체에서 이러한 중요성을 인정받게 되면, 학생들은 자신의 발달과 학습을 촉진하는 다양한 활동과 프로그램에 대해 더 적극적으로 참여하게 된다고 주장했다(Schlossberg, 1989, Evans, Forney & Guido-DiBrito, 1998, pp. 27-28에서 재인용).

Rendon(1994)은 학생들이 대학 경험의 초기에 인정을 받을 필요가 있다고 말했다. 특히, 인종, 민족, 문화적 배경 때문에 자신의 능력을 의심하거나 자기효능감이 낮은 학생들을 적극적으로 지원하는 환경을 제공하는 것이 중요하다고 강조했다. Rendon이 말하는 '인정'이란 학생에게 '능력이 있음을 말하고(enabling), 그것을 확인하고(confirming), 이를 지원하는(supporting)' 과정이다(Rendon, 1994, p. 46). 이것은 강의실, 학생 조직, 교수 및 상담자의 사무실을 포함한 캠퍼스 어디서나 어떤 구성원을 통해서라도(동료 학생, 교수, 직원) 일어날 수 있다. 이 대목에서 다시 강조하자면, 학생들을 캠퍼스 생활에 적극적으로 참여시키기 위해서는 대학 전체의 능동적인 개입이 필요하다.

　캠퍼스 문화가 소수자 집단을 포용하기도 하지만 때로는 배제도 한다는 것은 최근 몇몇 미국 대학 스포츠 팀의 마스코트나 상징에 대한 갈등을 통해서도 알 수 있다. 일리노이 대학교(University of Illinois)는 지난 2007년 대학의 공식 마스코트였던 '추장 일리니웨크(Chief Illiniwek)'(아래 그림 참조)를 '은퇴'시키기로 결정하였다. 사실 졸업생과 일리노이주 의회, 주지사 등으로 구성된 백인 진영과 북미 원주민 부족 대표 진영은 추장 일리니웨크를 대학의 상징으로 사용하는 것과 일리니웨크 복장을 한 사람이 대학 스포츠 경기 중간에 춤 퍼포먼스를 하는 것이 과연 적절한 것인지에 대해서 지난 1989년부터 논쟁을 지속해 왔다. 백인 진영은 이러한 행위들이 북미 원주민의 유구한 전통과 역사에 경의를 표하는 것이라고 주장했지만, 북미 원주민 출신 학생들은 의상과 춤의 정통성이나 예법에 의문을 제기하면서, 특히 스포츠 행사 중간에 펼쳐지는 추장 일리니웨크의 춤은 북미 원주민 영적인 문화유산을 희화화하는 것이라고 주장했다. 어떤 원주민 출신 학생은 화려한 머리

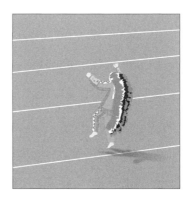

장식을 한 추장 일리니웨크의 문양이 일리노이 대학교 홈커밍데이 행사 때마다 마을 상점의 유리창에 걸려 있는 것을 보았을 때, 북미 원주민의 추방과 학살로 얼룩진 일리노이주의 과거를 연상했다고 토로했다. 당시 원주민 거주지를 점령한 백인들은 이들을 학살하기 위해 북미 원주민 남자의 머리를 가져오는 사람에게 7달러, 여자는 5달러, 아이는 3달러 포상금을 내걸었고, 이를 홍보하는 광고에 추장 일리니웨크 문양을 사용했다는 것이다.

추장 일리니웨크의 사용을 찬성하거나 반대하는 진영 모두 자신의 주장에 대해 확고한 논리와 근거가 있다. 하지만 일리노이 대학교의 북미 원주민 출신 학생들에게는 양측의 격렬한 갈등이 그들의 소속감과 안전감을 위협하는 환경으로 작용했을 것이다. 당시 양측의 의견 대립이 심화될수록 서로를 향한 적대적인 행동이 증가했다. 두 집단의 자존심이 충돌할 때, 한쪽을 높이는 주장은 곧 다른 한쪽을 폄하하는 결과를 낳기 때문이다.

다른 대학에서도 이와 유사한 과정을 겪으면서 대학 상징이나 스포츠 팀 이름을 바꾸는 상황이 있었다. 윌리엄 앤 메리 대학교(College of William and Mary)도 북미 인디언을 상징했던 녹색과 황금색 깃털을 대학 로고에서 삭제했고, 매사추세츠 애머스트 대학교(University of Massachusettes, Amherst)는 야구와 배구 등 스포츠 팀의 명칭을 북미 원주민 전사를 암시하던 '레드맨(Redman)'에서 미국 독립 전쟁에서 활약한 민병을 의미하는 '마이뉴맨/우먼(Minutemen/Minutewomen)'으로 변경하였다. 노스다코타 대학교(University of North Dakota)와 플로리다 주립대학교(Florida State

University), 오하이오주 마이애미 대학교(Miami University of Ohio) 도 비슷한 조치를 취하였다.

미국 흑인의 역사와 관련된 상징물을 사용해 온 대학의 경우 는 더욱 심각하다. 미시시피 대학교(University of Mississippi)는 오 래전에 인종 차별의 상징으로 사용되던 소위 '반역자 깃발(rebel flag)'과 결별했지만, 많은 동문들은 아직도 대학 행사 때마다 독립 전쟁 시대에 노예 제도에 찬성했던 남부 13개 주의 상징인 전투가 와 상징물을 사용한다. 여기서 중요한 것은 대학 상징물에 반영되 어 있는 과거 역사에 대해 대학의 구성원들이 부여하는 의미와 해 석이다. 백인 주류 집단에게는 그러한 상징물들이 단순한 대학의 유산처럼 여겨지겠지만, 비극적 역사의 희생자였던 소수 인종에게 는 뿌리 깊은 인종 차별과 사회적 배제의 아픈 기억들을 되살리는 촉매 역할을 할 뿐이다. 이는 대학에서 전통이라고 여겨 왔던 것이 구성원들이 가져야 하는 상호 존중의 자세와 충돌하는 경우다.

포용적 캠퍼스 환경을 만드는 일은 소수민족이나 타 인종 학생 뿐만 아니라 여성과 소수 종교 집단을 위해서도 필요하다. 사우 스웨스트 미주리 대학교(Southwest Missouri University)에서는 '슈 거 베어스(Sugar Bears)'라는 이름의 여성 응원단에 대한 성차별 논란이 발생했었다. 오하이오주 하이델베르크 대학교(Heidelberg University)에서는 스포츠 팀 마스코트인 '프린스(Princes)'가 남성 스포츠 팀의 상징으로 삼기에는 남성성이나 공격성이 부족하다 는 비판을 받기도 했다. 한편 종교적 문제와 관련해서도 겨울이 면 미국 대학 곳곳에서 크리스마스트리나 화려한 장식을 볼 수 있는데, 이는 다른 종교를 가진 학생들을 불편하게 한다는 주장이 지속적으로 제기되고 있다.

모든 사례들의 핵심은 캠퍼스 문화에 내포된 어떤 상징들이 누구는 공동체 안으로 포용하지만 누구는 공동체 밖으로 내모는 결과를 초래할 수도 있다는 것이다. 어떤 문화적 상징물이 캠퍼스의 다양한 집단에 끼치는 효과는 쉽게 알 수 있지만, 사실 그 상징물도 단순히 한 가지 뜻만 내포하는 것은 아니다. 따라서 이들에 대한 캠퍼스 구성원들의 공통적 해석이 중요해진다. 문제는 이러한 구성적 환경이 어떤 집단을 포용할 때 다른 집단은 불가분하게 배제함으로써 그들의 심리적·물리적 소속감을 약화시킨다는 딜레마이다.

안전감을 촉진하는 디자인

최근 버지니아 테크(Virginia Tech)와 노던 일리노이 대학교(Northern Illinois University) 등에서 발생한 총기 사고로 인해 캠퍼스 안전 문제가 언론에서 빈번하게 다루어지고 있다. 선행 연구들과 보고서들을 보더라도 미국 대학들은 점점 더 폭력과 범죄의 온상이 되어 가는 듯하다. 미국 교육부가 2012년 발표한 바에 따르면, 2012년 한 해 동안 미국 대학에서 31건의 살인 사건, 2건의 과실 치사, 4,837건의 강제적 성폭력, 74건의 비강제적 성폭력, 4,396건의 강도 사건과 4,664건의 가중 폭행, 20,486건의 절도, 5,071건의 차량 절도, 2,148건의 화재, 797건의 방화, 402건의 혐오 범죄, 1,902건의 불법 무기 소지, 30,317건의 마약 체포, 41,708건의 알코올 사용 규정 위반, 110건의 상해, 47건의 경절도, 327건의 협박, 402건의 공공 기물 파손이 발생했다. 더불어 대학들은 불법 무기 소지자 1,670명, 마약 관련 체포자 58,339명, 음주 관련 법 위반자 204,244명에게 징계 조치를 취한 것으로 나타났다. 이러한 수치들은 그것이 대학의 실제 상황을 얼마나 반영하는지 여부를 떠나 대학들에게는 큰 걱정거리가 아닐 수 없다. 범죄와 폭력, 기물 파손, 추행, 학대 등이 존재하는 환경에서 학생들의 효과적인 학습과 발달을 기대하기란 어렵기 때문이다. 지금부터는 상술한 소속감 형성의 메커니즘에 더하여 캠퍼스 환경의 물리적, 인간 집합적, 조직적, 사회 구성적 요소들이 학생들의 안전감을 어떻게 촉진할 수 있는지를 살펴본다.

물리적 요소

Moos(1974)는 캠퍼스 안전과 관련된 물리적 환경 요소로 지리적 · 기후적 · 건축학적 디자인 변수를 포함시킨 바 있다. 먼저 캠퍼스의 지리적 변수는 거시적 디자인 요소와 미시적 디자인 요소로 양분된다. 거시적 수준에서는 지역적인 위치가 중요하다. 예를 들어, 캠퍼스에서 발생하는 폭력 사건의 유형이나 시기는 기후와 토양, 도심인지 외곽 지역인지 여부 등에 따라 달라질 수 있다. Strange(1993)은 "자연림에 둘러싸인 캠퍼스와 대도시 한복판에 위치한 캠퍼스가 학생의 행동에 각기 다른 영향을 미칠 것"이라고 주장했다(p. 137). 도시 외곽 지역이라고 해서 범죄가 전혀 발생하지 않는 것은 아니지만(Phillips, 1982), 통계에 따르면 흉악 범죄의 발생 빈도는 대개 도시의 규모와 비례한다. 즉, 도시 외곽 지역보다 도심 지역에서 1인당 범죄 발생 건수가 높다(Martin & O' Connor, 1989, p. 28). 물론 이러한 연구 결과가 캠퍼스 환경을 직접 거론하고 있지는 않지만, 대학 캠퍼스 환경의 특징에 대해서 시사하는 바가 크다. 기후와 날씨, 특히 더위와 공격성 간의 상관관계는 오랫동안 환경 심리학자들이 연구해 온 주제이다. Bell과 동료들(1996)은 약간 불편한 정도의 더위도 사람의 공격성을 강화시킨다고 보고하였다. 미 연방조사국 또한 범죄 발생을 설명하는 주요 변수에 기후를 포함시키고 있다(p. 203).

건물의 배치와 같은 캠퍼스의 미시적인 디자인도 범죄에 영향을 끼친다. 어두컴컴한 곳에 위치한 빌딩이나 밖에서 볼 때 내부가 잘 보이지 않는 빌딩은 기물 파손의 표적이 되기 쉽다(Pablant & Baxter, 1975). 건물 내 구조도 사회적 접촉에 영향을 미친다는 점에서 간접적으로 특정 그룹 사람들을 나머지 사람들보다 위험하게 만들 수 있다. 예를 들어, 엘리베이터나 계단 옆에 위치한 방이나 구석에 위치한 방에서 생활하는 사람들은 친구든 적이든 더 쉽게 만나게 된다.

건축 디자인은 캠퍼스 안전은 물론 기물 파손에 영향을 미친다. 이런 의미에서 Weinmayer(1969)는 건축가야말로 '기물 파손의 진범'이라고 주장했다. Zeisel(1976)도 캠퍼스에서 발생하는 기물 파손의 절반 정도가 잘못된 건축 디자인에서 기인한다고 주장했다.

건물의 초기 디자인과 배치뿐만 아니라 건물의 외형이나 관리 상태도 기물 파손과 깊은 관련이 있다(Palblant & Baxter, 1975). 오늘날 많은 미국 대학들이 건물 신축을 계획하고 있거나 추진 중에 있으며 부단한 시설 개선 작업을 하고 있는 상황에서 건물의 흉한 외형이나 부실한 관리 상태가 기물 파손을 비롯한 다른 범죄를 유발한다는 점을 강조하고 싶다. 특히, 노후 건물의 곳곳에서 사용자들이 느끼는 불안과 공포를 잘 이해하고자 한다면 말이다. 사용자들의 불안과 공포를 초래하는 세 가지 요소를 들면 다음과 같다. 첫째, 범죄 희생자의 시야, 즉 희생자들이 얼마나 멀리, 얼마나 정확하게, 그리고 얼마나 많은 희생자들이 볼 수 있었는가, 둘째, 범죄자의 은신처, 즉 범죄자가 스스로를 숨길 수 있는 장소가 많은가, 셋째, 희생자의 도피로, 희생자들이 범죄 현장에서 도망칠 수 있는 도피로가 많은가 등이 그것이다(Nasar & Fisher, 1992). 희생자들은 어두운 조명 때문에 통로가 잘 보이지 않거나 통로가 막혀 있을 때, 그리고 범죄자가 숨어 있을 것 같은 공간이 많을 때 심한 공포를 느낀다(Nasar & Fisher, p. 48).

　캠퍼스의 위치나 건물 배치 같은 거시적 문제도 있다. 특히, 도심 한가운데 위치한 대학들은 학생, 교수, 직원 등 잠재적인 희생자뿐만 아니라 잠재적 범죄자들이 모두 가까이에 위치하는 반면, 대학이라는 조직의 특성상 구성원의 출입에 대한 관리는 어려워서 범죄 발생 가능성이 높아질 수밖에 없다. Nasar와 Fisher(1992)가 주장하는 바와 같이 모순적이게도 대학이 학생들을 위해 제공하는 편의들, 즉, 쉬운 접근성이나 자유로운 출입 시간, 그리고 구성원의 다양성 등이 범죄자들을 눈에 띄지 않게 만듦으로써 오히려 학생들을 위험에 빠뜨리게 된다는 것이다. 때문에 이들은 학생과 학부모들에게 입학할 대학을 결정할 때 캠퍼스의 안전 문제를 주요 기준 중 하나로 고려하라고 조언한다. 만약 캠퍼스가 충분히 안전해 보이지 않는다면 보안 수준을 높일 것을 강력히 요구하거나, 다른 대학을 선택하라는 것이다. 아울러 대학들은 캠퍼스 범죄 증가 등 안전 문제가 불거져 나올 때, 이를 해결할 전략의 하나로서 캠퍼스의 물리적 환경 개선을 진지하게 고려할 필요가 있다. Fisher와 Nasar(1992)는 대학들에게 희생자의 시야, 범죄자의 은신처, 희생자의 도피로 등 세 가지 요소를 중심으로 한 캠퍼스 환경 설계 기준과 감사 과정을 수립할 것으로 제안했다.

특히, 캠퍼스는 시야 확보가 어렵거나 누군가 숨을 수 있는 공간이 많은 장소, 혹은 다른 구역으로 이동할 수 있는 통로가 부족한 지역을 개선해야 한다. 이를 위해서는 관목이나 담과 같이 시야를 막는 구조물을 낮은 높이로 설치하거나 반대편이 보이는 재료로 만들고, 방 안에서도 공간이 움푹 들어가 그 안이 쉽게 보이지 않는 곳을 없애야 한다. 특히, 많은 사람이 사용하는 통로 주변은 환경 개선이 필수적이다.

캠퍼스 기숙사의 디자인이 학생들에게 미치는 영향에 대해서 이미 많은 선행 연구가 이루어져 있다(Blimling, 1988; Heilweill, 1973; Moos, 1979; Schuh, 1980; Strange, 1993). 이들은 캠퍼스의 난폭한 기물 파손을 줄이는 데 적용할 수 있는 유용한 개념으로 '행동 구역 설정(behavioral zoning)'[26]을 제안했다(Jackson & Schroeder, 1977). 이들은 특히 기숙사 공간을 디자인할 때 이른바 '촉진 행동 구역'을 설정할 필요가 있다고 강조한다. 학생들은 자신들이 원하는 공간이나 시설이 건물의 원래 설계에 포함되어 있지 않으면, 스스로 그런 공간을 만들어 내곤 한다. 그러나 보통 이렇게 만들어진 공간은 복도에서 볼링이나 하키 게임을 하는 때처럼 비생산적이거나 주변 시설에 대한 파손을 초래하기 쉽다.

인간 집합적 요소

캠퍼스 구성원의 구성도 캠퍼스에서 발생하는 폭력이나 그것의 해결 방법에 간접적인 영향을 끼친다. Goldstein(1996)이 선행

26) 행동 구역 설정(behavioral zoning): 구역 설정(zoning)은 건축과 도시 설계 등에서 여러 의미로 사용되는 개념이다. 특히, 도시 설계에서 구역 설정은 도시 내 지하철, 버스 노선을 컬러로 코드화(color code)해서 도시 순환 체계에 시각적 질서를 부여하는 것을 의미한다. 즉, 노선마다 고유색을 천정, 기둥, 환경 조형물(스트리트 퍼니처), 사인 시스템 등 주변 환경에 일관되게 적용해서 복잡한 공간에 위계와 질서를 부여하거나, 도시에서 '길 찾기 체계(way-finding system)'를 만드는 것이 그 사례이다. 이러한 구역 설정 개념을 개인의 행동에 적용한 것이 '행동 구역 설정'이다. 이는 특정 공간을 특정 행동을 허용하는 제한된 공간으로 디자인하는 것을 의미한다. 즉, 기숙사 내에 운동이나 게임과 같은 행동들을 허용하는 공간을 적절히 배치하는 반면, 나머지 공간들은 그러한 행동을 억제하는 방식으로 디자인해서 학생이 각 공간을 용도대로 사용하도록 유도하는 것을 의미한다.

연구들을 검토한 결과에 따르면, "대학 차원에서 남학생이 여학생보다, 1학년이 고학년보다 학교 시설을 불법적으로 파손할 가능성이 높다. 학년과 상관없이 알코올 섭취는 폭력 행동의 빈도를 높인다"(p. 24). 시설 파손 외의 다른 범죄에서도 이러한 패턴은 유사하게 나타난다. 여학생보다는 남학생이, 유색 인종보다는 백인 학생들이 혐오 범죄나 강간, 성추행 등의 가해자가 될 가능성이 높게 나타났다. Finley와 Corty(1993)는 자신들의 연구에 참여했던 남학생의 3분의 1 정도가 충분한 합의 없이 강제적인 성관계를 했던 경험이 있다고 보고했으며, 더욱이 이들은 알코올 섭취를 강제적 성관계보다 더 빈번히 경험하였다. Kilmartin(1996)도 남학생들이 캠퍼스 성폭행이나 폭력 사건의 가해자가 될 가능성이 높다고 보고했다. 이와 관련해서 선행 연구들은(Dietz-Uhler & Murrell, 1992; Koss, Gidycz, & Wisniewski, 1987; Warsaw, 1988) 성역할에 대한 남학생들의 태도가 중요하다고 지적하였다. 모든 남학생들이 여학생들을 위험하게 만들지는 않지만, 여성을 존중하는 태도는 부족한 실정이다. 또한 여성을 남성보다 열등한 존재로 인식하거나 성폭행 피해자에게 냉담한 태도를 취하는 남성일수록 여성에게 위협적인 존재가 될 가능성이 높은 것으로 보고되었다. 이러한 연구 결과가 있다고 해서 특정 유형의 학생들을 캠퍼스에서 내몰아야 한다는 것은 아니다. 대학이 캠퍼스 공동체의 집단적 구성을 잘 이해할 때, 대학에서 성 역할에 대한 고정관념을 타파하고 캠퍼스의 안전도를 높이는 조치를 적시에 취할 수 있다는 것이다. 예컨대, 남학생을 대상으로 개발된 강간 및 성폭력

방지 프로그램 같은 것이 일부 구성원들이 가지고 있는 왜곡된 남성성을 바로잡는 효과적인 전략이 될 수 있다(Masters, 2010).

조직적 특성

캠퍼스의 조직 요소들은 안전과 직접적인 관련이 있다고 보기는 어렵지만, 이것도 캠퍼스 환경이 구성원에게 주는 광범위한 영향력의 하나로 안전에 영향을 미칠 수 있다. 예를 들어, 중등학교 환경에 대한 연구를 보면, 학교가 클수록 학생 1인당 기물 파손 사고 수가 증가하였다(Garbarino, 1978; Goldman, 1961). 대규모 조직이 가진 관료주의적 풍토가 권한의 중앙 집중화와 고도의 형식화로 이어져 구성원들의 익명성을 심화시키게 되면, 구성원들이 서로를 존중하고 자발적으로 환경을 유지·관리하는 태도가 줄어든다. 반대로 전체 조직이나 하위 조직의 환경이 인간 친화적이어서 구성원들을 인간적으로 대우하면, 구성원들의 소속감이나 조직에 대한 애착은 증가한다. 다시 말해, 개인을 역동적으로 참여시키는 조직은 보다 믿음직하고 포용적이며 안전한 환경을 만든다는 것이다. 그러나 최근 몇몇 일터에서 일어난 비극적인 폭력 사태는 스트레스나 불안감과 같이, 더 빠르게 보다 많이 생산하도록 요구하는 업무 환경의 부작용이 얼마나 큰지를 보여 준다. 특히, 인간적 통제, 유연성, 혹은 분산적 의사결정 권한이 부족한 환경에서 그러한 압력이 가중된다면, 때에 따라서는 파국적인 결과를 피할 수 없을 것이다.

사회적으로 구성된 환경의 요소

앞서 설명한 세 가지 환경 요소와 소속감의 관계는 캠퍼스에 조성된 사회 구성적 환경 요소에도 그대로 적용된다. 물리적 · 인간집합적 · 조직적 환경 요소와 관련해서 구성원과 환경의 부정합성이 오랫동안 쌓이면 구성원들은 스스로를 아웃사이더라고 여기게 되고 매일매일 최소한의 심리적 안전감을 갖기 위해 분투해야 한다. 앞 장에서 살펴본 것처럼, 캠퍼스 문화의 다양한 상징과 인공물들은 개인의 정체성이나 처지에 따라 그들의 안전감을 북돋울 수 있지만, 반대로 스트레스를 주기도 한다. 의심할 여지없이 합리적인 캠퍼스 풍토를 조성하는 데 초점을 두는 대학들은 학생들에게 보다 큰 안전감을 형성할 것이다.

요약하자면 지금까지 제시한 모든 사례는 캠퍼스 환경을 어떻게 디자인하느냐에 따라서 학생들이 느끼는 안전감과 소속감이 눈에 띄게 달라질 수 있다는 것을 보여 준다. 학습은 본질적으로 사회적 활동이기 때문에 대학은 모든 학생들을 포용하면서 구성원 간 상호작용을 촉진할 수 있는 방향으로 캠퍼스 환경을 디자인하고 조성해야 한다. 이것이 바로 다음에서 설명할 보편적 디자인이다.

소속감과 안전감을 증진시키는 전략

많은 대학들이 학생들의 소속감과 안전감을 높일 수 있는 제도와 프로그램들을 개발하고 있다. 여기에는 다양한 학생들에게 하는 지원 시설과 학습 기회를 제공하는 물리적 환경을 조성할 때 보편적 디자인 원칙을 적용하는 것이 포함된다. 또한 사회적 정의와 관련해서 다양한 학생 집단이 서로 의견을 교환하고 대화를 촉진할 수 있도록 지원하는 안전하고 포용적인 토론 공간을 설치하는 것도 좋은 사례이다. 소수민족 문화센터처럼 소수자 학생 그룹의 정체성을 다른 구성원들에게 적극적으로 소개하는 문화 공간을 설치하는 대학도 있다. 사적 공간과 공적 공간이 균형을 이루는 생활–학습 공동체로서의 기숙사 프로그램도 좋은 전략이다. 이러한 방법들은 모두 물리적 · 인간 집합적 · 조직적 · 사회 구성적 환경의 여러 요소들을 총체적으로 종합해서 학생들, 특히 소외되거나 위험에 빠지기 쉬운 소수자 집단 학생들의 소속감과 안전감을 강화하는 데 효과를 발휘하는 것으로 알려져 있다.

보편적 디자인의 원칙

　　대학 캠퍼스에서 학생들이 느끼는 소속감과 안전감의 중요성은 캠퍼스 환경의 '보편적 디자인(universal design)'이라는 개념을 통해 더 잘 이해할 수 있다. 보편적 디자인이라는 용어는 로널드 메이스(Ronald L. Mace)라는 건축가가 처음 사용했다. 메이스는 "제품과 건축물들을 아름다우면서도 모든 사람들이 나이나 능력, 사회적 지위 등에 상관없이 최대한 편리하게 사용할 수 있게 디자인하는 것"을 보편적 디자인이라고 정의했다.[27] 보편적 디자인의 일곱 가지 원칙은 오늘날 개별 교과목 강의, 대학 홈페이지, 원격 강의, 소프트웨어, 멀티미디어 강의실, 도서관, 컴퓨터 실습실, 경력개발센터, 상담센터, 튜터링과 교수학습지원센터, 콘퍼런스 및 전시 공간 등 캠퍼스 내 다양한 영역에 적용되고 있다.[28] 보편적 디자인 원칙과 가이드라인은 다음 요소들을 디자인에 명확하게 반영할 것을 강조한다.[29]

[예시 5-1] 보편적 디자인의 원칙

제1원칙: 공평한 사용

디자인은 다양한 능력을 가진 사람들 모든 사람에게 유용하게 사용될 수 있어야 한다.

가이드라인
1. 모든 사용자들에게 동일한 사용 수단을 제공할 것: 가능하면 항상 같은 수단을 제공하고, 부득이할 경우 거의 동등한 것으로 제공해야 함
2. 사용자를 구분하거나 서열화하지 말 것
3. 사생활 보호, 보안, 안전 등을 모든 사용자에게 동일하게 제공할 것
4. 모든 사용자들에게 호응을 얻을 수 있는 디자인을 사용할 것

---

27) http://www.ncsu.edu/ncsu/design/cud/about_us/usronmace.htm 참조.

28) http://www.washington.edu/doit/Resources/udesign.html 참조.

29) http://www.ncsu.edu/ncsu/design/cud/about_ud/udprinciplestext.htm 참조.

제2원칙: 유연한 사용

디자인은 개인의 다양한 선호나 능력을 수용할 수 있어야 한다.

가이드라인
1. 사용자들이 사용 방법을 선택할 수 있도록 할 것
2. 오른손잡이와 왼손잡이 모두가 쉽게 사용할 수 있는 디자인을 제공할 것
3. 사용자가 제품 사용의 정교함 정도를 정할 수 있도록 디자인할 것
4. 사용자가 사용 속도를 정할 수 있도록 디자인할 것

제3원칙: 단순하고 직관적인 사용

사용자의 경험, 지식, 언어 능력, 집중력과 무관하게 사용 방법을 쉽게 이해할 수 있도록 디자인해야 한다.

가이드라인
1. 불필요한 복잡성을 제거할 것
2. 사용자의 기대 수준이나 직관에 맞게 제품을 디자인할 것
3. 사용자의 다양한 문해 능력이나 외국어 능력을 모두 수용해야 함
4. 중요도 순서에 따라 제품 정보를 제공할 것
5. 과업을 수행하는 중이나 완수된 후, 효과적인 피드백을 제공할 것

제4원칙: 이해하기 쉬운 정보

제품 디자인은 그 자체로 사용자가 처한 환경이나 사용자의 지각 능력과 관계없이 사용자에게 필요한 정보를 효과적으로 전달할 수 있어야 한다.

가이드라인
1. 핵심 정보를 사용자가 다양한 방식(사진, 음성, 촉각 등)을 써서 알 수 있게 반복적으로 전달할 것
2. 핵심 정보와 관련 정보 사이에 적절한 비교를 제공할 것

3. 핵심 정보의 가독성을 최대한 높일 것
4. 사용자에게 제품 사용 방법을 쉽게 알려 줄 수 있도록 제품의 각 요소들을 효과적으로 구별하여 제시할 것
5. 지각 능력이 부족한 사용자들을 위한 기술이나 장치를 제공함으로써 제품의 범용성을 높일 것

제5원칙: 고장 가능성의 최소화

사용자가 제품을 사용할 때 우발적이거나 비의도적 조작으로 사고나 위험에 빠지지 않도록 디자인해야 한다.

가이드라인
1. 제품의 세부 요소(부품)들을 고장이나 사고 가능성을 최소화하는 방식으로 배열할 것: 가장 많이 사용되는 요소, 가장 쉽게 구할 수 있는 요소를 주로 사용하고 위험한 요소들은 제거하거나 최소한 따로 구분하여 안전하게 차단할 것
2. 위험이나 고장에 대한 경고를 제공할 것
3. 안전장치 요소들을 포함시킬 것
4. 주의를 요하는 작업을 할 경우, 무의식적인 행동을 하지 않도록 권고할 것

제6원칙: 물리력을 최소한으로 필요로 하는 디자인

사용 후 피로를 최소화할 수 있는 효율적이고 편안한 디자인을 제공해야 한다.

가이드라인
1. 모든 사용자들이 자연스러운 자세를 유지하면서 제품을 사용할 수 있도록 할 것
2. 적당한 물리력으로 사용할 수 있는 제품을 제공할 것
3. 반복적 행동을 최소화하도록 디자인할 것
4. 사용 시 장기간 물리적 힘을 사용하지 않아도 되도록 디자인할 것

제7원칙: 제품의 크기와 사용 공간

제품은 사용자의 신체 조건이나 이동 능력과 관계없이 모든 사람
이 접근해서 조작하고 사용하기 적절한 수준의 크기와 사용 공간
을 갖추고 있어야 한다.

가이드라인
1. 사용자가 앉거나 서 있을 때 제품의 주요 요소들을 명확하게 볼
   수 있도록 디자인할 것
2. 앉거나 서 있는 사용자 모두 편안하게 제품의 구성 요소들을 조
   작할 수 있도록 구성 요소들의 위치를 결정할 것
3. 다양한 손 크기를 수용할 수 있는 디자인 요소를 가미할 것
4. 도움이 필요한 사용자에게 제품 사용에 필요한 보조 기기들을
   놓거나 도와주는 사람이 사용할 수 있는 공간을 제공할 것

보편적 디자인의 핵심 원칙들은 제품이나 구조물의 물리적 디
자인, 접근성, 사용 등 일반적인 문제에 초점을 맞췄다. 우리는
앞으로는 학생들이 배우는 방법을 중심으로 캠퍼스 환경의 보편
적 디자인 방법을 설명하려고 한다. '학습을 위한 보편적 디자인
(universal design for learning: UDL)'은 강의실에서 이루어지는 학
습이라는 새로운 맥락에서 앞의 일곱 가지 원칙에 세 가지 원칙을
추가한다. 그것은 바로 다양한(multiple) 제시(representation) 방법
의 제공, 다양한 행동 및 표현 방법 제공, 그리고 다양한 참여 방
법 제공이다. 첫째 원칙인 다양한 제시 방법(학습 내용)이란 학생

들이 자신들에게 제시된 정보를 인지하고 이해할 때 여러 가지 방법을 사용해야 한다는 것이다(CAST, 2011, p. 5). 즉, 학생들은 지각이나 학습 능력 차이 또는 장애, 문화적 차이, 인쇄물이나 시청각 자료 등 매체에 대한 선호 등에서 다양하기 때문에 교수는 학생들에게 최적의 학습 환경을 조성하는 학습 내용을 다양한 방법으로 제공해야 한다는 것이다. 두 번째 원칙인 다양한 행동 및 표현 방법 제공(학습의 방법)은 학습자들이 각기 다양한 방식으로 학습 환경을 탐색하고 자신이 아는 것을 자신만의 방식으로 표현할 수 있어야 한다는 점을 강조한다(CAST, 2011, p. 5). 심각한 이동 장애나 언어 장벽, 아니면 자신이 아는 것을 표현할 때 글쓰기나 말하기 중 어느 한쪽을 훨씬 선호하는 학생들을 고려해서 다양한 표현 방식이 허용되어야 한다는 것이다. 이는 학습 성과는 동일하게 정의한다 하더라도 그것을 달성하는 방법은 개인의 차이에 달라질 수 있음을 의미하는 것이다. 마지막으로, 다양한 학생 참여 방법 제공(학습의 목적)은 학습과정에서 학습자의 긍정적 감정의 중요성을 말한다. 이에 따르면 "학습자들은 학습에 몰입하고 동기부여되는 다양한 방식을 가지고 있다"(CAST, 2011, p. 5). 개인적 관심(Holland, 1973)이나 강점(Clifton & Harter, 2002), 학습 스타일(Kolb, 1983), 그리고 성격 유형(Myers & McCaulley, 1985)에 대한 선행 연구들이 제시하는 바와 같이 어떤 학생들은 "즉흥적이고 새로운 것을 볼 때 더욱 참여하려는 의욕이 샘솟지만, 일상적인 것을 선호하는 학생들은 그러한 경우 참여 의지가 줄거나 심지어 두려움도 느낀다"(CAST, 2011, p. 5)는 것이다. 그러나 어떠한

방법을 사용하든 궁극적인 목표는 학생들의 학습 참여도를 극대
화하는 것이다(Kuh, 2003). 따라서 다양한 접근 방식을 제공하는
것은 학생들을 학습에 참여시키고 몰입하게 하는 핵심 전략이다.
Meyer, Rose, 그리고 Gordon(2014)은 이 원칙들을 교수 방법에
적용하였다. 이 원칙들은 수업 실패 후에 원인을 찾기보다 수업
전에 예상되는 문제를 해결하려 노력한다는 점에서 선제적이다.
이와 같은 선제적인 전략은 학생들이 캠퍼스에서 소속감과 안전
감을 찾으려는 욕구를 정당화하는 노력을 줄여 준다는 점에서 효
과가 있다.

안전한 공간과 용감한 공간

캠퍼스에서 다양성 문제는 지난 수십 년간 대학 구성원들의 소
속감과 안전감에 관련해서 새로운 관점을 제공해 왔다. 많은 대
학에서 성소수자들(남녀 동성애자와 양성애자, 성전환자 등)처럼 주
류 집단으로부터 심한 따돌림을 받는 집단을 위해 '안전 공간(safe
space)' 프로그램을 운영하기 시작했다. 안전 공간은 대체로 사무
실 형태로 운영되는데, 성소수자들을 위한 공간임을 알리는 팻말
을 달아 도움이 필요한 학생들이 쉽게 찾아올 수 있게 하고 있다.
또한 성소수자들에 대한 전문지식과 상담 기술을 훈련받은 전문
직원이 상주하고 있다. 미국의 밀샙스 칼리지(Millsaps College)는
성소수자들에게 지원적 환경을 제공하고, 그들의 부모, 가족, 친
구들까지 지원하며, 그들이 대학 공동체의 일원으로 인정받기 위

해 억지로 반동성애적 태도를 가질 필요가 없도록 대학 풍토를 조성하기 위한 프로그램을 운영하고 있다. 성소수자에 대한 부정적인 선입견을 타파하고, 이들에 대한 정확한 정보를 제공하면서 캠퍼스 안팎에서 이들을 지원하는 홍보 활동을 벌이는 것도 프로그램의 중요한 목표이다. 이 프로그램을 운영하는 부서 입구에는 '성소수자 안전 공간'이라는 팻말이 있다. 사람들은 이를 통해 성소수자들에 대한 정확한 정보를 얻고 이들을 위한 우호적인 분위기를 만들어 가는 직원을 만날 수 있는 공간이 있음을 알게 된다. 이 직원은 성소수자 문제를 해결함에 있어 비밀 유지 의무를 철저히 준수하고, 성소수자 청소년이나 성인들에게 제공되는 서비스에 대한 풍부한 지식을 보유하고 있다. 또한 이들은 혐오 발언이나 욕설, 추행, 차별, 폭력이나 폭력에 대한 협박 등 성소수자 학생, 교수, 직원, 가족들에게 가해지는 불법 행위에 대응할 준비를 갖춘 사람들이다.[30]

애리조나 대학교(University of Arizona)에서 실시한 교내 성추행, 협박, 차별 등에 대한 설문 조사에서 성소수자 학생 대다수는 '안전 구역(safe zone)' 표시를 본 후 모르는 사람과 대화하는 것이 보다 편안해졌고(57%), 캠퍼스가 더 안전하게 느껴졌으며(74%), 성소수자들에 대한 캠퍼스 풍토가 나아졌다고(92%) 응답하였다. 성소수자 안전 구역에서 일하는 직원들은 훈련을 통해 성소수자들을 보다 효과적으로 지원할 수 있는 역량을 갖추게 되었고(92%),

---

30) http://www.millsaps.edu/student_life/safe_space_program.php 참조.

필요한 자원을 제공할 수 있게 되었으며(88%), 성소수자 문제에 대한 인식과 이해를 높이게 되었다(90%)고 답변했다. 또한 그들은 이 프로그램에서 알게 된 정보 덕분에 성소수자를 대하는 행동(55%)이나 말(66%)이 달라졌다고 응답했다. 안전 구역 담당 직원 열 명 중 일곱 명 이상이 성소수자 안전 구역 프로그램 참여를 통해 성소수자 문제를 보다 편안하게 논의하고 그들의 문제를 해결하기 위해 보다 많이 공부하며, 성급한 일반화나 선입견을 피하고 이들과 대화할 때 포용적 용어를 사용하기 위해 노력했다고 답했다. Crockett(2011)에 따르면, 안전 구역 프로그램은 직원들의 긍정적인 행동을 강화하고 참여자들의 행동 변화를 유도하며 동성애 혐오 또는 지나친 이성애 지상주의에 적극적으로 대응할 수 있는 직원들을 육성하는 효과가 있다.

그러나 일각에서는 안전 구역 같은 전통적 방식의 다양성 보호 노력에 대해 비판을 제기하고, 보다 적극적인 대응 방식을 제안하기도 한다. Arao와 Clemens(2013)는 안전한 구역에서 한 걸음 나아간 '용감한 공간(brave spaces)'을 주장한다. 안전 공간이 불편함이나 어려움을 줄여 줄 수 있지만, 주류 그룹과 비주류 그룹의 진정한 교류를 바탕으로 하는 학습을 제한할 수 있기 때문이다. 이들은 "사회 정의에 대한 진정한 학습은 위험과 난관, 모순 등 안전과 공존할 수 없을 것 같은 문제를 빼놓고는 가능하지 않다"고 주장한다(p. 130). 그들은 안전한 공간이 아니라 성차별주의, 동성애 혐오, 이성애 지상주의, 장애인 차별, 종교 및 영적 억압, 노인 혐오, 미국 지상주의 등 모든 종류의 억압에서 벗어나 다양성과 사회 정의에 대하여 함께 학습할 수 있는 '용감한 공간'이 필요하다고 강조한다.

소수민족 문화 센터

1960년대 이후 미국 대학들은 캠퍼스에 다양한 소수민족 문화 센터들을 설립하기 시작했다(Patton, 2010). 이 센터들은 소수민족 학생들이나 기타 소수자 집단 학생들이 자신의 정체성을 확인하고 공동의 문제를 함께 인식하며, 구성원의 다양성을 촉구하는 베이스캠프 같은 역할을 했다. 소수자 집단들은 캠퍼스 주류 문화의 강력한 헤게모니에 대한 해독제와 같은 이곳에서 휴식처를 찾았고 자신들의 정체성을 인정받았다. 또한 동료들을 만나서 미래의 투쟁을 위한 동기와 에너지를 공급받았다. Patton(2010)은 이러한 센터들을 "저항의 장소요, 제2의 집, 적진에서의 피난처"(p. xiv)라고 표현했다. 이러한 센터들은 소수자들에 대한 그릇된 가정이나 선입견을 타파하면서 소수자들에게 심리적 충전의 기회를 제공하고, 그들과 경험을 공유하는 동료와 보다 친밀하게 교류할 수 있는 공간을 제공했다.

이 센터들은 인종, 민족, 성별, 성적 지향성, 나이, 종교 중 어떤 것을 중심으로 만들어졌든 근접성과 동질성, 참여, 공동 문화의 역동성을 활용해서 학생들이 소속감과 안전감을 형성하는 데 기여했다. 이들은 또한 캠퍼스 주류 집단과는 다른 경험을 하는 다양한 하위 집단들이 겪는 문제를 집중적으로 조명하였다(Johnson et al., 2007). 아마도 이 센터들은 주류 집단의 문화에 대항할 때 가장 큰 효과를 발휘하는데, 소수자 학생들이 낯설고 다소 위협적인 환경에서 애착과 만족감, 안정감을 찾게 됨으로써 캠퍼스를 보다 편안하고 안전한 곳으로 인식하게 도왔다. 이러한 노력은 대규모 연구 중심 대학들[예: 펜실베이니아 주립대학교 폴 로브슨 문화센터(Paul Robeson Cultural Center at Penn State University)나 지역 주립대학들(세인트클라우드 주립대학교 성소수자 자원센터 (LGBT Resource Center at St. Cloud state Universtiy)], 소규모 리버럴 아츠 칼리지들(Georgia College 여성 센터), 그리고 커뮤니티 칼리지[센트럴 오리건 커뮤니티 칼리지 퍼스트 네이션스(First Nations Student Union) 학생회] 등 거의 모든 유형의 대학에서 이루어지고 있다. 이들은 물리적(건물 근접성), 인간 집합적(다양한 구성원), 조직적(구조적 역동성), 사회 구성적(언어나 문화) 요소들을 활용해서 캠퍼스 환경에서 포용과 안전을 저해하는 장애물을 효과적으로 제거하고 있다. 이러한 메커니즘은 학생들이 하나의 학습 공동체를 형성할 때 다양한 집단의 규범을 적용하도록 유도한다는 점에서 매우 중요하다.

영역화와 방어 공간

지난 20년 동안 미국 대학들은 기숙사나 다른 공간을 이용하는 학습 공동체를 통해서 학생들의 학습 참여를 유도해 왔다. 학습 공동체에서 겪는 경험의 질은 학생 구성원 사이에서 공동체가

차지하는 공간을 영역화(territoriality)하고 이를 자신들이 지켜나
갈 공간으로 만들도록 유도하는 대학의 역량에 달려 있다. 여기
서 영역화는 개인이나 집단이 자신들이 사용하는 물리적 공간에
대한 소유권을 주장하는 태도나 행동을 뜻한다. 이 개념은 특정
공간에 대한 권리주장과 방어 모두를 의미한다(Bell et al., 1996).
Newman(1972)은 이러한 영역화 개념을 확장시켜서 '방어 공간
(defensible space)'이라는 개념을 제안하였다. 즉, 앞서 말한 소수
자 문화센터는 기숙대학이나 사교 동아리처럼 그곳에 소속한 소
수자 학생들에게 자신들이 속한 영역이면서 외부로부터 방어해
야 하는 특별한 공간으로 여겨진다. 이러한 방어 공간은 학생들
에게 물리적 · 심리적 혜택을 준다. Newman은 완전한 공적 공간
보다 중간 정도의 사적 공간이나 완전한 사적 공간은 학생들이 가
진 방어 동기를 높인다고 주장했다(Jeffery, 1977, p. 193에서 재인
용). Bechtel(1997, p. 190)은 Newman이 말한 방어 공간의 네 가
지 특징을 다음과 같이 기술하였다.

첫째, 건축 구조물이나 표식을 통한 명확한 영역 표시
(territoriality), 둘째, 창문 밖으로 보이는 시야나 시선을 통한
경계(surveillance), 셋째, 건축 디자인이나 주변 쓰레기 혹은
파손 시설이 전하는 이미지(image), 넷째, 주변 사람의 수나
유형, 거주 빈도 등을 의미하는 환경(milieu) 등이다.

Bell 등(2001)은 방어 공간을 통해서 캠퍼스 안전을 증진시키는

방법을 세 가지로 제안했다. 먼저 캠퍼스 공간을 누군가 점유하면서 잘 관리하고 있다는 느낌을 주면, 잠재적 범죄자들은 거주인들이 외부인의 침입에 대해서 즉각 대응할 것이라는 느낌을 받는다. 예를 들어, 밝고 많은 사람들이 사용하는 건물은 어둡고 외딴 곳에 위치하면서 가끔 사용되는 건물에 비해 파손될 가능성이 낮다. 둘째, 방어 공간이 잘 발달된 캠퍼스의 구성원들은 서로서로 친밀한 관계를 형성할 가능성이 높고, 따라서 외부의 잠재적 범죄자를 보다 쉽게 알아차릴 수 있다. 예를 들어, 여러 건물이 하나의 출입구로 연결되어 학생들이 한곳으로 출입하게 되어 있는 기숙사에서는 개별 출입구를 설치한 기숙사보다 학생들의 상호작용이 많아진다. 마지막으로 방어 공간이 잘 발달된 캠퍼스에서는 구성원의 영역화 의지가 높아지고, 자신의 영역으로 간주하는 공간을 더 잘 지키고 싶은 욕구가 증가하기 때문에 범죄 발생 가능성을 억제할 수 있다. 예를 들어, Schroeder(1978~1979)와 Phelps(1990)는 기숙사 벽에 벽화를 그리는 작업을 학생들과 함께 했을 때, 학생들의 공동체적 정체성, 개인적 친밀도, 공간에 대한 애착, 관련 시설의 보호 및 관리하고자 하는 의지 등이 상승하였다고 보고했다. 학생회에 사무실을 제공하고 그것을 자신들의 공간으로 표시하라고 하였을 때에도 비슷한 효과가 발생하였다. 학생 스스로 자신이 사용하는 공간을 여러 방식으로 꾸미거나 표시하게 되면 그 공간에 대한 소속감과 애착, 그리고 그것을 잘 관리하고자 하는 태도가 촉진될 수 있는 것이다.

　이러한 방어 공간을 마련할 때에도 건축 디자인은 매우 중요한 역할을 하고 기술 파손 방지 효과도 나타낸다(Weinmayer, 1969; Zeisel, 1976). 미국 대학의 기숙사 담당 직원들은 기숙사 건물의 디자인에 따라 크고 작은 범죄의 발생률이 달라진다고 주장한다. 1995년에 실시된 설문조사(Banning, McGuire, & Stegman, 1996)에서 대학 기숙사 관리 직원들은 기숙사 건축에 소요되는 예산 다음으로 기숙사 디자인이 기숙사의 안전 문제를 결정하는 중요한 요소라고 답변하였다. Smith와 Fossey(1995)는 Newman의 방어 공간 이론을 지지하면서 캠퍼스 범죄를 줄이기 위해 주차장 시설과 실내 · 외 조명, 건물 개폐 시스템, 건물 관리 등을 강조했다. 대학에 대한 학생들의 소속감과 안전감을 증진하기 위해서는 물리적 환경만 중요한 것이 아니라 캠퍼스 환경을 공유하는 공동체 구성원들의 집단적인 역할 또한 매우 중요한 것이다.

캠퍼스 평가와 대응 방법

캠퍼스의 안전과 소속감 문제는 매우 복잡하고, 다양한 대응 방법을 요구한다. 아마도 이 문제에 대한 가장 대표적인 대응 방법은 현재의 대학 상태를 점검하고, 캠퍼스 환경이 학생의 소속감과 자아존중감에 어떠한 영향을 미치는지 살펴보는 것이다.

Harper(2008)와 그의 동료들은 간문화적(cross-cultural) 관점을 통해 캠퍼스 환경의 포용성을 검토하고, 그 결과를 한 권의 책으로 펴냈다. 이 책에서 저자들은 학생의 학습과 참여를 촉진하는 효과적인 전략과 프로그램으로 다음과 같은 사례들을 제안했다. 학생들의 저항에도 불구하고 간문화적 학습과 참여를 위한 노력을 계속 하는 것(Jones, 2008), 캠퍼스 문화의 관리자 역할을 하는 교직원들을 찾고 그들을 효과적으로 훈련시키는 일(Jenkins & Waltpon, 2008), 생태학적 원칙들을 다문화 학습 환경 조성에 적용하는 일(Kinzie & Muhholland, 2008), 캠퍼스 소수자들을 각종 학습 활동과 학생회 활동에 참여시키는 일(Griffin, Nichols, Perez, & Tuttle, 2008), 간문화적 교육 프로그램을 통해 캠퍼스의 여러 부서나 조직들을 연결하는 일(Patton & Hannon, 2008), 간문화적 학습 참여를 촉진하기 위해 캠퍼스 문화를 점검하는 일이 그것이다. 이 책은 다문화 민주주의의 이상을 실행에 옮김으로써 주류 집단의 전체주의적 효과를 타파하라는 Hill과 Magolda(2008)의 제안으로 끝을 맺는다. 이러한 비전을 가지고 일한다는 것은 학생들에게 다문화 민주주의의 이상을 불어넣고 캠퍼스에서 좀처럼 자기 의견을 표출하지 않는 하위 집단의 목소리에 귀 기울이며, 구성원 간의 보다 광범위한 접촉과 상호작용을 촉진한다는 것을 뜻한다. 또한 문화적 차이를 포용하는 환경과 태도를 조성하고 갈등 해결을 중재하는 것이기도 하다(p. 258). 소수자 문화센터의 잠재력에 주목한 Patton(2010)은 Kuh, Schuh, Whitt과 동료들(1991)이 제시한 모델에 따라 각 센터의 미션과 철학, 주요 대상자들, 다문화 학습에 대한 캠퍼스 문화와 풍토, 이를 위해 제공되는 프로그램과 서비스, 현행 제도와 직원 투입의 필요성 등 요구사항을 평가하는 캠퍼스 감사팀의 구성을 제안하였다. 이 조직은 해당 센터가 포용적 캠퍼스 환경을 만들기 위해 어떤 역할을 하는지 조사하고 확인하는 일을 수행한다. 민족 간의 문화 차이를 극복하는 방법은 성별이나 성적 지향성, 나이, 종교, 장애 등으로 구분되는 집단 간 차이의 극복에도 동일하게 적용될 수 있다. 이러한 문제와 관련해서 '시스템적 접근 방식(systems approach)'을 통해 캠퍼스를 평가와 포용을 위한 대화로 유도할 수 있다.

안전한 캠퍼스 환경 조성 문제는 최근의 연구물에서도 자주 다루어져 왔다(Gregory & Janosik, 2013; Jang, Kang, Dierenfeldt, & Lindsteadt, 2014; Janosik & Gregory, 2009; Kaminski, Koons-Witt, Thompson, & Weiss, 2010; Katel, 2011; Miller & Sorochty, 2015; Nicoletti, Spencer-Thomas, & Bollinger, 2010). Jackson과 Terrell(2007)은 캠퍼스 안전 프로그램을 평가하고 강화하는 데 활용할 수 있는 자료집을 출판하였다. 이 자료집은 캠퍼스 안전 관련법 규정을 일별하는 것부터 시작하고[Miller & Sorochty(2015)의 학생처의 위기관리 문제 관련 내용을 참조할 것], 학생들의 과도한 음주 문화(Ceglarek & Brower, 2007), 캠퍼스 혐오 범죄(Cole, Orsuwan, & Sam, 2007), 위험한 성격의 괴롭히기(Kimbrough, 2007), 그리고 동성애자 학생들(Rankin, Millar, & Matheis, 2007)과 여학생들(O'Callaghan, 2007)을 위한 캠퍼스 풍토 등 다양한 주제들을 다루고 있다. 이 책은 커뮤니티 칼리지(Dukes & Harris, 2007), 흑인 대학, 히스패닉 대학(남미계 학생들이 다수를 이루는 대학) 같은 소수자 중심 대학(Gasman & Drezner)에서의 안전 문제, 캠퍼스 경찰 및 보안 요원의 상주 문제(Perrotti, 2007), 캠퍼스 내

무기 소지 금지(Cychosz, 2007), 그리고 이러한 문제들에 대한 해결 방법을 강구할 때 학생처가 고려해야 하는 법적 사항 등에 대한 중요한 정보를 제공하고 있다(Lowery, 2007). 아울러 공공 안전을 효과적으로 증진해 온 우수 대학 사례(Stewart & Schuh, 2007), 대학 관계자를 위한 자료(Reason & Lutovsky, 2007), 캠퍼스 안전 계획 기본 요소(Champagne, 2007) 등도 수록되어 있다. 저자들은 마지막 장에서 온라인 대학의 안전 계획 모범 사례 100개와 위험 지역에 있는 25개 대학의 안전 문제와 관련된 홈페이지를 분석한 자료를 제시하고 있다. 이러한 자료를 바탕으로 저자들은 다음의 일곱 가지 핵심 사항을 제안하고 있다.

- 학내 여러 부서와 구성원 집단들의 협업을 통해 개발한 일관성 있는 조직 구조
- 다양한 위험 요소에 대한 구성원들의 인식 공유
- 캠퍼스 내의 잠재적 희생자 혹은 학생 그룹의 필요에 적극적으로 대응하는 능력
- 예방과 대응책, 사람 사이의 위협이나 자연 재해 등에 대한 계획
- 효과적인 의사소통 시스템
- 포괄적인 교육 훈련 제도
- 새로운 전개 상황에 대한 평가와 재작업

환경이 주는 소속감 문제처럼 캠퍼스 안전 문제도 사후 처방보

다 예방이 더 효과적이다. 캠퍼스 안전 문제는 많은 대학에서 중요한 문제로 다루어져 왔다. 30년 전 미국 교육 위원회(American Council on Education, 1985)는 안전 관련 필요사항을 캠퍼스 디자인과 유지보수, 캠퍼스 내 건물과 부지, 각종 시설의 운영 등에 반영하는 관리자의 임명, 잠재적 위험과 해결 절차의 고지, 안전 관리 요원들에 대한 적절한 훈련과 감독, 장비 제공, 충분한 수의 안전 요원 확보, 안전 관련 데이터의 정기적 수집과 분석 등 일련의 캠퍼스 관리 정책을 제안하는 보고서를 발간한 바 있다. 여기서 캠퍼스의 디자인과 유지보수, 운영 문제 중에서도 특히 충분한 조명과 정확한 연락처, 경호 서비스, 통로나 출입구에 있는 장애물 제거, 출입 허가증의 선별적인 발급과 허락받지 않은 방문자 제한 등을 통한 캠퍼스 출입자 관리 태세 강화 등이 중요한 사안으로 지적되었다. 이 보고서는 또한 잘 훈련된 안전 요원과 전문가들을 충분히 배치하는 것뿐만 아니라 캠퍼스 구성원들에게 안전 문제가 발생했을 때의 다음 절차와 최근의 안전사고 발생 상황, 지역의 법 집행 기구들과의 협력 방법 등을 효과적으로 고지하는 것도 캠퍼스 안전 문제의 예방과 해결을 위해 매우 중요하다고 강조하였다.

캠퍼스의 물리적 환경에 대한 평가 전략

거주 후 평가(Postoccupancy evaluation: POE). 이는 자신의 거주 경험을 반추해서 평가해 봄으로써 자신이 지냈던 곳의 물리적 환경에 개선할 것이 있는지 찾는 방법이다(Bell et al., 1996). 지금 우리가 논의하는 맥락에서 보면, 이러한 평가를 통해 물리적 환경이나 건물이 개인적 안전감을 해치는 부분이 있는지를 찾아내는 것이다. 이처럼 개인의 안전감 형성을 목적으로 하는 거주 후 평가 방법에는 Goldstein(1996)이 제시했던 환경적 디자인 이슈들이 포함되어 있다. 즉, 거주 후 평가의 대상이 되는 제도나 시스템은 기물의 파손을 막기 위해서 안전막 같은 설비나 재료를 사용하는 경계 강화(target hardening),[31] 기숙사 로비에 안내 데스크를 설치해서 출입을 제한하는 접근 통제법, 캠퍼스 화장실에 그래피티 판을 의도적으로 설치해서 외벽에 그래피티가 생기지 않도록 유도하는 행동 유도법(deflecting), 행사를 마친 후 야외 테이블이나 의자를 즉시 치워서 기물 파손을 줄이는 잠재적 피해자(물) 제거법, 그래피티를 바로 바로 지움으로써 확산을 미연에 방지하는 잠재적 유발 요인 제거법 등이다.

  기록물 검토(Archival records review). 이는 대학이 경찰 당국이나 학과의 회의록, 기타 캠퍼스에서 일어난 사건들에 대한 기록을 수집하여 캠퍼스 구성원의 안전 및 소속감과 관련된 이슈들을 정기적으로 점검하는 것을 뜻한다. 대학은 이와 같은 기록물에 대한

---

31) 역자 주: 경계 강화(target hardening)는 경호 및 보안 분야의 전문 용어로 피보호자에 대한 보호와 침입자에 대한 경계 태세를 강화하는 일련의 행위를 뜻한다. 특히, 보안 분야에서는 추가적인 안전벽을 설치하거나 출입문을 보다 튼튼한 재질로 교체하는 등 환경적 디자인 변화를 통해 피보호자를 잠재적 위협에서 보호하는 수준을 높이는 것을 의미한다.

상세한 검토를 통해 보다 통찰력 있는 대응 전략들을 수립할 수 있다.

사진 평가 기법(Photographic assessment techniques). Banning(1992)은 캠퍼스에 있는 다양한 인공물(artifacts) 중 성차별을 연상시키는 동상이나 포스터 등이 상당수 존재함을 보여 주었다. 만약 이와 같은 캠퍼스 인공물들이 구성원 다수의 소속감이나 안전감에 끼치는 영향력을 알고 싶다면, 대학 구석구석에 있는 인공물의 사진을 찍어 대학 공동체의 구성원들에게 보낸 후 그것들이 함축하는 메시지에 대한 해석과 개선 방법을 요청하는 것이 좋은 방법일 것이다. 이후 Banning(1997)은 대학 기숙사 시스템을 사진 평가 기법을 활용해서 평가하고, 이를 기숙사 직원들의 교육에 활용하였다. 학생의 안전이야말로 대학 기숙사 시스템이 챙겨야 할 핵심 목표 중 하나이기 때문이다. 실제로 Banning(1997) 연구팀이 제시한 기숙사 안팎 사진들은 기숙사의 물리적 환경이 기숙사 시스템의 핵심 목표에 부합하는 모습과 불일치하는 모습을 모두 보여 주었다. 예를 들어, 제대로 잠긴 안전 문에 대한 사진은 학생들에게 안전의 메시지를 보여 주었지만, 잠기지 않는 창문틀 사진은 정반대의 느낌을 전달하였다. 이 사진들은 교육에 참석했던 기숙사 직원에게 슬라이드 쇼로 제시되었고, 직원들은 문제에 대한 해결 및 개선 방법을 논의하였다. 이러한 일련의 활동을 통해 기숙사 직원들은 학생의 안전 문제에 대해 더 민감하고 진지해졌고 보다 효과적인 해결 방법을 찾으려는 태도를 가지게 되었다.

Smith(1988)는 잠재적 침입자 문제와 관련하여 침입자가 대학

시설로 들어오는 것을 차단하는 예방적 차원의 외벽이 중요하다
고 강조했다. 그는 "(이 문제에 있어서는) 가시적인 요소들이 중요
하다. 누가 잠재적인 침입자일까를 알아내는 것보다 그게 누구
든 침입 자체를 단념시키거나 어렵게 하는 것이 더 중요하다"(pp.
110-111)고 주장했다. 이러한 맥락에서 Smith는 Territo(1983)의
말을 인용함으로써 캠퍼스의 안전을 위해 우선적으로 해결해야
하는 몇 가지 과제를 제시했다. 이들은 안전 문제가 빈번히 발생
하는 문제 지역에 대한 감독 강화, 적절한 조도의 준수, 은신처로
사용될 수 있는 사물이나 장소를 사전에 제거하는 캠퍼스 조경 관
리, 고립된 공간에서의 야간 수업 금지, 보도나 주차장, 운동장 등
에서 가까운 곳에 무료 비상용 전화기 비치, 기숙사의 적절한 경
비 시스템 도입, 야간 혹은 주말 근무자들이 고립된 구역에 방치
되지 않도록 업무 시간 조정, 성폭행 예방 프로그램 운영, 보안 요
원들에 대한 범죄 방지 프로그램 실시 등을 포함하고 있다.

  Beeler, Bellandese, 그리고 Wiggins(1991)는 701개 미국 대학
들에 대한 설문조사 결과를 바탕으로 구성원의 소속감과 안전감
을 증진시키는 캠퍼스 환경을 만들기 위해 어떤 점에 주의하고 노
력해야 하는지를 다음의 다섯 개 틀로 제시했다.

- 전통적 서비스: 캠퍼스 경찰, 정기 순찰, 보안 서비스, 지역사
  회에 대한 봉사 활동, 예방 및 대응 서비스, 보안 기술과 통신
  의 적용
- 교육 및 지원 서비스: 일반적 보안 예방조치부터 오리엔테이션

프로그램, 기숙사 프로그램 및 심포지엄, 심층적인 범죄 피해
자 변호를 포함하는 다양한 프로그램

- 계획, 정책, 정보 전략: 범죄 보고서, 안전 관련 연구 결과의 종
  합, 의사결정을 지원하기 위한 광범위한 안전 관련 정보에 대
  한 연구와 적용
- 환경/기술적 개선 작업: 범죄 발생 가능성을 최소화하기 위한
  건축 및 조경, 범죄가 일어날 만한 장소의 감소, 디지털기술
  (전화, 개인 인식 장치, 카메라 등) 활용
- 공동체 행동: 캠퍼스 안전을 강화하기 위한 캠퍼스와 공동체
  집단의 활동

이상의 조치들은 캠퍼스에서 삶의 안전성을 지키는 작업이 매
우 다면적인 성격을 띠고, 광범위한 전략을 필요로 한다는 것을
시사한다.

마지막으로, 온타리오 대학 위원회의 제안서(1991)를 살펴볼 필
요가 있다. 이 보고서는 캠퍼스에서 학생들이 안전감을 느끼게
하려면 학생들의 특징을 고려해야 한다고 지적한다. 이 보고서는
"개인이 환경과 상호작용함에 있어 개인적 특성이라 할 수 있는
민족, 인종, 계급, 연령, 능력, 성적 취향이 영향을 미친다"(p. 10)
고 주장한다. 따라서 캠퍼스의 안전에 대한 진단도 다양한 구성
원 집단이 가지고 있는 다른 욕구와 필요를 고려하면서 이루어져
야 한다는 것이다. 예컨대, 성추행이나 성폭력에 대한 우려는 주
로 여성들이 제기한다. 그렇다면 "캠퍼스 안전 진단의 목적은 성

폭력의 잠재적 가능성을 줄이고 캠퍼스를 보다 평등한 환경으로
만드는 방향으로 물리적 환경을 개선해 나가는 것이어야 할 것"
이다(p. 9). 또한 이 보고서는 "성폭력을 억제하도록 디자인된 캠
퍼스 환경은 다른 종류의 공격과 범죄도 최소화할 가능성이 높
다"고 주장한다. 아울러 이러한 점에 초점을 둔 캠퍼스 환경 진단
은 다음 사항들을 포함할 수 있다.

- 사람들이 가장 불안하거나 불편을 느끼는 장소가 어디인지
  설문조사로 파악할 것
- 이 장소들을 하루 중 다양한 시간대와 1년 중 여러 시기에 방
  문해 볼 것
- 이 장소들에 대한 전반적 인상, 조명, 신호 체계, 도로 차선,
  시·청각적 고립 정도, 시간대별 평균 유동인구 수, 긴급구조
  대로부터 물리적 거리, 순찰 횟수, 도보자의 움직임 예측 가
  능 정도, 대안적 경로 유무, 은신처 위치, 잠재적 공격 장소
  (실내와 야외 모두)와 안전성, 도피로 유무, 인접한 대지의 특
  성과 용도, 시설 유지 보수, 전체적 배치도와 디자인 등의 요
  소들에 대한 체크리스트를 작성하여 사용할 것
- 정책, 프로그램 등 물리적 환경 이상의 측면도 고려할 것. 주
  변인들은 믿을 만한가? 그들은 피해자를 적절히 돌볼 것인
  가? 사건 발생 사실은 주변에 알려질 것인가? 교통편이나 경
  호 서비스는 얼마나 기다려야 하나? 캠퍼스에서 발생하는 각
  종 성폭력에 대한 대학 정책은 정해진 바 있는가? 인종차별,

성차별, 동성애 혐오에 대한 대학 정책은 무엇인가? 자기방어
(호신술)를 위한 강좌가 무료로 제공되고 있나? 경호 혹은 여
성 안심 귀가 서비스 등을 제공받을 수 있는가?

이 보고서는 여성의 안전을 위해서는 물리적 공간의 디자인뿐
만 아니라 정책, 관련 제도 및 서비스 등 무형의 요소들도 관리해
야 한다고 주장한다. 즉, 대학은 캠퍼스의 유무형적 환경이 성적
학대나 착취를 조장하는 조직 풍토를 가지고 있는지 면밀히 살펴
보고 여성에 대한 편견이 담긴 사회적 가치, 태도, 제도 등을 근절
하고 개선하기 위해 노력해야 한다(Council of Ontario Universities,
1991, p. 10). 캠퍼스에서 어느 한 집단(예를 들면, 여성)을 돕기 위
한 조치는 궁극적으로 다른 소수자 집단(동성애자, 양성애자, 성전
환자, 유색인종 학생, 장애 학생 등)들의 안전감과 소속감을 증진시
키는 데에도 효과적이라는 점을 기억해야 한다.

포용적이면서 안전한 캠퍼스 환경은 물리적 요소나(강의실, 기
숙사, 학과 사무실, 운동장 등), 구성원의 인간 집합적 특징(특정 학
생 그룹의 필요에 부응하는 맞춤형 서비스나 프로그램 등), 조직적 요
소들(교육과정, 학생 조직, 학과 등), 그리고 사회 구성적 요소들(이
미지, 상징, 문화적 변이 현상 등)을 통해 구성된다. 자신이 속한 캠
퍼스에 대해서 매우 기초적인 소속감을 경험하고 물리적 위협이
나 피해로부터 자유로운 상태를 유지하는 것은 학생들이 학습과
대학 생활에서 성공의 기회를 찾도록 이끌어 가는 데 매우 중요한
조건이 된다. 반대로 따돌림과 불안감을 극복하는 데 자신의 시

간과 에너지를 쏟아야 하는 학생은 정작 자신의 긍정적인 성장을 위한 활동에 노력을 쏟기 힘들다.

캠퍼스 구성원의 소속감과 안전에 관련된 문제를 파악하는 것은 상대적으로 간단하지만 해결 방법을 찾는 것은 훨씬 어렵다. 한 문제를 해결하는 데 동원할 수 있는 전략이 다른 어려운 문제의 원인이 되는 일종의 딜레마가 숨어 있기 때문이다. 예컨대, 때로는 개인의 정체성을 공개하는 전략과 익명성을 보장하는 전략 사이에서 선택이 필요하다. 인종, 민족, 혹은 성적 지향성 면에서 약자인 특정 집단을 위한 기숙사를 운영하는 일이 그러한 경우이다. 약자 집단의 정체성을 존중하고 이들의 안전과 소속감을 보장하기 위한 정책이 오히려 이들을 나머지 다수 집단에게 노출시키고 기물 파손이나 각종 추행의 타깃으로 만들 가능성도 있기 때문이다.

캠퍼스 시설 보호를 위한 효과적인 방안이라 할 수 있는 '경계 강화'도 유사한 딜레마가 있다. 교육의 장으로서 대학은 전통적으로 개방성, 접근성, 지적 목적을 추구하는 다양한 사람과 아이디어의 자유로운 소통을 추구해 왔다. 이러한 다양성은 교육기관으로서 대학이 가진 독특하고 강력한 강점이지만, 대학을 외부 위험에 노출시키는 약점이 될 수도 있다. 캠퍼스 경비와 보안 수준을 높이면, 당연히 전체적인 개방성과 접근성은 줄어들 수밖에 없다. 이러한 전략을 취한 대가가 무엇인지에 대해서는 아직 충분히 논의된 바 없다. 하지만 대학이 보안을 이유로 개방성과 접근성을 희생하겠다는 방침을 강력히 표방한다면, 아이러니하게도 교육기관으로서 대학이 가진 목표가 무엇인지에 대해서 도전을 받게 될 것이다.

이상에서 살펴본 딜레마 때문에 대학 구성원들은 여러 방안들 사이에서 균형과 타협을 할 수밖에 없다. 다만 어떤 경우를 선택하든지, 포용적이고 안전한 캠퍼스 환경은 학생들이 대학 생활에 적극적으로 참여하게 만드는 데 있어 매우 중요한 기본 전제가 된다는 점을 잊지 말아야 한다. 이 점에 대해서는 다음 장에서 보다 자세히 다룬다.

생각해 볼 문제

1. 우리 대학의 물리적, 인간 집합적, 조직적, 그리고 사회 구성적 환경 요소들은 캠퍼스를 찾는 학생들을 환영하는 느낌을 주는가?
2. 우리 대학의 이러한 환경 요소들은 어떤 특정 집단의 학생들을 배제하는 결과를 낳고 있지는 않은가?
3. 우리 대학 캠퍼스의 물리적 배치는 학생들에게 안전하다는 느낌을 주는가, 혹은 반대인가?
4. 우리 대학 캠퍼스에서 '보편적 디자인' 원칙들을 반영하고 있는 공간은 어디인가?
5. 우리 대학에서 특정 학생 집단의 소속감과 안전감을 높이고자 한다면 나는 누구를 위해 무엇을 하고 싶은가?

학생 참여 이끌어 내기

학생회, 기숙사, 학과 사무실, 대학의 캠퍼스 환경 전체는 대학에 입학하기 훨씬 전부터 학생들에게 영향력을 발휘한다. 여기서 영향력이란 학생이 캠퍼스 환경에 대해서 느끼는 매력의 정도라고 할 수 있다. 학생들은 캠퍼스 환경에 매력을 느낄수록 그곳에서 일어나는 활동에 적극적으로 참여하지만, 그 반대의 경우 참여를 회피하기 때문에 캠퍼스가 얼마나 매력적인지는 중요하다.

이러한 '매력 이론(theory of attraction)'은 신입생 모집을 위해 대학이 들이는 노력이 어떠해야 하는지에 대해서 암시를 준다. 학생들은 대학이 제공하는 프로그램과 여러 기회들의 고객이기 때문에 더욱 그렇다. 소속감(inclusion)과 안전(safety)이 보장된 상태에서 '자신이 다니는 대학과 정합성(match)'을 경험하게 되면, 학생이 느끼는 만족감과 안정감은 극대화된다. 이러한 경험을 하는 학생들은 대체로 학업을 성공적으로 이어 갈 확률이 매우 높다.

하지만 학생들을 어떠한 환경에 계속 머무르게 하는 것은 첫 번째 단계에 불과하다. 학생의 능동적인 학습 참여가 목표라면, 대학은 소속감, 편안함, 안정감이라는 이슈(issue) 이상을 생각해야 만 한다. 대학은 구성원, 즉 캠퍼스 환경에 참여하는 사람들을 대 신해서 그들이 무언가에 자신의 시간과 노력을 기꺼이 투자하도 록 만드는 환경이 무엇인지를 곰곰이 생각해 보아야 한다. 미국 국가교육원(National Institute of Education: NIE) 보고서(2009)에 따 르면, "가장 효과적인 교육은 학습과정은 물론 대학에서 갖게 되 는 경험에 학생을 완전히 몰입시키는 것이다. ……(중략)…… 교 육의 질은 학생의 참여와 몰입, 성과에 대한 높은 기대, 평가와 피드백이라는 세 가지 요소를 통해 향상시킬 수 있다"(Pace, 1990, pp. 7-8).

　이 장에서는 학생 참여를 촉진하는 캠퍼스의 물리적 디자인 요 소, 인간 집합적 환경, 대학의 조직 구조, 대학 구성원들이 만드 는 문화의 관점에서 캠퍼스 환경의 특징을 설명하고자 한다. 대 학 교육의 효과성에 대한 최근의 논쟁에는 학습과 관련된 이슈가 자리 잡고 있다. 어떠한 학습이 일어날 때, 우리는 믿을 만한 대학 교육이라 말할 수 있는가? 어떠한 조건들이 뒷받침될 때, 학생의 학습은 촉진되는가? 그동안 많은 연구자들이 학습 성과는 학생 참여와 몰입의 정도에 달려 있음을 밝혀 왔다. 능동적인 학습자 들은 환경이나 맥락에 관계없이 그들의 학습 경험으로부터 많은 것을 얻는다. 그렇다면 학생들이 학습에 참여하도록 만드는 환경 적 조건 또는 메커니즘은 무엇인가?

학습 참여 이론

　최근 대학에서 자주 들리는 유행어는 '학습 참여(student engagement)'
이다. 이 개념의 뿌리는 Alexander Astin과 C. Robert Pace가 수
행한 학생 몰입(student involvement)에 대한 연구다. Astin(1985,
p. 133)은 학생의 성공적인 학습과 발달을 이끌어 내는 것과 관련
해서 "학생은 몰입함으로써 배운다"고 주장했다. 그는 학생의 몰
입을 확인하기 위해서는 태도보다 행동을 보아야 한다고 말했다.

　　몰입(involvement)은 신비롭거나 비밀스러운 개념이 아니
　　다. 간단히 말해, 학생 몰입은 학업 활동에 들인 물리적·정신
　　적 에너지의 양을 말한다. 예를 들어, 고도로 몰입한 학생은
　　학업에 많은 시간을 할애하고, 캠퍼스에서 많은 시간을 보내
　　며, 학생회 활동에 적극적으로 참여하고, 교수를 비롯해 다른
　　친구들과 보다 많이 교류한다. 반대로, 몰입하지 않은 학생은
　　공부를 게을리하고, 캠퍼스에서 거의 시간을 보내지 않으며,
　　비교과 프로그램에도 거의 참여하지 않고, 교수나 다른 학생
　　들과 교류를 거의 하지 않는다(p. 134).

　물론 동기(행동의 이유나 원인)도 중요한 지표라고 할 수 있지만,
학생 몰입 연구자들은 학생의 행동 자체를 중시한다. 다시 말하
지만, Astin(1985, p. 135)은 "몰입을 정의하고 규정하는 것은 개인
의 생각과 느낌이 아니라 무엇을 행하는가이다"라고 역설했던 것

이다. Pace(1984) 역시 "가장 중요한 것은 학생들이 누구인가 또는 그들이 어디에 있느냐가 아니라, 그들이 무엇을 행하는가이다" (p. 1)라고 결론지었다. 즉, 몰입은 가입하기, 참가하기, 애착 갖기, 헌신하기, 참여하기, 몰두하기, 자원하기처럼 행동이나 행위를 통해 보다 확실하게 알 수 있다.

이와 관련해서 Astin(1985)은 자신의 몰입 이론을 뒷받침하는 다섯 개의 가정을 다음과 같이 제시하였다.

1. 몰입은 다양한 "목표"를 향해 자신이 가진 신체적 · 정신적 에너지를 쓰는 것이다. 이 목표는 고도로 일반적인 모습(학생 경험)이나 매우 구체적인 맥락(화학과목 시험 준비)에서 나타날 수 있다.

2. 목표가 무엇이냐에 관계없이 몰입은 연속선상에서 파악할 수 있다. 서로 다른 학생들이 각기 주어진 목표에 대해 다른 수준의 몰입을 보인다는 것은 당연하다. 하지만 같은 학생이라도 다른 시간에 다른 목표를 추구하면 다른 수준의 몰입을 보일 수 있다.

3. 몰입은 양적 그리고 질적 특성을 모두 갖는다. 학생의 학업에 대한 몰입 정도는 정량적으로(학업에 소비하는 시간) 또는 정성적으로(읽기 과제를 살펴보고 제대로 이해하는지 또는 교과서를 보면서 그저 백일몽을 꾸는지) 모두 측정할 수 있다.

4. 교육 프로그램과 관련해서, 학생들의 학습 정도나 발달 수준은 해당 프로그램에 학생이 몰입하는 양과 질에 직접적으로

비례한다.

5. 모든 교육 정책이나 방안의 효과는 그것이 학생들의 몰입을
얼마나 증진시키느냐에 달려 있다고 할 수 있다.

　Pace와 Kuh(1998)는 이러한 가정을 바탕으로 '대학생 경험 설문
(College Student Experiences Questionnaire)'을 수정해서 학생의 몰
입과 관련된 대학 생활 경험을 진단하는 142개 문항을 개발했다.
전체 문항은 총 14가지 영역으로 나누어지고, 대학 캠퍼스에서
학생 참여와 관련된 다양한 양상을 다루고 있다. 예컨대, 수업 활
동, 도서관 경험, 과학기술 활동, 여러 대학 시설(문화 시설, 학생회
관, 체육 시설, 오락 시설)의 활용, 기숙사 경험, 그리고 남학생, 여
학생 사교 클럽 참여, 교수와의 상호작용, 글쓰기 활동, 동아리 또
는 학생회 활동, 개인적 경험, 주변 사람들과 교류, 일상적인 대화
주제 등이 그것이다. 각 범주별로 여섯 개부터 열두 개 문항이 있
는데 이는 학생들이 주로 참여하는 활동에 대한 것이고, 이를 활
용해서 대학생의 몰입 정도를 양적 또는 질적으로 진단할 수 있
다. 예컨대, 교수와의 상호작용 경험에서 학생들은 교수와 얼마
나 자주 이야기를 나누는지, 진로 계획에 대해 이야기를 자주 하
는지, 교수의 연구 프로젝트에 참여해 보았는지 등을 응답하게 된
다. 다른 범주를 예로 들면, 학생회나 학생 조직 구성원들을 면담
하거나, 작문한 것이 명료한지를 확인하려고 다른 사람에게 읽
어 봐 달라고 요청하거나(글쓰기 경험), 자신의 삶의 가치나 철학
에 대해 다른 동료와 토론을 하는지(학생 친밀도) 등이 있다. 각각

의 하위 척도는 수동적인 활동부터 능동적인 활동까지 다양하다. 이와 같은 질문이 가지는 기본 가정은 각 활동에 열심히 참여하는 것이 학생의 학습과 발달에 기여한다는 것이다. 따라서 이러한 활동을 가능하게 하고 촉진하는 환경이야말로 학생이 몰입하게 하는 캠퍼스 환경이라 할 수 있다. 그렇다면 이러한 환경은 어떤 특징을 가지고 있을까? Pascarella와 Terenzini(1991)는 대학생의 학업 지속을 극대화할 수 있는 핵심 요인을 설명하면서 "학생들은 캠퍼스에서 우정을 쌓으면서 대학이 제공하는 활동에 자주 참여하고, 대학이 학생 하나하나를 매우 신경 쓰고 있다고 생각하게 만드는 대학 문화"(p. 64)를 제시했다. 학사 지도, 오리엔테이션, 학업 성공을 위한 맞춤형 교육 등 학생에 대한 지원을 강조하는 것이 바로 그러한 문화적 환경 요인이다.

학습에 참여하기

인디애나 대학교의 '고등교육 연구 & 기획 센터(Center for Postsecondary Research and Planning)'와 '미국 고등교육 경영시스템 센터(National Center for Higher Education Management Systems)'는 대학생의 몰입에 대한 생각을 더욱 발전시킨 '대학생의 학습 참여 실태조사(National Survey of Student Engagement: NSSE)'(Kuh, 2003)를 공동으로 개발했다. NSSE는 대학 교육의 질을 진단하기 위해서 학생들은 수업 안팎에서 이루어지는 각종 활동과 대학 생활 경험에 자신의 시간을 얼마나 쓰는지, 교수와 학생지원 담당자들은 이미 효과가 검증된 교육 프로그램에 학생의 참여를 유도하기 위해 어떠한 노력을 하는지를 조사한다. 조사 결과는 각 학습 참여 지표별로 진단한 결과와 학생들의 고(高)효과 프로그램(high impact practices) 참여 정도를 보여 주는 보고서 형태로 개별 대학에 제공된다. 예컨대, 학업적 도전 영역은 고차원적 학습 경험, 반성적·통합적 학습 경험, 학습 전략, 수리적 추론과 관련된 문항들로 진단된다. 동료와의 학습 영역은 두 가지 학습 참여 요인을 기준으로 측정된다. 하나는 협동적 학습 정도이고, 다른 하나는 다양한 배경을 가진 사람들과 얼마나 교류하는지를 본다. 교수와의 경험은 교수-학생 상호작용의 정도와 교수들이 얼마나 효과적으로 가르쳤는지를 학생의 경험과 관점에서 진단한다. 대학 환경 영역은 대학의 다양한 주체들과 이루어지는 상호작용의 질과 대학이 학생의 성장과 발달을 위해 얼마나 지원적인 환경을 제공하는지에 중점을 둔다. 마지막으로, 고효과 프로그램과 관련해서는 학생들이 학습 공동체, 서비스 러닝, 학부생 연구, 교환 학생, 인턴십과 현장 경험, 고학년 대상 프로그램에 얼마나 참여하는지를 조사한다. 이상의 활동이 고효과 프로그램으로 명명된 이유는 학생들이 이러한 활동에 활발히 참여할수록 긍정적인 학습과 발달이 이루어지기 때문이다. 구체적으로 고효과 프로그램에 참여하기 위해서는 상당한 시간과 노력이 수반되고, 학생들의 교과 외 학습 활동이 촉진되며, 교수 또는 다른 배경을 가진 학생들과 의미 있는 상호작용을 하게 되고, 자신이 이룬 학업 성과에 대해 피드백을 받도록 유도하기 때문이다. 학생들은 종종 이러한 활동에 참여한 것을 두고 '삶의 변화'라고 말하기도 한다(McCormick, Gonyea, & Kinzie, 2013, p. 13).

학생들은 자신이 가진 시간과 에너지를 투입함으로써 캠퍼스의 다양한 활동에 참여한다. 학습 참여와 관련된 선행 연구들은 학생의 학습과 성공에 이바지하는 목적을 지닌 교육 활동에 초점을 둔다. 이들의 연구 결과에 따르면, 고효과 프로그램에 참여할수록 학생들은 더 많은 것을 얻게 된다. 그러나 Hu와 McCormick(2012)이 제시한 것처럼 '조건부 효과(conditional effect)'도 있다. 그들에 따르면, 학습 참여의 효과는 학생이 어떤 특성을 가지고 있는지와 어느 정도 관계가 있다(제2장 참조). 〈표 6-1〉은 대학생의 학습 참여 유형이다. 학구파형(academics)은 네 가지 학습 참여 지표에서 모두 평균 이상을 얻은 경우지만, 사회적 관계나 대학의 지원에 대한 인식은 낮은 수준을 보인다. 특히, 이들은 '지원적 대학 환경' 영역에 평균 이하의 점수를 주는 경우다. 비관습형(unconventionals)은 풍부한 교육적 경험 영역에서 평균 이상의 높은 점수를 보인 경우다. 비참여형(disengages)은 다섯 개 지표 모두에서 평균 이하의 점수를 나타낸 집단이다. 친목도모형(collegiates)은 지원적 대학 환경에 대해서는 평균 이상으로 평가했지만 다른 네 가지 영역에서는 점수가 낮은 경우다. 극대화형(maximizers)은 비참여형과 대조적으로 다섯 개 영역 모두에서 높은 점수를 나타냈지만, 공부벌레형(grinds)은 학업적 도전에서만 두각을 나타냈다. 마지막으로 관습형(conventional)은 능동적·협동적 학습 지표에서는 평균 수준이었지만, 학업적 도전,

교수-학생 상호작용, 지원적 대학 환경 영역에서는 평균보다 높은 수준을 나타냈다. 학습 참여 요인별로 위와 같은 차이가 나타나는 것은 대학 캠퍼스 환경이 어떻게 디자인되어 있는지와 관련이 있다. 따라서 우리는 이제 대학생의 학습 참여를 촉진시키는 캠퍼스의 물리적, 인간 집합적, 조직적, 사회 구성적 환경에 대하여 살펴볼 것이다.

〈표 6-1〉 일곱 가지 학생 유형에 따른 학습 참여 벤치마크 군집 중심(z 점수)

	학업적 도전	능동적·협동적 상호작용	교수와 학생 교류 경험	풍부한 교육적 경험	지원적 캠퍼스	계(%)
학구파형	.757	1.000	.636	.568	-.294	284(12.4)
비관습형	-.235	-.025	-.264	.936	.292	398(17.4)
비참여형	-1.392	-.970	-.865	-.873	-1.065	303(13.2)
친목도모형	-.538	-.667	-.540	-.763	.293	393(17.2)
극대화형	1.041	1.469	1.755	1.064	1.140	233(10.2)
공부벌레형	.214	-.211	-.473	-.394	-1.094	335(14.6)
관습형	.572	.028	.427	-.254	.797	344(15.0)
계	0	0	0	0	0	2,290(10.0)

대학생의 학습 참여를 촉진하는 물리적 환경

캠퍼스의 물리적 환경이 대학생의 학습 참여에 미치는 영향을 탐구한 선행 연구들은 다양한 영향 요인들을 제시했다. 특히, 캠퍼스의 위치, 인간 중심 디자인(human scale design), 캠퍼스 디자인 배치와 유연성에 대한 연구가 많았다.

캠퍼스 위치

대학의 위치는 학생의 몰입과 학습 참여 수준에 영향을 미치는 환경 요소다. 비록 소규모, 지방 캠퍼스의 역동성이 대규모, 대도시 캠퍼스의 그것과는 다르겠지만, 학습 참여 기회는 양쪽 대학 유형 모두에서 제공될 수 있다. Kuh와 동료들(1991)이 수행한 '학생들을 몰입시키는 대학(involving colleges)'에 관한 연구과 대학생의 학습 참여 면에서 우수한 성과를 보여 준 20개 대학에 대한 사례 연구(DEEP)[32](Kuh, Kinzie, Schuh, Whitt, & Associates, 2005)가 제시한 바와 같이, 대학은 캠퍼스가 지리적으로 고립되어 있거나, 도시에서 가까운 곳 또는 대도시에 둘러싸여 있거나, 캠퍼스의 위치를 잘 활용하면 이를 대학의 독특한 교육적 이점으로 활용할 수 있다.

우선 지방 소규모 기숙형 대학의 경우, 학생들이 아무것도 할

---

32) 역자 주: DEEP(Documenting Effective Educational Practices): 2002년 인디애나 대학교의 Kuh를 중심으로 한 NSSE(National Survey of Student Engagement) 연구소와 미국 고등교육 협의회(American Association of Higher Education)가 협력하여 수행한 과제다. 중도 이탈률이 낮고 NSSE 설문조사에서 다섯 가지 학습 참여 지표에서 높은 점수를 낸 20개 대학을 대상으로 한 심층 사례분석 연구다.

게 없다고 불평할 수도 있다. 하지만 그러한 물리적인 고립 덕분
에 학습 참여에 대한 동기가 발생할 수 있고, 전일제 학생으로서
의미 있는 대학 생활을 만들어 가겠다는 욕구가 생기기도 한다.
마치 작은 마을에서처럼, 지방의 소규모 기숙 대학에서도 제공하
려는 프로그램의 목표, 충분하지 않은 자원의 배분 방향, 구성원
으로서 가지는 사회적·지적 요구 파악, 장소에 대한 자부심 고양
등에 대한 여러 가지 논의와 의사결정이 이루어진다. 이러한 환
경에서는 학생이 한 명의 시민으로서 다양한 의사결정에 참여하
고, 이를 통해 자신의 삶의 질에 대하여 스스로 책임지게 되는 수
많은 기회와 경험이 제공된다. 예를 들어, 아이오와주에 있는 그
린넬 대학교(Grinnell College)는 가장 가까운 도시로부터 60마일
정도 떨어진 작은 마을에 위치해 있다. 이런 곳에는 시간과 에너
지를 쓸 유흥 시설이 없다. 따라서 재능 있는 학생들을 학습 활동
에 몰입시킬 수 있는 최적의 조건이 될 수 있다(Kuh et al., 1991 참
조). 또한 이 대학에 재학하는 학생들은 그들 스스로 만들어 가는
참여적 학습 환경에 대해 자부심을 느낄 것이다. 켄터키주의 시
골에 위치한 베리아 대학교(Berea College)나 인디애나주 남쪽에
위치한 얼햄 대학교(Earlham College) 등에서도 유사한 사례가 발
견된다. 이들 사례가 보여 주듯이 캠퍼스의 고립은 학생들이 캠
퍼스 자체에 몰입하게 하는 요인이 될 수 있다.

　반대로 대도시에 위치한 캠퍼스의 사례를 생각해 보자. 이 경
우 대학은 성장할 가능성이 있지만, 때에 따라서는 그렇지 않을
수도 있다. 우선 부정적 사례를 살펴보면, 대도시에 위치한 캠

퍼스는 학생들의 안전과 보안 때문에 다양한 학습 자원과 장소에 대한 구성원의 접근을 제한적으로 허용하는 경우가 많다. 예컨대, 저녁 시간에 대학 캠퍼스를 활보하는 것이 위험한 환경에서는 늦은 시간에 이루어지는 학생 모임, 이벤트, 사교 활동이 제한된다. 반대로 대도시 캠퍼스는 지역사회의 다양한 환경과 자원을 활용하여 협동 학습부터 서비스러닝 프로그램에 이르기까지 여러 공동체 활동에 참여할 수 있는 풍부한 기회를 학생에게 제공할 수 있다. 이와 같은 환경에서 학생들은, 특히 성인 학생들은 높은 수준의 몰입을 보이면서 캠퍼스의 여러 활동과 역할에 적극적으로 참여할 수 있게 된다(Schuh, Andreas, & Strange, 1991). 직업이나 일 때문에 대학에 몰입할 수 있는 시간이 많지 않은 전문대학(community college)에서도 이러한 현상이 자주 발견된다(McClenney & Greene, 2005). 따라서 대도시에 캠퍼스를 가진 대학들은 대학 내부 활동이든 캠퍼스 기반 프로그램과 지역사회 프로그램의 조합이든 강의실에서 일어나는 학습 활동을 보완하고, 대학에서 경험하는 삶의 질을 높여서 학생들을 끌어들이는 방안을 찾아내는 것이 중요하다.

인간 중심 디자인[33)]

　대학의 규모(scale)도 물리적 환경의 핵심 요소다. Nock(1943)은
옥스퍼드 대학교의 '올 소울스 칼리지(All Souls College)'가 학부생
수를 네 명으로 제한하면서 기대했던 이상으로 좋은 계획을 수립
할 수 있었던 다소 극단적인 사례를 소개한다. Nock은 "숫자 4는
성과를 내려는 대학에게 딱 맞는 숫자"(p. 51)라고 주장했다. 분명
히 디자인 관점에서 인간을 중심으로 하는 캠퍼스 환경은 구성원
의 참여를 한층 더 촉진할 수 있다. 대학 위치가 참여 기회를 창출
하는 것처럼, 인간 중심의 물리적 환경은 학생들의 학습 참여와
시간 투자를 더욱 효과적으로 이끌어 낸다(Kuh et al., 1991).

　인간 중심(human scale)이라는 개념은 다면적이다. 이를 종
합하면, 인간 중심 환경은 학생이 환경에 익숙해지고, 거기서
역량을 발휘할 수 있다고 느끼게 한다. 즉, 인간 중심 환경은
효능감과 자신감을 불러일으킨다. 인간 중심 환경에서는 사
람들이 과밀하지 않고, 자연과 조화를 이루며, 3층 이내로 건
물을 제한해서 적은 수의 사람들이 사용하도록 한다. 예컨대,
소규모 저층 기숙사는 대규모 고층 기숙사와 비교해서 보다

---

33) 역자 주: 인간 중심 디자인(human scale design): 피타고라스의 "인간은 모
든 만물의 척도다"에서 알 수 있듯 인간 자체를 디자인에서 기준으로 삼는
개념이다. 전형적인 넓이, 높이, 무게 단위인 cm, m, m², kg 등을 대신하
여 인간의 신체 자체가 물리적 · 수량적 척도로 사용이 되는 개념이다.

밝고, 친밀하고, 안락하며, 넓은 느낌을 전달한다. 또한 고층 기숙사보다 저층 기숙사에 거주하는 학생들이 더 높은 공동체의식을 가지고 더 자주 도움을 주고받는다. 또한 작은 생활단위가 주는 응집력과 사회적 상호작용은 대학에서 흔히 가질 수 있는 긴장과 스트레스를 완화시키는 효과를 발생시킨다(p. 110).

인간 중심 디자인의 중요성은 대규모 국공립 대학의 1학년 학생들이 종종 듣는 기초 과목의 대형 강좌에서 잘 나타난다. 대학생의 지적 발달에 관한 연구에 따르면(예: King & Kitchener, 1994), 학생들은 배움이 무엇이고, 지식을 어디서 얻을 수 있을지에 대해 각자 여러 생각을 가지고 학습에 임한다. 대형 강의는 본질적인 한계를 거론하지 않더라도 능동적 학습을 어렵게 하는 문제가 있다. 일반적으로 강의 시간이 50분이라 할 때, 대형 강의는 지적 발달을 이끌어 내는 여러 가지 능동적 학습 활동(구성하기, 발표하기, 토론하기, 중요한 이슈에 대한 집단 토의, 특정 주제에 대한 종합 보고서 쓰기 등)에 모든 수강생을 참여시키는 것이 불가능하다. 또한 인간 중심 관점을 가미한 소규모 수업에 비해서 표준화된 교수 행위, 개별화되지 않은 평가, 수동적인 수업을 할 수밖에 없다.

캠퍼스 디자인 배치와 유연성

마지막으로, 대학 캠퍼스의 디자인과 배치, 접근성, 유연성은

제1장에서 말한 바와 같이 대학이 학생의 몰입을 끌어낼 수 있는
역량에 영향을 미친다. 디자인과 배치가 학내 구성원의 상호작용
을 얼마나 촉진하는지는 대학생의 학습 참여를 논하기에 앞서 생
각해 볼 중요한 요소다. 다른 사람과 상호작용하면서 시간을 보
낼 수 있게 해 주는 공간은 인간관계 지향적(socio-petal) 또는 사
회적 촉매가 되는 공간이라 할 수 있다. 의도적이든 아니든 이러
한 디자인은 캠퍼스에서 이루어지는 삶의 질을 높이고 경쟁적인
대학 환경에서 증가하는 개인의 고립 현상을 예방한다. Kuh와 동
료들은(1991) 대학에서 공간의 디자인과 사용이 가지는 중요성에
대해서 다음과 같이 말했다.

  공동체 구성원들과의 상호작용은 학생들이 특별히 노력하
  지 않아도 구성원들을 만나고 시간을 보낼 수 있는 실내·외
  공간이 얼마나 충분한지에 달려 있다. 예컨대, 학과별 라운지,
  수업 후 교수와 학생이 계속해서 토론할 수 있는 열린 공간,
  벤치와 의자, 즉흥적인 상호작용을 가능하게 하는 안락한 가
  구를 배치한 라운지, 넓은 복도, 건물 옆 비상계단, 소규모 조
  용한 모임을 할 수 있도록 공간 분리 기능을 갖춘 회의 시설
  등이 이러한 공간들이다(p. 309).

  개인적 공간도 공공장소만큼이나 중요하다. 학생들에게는 자신
만의 장소라고 할 수 있는 곳이 필요하다. 이곳에서 자신에 대한
주인 의식과 정체성, 개인적 느낌, 안전함을 느낄 수 있고, 이러한

감정은 다른 사람과 어울리면서 무언가에 몰입할 수 있는 토대가 된다. Virginia Wolf가 말했듯이 창조적이고 성공적인 사람은 자신만의 공간이 필요하다. 이에 대해 Kuh와 동료들(1991, p. 120)은 다음과 같이 말하고 있다.

> 학생 참여를 촉진하는 대학들은 학생이 원하면, 일상에서 도피해서 고독을 즐길 수 있는 '도피처' 같은 장소를 제공한다. 이러한 곳은 도서관의 개인 열람실, 기숙사의 독실 등이 될 수 있다. 스탠퍼드 대학교(Stanford University)의 작은 언덕들이나 얼햄 대학교(Earlham College)의 농장이나 캠퍼스 뒤쪽, 마이애미 대학교(Miami University)의 연못, 마운트 홀요크 대학교(Mount Holyoke College)의 강, 에버그린 주립대학교(Evergreen State College)의 유기농 농장은 여유를 가지고 생각에 젖을 수 있는 개인적인 장소다.

한편 '제3의 장소(a third place)'(Oldenburg, 1989)도 캠퍼스 삶에서 중요한 역할을 한다(제1장 참조). 제3의 장소는 장소가 가진 독특한 특징이 중요하다. 이곳은 살거나 일하는 공간은 아니지만 휴식을 하고 즐기기 위해 가는 곳이다. 제3의 장소는 평상시 갖는 역할이나 책임에서 잠시 벗어나서 독특하고 편안한 분위기 속에서 타인과 새로운 관계를 경험할 수 있는 장소가 되고, 사람들을 하나로 묶는 역할을 한다. 학교 앞 길모퉁이에 있는 피자 가게, 카페, 또는 대학 서점 등이 이런 이유로 여러 사람이 방문하는 곳이다. 대학 캠퍼스에서 제3의 장소에 대한 요구는 학생회관이나 통학 센터 같은 시설에서도 충족될 수 있다.

궁극적으로 학생의 몰입에 가장 기여하는 장소는 디자인 면에서 유연성을 가진 곳이다. 벽을 움직이거나, 좌석 수와 배치를 조정할 수 있다면, 그 장소는 최대한 효과적으로 활용할 수 있고 보다 많은 학생의 요구를 수용할 수 있는 공간이 된다. 소규모 계단식 강의실을 예로 들면, 낮에는 수업을 하고 저녁에는 극단의 무대가 되어 학생들이 함께 시간을 보내고 재능을 나눌 수 있는 공간이 될 수 있다. 다양한 용도로 쓸 수 있는 공간을 만드는 것이야말로 학생의 참여를 촉진하는 물리적 디자인의 핵심이다.

학생 참여를 촉진하는 인간 집합적 환경

제2장에서 다루었던 '인간 집합 이론'에 따르면, 사람들은 자신과 흥미나 활동을 함께 나눌 수 있는 사람들에게 보다 매력을 느끼고 몰입한다. 즉, 동종애의 원칙(principle of homophily)이 적용된다. 이러한 특징을 지닌 집단에서는 개인의 욕구가 그가 환경으로부터 받는 보상과 최대로 조화(congruence)를 이루기 때문에 개인들이 서로 공유하는 관심과 활동이 한층 강화된다. Holland(1973)의 말을 빌리면, 고도로 차별화되고(한 가지 유형이 지배적인 집단), 일관된 집합체(유사한 성격 유형으로 구성된 집단)는 자신과 가장 유사한 특성을 지닌 사람들을 끌어들이고, 지원하며,

그 집단에 머무르게 하는 환경을 조성한다. 즉, '인간-환경 일치 (person-environment fit)'를 이루면 구성원의 참여는 더욱 촉진된다. 인간 집합의 영향은 마음과 정신이 비슷한 사람끼리 공동의 목표, 프로그램, 행사에 관심을 가지면서 모이는 학생회나 동아리 같은 곳에서 분명해진다. 이와 관련된 심리학의 오랜 원칙은 개인이 어느 집단에 속하게 될 때, 개인적으로 활력이 생길 기회가 늘어난다는 것이다(Skinner, 1953). 대학의 맥락에서 보면, 대학 생활에 대하여 또래가 미치는 영향이 크다는 것이다.

다른 하나의 원칙은 균질한 집단일수록 학생 몰입이 커진다는 점이다. 공통의 관심사를 가진 사람끼리 집단을 구성하는 것은 대학에서 교무나 학생 업무 담당자들이 점점 많이 활용하는 방법이다. 어떤 대학에서는 과학이나 경영 전공 여학생처럼 학업적 관심이 같은 집단에게 같은 방, 층, 동 또는 기숙사 전체를 배정하는 기숙사 기반 학습 공동체(residential learning communities)를 운영한다. 미주리 대학교(University of Missouri)를 비롯한 많은 대학에서는 특정 주제를 함께 탐구하는 신입생 집단(freshman interest groups: FIGs)을 조직해서 운영한다. 이러한 현상은 특정 분야의 교육과정을 중심으로 교수와 학생이 모여 있는 학과의 경우에서도 비슷하게 나타난다.

성인 학습자, 유색 인종 학생, 여성, 성소수자 등 특정 집단의 요구에 부응하기 위해서 설치된 사무실이나 센터는 하나의 지원 집단으로서 해당 집단 학생들의 적극적인 참여를 이끌어 낸다. Spitzberg와 Thorndike(1992)에 따르면, 그러한 센터는 공동의 문화, 경험, 가치관을 갖는 사람들끼리 집단을 만들도록 도와주고, 대학에서 공동체의 한 부분을 유지해 간다. 이러한 전략은 캠퍼스의 이질적 문화나 특성을 가진 학생들을 대학에 한층 몰입시키고 학습에 참여시키는 방법으로서 유용하다(Harper & Quaye, 2009). 따라서 라틴계 학생회, 다문화 센터, 성소수자 집단 등은 소수 학생들의 안전이나 지원을 위해서 중요할 뿐만 아니라, 그들을 캠퍼스의 전체 집단과 활동에 참여하도록 유도하는 전진 기지 같은 역할도 한다는 점에서 중요한 인적 환경 요소가 된다.

학습 참여를 촉진하는 조직 환경

학생들은 학업이나 특정 과업에 참여함으로써 의미 있는 역할과 활동에 몰입하는 경험을 하고 그 과정에서 책임감을 느끼기도 한다. 대학은 구성원에게 조직의 목표 달성을 위해 시간과 에너지를 쏟으라고 요구하고, 캠퍼스 구성원으로서 책임을 다하라는 요청을 한다. 이것이야말로 조직 행동의 본질이다. 이는 교실, 회의실, 학생회 방 등 어떤 맥락에서든지 학생들로 하여금 참여와 학습을 이끌어 내는 토대가 된다. 조직 환경의 여러 측면들은 이와 같이 학생의 참여를 유도하기도, 반대로 저해하기도 한다. 이를 알기 위해서는 대학 조직의 규모와 조직 구조 사이의 역동적인 관계를 이해할 필요가 있다(제3장 참조).

전반적으로 대학 조직의 규모는 구성원이 자신이 속한 환경이나 일에 몰입하는 정도에 결정적인 영향을 미친다. Moos(1986)는 조직의 크기가 개인의 행동에 미치는 영향이 매우 일관되게 나타난다고 주장했다. 즉, 집단이 커질수록 구성원의 사기나 태도가 긍정적이기 어렵고, 결석이나 이탈이 잦아진다는 것이다. 조직 규모가 커질수록 구성원의 몰입을 방해해서 열정과 사기(morale)는 낮아지고, 학업 지속 가능성이 낮아질 가능성이 높다. 간단히 말해서, 학생이 출석할 이유가 많지 않다면, 캠퍼스 활동에 참여할 이유도 줄어든다. 대학이 대규모일수록 '과밀화'(Wicker, 1973)와 '잉여'(Chickering & Reisser, 1993)의 문제가 발생한다. 잉여 또는 과밀화된 환경에서는 사람들이 너무 많아서 의미 있는 성취 경험의 기회도 대폭 줄어든다. 한편 반대 상황, 즉 기회는 많은데 사람이 지나치게 적은 과소 환경도 구성원의 몰입에 부정적인 영향을 미친다. 이에 대하여 Moos(1986, p. 408)는 다음과 같이 말했다.

> 인원이 적을수록 사람들은 각자 더 많은 활동을 수행하게 되고, 책임이 따르는 지위를 맡으라는 요구도 많이 받는다. 이러한 과소 환경은 구성원에게 더 많은 노력을 요구하고, 어렵고 중요한 과업을 상대적으로 소수의 구성원에게 부과하기 때문에 결과적으로 환경이 구성원에게 더 많은 '요구'를 하는 셈이 된다. 한 사람이 여러 가지 일을 수행해야 하기 때문에 한 가지 일에 숙달될 가능성도 낮아진다. 물론 이러한 환경에서 개인은 기능적(functional)으로 중요해지고, 보다 많은 책임감을 느끼며, 보다 높은 수준의 기능적인 자아정체성을 가질

수 있다. 그러나 동시에 이러한 환경은 사람들에게 높은 불안
감도 형성할 수 있다. 캠퍼스를 유지하는 데 매우 중요한 과업
이 자신에게 부여되었지만, 자신은 이를 제대로 수행하지 못
할 수도 있다고 생각하기 때문이다.

　과밀한 환경에서 참여를 늘리려면 구성원의 규모를 줄이거나
기회를 늘리는 전략을 펴야 한다. 반대로 과소 환경에서는 구성
원 수를 늘리거나 개인에게 할당된 업무나 책임을 줄이는 것이 필
요하다. 결론적으로 참여적 환경을 조성하려면 구성원이 갖는 기
회와 구성원의 수가 전반적으로 균형을 이루어야 한다.
　대학 조직의 디자인도 조직 규모만큼 대학생의 학습 참여에 영
향을 미친다(제3장 참조). 조직이 복잡한 정도와 권한이 분배되는
방식에 따라 구성원이 참여하는 수준이 달라지기 때문이다. 조직
구조가 단순하면서 의사결정이 중앙집권적이고, 조직의 형식화
및 계층화가 유지되면, 매우 적은 구성원만 몰입하는 상황을 초래
한다. 이 경우 소수가 대부분의 일을 수행하기 때문에 다른 사람
들이 참여할 여지나 이유는 사라지게 된다. 반면, 조직을 복잡하
게 구성하고 권한과 의사결정이 공평하게 분산되면, 보다 많은 사
람들이 참여할 수 있는 기회가 생긴다. 예를 들어, 대부분의 신규
학생 조직에서 이러한 역동성이 잘 드러난다. 집단 규모가 작을
경우에는 하나의 위원회가 주된 역할을 할 수 있지만, 추가적으로
회원을 모집하려면 추가 구성원이 필요한 만큼 다양한 일과 과업
이 있어야 한다. 이러한 문제는 대체로 과업과 책임을 부여받은

하위 위원회나 과업 집단을 만들어서 해결할 수 있다. 결론적으로 말하면, 조직의 복잡성이 증가하고 권한과 의사결정이 분권화되면 구성원이 참여할 기회가 확대된다.

이 같은 상황은 시애틀의 마르스 힐 교회(Mars Hill Church)처럼 급속히 성장한 복음주의 대형 교회들의 성장 과정과 흡사하다. 교회 신도가 증가하면서 다양하고 많은 요구가 분출되었고, 새로운 사역이 필요하게 되면서 교회 조직의 수평적 복잡성도 증가했다. 이는 다시 교회에서 이루어지는 의사결정과 업무에 신도의 참여가 확대되는 것으로 나타났다. 이때 교회가 최적 크기를 넘어서면, 본 교회에서 작은 교회들을 분리 독립시키는 일이 진행된다(Graham, 2015).

몰입을 유도하는 환경이냐 아니냐는 조직 디자인의 역동성과 관련이 있다. 역동적인 조직은 복잡성이 높고, 중앙집권화와 형식화, 계층화, 효율성, 일상화의 정도가 낮으며, 조직이 생산하는 제품이나 서비스에서 양보다는 질을 중시한다. 반대로 현상 유지를 선호하는 정적 조직의 경우에는 복잡성이 낮고 중앙 집권화, 형식화, 계층화, 효율성, 일상화 정도는 높으며, 질보다 양을 강조한다. 일반적으로 역동적인 조직은 혁신을 장려하고 촉진하지만, 정적 조직은 변화를 불편해한다(Hage & Aiken, 1970).

조직의 생명 주기 관점에서 볼 때, 앞에서 말한 두 가지 조직 디자인은 구성원의 참여를 독려하는 시기나 방법 면에서 다르다. 예를 들어, 기숙사 학생회나 학생 동아리처럼 조직의 구조, 기능, 프로그램이 명확하게 제시되는 정적 조직에서는 회원들이 참여할 수 있는 기회가 비교적 분명하게 제시된다. 즉, 조직에서 공석이 발생하면, "올해에는 이 일을 수행할 누군가가 필요하다"는 공지를 함으로써 구성원들에게 보다 몰입해 달라는 메시지를 직접적으로 표시한다. 간단히 말해, 그 집단에 참여하는 역할이나 방법이 분명하게 제시된다. 반면 역동적인 조직 구조는 혁신의 가능성을 높여서 구성원의 참여를 장려한다. 조직이 변화하면 프로그램 발전과 리더십을 발휘할 수 있는 기회가 생긴다는 것이다. 하지만 두 가지 조직 디자인 모두 극단적일 경우, 구성원의 몰입을 저해할 수도 있다. 예를 들어, 정적인 조직은 유연성이 제한될 때, 역동적인 조직은 조직의 방향과 구조가 제대로 정의되지 않을 때 구성원의 몰입이 방해될 수 있다.

역동적이고 몰입을 촉진하는 조직 디자인이 각광을 받는 것은 최근 교수 모델과 관련해서 '협동적, 협력적, 또래 학습 기반'에 대한 관심이 증가하는 것을 통해 알 수 있다. 이러한 형태의 협동 학습은 전통적, 중앙 집권적, 공식적, 계층화된 수업을 재구조화해서 학생들이 동료 학생이나 교수와 협력하면서 자신의 학습에 대해 높은 책임감을 갖게 하는 학습 전략을 사용하게 한다(Kuh, 2008). 이러한 디자인이 주는 이점은 높은 학업 성취, 긍정적인 교우 관계, 높은 수준의 심리적 안정감 등이다.

학생 참여를 촉진하는 사회 구성적 환경

캠퍼스에서 사회적으로 구성된 환경이 학생의 참여에 영향을 끼치는지는 그 캠퍼스 환경의 사회적 풍토나 조직 문화의 중요성을 생각해 보면 금방 알게 된다. Moos(1986)는 제4장에서 소개한 사회적 풍토 관점에서 "구성원 간 관계를 강조하는 환경은 구성원의 사기와 만족에 긍정적인 영향을 일관되게 미친다"고 주장했다(p. 415). 몰입, 동료 간 응집력, 직원의 지원을 강조하는 작업 환경, 아니면 응집성, 리더의 지원, 표현을 강조하는 과업 지향 집단 환경, 또는 몰입과 정서적 지지를 강조하는 생활환경이든, 관계 요소들은 구성원의 참여를 유도하고 유지시킨다. Moos(1986)의 주장처럼, "공동체의식과 관계에 대한 중요성을 높게 인식하는 대학에서는 학생들이 대학에 강한 애착을 느낀다. 특히, 응집력이 높은 대학에서는 비교과 활동에 참여하는 학생이 절대 다수이다"(p. 337).

이러한 역동성의 효과는 수업이나 동아리 같은 대학의 하위 환경에서 특히 두드러진다. 이러한 하위 환경에서 학생들은 높은 만족감을 표현하고, 수업 자료에 훨씬 흥미를 가지며, 능동적·협동적 수업에 더 많이 참여한다(Moos, 1986, p. 338). 관계 차원이 학생의 참여에 미치는 영향은 인간의 사회적 특성과 집단에 속함으로써 얻게 되는 잠재적 이점을 생각해 보면 보다 잘 이해된다(Skinner, 1953). 반면, 사람들을 소외하는 집단은 구성원들을 유도하고, 만족시키고 유지할 가능성이 낮다. 주어진 환경에서 친밀한 분위기와 의미 있는 관계를 형성하고 유지하기 위해 노력하는 것은 구성원의 지속적인 참여와 만족을 추구하는 집단의 지도자가 추구해야 하는 중요한 전략이다.

관습, 상징, 신념, 가치 및 조직 문화를 반영한 인공물도 학생의 참여에 유의미한 영향을 끼친다. 문화를 나타내는 인공물은 사람들의 참여를 유도할 뿐만 아니라, 구성원 각자가 자신과 집단을 동일시하게 만드는 효과를 발휘한다. 이러한 문화적 인공물의 영향력은 미국 아미시(Amish)[34] 집단에서 구성원의 행동에 비언어적 의사소통이 큰 영향을 미친다는 사실을 발견한 선행 연구에서도 나타난다.

결속력이 높은 공동체에서는 관행, 양식, 표현, 전통, 의례와 같은 비언어적 의사소통을 강조한다. 반대로 집단의 정체성이 약한 공동체들이 언어적 의사소통을 강조하는 경향이 높다. 학습 참여를 장려하는 대학들도 마찬가지다. 학생이 몰입을 하는 전통을 잘 형성한 대학은 예비 학생들에게 즉각적이고 명확하며 매력적인 분위기를 제공한다. 아마도 이런 이유로 많은 대학들이 예비 학생들에게 대학의 문화를 보여 주는 인공물들을 아낌없이 나누어 주고 있을 것이다. 볼링그린 주립대학교(Bowling Green State

34) 역자 주: 아미시(Amish) 교도들은 17세기 말 스위스에서 시작된 침례교 종파로, 이후 유럽과 미국을 중심으로 확산되었다. 미국 내에서는 주로 펜실베이니아주, 오하이오주, 인디애나주 등에 집단적으로 거주하고 있으며, 현대 문명을 거부하고 교회를 중심으로 가족 단위의 공동체를 형성하고 있다.

University)의 '아예-지기-줌바(Aye-Ziggy-Zoomba)'와 같은 구호 나 오하이오 주립대학교(The Ohio State University)의 'O-H-I-O' 제스처도 신입생과 대학의 상징적 문화를 연결하는 인공물에 해 당된다.

캠퍼스 문화는 신입생들에게 대학의 빛나는 유산에 대한 강렬 한 인상을 전달하고, 이러한 유산을 공유한 공동체에 동참하기를 권한다. 제4장의 시나리오에서 클레어가 1학년 모임을 통해 애덤 스 대학교(Adams College)의 특이한 역사와 전통에 배웠던 것을 생각해 보자. 학생들이 대학의 역사와 전통에 기여하도록 장려하 는 대학에는 특별한 것이 있다. 이것이 바로 대학 문화가 가진 암 묵적인 힘이다.

몰입을 촉진하는 캠퍼스와 참여를 촉진하는 대학

대학생의 학습 참여를 성공적으로 이끌어 내는 대학들의 숨은 비결이 있다면 그것은 교실 안팎에서 지속적이고 원활한 학습 경 험을 제공한다는 것이다. Kuh와 동료들은(1991) 교육적 사명을 다하기 위해 재학생의 비교과 활동 참여를 적극적으로 유도하는 14개 대학을 방문한 후, 대학생의 참여를 촉진하는 대학들이 가 진 특징을 다음과 같이 제시했다(pp. 341-363). 첫째, 대학은 교 육적 사명을 분명하게 설정하고 이를 학생에게 명확하게 제시한 다. 둘째, 학생이 주도하는 활동과 학생의 책임을 가치 있게 여기 고 존중한다. 셋째, 학생이 재학하는 동안 캠퍼스에서 어떤 경험을 하는지 이해하고 필요에 부응하려 한다. 넷째, 소규모의 인간 중심 캠퍼스 환경과 다양하고 작은 모임을 많이 만든다. 다섯째, 우리 대학을 선택해서 입학한 학생과 그들의 배움을 소중하게 여긴다. 여섯째, 이러할 때 학생은 대학에 대해 깊은 애착을 느끼고 자신이 특별하다는 느낌을 갖게 된다.

　Kuh와 동료들은(2005) 추가로 스무 개 대학 사례를 연구하였다. 이 대학들은 학생이 입학 전 가졌던 개인적 배경이나 특성에 구애받지 않고 학생들을 참여시키고 학업을 지속하게 하는 성과를 창출한 대학들이다. 이들은 모두 대학의 사명과 교육 철학에 대한 헌신, 학생의 학습에 대한 확고한 초점, 교육을 강화할 수 있도록 만들어진 캠퍼스 환경, 학생 성공을 지향하는 명확한 로드맵, 개혁과 혁신을 지향하는 대학의 기풍, 교육의 질과 학생의 성공에 대해 책임지려는 자세 등을 공통적으로 가지고 있었다.

　대학의 사명 관점에서 볼 때, 이상의 대학들은 모두 의사결정, 행동 강령, 궁극적으로 학생 성공을 향한 지침에서 인재 육성을 최고의 가치이자 목표로 삼는다. 이 대학들이 가진 공통점은 교실 안팎에서 다양한 교육을 추구하면서 학생과 그들이 수행하는 학습을 매우 진지하게 받아들인다는 점이다. 동시에 동료의 역할을 적절히 이용해서 학습을 '더욱 재미있고 적절하며, 사회적 보람도 있는 활동'으로 만든다(Kuh et al., 2005, p. 88). 또한 이 대학들은 캠퍼스를 특별하게 생각하고, 이를 '인간이 중심이 되는 매력적인 공간'으로 만들어서 교육적으로 이용한다(p. 105). 건물, 표지판, 캠퍼스 풍경 같은 물리적 환경을 이용해서 학생의 '안녕,

소속감, 정체성에 긍정적인 영향을 미치는 메시지'를 전달하려고 노력한다(p. 106). 또한 학생에게 '대학이 가치 있게 여기는 것이 무엇인지, 대학이란 환경에서 성공적인 학생이 무엇을 수행하는지, 대학이 가진 자원을 자신의 학습을 위해 어떻게 활용할 수 있을지'를 생각하게 한다. 이러한 방식으로 대학은 학생이 성공을 위해 나아가야 하는 다양한 경로들을 명확하게 보여 준다. 대체로 이러한 대학에서는 다양한 교육적 실험과 혁신을 촉진하는 역동성, 진보와 개선을 지향하는 조직 문화가 있다. 특히, 지금까지 잘해 온 일에 집중해서 더 잘하려고 노력하는 경향이 있다. 마지막으로, 이러한 대학은 본질적으로 포용을 추구하는 조직 특성이 있어서 캠퍼스 구성원들이 서로 협력하도록 장려한다. 학생이 자신의 학습과 삶에 책임감을 갖게 하고, 대학은 교육에 대하여 책무성을 진다. 요약하면, 앞서 말한 여섯 가지 대학 특성은 학생의 참여와 성공을 향한 대학의 제도적 토대를 형성한다. 나아가 이러한 토대는 학생에게 높은 학업적 기대를 갖게 하고, 학생이 능동적이고 협력적인 방법으로 다양한 학습에 참여하게 하며, 교수-학생 상호작용을 촉진하는 바탕이 된다. 이 토대 위에서 대학은 정규 수업 외 여러 가지 다양한 비교과 프로그램을 개설하고, 학생을 위한 교육 프로그램과 서비스를 제공하는 것이다.

이상의 사례에서 얻을 수 있는 공통적인 교훈은 일종의 의도성과 디자인이다. 대학생의 학습 참여는 우연히 나오기보다 대학이 제공하는 목적 지향적 정책과 프로그램의 산출물이다. 이와 같은 교육 중심 대학들이 성취해 온 것들은 이번 장과 앞 장에서 설명한 다양한 캠퍼스 환경 디자인 전략을 통해 알 수 있다. 결론적으로 학생의 적극적인 학습 참여와 대학 생활을 이끌어 내는 대학 캠퍼스 환경은 대학의 물리적 디자인과 배치, 비슷한 성향과 특성을 지닌 사람들로 구성된 여러 모임들, 역동적인 조직 구조, 대학 공동체가 공유하는 문화가 서로 어울리면서 구체화된다.

캠퍼스 환경 진단과 대응

대학의 경영진이 학생의 학습 참여를 촉진하고자 한다면 그들이 형성하고 참여하는 캠퍼스 환경이 학생의 소속감과 안정감에 끼치는 영향력을 충분히 이해해야 한다. 또한 이러한 캠퍼스 특성은 학생에게 참여 기회를 보다 충실히 제공하는 형태로 나타난다. 다음은 대학생의 학습 참여를 유도하거나 혹은 저해하는 요소가 무엇인지를 확인하기 위해 생각해 볼 만한 요소들이다.

1. 참여적인 캠퍼스는 인간을 중심에 놓는 물리적 환경과 유연한 디자인이 있고, 상호작용을 이끌어 내며 개인의 욕구를 충족시키는 힘이 있다. 이렇게 볼 때, 구성원의 회의 공간은 충분한가? 학생과 교수는 주로 어디에서 만나는가? 이러한 장소는 접근하기 좋은가? 개인을 고립시키는 공간이 있는가? 어떤 공간에 사람들이 비공식적으로 모이는가? 캠퍼스 구성원들의 이동 패턴은 어떠한가?

2. 참여적인 캠퍼스는 어떠한 목적과 관심을 공유하는 하위 집단을 다양하게 만든다. 그렇다면 대학은 여러 캠퍼스 구성원들이 공동체를 만들고 유지하는 데 어떠한 지원을 하고 있는가?(Spitzberg & Thorndike, 1992) 대학은 캠퍼스에서 여러 집단이 수행하는 다양한 교육 사업들을 충분히 지원하고 있는가? 학생들은 이러한 다양한 집단 활동에 참여할 기회가 있다는 것을 어떻게 알게 되는가? 캠퍼스에서 이루어지는 여러 집단들의 활동에 참여하는 것은 어떻게 촉진되고 인정받고 보상받는가?

3. 참여적인 캠퍼스는 구성원의 수와 참여의 기회가 최적 비율을 이루도록 노력한다. 또한 구성원들이 자신의 역할을 찾고, 존재감을 보여 줄 수 있는 유연한 조직 구조를 갖는다. 그렇다면 학생들이 캠퍼스에서 리더십을 발휘할 수 있는 기회는 얼마나 많은가? 기숙사, 학생회, 교실 수업 등에서 찾을 수 있는 리더십 개발 기회는 어떠한가? 수업의 규모는 대체로 어느 정도인가? 교수와 학생의 비율은 어떠한가? 새로운 학생 대상 프로그램을 개발하고 운영하기 위한 비용은 충분한가?

4. 참여적인 캠퍼스는 참여 가능성, 참여의 의미와 가치를 보여 주는 문화적 인공물을 통해서 학생들의 참여를 암묵적으로 이끌어 낸다. 이러한 맥락에서 캠퍼스 환경은 예비 신입생들에게 참여를 권유하고 촉진하는 비언어적 메시지를 보내고 있는가? 캠퍼스 문화 모니터링(campus culture audit)(Whitt,

1993)을 통해서 대학이 학생의 학습 참여와 몰입을 얼마나 중요시하는지를 파악할 수 있는가? 누가 캠퍼스의 문화에 포함되고, 누가 배제되는가?

대학은 이상의 진단을 통해 얻은 정보를 활용해서 보다 참여적인 캠퍼스 환경을 디자인하기 위한 정책과 프로그램을 개발하고 운영할 수 있다. 대형 강의처럼 과밀화된 환경에서는 소규모 하위 집단들을 많이 조직해서 보다 많은 학생들의 참여를 이끌어 내고, 그들이 소그룹 활동에 많은 시간과 에너지를 쏟을 수 있도록 유도할 필요가 있다. 이와 같이 대학에서 민주적이고 협동적인 의사결정 모델이 운영되면, 학생의 몰입을 위한 여러 기회와 기대가 만들어지게 마련이다. 또한 건물을 신축하거나 개보수함으로써 캠퍼스의 다양한 구성원이 보다 많은 상호작용을 할 수 있는 모임 공간을 만들 수 있다. 실제로 많은 대학에서 학생회관이나 체육관의 신축이나 보수를 통해서 이러한 목적을 달성한다. 대학 수련회와 같은 사회적 이벤트는 대학 생활에서 인간관계의 질을 고양할 수 있다. 마지막으로, 대학의 전통, 관행, 그리고 상징은 캠퍼스 행사와 출판물들을 통해서 부각됨으로써 학생들이 대학의 정체성을 알고, 대학에 대한 애착과 참여를 확대하게 된다.

대학 환경에 대한 학생의 몰입과 참여는 단순한 존재감이나 안전에 대한 느낌 이상을 의미한다. 물리적인 시설이나 안전감은 구성원이 대학에 만족하고 캠퍼스에 머물도록 할 수는 있지만, 그들의 학습, 성장 및 발전에 필요한 참여를 이끌어 내는 데에는 도움이 되지 않을 수도 있다. 후자를 위해서는 보다 적극적인 방식을 써야 한다. 여기서 참여란 중요한 역할을 담당하고 이에 대해 책임을 지는 활동을 하는 것에 시간과 에너지를 쏟는 것을 의미한다. 이때 개인은 자신의 강점, 기술, 재능을 캠퍼스 환경의 여러 조건 아래에서 사용한다(Sanford, 1966). 물리적 규모, 디자인과 배치, 조직적 유연성, 인간 조직과 소속, 그리고 캠퍼스 문화의 통합과 지원은 모두 학생의 학습 참여를 촉진하기 위한 캠퍼스 환경 디자인 단계에서 충분히 고려해야 할 것들이다. 그러나 다음 장에서 설명하는 바와 같이 대학생의 참여는 또 다른 단계, 즉 공동체를 경험하는 것의 시작에 불과하다.

생각해 볼 문제

1. 우리 대학은 인적 구성 면에서 과밀 환경인가, 아니면 과소 환경인가? 우리 대학의 인적 환경은 대학생의 학습 참여에 어떠한 영향을 끼치고 있을까?
2. 우리 대학은 학습 참여를 촉진하는 고효과 프로그램을 얼마나 제공하고 있는가?
3. 우리 대학의 수업 외 활동은 학생들의 수업 내 경험을 얼마나 보완하고 있는가? 혹은 반대로 수업 내 경험은 수업 외 활동 참여 경험을 얼마나 어떻게 보완하고 있는가?
4. 우리 대학에서는 학생의 학습 참여 유형 중 어떤 유형을 가장 쉽게 발견할 수 있는가?
5. 우리 대학 학생의 학습 참여를 높이기 위해서 어떤 변화와 혁신이 시급한가?
   (물리적 환경, 인간 집합적 환경, 조직적 환경, 사회 구성적 환경)

학습 공동체 만들기

지금까지 우리는 학생들이 소속감과 안전감을 느끼고 중요한 활동에 능동적으로 참여하도록 하는 교육 환경에 대해 살펴보았다. 또한 이러한 환경에서 학생들의 학습, 성장, 발달을 촉진하는 두 가지 핵심 요건을 제시했다. 이제 마지막 세 번째 요건에 대해 말하고자 한다. 그것은 바로 학습이 이루어지는 장에서 구성원이 하나가 되어 참여하는 경험이다. 이러한 현상은 공동체적 특성을 가지는 캠퍼스 환경에서 가장 잘 발현될 수 있다.

최근 수십 년 사이에 공동체의 중요성에 대한 논의가 널리 이루어져 왔다. 고등교육 맥락에서도 마찬가지이다. Etzioni(1993)는 공동체주의야말로 미국에서 시민사회를 다시 회복할 수 있는 길이라고 주장했다. 카네기재단(The Carnegie Foundation for the Advancement of Teaching, 1990)은 학생들이 대학 생활을 하면서 개인과 공동체 사이에서 많은 갈등을 경험한다는 사실을 강조하면서, 대학들이 "공동체와 관련하여 보다 담대하고 통합적인 비전"을 수립할 필요가 있다고 제안했다. 이 비전이 가리키는 공동체는 분명한 목표를 지향해야 하고, 개방적이고, 공정하며, 구성원 사이의 질서와 배려가 공존해야 한다고 강조했다. 한편 Spitzberg와 Thorndike(1992)는 '캠퍼스 공동체 이론(theory of campus community)'을 제안하면서 대학 구성원들이 캠퍼스를 하나의 다원적 공동체로 만드는 일종의 협약(compact)[35]을 체결함으로써 대학을 보다 공동체적인 조직으로 바꾸어 갈 수 있다고 주장했다. Tierney(1993)는 민속지학적 사례 연구[36]를 통해 대학들이 서로 다른 모습의 공동체를 형성해 가면서 당면하는 어려움을 조명하기도 했다. Cross(1998)와 Tinto(2003) 역시 학생 성공에 있어서 다양한 형태의 학습 공동체의 중요성을 역설했다.

최근 우리 사회 내에서 계층적이며, 문화적인 분화와 해체가 심화되는 상황에서 공동체의 형성이 무엇보다 중요하다는 주장이 호응을 얻고 있다. 이러한 공동체 개념은 학생들에게도 큰 영향을 미치는 교육 환경이다. 여기서 공동체는 본질적으로 학생들의 대학 생활에 강력한 영향을 미치는 모든 교육적 경험들을 포함한다. 공동체는 구성원들이 조직의 목적과 가치에 대한 생각을 하나로 수렴해 가는 행위들, 구성원들의 조직에 대한 소속감과 참여를 이끌어 내는 여러 상징과 전통, 서로에 대한 배려와 지

---

35) 역자 주: 대학의 핵심 가치, 미션, 원칙 등을 대학 구성원이 함께 참여하여 정의하는 것을 말한다. 이 협약에 따라 대학에서의 활동과 자원 배분 등에 있어 우선순위가 결정된다.
36) 역자 주: 질적 연구 방법의 하나로 현장에 참여하여 관찰하는 것을 강조한다.

원, 집단에 대한 각 구성원들의 책임감 등의 다양한 특징을 내포하게 된다. 이러한 공동체적 특성은 구성원들이 자신이 속한 집단의 일에 보다 적극적으로 참여하도록 유도하고, 각자의 가치를 묶어서 시너지(synergy)를 창출하게 하는 역할을 한다. 또한 공동체에서 구성원 각자가 맡고 있는 역할이 무엇인지를 알게 해줌으로써 보다 인간적이고 긍정적인 학습 환경을 조성한다. 이렇게 볼 때, 미국 고등교육 개혁에 대한 많은 연구물이 대학 공동체 형성 요건을 다루고 있다는 점은 그리 놀랄 만한 일이 아니다(예: Carnegie Foundation for the Advancement of Teaching, 1990; Chickering & Reisse, 1993; Palmer, 1987; Smith & MacGregor, 2009; Smith & MacGregor, Matthews, & Gabelnick, 2004).

오늘날 미국 고등교육이 당면한 문제에 대해서 분석한 Parker Palmer(Palmer, Zajonc, & Scribner, 2010)는 "공동체야말로 대학의 교수-학습과정에서 핵심 개념이 되어야 한다"(Palmer, 1987, p. 25)고 주장했다. Palmer(1998)는 "지난 50년 동안 대부분의 학문 분야에서 해체와 경쟁을 경험했다면 이제는 공동체와 협력이 나타나고 있음"을 발견하였고, "공동체야말로 우리가 살아가는 현실 세계가 본질적으로 존재하는 방식"이고 "우리는 그러한 공동체에 속함으로써 자기가 속한 현실을 보다 잘 파악할 수 있다"(p. 97)고 말했다. 즉, 공동체를 형성하는 것은 대학이 추구하는 교육 목적과 이를 달성하기 위한 수단을 강구하는 과정에서 매우 핵심적인 사항이라는 것이다.

고등교육 연구에서 공동체의 중요성을 가장 강하게 강변한 사람은 Crookston(1974, p. 57)일 것이다. 그는 대학 캠퍼스에서 학생의 거주를 설명하는 모델로 '의도적인 민주 공동체(Intentional democratic community: IDC)' 개념을 제안했다. 이 모델은 처음으로 제안된 코네티컷 대학교(University of Connecticut)에서 여전히 유지되고 있다. Crookston은 구성원들에게 공유된 권력과 의사결정, 개방적 의사소통, 조직의 유연함, 조직과 개인의 공생(共生) 관계가 의도적 민주 공동체의 가장 핵심적인 특징이라고 주장했다. 그는 "개인들이 지적·정신적인 면에서 공동체를 보다 풍요롭게 만드는 것처럼 공동체도 개인의 삶을 풍요롭게 할 수 있다"고 주장했다(p. 58). 이러한 관점은 공동체가 일종의 조건인 동시에 과정적 성격도 가짐을 분명하게 보여 준다.

그렇다면 공동체란 무엇인가? 공동체를 형성한다는 것, 공동체적 삶에 참여한다는 것, 하나의 공동체로서 학습한다는 것은 무엇을 의미하는가? 이 장에서는 이러한 문제에 대하여 캠퍼스의 물리적, 인간 집합적, 조직적, 사회 구성적 환경이 기여할 수 있는 것과 이를 위해 각각의 환경이 어떻게 조성되어야 하는지를 설명한다.

공동체의 특징

공동체는 기본적으로 구성원들이 소속감과 안정감을 느끼고 조직의 일과 맡겨진 과업에 적극적으로 참여하도록 만드는 힘이 있다. 공동체가 구성원들에게 미치는 영향은 무궁무진하다. 예컨

대, 공동체는 구성원들이 자신이 속한 조직에 대해 일정한 권한
과 책임을 느낄 수 있도록 일종의 멤버십을 부여한다. 또한 공동
체는 개인들이 공동체의 역사, 전통, 문화가 만들어지는 과정에
서 참여하는 기회도 제공한다. 이러한 공동체가 형성되기 위해
서는 구성원들이 함께 공유하는 장소, 조직의 목적과 방향에 대
한 연대감, 구성원 간 상호 의존성 등이 필요하다(Gardner, 1990).
이와 관련하여 McMillan과 Chavis(1986)는 '심리적 공동체의식
(psychological sense of community)'이라는 개념을 제시한 바 있다.
심리적 공동체의식에는 "조직에 소속되어 있다는 느낌, 자신이
어떠한 영향력을 미칠 수 있다는 생각, 공동의 노력을 통해 구성
원들의 욕구가 충족될 수 있다는 믿음, 감정적 연대감" 등이 포함
된다(Wells, 1996, p. 4에서 재인용).

인간 공동체에 대한 연구는 다양한 학문 분야에 걸쳐 매우 방대
하게 이루어져 있다. Wells(1996, pp. 15-16)는 이러한 선행 연구
들이 반복적으로 제시하는 인간 공동체의 특징을 다음 열 가지로
요약하여 제시하였다.

- 역사적이고 영속적인 느낌(Bellah et al., 1985; Selznick, 1992)
- 뚜렷한 집단 규범, 가치(Gardner, 1990)와 그것을 통해 차별화
  되는 정체성(Selznick, 1992)
- 개인, 가족, 민족, 직업 집단에서 생겨나는 건강하고 다원적
  인 차별성(Gardner, 1990; Selznick, 1992; Warren & Lyon, 1983)
- 상호 의존성, 진정성, 배려가 있는 인간관계(Selznick, 1992)로

서 구성원들에게 동료의식을 제공하고 다른 집단이나 조직과 '구별됨(otherness)'을 각인시키는 것(Friedman, 1983)

- 개인의 권리 보호와 공동의 선을 추구하는 것 사이에서 나타나는 균형(Boyer, 1987; Etzioni, 1993; Friedman, 1983; Newbrough & Chavis, 1986)
- 공적인 지위, 인종, 성별, 정치적 성향, 성적 지향(sexual orientation), 나이에 관계없이 모든 사람들이 온전하게 참여할 수 있는 것(Palmer, 1977; Peck, 1987)
- 갈등의 예방이나 수용을 위한 구조적 메커니즘(Cottrell, 1983)
- 자기 규율(Gardner, 1990), 구성원 간 상호작용 및 의사결정 (Cottrell, 1983)을 이끌어 내는 집단 차원의 규정과 절차
- 자신이 속한 공동체보다 큰 공동체로 이어지는 끊임없는 연결이나 관계(Cottrell, 1983; Gardner, 1990; McMillan & Chavis, 1986)와 그러한 관계를 통해 자기 진단하는 것(Peck, 1987)
- 구성원들이 공유하는 정체성을 존중하고, 확인하며, 때로는 새롭게 바꾸어 가는 삶(Boyer, 1987; Dunne, 1986; Gardner, 1990)

이상을 종합하면 공동체는 다른 집단과 구별되는 것으로 구성원들이 기념하는 역사적 정체성, 구성원의 상호 의존적인 역할과 관계성, 공동체가 작동하기 위한 규범과 절차, 공동체를 둘러싼 보다 큰 사회와의 연결성 등을 통해 파악될 수 있다.

성공적인 공동체

Wells(1996)는 성공적인 공동체(Successful Communities)가 가지는 특징들을 살펴보았다. 그는 성공적인 공동체인지를 판단할 수 있는 기준으로서, 첫째, 구성원의 공동체에 대한 헌신, 둘째, 자신이 어떠한 영향력을 발휘할 수 있다는 느낌, 셋째, 자신의 중요성에 대한 다른 구성원들의 평가와 인정 등 세 가지를 제시했다(p. 18). 우선 구성원들이 공동체의 목표나 과업을 달성하는 데 중요한 역할을 담당할 뿐만 아니라 도덕적으로도 헌신의 자세를 보이느냐가 성공적인 공동체를 형성하는 가장 중요한 요소이다(Kanter, 1972). 그렇다면 구성원들은 언제 헌신하게 될까? 첫째, 공동체의 운영 방식이 자신의 삶과 가치에 아주 중요한 영향을 미치고 있음을 알게 될 때, 둘째, 자신이 공동체를 위해 의미 있는 역할을 하고 있음을 느낄 때, 셋째, 공동체 삶에 참여하려는 노력이 긍정적인 성취로 이어지는 경험할 때 헌신하게 된다(Cottrell, 1983, Wells, 1996. p. 17에서 재인용). 공동체에 대한 구성원들의 헌신 여부는 학생 충원율, 구성원들의 응집력, 공동체 생활에 따른 사회적 규율에 대한 구성원들의 수용성을 통해 나타난다(Kanter, 1972).

성공적인 공동체 여부를 판단할 수 있는 두 번째 기준은 구성원에 대한 효능감 부여 여부다. 성공적인 공동체는 구성원들이 조직에 대해 안전감과 소속감을 느끼게 할 뿐만 아니라 조직의 활동과 과업에 적극적으로 참여하도록 영향을 미친다. 성공적인 공동체의 구성원들은 위험을 무릅쓰고 새로운 행동을 시도하고(Peck,

1987), 공동체 활동에 온전하고 자유롭게 참여하며(Cottrell, 1983; Selznick, 1992), 리더십을 함께 발휘(Gardner, 1990)한다(Wells, 1996, pp. 17-18에서 재인용).

성공적인 공동체의 마지막 기준은 구성원들이 조직 내에서 일정한 존재감(mattering)을 느끼느냐 하는 문제이다(Scholossberg, 1989). 조직 내에서 구성원들이 느끼는 존재감은 무력하거나 주변부에 머물던 구성원들이 다른 구성원들의 관심이나 기대, 신뢰 등을 받기 시작할 때 가장 뚜렷해진다. 또한 구성원들은 동료가 자신의 삶과 미래에 대해 관심을 보이고, 어떠한 일을 성공하거나 실패했을 때 이를 공감하거나 함께 기뻐해 줄 때 자신이 의미 있는 존재라는 느낌을 가지게 된다. 어떠한 조직이 성공적인 공동체인지는 개별 구성원이 도움을 청할 때 동료들이 이를 외면하지 않고 도와주고, 구성원들이 공유하는 가치가 있으며, 누군가 이러한 가치에서 벗어나는 행동을 했을 때 동료들이 이를 과감하게 지적하는 책무를 다하는지 살펴봄으로써 확인될 수 있다(Mandell, 1981, Wells, 1996, p. 19에서 참조).

성공적인 공동체의 특징에 대한 연구는 대체로 행동과학적 접근 방식을 취하고 있다. 관련해서 서구의 오랜 전통 중의 하나인 수도원 문화도 성공적인 공동체가 가지는 특징에 대하여 매우 흥미로운 시사점을 제공하고 있다. Strange와 Hagan(1999)은 6세기 성 베네딕트(Benedict) 수도원 공동체(monastic communities)의 여섯 가지 특징을 제시한 바 있다(Fry, 1981). 이는 구성원이 규칙적인 일상을 공유하는 것, 특정한 장소와 사람에 대해 헌신의 자세를 보이는 것, 공동체에 속한 다른 사람들과 관계를 맺으면서 자신의 변화와 성장을 추구해 가는 것, 다른 구성원의 말을 사려 깊게 듣고 동료의 문제에 대해 민감한 태도를 가지는 것, 능동적 활동과 반성적 사고를 균형적으로 하는 것, 외부인에 대하여 개방적인 태도를 가지는 것으로 요약된다. 고대 제사 의식에서 혹은 현대 기업 문화에서 볼 수 있는 공동체의 특징은 구성원을 자신보다 더 큰 목적을 향해 가도록 이끈다는 점에 있다. 이런 관점에서 고등교육기관으로서 대학 공동체가 추구해야 하는 것은 학생의 학습, 성장, 성공이라 할 것이다.

공동체의 다양한 차원들

대학 공동체는 안전하며 참여적인 환경에서 형성되고 발전된다. 즉, 공동체는 물리적인 환경과 무관할 수 없고, 구성원들의 집단적인 특성, 공동체 내의 인간관계와 과업이 운영되는 방식, 공동체에 깊이 내재된 문화 등의 영향을 받는다. 이와 같은 요소들에 따라 대학 공동체 구성원들은 강력한 공동체의식을 느낄 수도, 아니면 느끼지 못할 수도 있다. 특히, 강력한 영향력을 발휘하는 공동체에서는 위에서 말한 환경적 요소들이 상호 시너지 효과를 낸다. 예컨대, 캠퍼스의 물리적인 특징은 구성원들이 오랜 시간에 걸쳐 공동의 목적을 추구하며 활동하는 공간적 요소의 모습을 보여 준다. 그 장소에서 구성원들은 자신들의 집단적인 특성에 부합하는 방식으로 공동체의 목적을 추구하게 된다. 어떤 한 공동체가 보여 주는 독특하고 인상적인 특징은 하나의 환경 요인에서 비롯되기보다는 위의 모든 구성 요소들이 서로 복잡하게 얽혀 있는 캠퍼스의 전체적인 모습에서 나온다. 즉, 여러 구성 요소들이 하나로 엮여 있는 그것이 바로 공동체의 모습이기도 하다. 물론 그중 어느 한 환경 요소가 다른 요소보다 공동체의 성장과 발전에 보다 큰 영향을 미칠 수도 있다.

먼저 캠퍼스의 물리적 특징 중에서 공동체의 발전에 가장 분명하게 영향을 미치는 것은 바로 영역(territory)이다. 영역에는 공간적 영역뿐만 아니라 심리적인 영역도 있다. 공동체는 본질적으로 실체적 존재감을 가지고, 공동체의 핵심 기능을 수행하는 공간을 점한다. 즉, 자연과 여러 인공적 요소들이 결합된 공간은 공동체의 발전 방향에 영향을 미치고, 공동체의 문화적 인공물들을 보존하고 구성원들이 함께 즐길 수 있는 집과 같은 느낌을 형성한다. 거리상 가까운 곳에 함께 있다는 것은 공동체가 공동의 어젠다를 개발하는 토대가 된다. Levy(2009)는 공동체를 위한 건축 원칙(Krier & Thadani, 2009)을 참고해서 학생회관이 갖추어야 하는 핵심적 건축 요소들을 다음과 같이 제시했다. 즉, 웅장하고 매력적인 인테리어(예: 아트리움,[37] 계단, 발코니, 연회장), 잘 발달된 투명도의 혼합(예: 유리를 이용해 커다란 공간을 나누는 것), 활동성과 행

---

37) 역자 주: 건물 중심부가 1층에서 꼭대기까지 뚫린 개방공간으로 구성된 건축양식을 말한다.

동(예: 흐르는 물, 공식적·비공식적 활동 장소), 조명과 소리(예: 낮은 조도를 가진 공간과 밝은 공간의 혼합), 학생이란 정체성 요소들(예: 재학생의 특성에 부합하는 미술 작품, 가구, 편의 시설), 유연하면서 실용적인 공간(예: 라운지, 공공장소, 미팅 룸, 실용적인 편의 시설), 네트워킹과 편안함을 주는 공간(예: 상호작용을 불러일으키는 공간) 등이 그것이다. 학생회관이 이러한 물리적인 특성을 갖추면 학생들은 공동체 공간에서 다른 누군가와 보다 적극적으로 상호작용하고 대학 생활에 능동적으로 참여하게 된다.

구성원들이 관심사를 빈번하게 나누는 것도 공동체의 중요한 특징이다. 인간 집합(human aggregate)이라는 개념(제2장 참조)에서 볼 수 있듯이, 구성원들의 동질성이 높은 공동체일수록 타 조직과 구별되고 내부적 응집력이 증가한다. 즉, 동질적인 사람들이 모인 집단일수록 비슷한 유형의 사람들을 끌어들이고, 새롭게 집단에 합류한 사람들은 순조롭게 정착한다. 구성원의 공통적인 특성은 새로운 구성원이 들어오면서 보다 강해져서 결국 공동체의 뚜렷한 특징으로 자리 잡는다. 이러한 강화 효과(accentuation effect)(Feldman & Newcomb, 1969), 또는 동조 압력(press toward conformity)(Astin & Panos, 1966) 때문에 시간이 흐를수록 공동체가 수행하는 역할, 역할 수행에 따른 보상, 기대감 등이 계속 더해지고 촘촘하게 짠 천과 같이 탄탄한 공동체가 만들어진다. 결국 공동체의 발전은 공동의 관심사를 가지고 능동적으로 참여하면서 자생적으로 조직을 운영할 수 있는 사람들을 얼마나 끌어들이느냐에 달려 있다. 시간이 흘러 공동체의 역사와 문화가 형성되면, 동질적인 구성원들을 유인하고 정착시키는 힘은 더욱 커진다. 이러한 공동체의 힘은 레지덴셜 칼리지나 신입생 동아리와 같은 사례에서 쉽게 발견할 수 있다. 예를 들어, 비슷한 전공의 학생들이 한 기숙사 내에서 생활 학습 공동체(living learning community)를 구성할 때 이러한 강화 효과와 동조 현상은 더욱 뚜렷해진다(Blimling, 2015).

조직 차원에서 공동체는 종종 조직 디자인의 역설에 직면하곤 한다. 공동체는 구성원의 참여를 이끌어 내기 위해 안정적이어야 하지만, 변화하는 외부의 상황에 적절히 반응하고 적응하기 위해 충분히 유연해야 한다. 공동체가 집단적인 기억과 활력의 근원이 되는 전통과 관습, 활동을 유지하기 위해서는 적정한 수준의 형식화(formalization), 계층화(stratification), 일상화(routinization)를 유지해야 한다(제3장 참조). 이를 가진 조직은 대체로 현상을 유지하고 변화는 거부하는 경향을 보인다. 혁신은 변화하는 상황에 대응하기 위해 조직적으로 체계화된 역량을 요구한다. 혁신을 위해서는 조직 디자인이 기존 방식에서 벗어나 역동적일 필요가 있다. 또한 환경 변화가 가져오는 새로운 요구에 부응하기 위해서 공동체는 구조적 유연성을 강화해 공동체 내 구성원들의 역할, 기대, 보상 체계의 변화를 시도해야 한다. 오랫동안 유지되어 온 공동체는 과거의 방식은 물론 현재의 방식 모두를 내포하고 있을 때가 많다. 즉, 공동체가 환경 변화에 잘 적응하면 생명력도 늘어난다. 공동체에서 권력과 의사결정 권한을 배분함에 있어 전통적인 권위와 민주적 배분 시스템이 균형을 이루면 공동체는 환경 변화에 적절한 대응력을 갖추게 되는 것이다.

마지막으로, 사회적으로 구성된 환경 요인 중에서, 조직 문화의 중요성과 영향력은 아무리 강조해도 지나치지 않다. 독특하고 잘 정의된 환경적 압력과 조직 풍토, 그리고 조직 문화를 가진 공동체는 강력하다. 공동체의 가치, 믿음, 상징, 인공물 등은 구성원의 모든 공동체적 삶에 종합적이면서 암묵적인 시너지 효과를 발휘한다. 조직 문화가 구성원의 삶에 강력한 영향을 미치는 과정은 Hall(1976)과 Hostettler(1993, p. 18)가 제시한 고맥락 문화(high-context culture)와 저맥락 문화(low-context culture)의 차이를 통해 이해할 수 있다.

고맥락의 문화는 사람들이 서로의 삶에 깊이 관여하는 문화이다. 여기서는 구성원들이 공동체가 처한 상황, 경험, 활동, 각 구성원의 사회적 위치에 민감하게 반응한다. 구성원들은 서로의 정보를 폭넓게 공유한다. 단순하지만 깊은 의미가 담긴 메시지가 구성원 사이에서 자유롭게 흘러 다니며, 여러 층위의 의사소통이 이루어진다. 이는 의도적 또는 무의식적으로, 명시적 또는 암묵적인 형태의 신호, 상징, 몸짓의 형태로 나타난다. 이 과정에서 구성원들이 명시적으로 말하는 것도 있지만 그렇지 않은 것도 있다. 구성원들은 조직의 내부자와 외부자를 구별하는 선별 과정에 민감하다. 문화의 비언어적인 측면이 정보의 전달자로서 중요하게 간주된다. 고맥락의 문화는 통합적인데, 구성원들은 공동의 선(common good)

을 바탕으로 종합적으로 사고한다. 조직에 대한 충성심은 견고하고, 개인들은 함께 협력해서 그들의 문제를 해결한다. 이 문화에서는 어떤 사람이 문제에 봉착할 때, 주변 동료들이 그 사람이 무엇 때문에 힘들어하는지를 쉽게 인지한다.

통상 전통적인 공동체에서 나타나는 위와 같은 특성은 많은 사람들이 공동체의식을 느끼는 학과, 수업, 대학 조직에서 잘 나타난다. 이에 반해 저맥락의 문화에 대한 Hall의 설명은 공동체적인 삶에 미치지 못하는 일부 학과, 수업, 대학 조직이 직면하게 되는 도전적인 상황을 이해하는 데 도움을 준다.

저맥락의 문화는 특정 분야의 지식과 합리성을 강조한다. 최근 미국인의 삶에서 잘 드러나는 고도로 관료화된 파편적 문화에서는 정보가 주로 언어적 소통으로 제한되기 때문에 저맥락 수준이 될 수밖에 없다. 언어적 소통 외의 맥락에 대한 이해는 매우 부족하다. 무엇인가를 인식하는 방식은 주로 단선적인 사고 체계로 국한된다. 논리야말로 현실에 이르는 유일한 길로 간주된다. 저맥락의 문화는 주로 본질과 환경을 설명하기 위해 수리 모델(mathematical model)을 사용한다. 사람들은 매우 개인주의적이고, 다른 사람과 거의 엮이지 않는 상황에서 소외되곤 한다. 저맥락의 문화는 통합적이기보다는 파편화되어 있다. 사람들은 점점 더 기계처럼 살아간다. 서로의 삶을 구분하고, 조심스레 서로를 차단한다. 저맥락의 문화

에 속한 사람들은 그들의 목적을 달성하기 위해 정보를 조작
하거나 누군가에 의해 조작당하기 쉬운 경향이 있다. 이러한
시스템에서 실패는 비난받기 십상이다. 위기의 상황에서 동
료보다는 시스템의 도움을 기대한다.

Hall은 이러한 문화의 차이는 표면적인 공동체 디자인을 통해
서는 나타나지 않고, 오히려 사람들이 살아가는 방식에 영향을 미
치는 숨겨진 문화의 흐름을 통해 무의식적으로 나타난다고 말했
다. 또한 이러한 문화의 차이는 사람들이 자신을 표현하는 방식,
사고하는 방식, 움직이는 방식, 문제를 인식하고 해결하는 방식,
그리고 사람들이 자신의 시간과 공간을 배치하는 방식에 뿌리를
두고 있다(Hostettler, 1993, pp. 18-19). 결국 여기서 말하고자 하
는 바는 사회적으로 구성된 환경들이 공동체를 하나로 묶는 접착
제와 같은 역할을 한다는 것이다.

요약하면, 공동체는 다음과 같은 맥락에서 번성한다. 우선 공통
의 특성과 관심을 가지는 사람들이 함께 활용할 수 있는 공간이
있어야 한다. 다음으로 대학 조직이 구성원들로 하여금 공동체의
활동에 참여하고, 자신이 맡은 역할을 이해하고 수행하며, 의사결
정에 참여하도록 노력해야 한다. 마지막으로 문화적 인공물들을
통해서 공동체의 구성원들이 공유하는 비전과 목적이 반복적으
로 상기되고 강화될 때 공동체는 발전한다. 이러한 환경적 요인
들이 시너지 효과를 낼 때, 공동체 안팎에 있는 사람들이 뚜렷하
게 인식하는 그 공동체만의 독특한 삶이 형성된다.

대학에서 공동체 만들기와 도전

고등교육 맥락에서 공동체를 이해하는 것과 공동체를 형성하고 유지하는 제도와 프로그램을 운영하는 일은 별개이다. 하지만 Wells(1996)가 지적하듯이, 대학의 경영진은 구성원들이 공동체의식을 가지도록 최선을 다해야 한다(p. iv). 이와 관련해서 Spitzberg와 Thorndike(1992, p. 145)는 다원화 사회에서 대학의 지도자가 캠퍼스 공동체를 만들어 갈 때 직면하게 될 수 있는 도전적인 상황을 다음과 같이 설명했다.

> 미국 대학에서 공동체를 강화하기 위해 노력하는 사람들은 역설적 상황을 맞는다. 대학 구성원들이 점차 복잡하고 다양해지는 상황에서 먼저 개인들을 작은 공동체와 엮어 주고, 작은 공동체를 다시 전체 공동체로 이어 줄 수 있는 방안을 찾는다. 공동체를 꿈꾸는 사람들은 개인과 작은 집단들이 경쟁적으로 자신들의 권익을 주장하는 상황에서도 전체를 하나로 만들기 위해 끊임없이 노력해 왔다. 이와 같은 상황은 오늘날 한층 심화되고 있다.

오늘날 대학에서 공동체를 만들고 유지하는 것은 매우 어려운 일이다. 특히, 대규모 대학이나 다양한 하위 집단으로 파편화된 대학에서는 더욱 그렇다. 여기서 가장 큰 딜레마는 작고 강력한 공동체를 만들려고 하면 전체 공동체가 추구하는 가치를 손상시킬 수 있고, 전체 공동체를 강화하려 하면 다양한 하위 공동체를 희생시킬 수 있다는 데 있다. 이에 대해 Spitzberg와 Thorndike는 대학의 모든 구성원들을 전체 공동체와 긴밀하게 연결해 주는 작고 건강한 하위 공동체가 대학 내에 부족하다고 주장한다. 대규모 대학들에 있어서 작은 하위 공동체들의 구조화가 이러한 연결망 형성의 시발점이 될 수 있다.

> 이러한 대학은 하위 공동체들의 구심점을 확인해야 한다. 사람들이 이들을 통해 전체와 연결될 수 있기 때문이다. 또한 대규모 대학은 규모를 줄이는 방법으로 다양한 학습 공동체를 만들 수 있는데, 이 경우 학습 공동체는 학생, 교수진, 직원 등 대략 500명 이하로 하는 것이 좋다. 이러한 중간 단계 네트워크들을 활용해서 작은 규모의 하위 공동체가 전체 대학에 연결될 수 있는 것이다.

Schroeder(1993)는 기숙사 프로그램(residentially based programs)을 통해 캠퍼스 공동체를 구축하려 할 때 다양한 어려움에 직면할 수 있다고 했다. 그는 그러한 어려움을 극복하고 공동체의 형성과 발전을 촉진하며 그 효과를 진단하기 위해 참여, 영향, 투자, 정체성 등 네 가지 준거를 활용할 것을 제안했다. 네 가지 준거는 다음과 같다.

1. 참여(Involvement). 진정한 공동체는 구성원들의 참여를 장려

하고 보상한다. 이러한 공동체에서 학생들은 다양한 책임과 역할을 수행하고, 구성원 사이에서 활발한 상호작용이 이루어진다. 그 결과, 모두가 중요한 사람, 필요한 존재로 대우받는다. 기숙사 선배들은 '새로 들어온' 신입생을 대상으로 오리엔테이션 같은 공식적 또는 비공식적인 통과 의례를 진행하면서 그들이 기숙사 공동체에 성공적으로 통합되게 이끈다. 이처럼 참여도가 높은 기숙사에서 학생들은 개인적 또는 학업적 문제에 직면하면 자연스럽게 서로를 돕는다. 즉, 지원적 상호작용이 활발하게 이루어진다.

2. 영향(Influence). 성공적인 기숙사 공동체에서는 구성원들이 스스로 환경을 만들어 가는 힘과 영향력을 발휘한다. 학생들이 주도적으로 기숙사의 물리적·사회적 환경을 형성해 간다는 것이다. 예컨대, 기숙사 학생들은 자신이 원하는 방식으로 방과 복도를 페인트칠하고 장식함으로써 기숙사를 개인적인 공간으로 재창출한다. 그리고 여기에 참여할 구성원들을 적극적으로 모집한다. 또한 기숙사 거주 학생들은 집단이 추구할 규범에 대하여 개인적·집단적 차원에서 확인하고, 이를 담은 사회적 협약을 만든다. 이러한 공동체에서 학생들은 스스로가 영향력을 발휘하는 중요한 사람이 되고, 자신의 관점이 존중받음을 느낀다. 또한 자신이 헌신함으로써 공동체 활동에 기여한다고 생각한다.

3. 투자(Investment). 투자라는 것은 심리적 차원에서 주인 의식이 발현된 결과이다. 이는 구성원들이 공동체 삶에 참여하고

고유한 영향력을 발휘하는 과정에서 자연스럽게 발생한다. 이러한 공동체에서 학생들은 서로에게 관심을 갖고 배려한다. 이를 통해 공동체가 다른 집단과 명확히 구별되며, 집단의 특성(property)이 최대한 보존된다. 집단에서 이루어지는 상호작용은 형식적이지 않고, 수동적이거나 공격적인 행동보다는 부드러운 대화 형식으로 나타난다. 학생들은 교수가 무조건 학생을 책임져야 한다고 생각하지 않는다. 오히려 학생들은 개방과 정직, 교수들과의 적극적인 소통이 필요하다고 생각하고 공감한다. 마지막으로, 구성원들 사이에는 각자의 지위, 역할, 상호작용의 지속성에 있어 차이가 분명하고, 그 차이에 따른 차별적 보상이 주어진다. 즉, '훌륭한' 구성원으로 인정받으면 그에 합당한 보상이 따른다.

4. 정체성(Identity). 정체성이 강한 기숙사는 구성원들의 공통점과 그들 사이에 공유된 가치에 초점을 둔다. 학생들은 마치 남학생 클럽과 여학생 클럽이 자신의 정체성을 보여 주기 위해 어떤 상징을 사용하는 것처럼 정체성이나 가치의 상징을 공유한다. 이러한 생활-학습 공동체에서 구성원들은 '나' 또는 '그들'보다 '우리'라는 정체성을 표방한다. 이는 공동체의 목적과 단합이 중시됨을 시사한다(pp. 524-525).

이상의 사항들은 Schroeder가 20년 전에 처음 제안했지만 오늘날에도 유효하다. 기숙사뿐만 아니라 대학의 학과, 학생 단체, 수업을 어떻게 운영할지 계획할 때, 이 네 가지 요소를 적극적으로 적용해 볼 수 있다. 즉, 어떤 조직에서 참여, 영향력, 투자, 정체성의 목적을 달성하면 구성원들이 공동체의식을 성공적으로 형성할 수 있다.

　Schroeder(1994)는 이러한 논의를 기반으로 일반적인 상황에서 학습 공동체를 만들 때 적용할 수 있는 여섯 가지 방안을 제시했다. 그에 따르면, 학습 공동체는 "일반적으로 작고, 그것만의 독특한 특징을 갖는, 응집력 있는 모임이고, 구성원들이 공동의 목적 아래 강력한 영향력을 행사한다는 특징"을 갖는다(p. 183). 즉, "학습 공동체(learning community)에서 이루어지는 학생들의 상호작용은 참여(Involvement), 영향(Influence), 투자(Investment), 정체성(Investment)이라는 네 개의 'I'로 개념화할 수 있다." 학습 공동체는 지속적인 상호작용과 인간관계의 안정성을 꾀할 수 있는 독립된 장소, 즉 영역(territory)을 가지고 있어야 한다. 구성원들은 여기에 쉽게 접근할 수 있고 관리할 수 있어야 한다. 여기서는 교직원보다 학생이 관리의 주체가 된다. 교직원은 학생들이 자신이 수행하는 학습의 질과 양에 대하여 책임을 지는 유능한 청년이 될 수 있다고 기대한다. 학습 공동체는 교직원, 학생, 기숙사 직원 사이에서 만들어지는 협동적 파트너십의 결과라고도 할 수 있다. 이러한 파트너십은 특정 교육 성과를 의도적으로 달성하기 위해 만들어지기도 한다. 또한 학습 공동체는 학생의 적극적 참여를 유도하는 명확한 가치와 기대, 그리고 규범적인 또래 문화를 가지고 있다. 학습 공동체는 매우 구체적인 방식으로 학생의 학습과 발달을 증진시킨다(p. 183). 이렇게 볼 때, 앞서 논의된 물리적 ·

인간 집합적 · 조직적 · 사회 구성적 차원의 캠퍼스 환경이 발휘하는 기능은 이러한 처방을 통해서 보다 분명해진다. 특정한 영역을 점하는 참여적 조직 구조에서 구성원 간 적극적으로 상호작용하는 문화를 가진 동질적인 집단은 강력한 방식으로 구성원의 학습을 지원하는 공동체를 만들고 지속시킨다.

Chickering과 Reisser(1993)도 대학에서 공동체를 만들고 유지할 수 있는 방안을 제시했다. 이는 학생이 최대한 바람직하게 성장하고 발달하기 위한 조건들이기도 하다. 이와 관련하여 그들이 제시한 결론은 다음과 같다.

공동체라는 것은 기숙사, 남학생 또는 여학생 전용 하우스, 학생 조직, 비공식 동아리 등 무엇이든지 다음과 같은 특성을 지녀야 한다. ① 지속적 관계 형성을 위한 정기적인 상호작용, ② 공동의 문제를 함께 해결하고, 의미 있는 활동에 참여하는 협동의 기회, ③ 누구도 자신이 불필요하다고 느끼지 않을 정도로 작은 규모, ④ 다양한 배경을 지닌 사람들에 대한 포용, ⑤ 준거 집단적 역할(누가 공동체 경계 안과 밖에 있는지를 알게 해 주는 경계), ⑥ 공동체가 수용하거나 배척하는 사항에 대한 규범(훌륭한 멤버가 되는 기준이나 공동체가 수용하지 않는 행동들에 대한)(pp. 276-277).

다음으로 Brower와 Dettinger(1998)도 학습 공동체를 위한 종합 모델을 제시했다. 이 모델은 학생들의 전문적 · 윤리적 · 시민으로서의 책무성을 발전시키는 데 필요한 학문적 · 사회적 · 물리적 환경 요소들을 포함하고 있다. 이 요소들은 구체적으로 "교육과정"(학문적 요소), "학생, 교수진, 직원 간의 상호 관계"(사회적 요소), "공동체 구성원들이 서로 만나고 살아가는 장소 또는 시설"(물리적 요소)을 포함한다. Brower와 Dettinger는 "공동체를 효과적으로 구성해서 구성원의 학습을 촉진하려면 위의 세 요소를 적절히 통합해야 한다"(p. 17)고 주장했다. 나아가 그들은 모든 학습 공동체에 적용할 수 있는 일곱 가지 공통 특징을 제시했다.

　모든 학습 공동체는 다음과 같은 것이 이루어지도록 합목적적으로 설계되어야 한다.

1. 모든 구성원이 서로를 학습자로 인식하고, 각자의 기여를 존중하는 집단 정체성(group identity)을 만들어 가야 한다. 이런 환경에서 학생은 학습 공동체에서 각 참여자가 전적으로 독립적이거나 의존적이지 않다는 것을 알게 된다.
2. 학습 공동체 구성원들이 함께 만나서 변혁적 학습 활동(transformative learning activities)에 참여하고 몰입할 수 있는 시설 또는 장소를 제공해야 한다.
3. 새로운 멤버가 공동체에서 벌어지는 삶에 깊이 몰입할 수 있게 하는 지원적 환경을 조성해야 한다. 이는 새로운 구성원이 공동체의 활동과 프로그램에 끊임없이 참여해야 한다는 것을 의미한다.

4. 공동체 구성원의 사회적·학문적 경험이 촘촘하게 통합되는 학생 경험을 만들어 가야 한다. 비록 통합의 수준은 다를지라도, 공동체에서 이루어지는 활동과 프로그램은 학생이 자신의 개인적 관심사와 학업을 연결하고, 자신의 학업과 사회적인 활동을 연결할 수 있도록 설계되어야 한다.

5. 학생들이 다양한 학문에서 나오는 지식을 연결하도록 지원해야 한다. 무언가를 알아가는 방식은 학문에 따라 다를 수 있지만 지식과 개념은 그렇지 않다는 것을 깨닫도록 한다.

6. 확산적이고 유연하며 비판적인 사고를 포함하는 복합적 사고 역량, 시민 의식, 전문성, 윤리적 책무성, 창의성, 메타 인지를 계발할 수 있는 학습 맥락을 제공해야 한다. 여기서 프로그램과 활동은 학생이 정보를 단순히 받아들이기보다 학습 자료와 깊이 상호작용할 수 있도록 만들어져야 한다.

7. 학습 공동체의 과정과 성과를 지속적으로 평가해야 한다. 개선을 위해 변화는 불가피하다. 학습 공동체는 새 구성원이 들어옴에 따라 계속 진화하게 되어 있으며, 이는 공동체의 존속을 위해 필수적이다. 따라서 공동체는 자신이 추구하는 목표를 어느 정도 달성했는지 꾸준히 평가받아야 한다(pp. 20-21).

캠퍼스에서 다양한 공동체를 형성하려는 것은 학생들 사이에 공동체의식을 높이기 위함이다. Cheng(2004)이 어느 대도시 소재 대학 재학생을 대상으로 실시한 조사에 따르면, 건전한 캠퍼스 공동체는 다음과 같은 특징을 가진다. 건전한 공동체는 표현의 자유와 개성을 존중하는 개방적 환경을 가지고 있다. 여기서는 교수–학습 활동에 교수와 학생이 적극적으로 참여한다. 기숙사에서도 적극적인 네트워킹 기회와 학습을 위한 환경이 제공된다. 다양한 프로그램과 학생 활동을 통해 윤리적·문화적 집단 사이에서 긍정적인 관계가 조성된다. 대학이 가진 전통과 유산을 기념하고 계승한다. 외로움이나 우울감을 토로하는 학생들을 위한 프로그램이나 활동이 운영된다(p. 226).

상술한 연구들은 대학에서 공동체의 발전이 캠퍼스의 물리적, 인간 집합적, 조직적, 사회 구성적 환경이 함께 어우러져 통합되는 과정이며, 역동적으로 진화함을 보여 준다. 이러한 시각에서 보면 성공적인 공동체는 어떤 고정된 방식으로 만들어지는 것이 아니다. 성공적인 공동체는 유기적인 실재로서 대내외 환경과 상호작용하면서 지속적으로 성장하고 발전한다. 이러한 이유에서 많은 대학에서 성공적인 공동체 모델의 하나로 캠퍼스 학습 공동체를 구축하는 사례가 증가하고 있다(Zhao & Kuh, 2004).

캠퍼스 학습 공동체

그동안 캠퍼스 학습 공동체는 많은 미국 대학에서 학생과 교수 모두를 위한 교육 방법으로 널리 각광받아 왔다. 특히, '레지덴셜 칼리지(residential college)'로 알려진 생활–학습 공동체(living-learning communities, LLCs 또는 LLPs)는 대학 생활을 하면서 도움이 필요하거나 여러 활동에 참여하고 싶은 학생들 사이에서 유행처럼 번성해 왔다. 일례로 학생 규모가 31,000명(82%는 학부생)에 이르는 버지니아 공대(Virginia Polytechnic Institute and State University)는 연구 중심 대학으로서 신입생 및 재학생들에게 다음과 같은 네 가지 형태의 학습 공동체를 제공하고 있다(Virginia Tech Division of Student Affairs Housing and Residence Life, 2014).

전공 학습 공동체(Academic major learning community): 공학, 생물학, 생명과학처럼 같은 분야를 전공하는 학생들이 참여한다. 참여자의 대부분은 신입생이다. 이 공동체에서 학생들은 다양한 리더십 역할을 수행하고, 다양한 세대로 구성된 생활환경에서 지내게 된다. inVenTs(공학과 과학 공동체), Da Vinci(생물학과 생명과학 학습 공동체), Hypatia(여성 공학 공동체) 같은 공동체 명칭은 학생들이 같은 학문 분야를 탐구하면서 가지게 되는 소속감, 안전감, 참여와 같은 주제를 표방하고 있다.

심화 학습 공동체(Enhanced learning community): 학생들은 수업(academic course)뿐만 아니라 비교과(co-curricular) 프로그램에 참여함으로써 자신이 가진 특별한 관심 영역을 탐색한다(예: 서비스 러닝 또는 리더십). 이 공동체는 모든 전공 학생들에게 개방된다. Serve(Students Engaging and Responding through Volunteer Experiences)라는 이름의 공동체는 자원봉사 경험을 통해 여러 사회문제에 참여하는 모임이다. Morrill Community는 지속 가능한 발전을 경험 학습과 시민참여 활동을 통해 해결하고자 하는 학습 공동체이다. Thrive는 인간의 강점에 기반을 두는 철학을 지향한다. StrenghtsQuest라는 검사지를 활용해서 학생들이 자신의 재능을 발견할 수 있도록 돕고, 이를 학문, 진로, 여러 사회참여 활동에 활용할 수 있는 방법을 알려 준다. 이상의 학습 공동체들이 존재한다는 것은 학생들이 수업 밖 활동 경험을 자신의 발전의 기회로 삼으려는 데 관심이 있음을 보여 준다.

기숙대학(Residential colleges): 다양한 세대의 학생과 다양한 전공 학생이 함께 생활한다. 즉, 다양한 학문적 배경을 가진 학부생과 대학원생들이 함께 사는 것이다. 함께 거주하는 사감 교수와 학생처의 학생 생활 코디네이터, 멘토 역할을 하는 다수의 교수와 직원들이 함께 학생들을 지도한다.

기숙대학의 구성원은 기숙사 운영, 예산 관리, 이벤트 계획과 학생 행동 수칙 마련에 참여한다. 호기심이 많고 능동적인 학생은 기숙대학의 구성원으로 살아가는 것을 즐긴다. 학생들은 4년 내내 기숙대학에 거주할 수 있다. 웨스트 앰블러 존스턴(West Ambler Johnston)의 기숙대학 구성원들은 다양한 학문적, 사회적 활동에 참여한다. 우수학생을 위한 레지덴셜 칼리지(Honors Residential College)는 깊은 지적 호기심을 가진 교수, 직원, 학생들로 이루어진 학습 공동체다. 여기서는 학생들을 통합시키고, 그들의 참여를 이끌어 내고, 공동체로 연결하는 다양한 심화 프로그램(best practices)을 직접 실천하고 있다.

테마 하우스(Themed housing): 공동의 관심사를 가진 학생들이 함께 생활하는 기숙사다. 기숙사 거주 학생들은 함께 하는 활동에 참여하면서 공동체를 만들어 간다. 여기서 제공되는 프로그램은 1학년부터 4학년에 이르기까지 모든 학생에게 개방되어 있다. 오크 레인 공동체(Oak Lane Community)에는 남학생 클럽과 여학생 클럽에 참여하는 학생들이 거주하고 있고, 더 웰(The Well) 공동체는 학생들이 함께 살아가는 데 필요한 공동체 지침을 정하고, 리더십, 팀워크, 시간 관리 등 실질적인 경험을 해 보는 기회를 제공한다. 이와 같은 학생 중심 공동체에서 학생들은 대학 생활을 통해 '인간 중심적(human-scale)'이고 통합적인 발달경로를 밟아간다. 공동체 경험을 통해 학생들이 얻는 부가적인 가치는 대학 성과에 대한 연구를 통해서도 밝혀진 바 있다. 이들 연구에 따르면, 학생들은 공동체 생활을 경험함으로써 대학에서 이루어지는 활동에 보다 활발하게 참여하고, 여러 성과를 거두며, 대학 경험에 대하여 전반적인 높은 만족(Zhao & Kuh, 2004)을 느낀다. 이러한 성과는 특히 신입생들에게서 뚜렷하다(Rocconi, 2011). 생활-학습 공동체(LLPs)에 대한 국가 차원 연구에 따르면, LLCs에서 학생들은 학문적·사회적 발달을 경험하는데(Brower & Inkelas, 2010), 그 정도가 특히 1학년 학생들에게 뚜렷하게 나타난다(Inkelas, Dver, Vogt, & Leonard, 2007).

학습 공동체는 또한 많은 대학에서 교수의 효과성을 높여 왔다(Cox & Richlin, 2004; Lenning, Hill, Saunders, Solan, & Stokes,

2013; Sipple & Lightner, 2013). 교수-학습 공동체(faculty learning communities: FLC) 또는 전문가 학습 공동체(professional learning communities: PLC)와 달리, 테마 하우스에서는 다양한 전공 분야 교수진, 졸업생, 직원 전문가 그룹이 6~15명 혹은 그 이상(8~12명이 권장 규모임)으로 집단을 이룬다. 구성원들은 교수-학습 활동 향상을 위한 교육내용, 학습자의 학습, 성장, 간학문(transdisciplinarity), 교수-학습 관련 지식, 공동체 형성 방안 등을 논의하는 연중 프로그램에 적극적이고 협력적으로 참여한다. 이러한 교수-학습 공동체의 대표적 사례로는 코호트 기반 교수-학습 공동체(cohort-based FLC), 주제 기반 교수-학습 공동체(topic-based FLC)의 두 가지를 들 수 있다. 우선 코호트 기반 교수-학습 공동체는 대학에서 고립, 파편화, 스트레스, 태만, 비우호적인 풍토로부터 어려움을 겪는 또래 교수 및 직원들의 교수, 학습, 발달적 요구에 부응하기 위해 만들어졌다. 주제 기반 교수-학습 공동체는 특정 대학 또는 학문 분야의 교수와 학습 요구, 이슈나 기회를 다루는 교육과정을 다룬다(Miami University Center for Enhancement of Learning, Teaching and University Assessment, 2014). 2014~2015학기에 볼링그린 주립대학교(Bowling Green State University)의 교육 수월성 센터가 지원했던 교수-학습 공동체는 우수 학생 집단을 위한 데이터 기반 교수법, 능동적 학습과 디지털 시대로의 전환, 대규모 강의 교수 전략, 서비스 러닝 교수들의 학습 공동체, 배려의 공동체 창출 등을 핵심적인 내용으로 다루었다. 이러한 학습 공동체는 프로그램 운영자를 제외한 여덟 명에서 열 명 정도의 사람으로 구성되고, 학기별로 6~8회

정도 만나 관심 주제에 대해 논의한다.

Vescio, Ross, 그리고 Adams(2008)는 교수-학습 활동에 관심을 두는 교수-학습 공동체, 전문가 학습 공동체가 발휘하는 효과에 대한 선행 연구를 검토한 결과, 학습 공동체에 참여하는 교수가 그렇지 않은 교수들보다 학생 중심적 사고를 한다고 밝혔다. 그에 따르면, 이러한 사고는 교수 활동에 지속적 영향을 미친다. 더구나 학습 공동체는 협업, 학습에 대한 강조, 교사 권위 세우기와 권한 부여, 지속적인 학습 등을 향상시킴으로써 대학의 교수활동 관련 문화의 개선과 확산에도 기여한다. 결과적으로 이러한 문화는 시간이 지남에 따라 학생들의 학업 성취도 향상에도 기여한다(p. 88). 이상에서 밝힌 학생 경험의 향상 이외에도 학습 공동체는 학생 성공(student success), 즉 학문적 성과의 향상, 학문적·인간적 경험의 통합, 대학 환경에 대한 긍정적인 인식, 자기보고식 조사를 통한 밝혀진 높은 성과 등으로 폭넓게 정의되는 학생 성공의 가능성을 한층 높이는 성과를 창출한다(Zhao & Kuh, 2004, p. 133).

평가와 기관의 대응

교실, 학과, 학생 조직, 통학생 센터, 기숙사 등에서 공동체를 만들고 발전시키는 캠퍼스의 환경 요소를 진단하고자 한다면, 다음 질문들을 스스로 던져 볼 필요가 있다.

- 우리 대학 캠퍼스는 학생, 교수, 직원들이 공통의 관심사와 가치, 경험 등에 대해 다른 사람과 공유할 수 있는 기회와 공간을 제공하고 있는가?
- 우리 대학 구성원들의 다양한 관심사와 가치, 경험 등은 존중받고 적극적으로 수용되고 있는가?
- 우리 대학의 의사결정 구조와 방식은 구성원의 참여를 촉진하는가?
- 우리 대학 캠퍼스에 있는 여러 상징물과 전통, 문화적 인공물은 대학의 다양한 하위 공동체뿐만 아니라 전체 대학 공동체의 특성을 반영하고 이를 기념하는 형태로 존재하는가?

학생들이 공유하는 공통의 관심, 가치, 경험은 학생들이 대학에 대하여 정체성과 소속감을 형성하는 데 있어 중요한 역할을 한다. 개인은 자신을 탐구하기 위해 교육적 경험을 한다(Chikckering & Reisser, 1993). 나는 누구인지, 내가 무엇을 할 수 있는지, 나는 어디로 가야 하는지 등은 삶의 전환 단계에서 던지게 되는 질문들이다(Levinson, 1978; Levinson & Levinson, 1996). 이 시기에 공통의 관심사를 가진 공동체를 경험하는 것은 학습과정에서 일어나는 가장 강력하고 지속적인 성과라고 할 수 있는 자아정체감의 형성을 촉진한다. 대학의 행정가는 캠퍼스에서 사람들이 모일 수 있는 공간과 자원을 어떻게 분배하고, 다양한 관심사를 가진 공동체들을 어떻게 만들고 지원할 것인지 고민해야 한다. 이러한 지원을 학생들에게 언제 어떻게 제공해야 하는가? 학생의 학습과정에서 학습 공동체에 대한 지원과 이에 대한 학생의 역할은 어떻게 구성되어야 하는가? 이러한 시각에서 볼 때 잘 계획된 신입생 대상 프로그램이야말로 신입생들에게 학습의 집단적인 측면을 교육할 수 있는 최적의 기회가 될 수 있을 것이다.

대학 캠퍼스에서 다양한 관심사를 가진 공동체가 발전하기 위해서는 구성원들이 어느 한 관심사를 선택하고 이를 내면화하는 과정이 필요하다. 이러한 과정에서 공동체에 깃든 관심사는 더욱 여러 가지로 다양해질 수 있고, 불가피한 갈등과 긴장도 생겨날 수도 있다. 그러나 Palmer(1987)가 주장한 바와 같이 갈등이라는 것은 공동체의 부재를 뜻하기보다 공동체의 정수(heart)라고 할 수 있다. "앎과 배움은 공동으로 행하는 활동이다. 알고 배우기 위해서는 많이 보고 듣고 관찰하고 경험해야 한다. 또한 관찰해 온 것과 그것이 의미하는 바에 대하여 지속적으로 토론하고, 의견 충돌을 겪고, 합의를 이루는 과정이 필요하다(p. 25)." 이렇게 볼 때, 갈등은 공동체를 약화시키기보다는 공동체에 활력을 불러일으킨다고 할 수 있다. Palmer는 계속해서 "지식을 함께 알아가는 방식의 핵심에는 기본적인 덕목이 있고 …… (중략) …… 창조적인 갈등을 위한 역량이 있고 …… (중략) …… 갈등 없이 앎도 없다."고 하였다. 사실, "건강한 공동체는 …… (중략) …… 그 심층부에 갈등을 포함하고, 집단 지성을 이끌어 냄으로써 개인이 가진 지식을 검토하고 수정하며 확장한다(p. 25)." 따라서 갈등을 해결하는 열쇠는 갈등을 포용하고 대응하는 방식에 있다. 이때 학습 공동체가 중요한 역할을 한다. 이러한 맥락에서 Palmer는 "공동체는 창조적 갈등을 위한 장을 사람을 배려하는 마음으로 보호하는 공간"(p. 25)이라고 주장하였다.

대학의 리더십은 정의와 공정함 같은 덕목만큼이나 갈등의 순간에 나타나는 배려의 윤리도 주의 깊게 관찰하고 관리해야 한다. 개인은 상호 관계적 유대를 해지치 않으면서 서로 반대 의견을 표명할 수 있는가? 다원화된 사회에서 이러한 배려의 윤리는 부분적 공동체를 넘어 전체로서의 공동체로 확장되어야 한다. 개인과 집단은 보다 큰 공동체의식을 위해 기꺼이 자신의 이익을 포기할 수 있는가?

참여적이고 민주적인 조직에서 학습하는 경험이 중요하다는 것은 교육 시스템에 대한 오래된 철학적 논제였다(예: Dewey, 1916; Thayer-Bacon & Bacon, 1998). 민주적이고 분권화된 조직 환경은 권력의 분산과 민주적 의사결정을 수반하고, 참여자들은 의미 있는 역할과 책임을 맡게 된다. 이러한 과정은 참여의 본질이라 할 수 있고, 참여란 교육적 목표를 달성하기 위해 자신이 맡은 과업에 에너지와 시간을 쏟는 것이다. Palmer(1987)가 제시한 바와 같이, 공동체 구성원들의 참여와 투자가 없으면, 교육은 순식간에 일방향적이고, 위계적이며, 형식적으로 정보를 교환하는 활동으로 전락한다. Freire(1972)는 이러한 일방향적, 위계적, 의례적 학습 경험을 개인이 억압적인 경험에 구속되는 은행 시스템에 비유했다.

학습이란 것은 본디 적극적인 도전이며, 다양한 관점과 견해를 듣고 이해하는 과정에서 향상되는 속성이 있다. 학습은 또한 참여자가 다른 사람과 함께 하면서 새로운 사고방식을 만들어 가려고 노력하기 때문에 여러 가지 위험 상황도 수반한다. 민주적 공동체의 참여적 구조는 적극적이고 능동적인 학습이라는 성과를 이끌어 내는 상황을 만들어 낸다. 구성원의 참여를 촉진하는 데 관심이 있는 대학의 리더, 교수, 직원은 캠퍼스 어디서나 민주적 공동체를 찾을 수 있는 안목을 길러야 한다. 이런 맥락에서 볼 때, 교수, 학생 활동 담당자, 기숙사 책임자, 학과장은 다음과 같은 질문을 던져야 한다. 누가 이곳을 책임지고 있는가? 여기서는 의사결정이 어떠한 방식으로 이루어지는가?

대학에서 조직 문화가 공동체의식 형성에 미치는 영향은 여러 선행 연구들을 통해 확인된 바 있다(예: Kuh et al., 1991, 2005). 조직과 구성원들의 삶과 과업이 깃든 공동체는 조직의 미션을 중심으로 움직이고, 고유한 상징, 가치, 신념, 실제, 인공물 등을 통해서 차별화된다. 이러한 차별화 요소들은 조직이 나아갈 방향과 운영 방법에 대해 매우 설득력 있는 비전을 제시한다. 이상에서 제시한 환경적 요소들은 하위 공동체의 다양한 요구를 수용하면서도 전체 공동체의 형성에 기여하고, 구성원들 사이에서 발생하는 다양한 차이에도 불구하고 이들을 하나로 통합하는 방법을 보여 준다. 즉, 대학 조직의 다양한 환경적 요소들은 대학의 전체 공동체를 시각화해서 보여 준다.

예컨대, '참여를 촉진하는 대학 진단 프로토콜(Involving College Audit Protocol)(Kuh et al., 1991)'[38]은 이상에서 제시한 준거를 측

38) 역자 주: Involving College Audit Protocol(ICAP)은 대학 환경을 측정하

정하고 있다. 대학의 어떤 전통과 행사가 학생들에게 대학의 핵심 가치를 소개하고 있고 학생들의 사회화에 기여하고 있는가? 대학은 캠퍼스 공동체를 촉진하기 위해 어떤 기회나 지원 프로그램을 제공하는가? 이러한 행사에서 배제되었다고 느끼는 작은 캠퍼스 공동체 단위가 있는가? 대학이 가진 고유한 가치를 대내외적으로 보여 주기 위해 사용하는 대표적인 용어나 표현들은 무엇인가? 즉, 대학이 처한 상황을 보여 주면서, 구성원의 소속감을 높이고, 대학의 가치와 신념을 표현하는 단어와 표현, 표어 등은 무엇인가(pp. 403-404).

　고등교육 맥락에서 교육자의 본질과 역할을 이해하기 위해 여러 개념적 모델이 사용되어 왔다. 최근 대학의 책무성 요구가 증가하면서 교육자를 교육산업의 경영자로서 투입과 산출 사이에서 부가가치를 생산하는 사람으로 이해하는 관점이 빠르게 확산되고 있다. 이러한 관점에 입각하면 학생들이 성취한 점수와 학업 성과를 일종의 산출물로 여기고, 대학의 자체평가 보고서에 포함시키기도 한다. 한편 교육자가 수행하는 활동의 정치적 측면을 강조하는 모델도 있다. 예컨대, 우리는 캠퍼스에서 벌어지는 문화 전쟁을 감독하거나 중재하면서 논쟁이 되는 이슈에 대해서 성과를 달성하고자 노력한다. 이 과정에서 상대측과 전략적 제휴를 하고, 그들을 설득하기도 하고, 그들에 대한 권력의 우위를 점하

여 대학의 교육 지도자들을 돕기 위해 개발되었다.

기도 한다. 이 두 가지 모델은 다원적인 사회에서 불가피한 것이지만 어떤 모델이든 참여적이고 생산적인 공동체는 양질의 학습 환경을 구성하는 핵심 요소라고 밝히고 있다. 시간, 공간, 문화에 걸쳐 공동체가 공유하는 관심은 조직의 목적과 성과를 달성하기 위해서 구성원들을 참여시키는 힘을 발휘한다. 이것이야말로 대학에서 학생들이 학습을 추구하는 과정에 적용할 수 있는 가장 강력한 틀이 될 것이다.

마지막으로, 우리가 여기서 정의한 공동체의 구성 요소들이 가지는 역동성은 그들 사이의 물리적인 인접성을 전제로 하고 있음을 알아야 한다. 많은 대학에서 원격 학습이 강조되고, 시대적으로 인터넷 및 웹 기술 역량이 발전함에 따라 대학 캠퍼스에서 학생들이 향유하고 경험하는 삶의 모습은 수년 내로 바뀔 가능성이 있다. 소속, 안전, 참여 및 공동체와 유사한 조건을 제공해 주는 디지털 모바일 환경 디자인이 갖는 잠재력에 대해서는 다음 장에서 다룬다.

생각해 볼 문제

1. 우리 대학은 성공적인 공동체가 가지는 특성을 어느 정도 가지고 있는가?
2. 우리 대학의 캠퍼스에서는 어떠한 환경적 요소(물리적, 인간 집합적, 조직적, 사회 구성적)가 학생들이 공동체 경험을 가장 잘 지원하고 있는가?
3. 여러분이 학생들에게 캠퍼스에서 공동체의식을 가장 잘 경험할 수 있는 곳이 어디냐고 묻는다면, 많은 학생들이 선정할 만한 곳은 어디인가?
4. 우리 대학을 다른 대학과 구별해 주는 학생들의 독특한 경험은 무엇인가?
5. 우리 대학 학생들의 공동체 경험을 증가시키기 위해서 캠퍼스의 환경적 요소(물리적, 인간 집합적, 조직적, 사회 구성적) 중 가장 많이 변해야 할 부분은 무엇인가?

모바일 테크놀로지를 통한 학습

우리는 이 책의 초판(Strange & Banning, 2001)에서 미국 고등교육에 급격한 변화를 가져올 요인으로 모바일 문화, 소셜 네트워킹, 학습에 대한 심화된 이해 등 세 가지를 제시했다. 대학이 학습 공간이라는 관점에서 볼 때, 학생들은 물리적인 캠퍼스에서만 정보를 얻는 것은 아니다. 서로 가까운 곳에 있으면서 공부해야 한다는 생각은 모바일 학습에 의해서 위협을 받고 있다. 즉, 동시성을 특징으로 하는 기존의 면대면 중심 일차원적인 교수법은 블렌디드 러닝(Vaughan, Cleveland-Innes & Garrison, 2013) 또는 면대면 방식과 온라인 기술의 상호 보완적, 유기적 통합을 기반으로 하는 학습 방식에 자리를 내주고 있다(Garrison & Vaughan, 2008, p. 148). 우리는 물리적인 거리가 학습 자원에 대한 접근이나 사회적 관계의 형성에 있어 더 이상 한계로 작용하지 않는 모바일 사회에 살고 있다. 공동체 구성원으로서 우리는 늘 가족, 친구, 동료, 지인들과의 관계에 의존하며 살아간다. 이러한 인간적 네트워킹은 우리가 주변 세계를 배울 수 있는 중요한 자원으로 진화하였고, 이에 따라 학생들의 학습 방식도 변화했다. 우리는 일방향으로 진행된 과거의 강의 중심 학습 모델에서 벗어나 다양한 학습 요구에 부응할 수 있는 많은 방법이 있음을 알게 되었다. 또한 새로운 세대는 새로운 디지털 세상에서 양질의 학습 경험이 이루어지길 기대하고 있다(McHaney, 2011). 이제 고등교육은 소셜 네트워킹과 모바일 플랫폼을 통해 학습이 융합되면서 새로운 방향으로 나아가고 있는 것이다.

이러한 학습 환경의 변화는 대학이 학생의 학습과 성공에 어떻게 기여할 수 있을지에 대하여 다시 생각하게 만들었다. 이러한 움직임은 고등교육의 가장 기초적인 부분부터 시작되고 있으며, 일부 사람들은 이것이 대학을 완전히 새로운 곳으로 이끌어 갈 수도 있다고 주장한다(Gladwell, 2006). 그러나 우리는 그곳이 정확히 어디인지 알기 어렵다. 특히, 지난 10년 동안 대학에서 펼쳐진 변화의 속도를 감안한다면 미래에 대하여 지금 말하는 것이 정확하지 않을 수 있다. 또한 미국 대학 캠퍼스에서 나타나는 이러한 디지털 침략(digital invasion)은 철저히 계획된 것이라기보다 자생적이다. '우리는 무엇을 해야 하지?'라고 묻는 대신에 교육자들은 '저기 일어나는 일을 보세요! 학생들이 무슨 일을 하는지 보이세요? 우리 저기로 가 봅시다!'라고 말해야 할 지경에 이르렀다. 그러나 지금의 변화가 어디를 향하든지 고등교육이 학생들의 학습, 성장, 발전을 위해 최선의 노력을 다해야 한다는 사실은 여전히 분명하다.

이제 본격적인 논의에 앞서, 현실과 가상 환경을 구분하는 기존

담론(Rheingold, 1991)이 요즘의 대학생들에게도 유의미한지에 대해 생각해 볼 필요가 있다. 대부분의 대학생들은 일상생활을 하면서 개인적인 만남과 디지털 접촉을 빈번하게 한다. 웹 사이트 검색, 페이스북, 트위터, 인스타그램을 하는 것은 그들이 디지털과 현실 세계를 오가며 행하는 다양한 활동의 일부일 뿐이다. 즉, 이러한 모든 활동이 그들에게는 하나의 세계이다. 다만 접근하고 참여하는 방법만 다를 뿐이다. 그들에게 가상 세계가 현실 세계만큼 진짜가 아니라는 전통적인 관념은 더 이상 통하기 어렵게 되었다.

이제 모바일 학습이라는 새로운 패러다임으로 전환하기 위해서는 현실과 가상의 학습 공간에 대한 새로운 가정과 사고방식이 필요하다(Sköld, 2011). 지난 10년 동안 우리가 보았던 변화의 범위와 속도를 생각해 보면, 지금 불가능하다고 생각하는 것들이 미래에는 흔한 것들이 될 수도 있기 때문이다.

지금까지 일어난 일들

세계적으로 인터넷 사용자 수는 1993년 전체 인구의 0.3% 수준인 1,400만 명에서 2014년에는 40%에 달하는 30억 명 수준으로 증가했다. 국가별로 비교하자면, 중국이 가장 많고 미국, 인도, 일본이 그 뒤를 따르고 있지만, 인구 대비 인터넷 사용자 비율을 보면 양상이 달라진다. 중국은 전체 인구의 46%인 6억 4,200만 명

이 인터넷을 사용하고 있지만, 미국의 경우는 전체 인구의 86.8%
(2억 8천만 명)가 인터넷을 사용하고 있다. 그 외에도 카타르
(96.7%), 아이슬란드, 바레인(각각 96.5%), 노르웨이(96.2%), 덴마
크(96.1%) 등이 전체 인구 대비 인터넷 사용자 비율이 높은 나라
이다(Internet World Stats, 2014).

Pew Research의 Mobile Technology Fact Sheet에 따르면(Pew
Research Center, 2014), 성인의 90%가 휴대용 이동통신 기기를 소
유하고 있는 것으로 나타났다. 이는 성별, 인종, 민족, 나이, 교육
정도, 가계소득 수준, 거주 지역(농촌, 도시)별로 보아도 비슷하다.
전체의 42%는 태블릿 컴퓨터를 보유하고 있고, 32%는 전자책 단
말기를 가지고 있으며, 58%는 스마트폰을 사용하고 있는 것으
로 보고되었다. 사용자들은 이러한 기기를 활용해서 문자(81%),
인터넷(60%), 이메일(52%), 각종 애플리케이션(50%), 내비게이션
(49%), 음악(48%), 화상 전화나 채팅(21%), 본인의 위치 확인이나
공유(8%)에 사용하는 것으로 나타났다.

대학생을 대상으로 하는 인터넷 접속 관련 자료를 보면 집단
간 차이는 있지만 대체로 새로운 디지털 기술에 푹 빠져 있음을
볼 수 있다. 2010년 Pew Research Internet Project의 설문조사
(Smith, Rainie, & Zickuhr, 2011)에 따르면, 4년제 대학의 100%
에 가까운 학생들이 인터넷에 접속하고, 그중 93%는 집에서 광대
역 인터넷망을 사용하는 것으로 나타났다. 10명 중에 9명은 무선
인터넷(노트북 혹은 휴대전화)을 사용한다. 4년제 대학생들과 비
교해서 커뮤니티 칼리지(전문대학) 학생들은, 94%가 인터넷을 사

용하고, 78%가 광대역 인터넷을 활용하며, 85%가 무선인터넷에 접속하는 것으로 나타났다. 앞서 실시된 전국 단위 조사(Jones, Johnson-Yale, Millermaier, & Perez, 2009)에 따르면, 대학생의 테크놀로지 사용 패턴은 학생의 특성과 밀접한 관계가 있었다. 예컨대, "여학생이 남학생보다 인터넷을 소통과 학습의 목적으로 더 자주 사용한다"(p. 259). 인종적 차이도 있었는데, 흑인과 히스패닉계 학생들은 학교에서 인터넷 사용을 시작한 반면, 백인 학생들은 주로 집에서 인터넷을 사용하기 시작했다. 이러한 집단 간 정보 격차는 디지털 혁명이 진행됨에 따라 유지될 수도 있지만 점차 사라질 수도 있다. 따라서 고등교육 연구자는 시간이 지남에 따라 집단 간 차이가 줄어드는지 확인하고, 그 원인이 무엇인지도 탐구해야 할 것이다. 하지만 이와는 별개로 인터넷은 앞으로 급격하게 성장할 것이라는 점은 명백하다. Van Der Werf(2014)에 따르면, 지난 10년 동안 대학 입학생 수는 연평균 2.6% 증가한 반면, 온라인 교육과정 등록자 수는 17.5% 증가하였다. 이 연구에 따르면, 조사 대상 학생의 3분의 1 정도가 시간적 · 공간적 편리성, 컴퓨터 기술을 사용하는 데에서 느끼는 즐거움, 혁신에 대한 관심, 내성적 성격과 같은 성격상 이유로 적어도 한 개 이상의 온라인 강의를 듣는다고 답했다(Harrington & Loffredo, 2010).

현재의 상황

대학에서 학생들이 인터넷 테크놀로지를 사용하는 이유는 주로 다른 사람들과의 소통, 소셜 네트워킹, 정보 검색, 온라인 강의와 과제 수행, 프로젝트를 위한 협업을 수행하기 위함이다. 이러한 활동들은 새로운 학습관리 시스템, 애플리케이션, 테크놀로지, 학습 전략 등이 발전하면서 함께 확대되어 왔다. 학생들은 완전 무선(wireless) 상태로 등교해서 간단한 이메일부터 복잡한 강의관리 인터페이스까지 다양한 디지털 옵션이 가미된 학습 환경을 맞이한다. 이렇게 보면 오늘날 대학은 교육에서 첨단 기술의 발전을 선도하고 있는 셈이다. 특히, 인터넷은 대학에서 핵심 교육 환경으로 깊이 뿌리내리고 있다. 상황이 이러함에도 불구하고 고등교육 맥락에서 활용되는 인터넷 기술은 많은 탐구가 필요한 미개척 영역으로 남아 있다.

미래 고등교육의 모습과 관계없이 지금까지 제시한 학생 성공을 위한 캠퍼스 디자인 전략은 인터넷 테크놀로지가 깊이 스며든 대학 환경에서도 유효할 것이다. 즉, 학생들은 항상 학습과정에 참여하면서 환영받고 싶고, 학습 공동체의 일원으로 받아들여지길 원할 것이다. 또한 학생들은 학습에 참여하면서 안전감을 느낄 수 있어야 한다. 앞서 제시한 바와 같이 학생들이 얼마나 성공적인 대학 생활을 영위하고 학업 성과를 거둘 수 있느냐는 그들이 학습에 얼마나 능동적으로 참여하느냐에 달려 있다. 학습은 본질적으로 사회적 활동이다. 따라서 공동체는 대학생의 학습 경험에서 중요한 역할을 한다. 학생들을 학습 공동체에서 포용하고, 보호하고, 참여시키고, 초대하는 것과 같은 캠퍼스 디자인 전략의 유효성은 근본적으로 변하지 않을 것이다. 다만 이를 실현하기 위해 적용하는 방법과 기술은 진화해 왔으며, 앞으로도 계속 발전할 것이다.

21세기 디지털 시대의 교수법을 살펴본 Beetham과 Sharpe(2013)에 따르면, "학습자와 교사가 사용할 수 있는 방법은 진화해 왔고, 학습에 대한 새로운 접근도 크게 늘어나고 있다. 네트워크 테크놀로지를 사용할 수 있게 됨에 따라 학습자들은 개인적·사회적·학술적 과업을 혼합하여 수행할 수 있게 되었다. 학생들은 학습에 보다 쉽게 접근할 수 있게 되었지만, 창의적인 결합 덕분에 학습과정과 성과에 대한 예측은 더욱 어렵게 되었다"(p. 13). McGill(2011)에 따르면 학습 편의성과 접근 용이성을 동시에 달성할 수 있는 세상이 도래한 것이다.

학습자들은 변화하고 있다. 서구의 젊은이 대부분은 인터넷, 이메일, 문자와 소셜 소프트웨어, 파일 공유 사이트, 클라우드 서비스와 모바일 기기를 일상적으로 사용한다. 그들이 이처럼 새로운 형태의 상호작용에 대해서 느끼는 친밀감은 학습까지 이어진다. 교육기관이나 교육 프로그램이 어떠한 테크놀로지를 사용하도록 요구하든지 간에 학습자들은 스스로 학습을 관리하기 위해 자신이 가지고 있는 의사소통 도구와 정보를 사용한다. 사실 몇몇 교육과정 개선 프로젝트는

학생들이 사용할 테크놀로지를 스스로 선택하게 함으로써 더
큰 성과를 거둘 수 있었다(p. 6).

Junco(2014)는 학생의 참여와 교육적 성과를 높이기 위해 소셜
미디어를 효과적으로 사용할 수 있음을 알았다. 그는 다가올 디
지털 세계는 대학에 보다 풍부한 가능성들을 제공할 것이라고 주
장하였다. 그렇다면 이제 다음 질문에 주목해 보자. 새로운 디지
털 기술과 그것이 주는 새로운 가능성들은 학생의 대학 경험, 특
히 학습의 경험과 역동성에 어떤 변화를 일으킬 것인가? 캠퍼스
에서 점차 확대되는 새로운 소통 방식은 어떠한 가능성을 불러일
으키는가? 그것이 가져올 도전과 위험은 무엇인가? 새로운 학습
테크놀로지가 학생의 소속감과 안전, 참여, 경험에 미치는 영향은
무엇인가? 이상의 문제들은 앞으로 연구를 수행해 가는 과정에
대하여 시사하는 바가 크다.

소속과 안전

디지털 기술은 도입 초기에는 신입생끼리 서로 소통하는 목적
으로 사용되었다. DeAndrea, Ellison, LaRose, Steinfield, 그리고
Fiore(2012)는 미시간 주립대학교(Michigan State University)에서
재학생과 캠퍼스 인근 주민들을 연결하기 위해 만든 소셜 미디어
사이트(SpartanConnect)가 창출한 긍정적인 효과에 대하여 보고했
다. 그들에 따르면, 이 사이트에 참여한 사람들은 "자신의 관심사

와 거주하는 위치를 중심으로 여러 그룹 활동에 참여할 수 있었고, 각 집단은 이 사이트를 통해서 포럼, 이벤트 일정, 멤버 연락처 등을 공유"(p. 17)하고 있었다. 사실 이 사이트는 "신입생이 대학에 대해 긍정적인 믿음을 갖도록 하고, 사회적 규범을 형성하고 익힐 수 있도록"(p. 17) 개발되었다. 이 웹 사이트의 목적은 "입학 전과 입학 첫해에 학생 자원 네트워크를 형성하는 것"(p. 15)이었다. 대학 당국은 "학생들이 입학 전부터 SNS를 통해서 소통하게 함으로써 포괄적인 사회적 네트워크를 형성하도록 하는 것이 입학 후 사회적 자본을 확대해 가는 데 가장 효과적인 방법"(p. 16)이라고 생각했기 때문이다. 실제로 연구 결과에 따르면, 이러한 웹 사이트 활동은 학교에서 제공되는 다양한 학생 지원 서비스를 보다 쉽게 찾고 사용할 수 있도록 함으로써 입학 후 대학 생활 적응에 기여하는 것으로 나타났다. 또한 이 웹 사이트는 입학 결정에도 큰 영향을 끼치는 동료 학생 간 지원과 대학에 대한 정보 공유에도 효과적인 것으로 나타났다.

　사회적 관계와 학업 목적을 혼합한 테크놀로지 기반 프로그램 사례로는 Bers와 Chau(2010)가 설명한 '테크놀로지 기반 능동적 시민 되기(Active Citizenship Through Technology: ACT)' 프로그램이 있다. 예비 대학 프로그램으로서 ACT는 입학을 앞둔 학생들을 대상으로 하는 것이다. 초기에는 구성원 간 대화에 참여할 수 있도록 하고, 장기적으로 동료 간 지원 네트워크를 촉진할 수 있도록 하는 것이 목적이다. Bers와 Chau(2010)에 따르면, 학생들은 디지털 플랫폼을 활용해서 "지역사회 문제에 대해 동료들과 의견을 나눌 수 있는 가상의 미래 캠퍼스를 디자인하게 된다. 학생들은 그곳에서 시민 역량을 향상할 수 있는 활동에 참여하게 되고, 그들이 속한 대학 공동체에 대해서 알게 된다"(p. 1).

이러한 노력에도 불구하고, 대학에 입학한다는 것은 학생들에게 긴장되는 경험이다. 특히, 주변에 조언을 해 줄 수 있는 사람이 적은 이민 1세대 가족 학생이나 민족, 성 정체성, 장애, 신앙, 나이, 사회경제적 지위 면에서 소수자 집단 학생들이 더욱 힘든 경험을 한다. 이런 상황에서 대학이 제공하는 웹 사이트나 SNS는 중도 이탈 가능성이 높은 소수 집단 학생들을 도울 수 있는 좋은 수단이 될 수 있다. 물론 온라인 커뮤니티가 위험이 없는 것은 아니다. 특히, SNS는 구성원들이 소통하며 지나치게 많은 정보를 공유하게 만들어 자칫하면 사생활 침해를 야기할 수도 있다. 친구와 적 모두가 접근할 수 있는 공개된 시스템으로서 SNS는 참여 자격과 방법에 대해서 명시적인 기준을 제시함에도 불구하고 나쁜 의도를 가진 사람들의 먹잇감이 되는 경우도 있다. 스팸, 피싱, 데이터 마이닝(data mining), 악성 프로그램 공격은 디지털 세계에 처음 발을 내딛은 순진한 사람들을 쉽게 공격한다. 시스템 차단이나 신뢰할 수 있는 인증 메커니즘을 통해 네트워크의 안전성을 크게 강화시켰지만, 공개된 시스템에 접근할 때에는 여전히 주의가 필요하다.

일반적으로 대학들은 미래의 학생들과 소통하기 위해 온라인 디지털 도구를 사용하는 경향이 있다. 대학 웹 사이트는 대학에 관심 있는 미래의 학생들에게 입학 정보를 제공하는 주요 출처가 되고, 입학 지원을 위한 중요한 수단으로 자리 잡았다. 대학 홈페이지는 대학의 사명을 보여 주고, 캠퍼스에 있는 중요한 문화적 자산을 보여 주는 중요한 출처가 된다. 멀티미디어 자료와 스토리를 대학의 웹 사이트에 올리는 것은 대학 생활에 대하여 기대를 가지고 있는 학생들이 대학과 개인적인 관계를 만들 수 있도록 도와준다.

학습 활동에 참여하기

대학은 디지털 기술을 사용함으로써 학생들을 대학 공동체로 이끌고 대학에 붙들어 둘 수 있다. 뿐만 아니라 디지털 기술은 학생들이 신속하게 정보를 탐색할 수 있게 하고, 학생 간 소통과 협업을 촉진한다. 디지털 기반 학습을 통해 다양한 방식의 학습이 이루어지고 학습과 맥락을 연계(Gikas & Grant, 2013)해서 자기주도적 학습이 활발해지는 장점도 있다(Hu & Hui, 2012). 실제로 고등교육에서 디지털 혁신은 구성원의 통합이나 안전에 대한 문제보다 학생들이 교실 안팎에서 보다 활발한 학습을 하도록 돕는 데 더욱 큰 효과를 발휘한다. 대표적인 사례가 모바일 소셜 네트워킹 및 애널리틱스 앱인 캠퍼스쿼드[39)]이다. 이 앱은 실시간 소통과 정보 제공을 통해 학생들을 캠퍼스 활동에 참여시키는 것을 목적으로 한다. 학생들에게 자신의 관심이나 경험과 어울리는 캠퍼

---

39) http://www.campusquad.com 참고

스 집단과 이벤트를 알려 주고, 같은 관심사를 가진 친구들 찾아서 연결해 준다. 자발적 학습 참여를 촉진하고, 학생에 대한 서비스 제공을 지원한다. 이 앱은 동창회 같은 공동체 활동을 확대하기 위해 개발되고 있는 소셜 미디어 기술의 하나로 대학에서도 공동체 형성을 촉진하는 역할을 할 수 있다(Davis, Deil-Amen, Rios-Aguilar, & Gonzalez Canche, 2012).

한편 디지털 기술이 제공하는 이점을 좀 더 살펴보기에 앞서 학습의 본질이 무엇인지에 대하여 생각해 볼 필요가 있다. 지난 수십 년 동안 학생이 어떻게 배우는지를 들여다보려는 시도가 수없이 진행되었다. 학습과 관련해서 단순한 주장을 펼치는 것("우리는 가르치나 그들이 배우지 않는 것일 뿐!")부터 시작해서 다중 지능 이론(Gardner, 1985, 1999), 학습 스타일(Kolb & Kolb, 2012), 강점과 재능 이론(Clifton & Anderson, 2002), 인지 작용 이론에 이르기까지 심오하게 살펴보는 노력도 이어졌다.

어떤 주제와 관련된 학습 이론이 발전하면서, 우리는 학습과정의 역동성과 여기에 학습 공동체가 미치는 영향에 대해 보다 잘 이해할 수 있게 되었다. 즉, "학습은 본질적으로 사회적 활동이며 소통의 활동"(Jin, 2002, p. 175)이라는 것이다. 학습은 또한 해석적인 활동이기도 하다. 예컨대, 포스트모더니즘에 기초한 구성주의적 접근은 "학습자들이 자신이 겪은 바, 세상과 소통한 바를 토대로 세상을 이해하고 해석한다"는 점을 강조한다. 우리는 지식을 그저 수용하기보다 적극적으로 구성한다는 것이다. 다시 말해, "지식은 재구성될 수 있으며 다른 구성원과 사회적 상호작용을 하면서 학습한 내용이 재구성되기도 한다"(p. 175). Chan(1995)에 따르면, 만약 지식이 현실 세계가 어떠한지에 대하여 구성원들이 합의한 바라고 한다면, 학습은 자연스럽게 사회적 환경에서 이루어지는 것이라고 이해할 수 있다. 따라서 학생들 사이에서 펼쳐지는 사회적 상호작용은 학습과정에서 중심적인 역할을 담당할 수 있다. 즉, "모든 학습은 어떤 방식으로든 상호작용적이다"(Jin, 2002, p. 175).

Parker Palmer는 오랜 동안 교수-학습에 있어서 공동체가 중요한 역할을 한다고 주장해 왔다. Palmer(1987)에 따르면, "인지와 학습은 집단적 행위다. 그것들은 많은 눈과 귀, 많은 관찰과 경험을 필요로 한다. 즉, 인지와 학습은 관찰되는 것들과 그것의 의미에 대한 반복적 토론, 반대, 합의가 연속되는 현상이다. 이러한 행위야말로 '학문 공동체'의 본질이자 교실의 본질이 되어야 한다." 또한 그는 "공동체는 우리가 가르치고 배우는 방법과 관련해서 중심 개념이 되어야 한다"고 주장했다(p. 25). 같은 맥락에서 Palmer(2002)는 자신의 대학 경험을 되돌아보면서, "가장 빠르고 심도 있는 학습은 교사, 학생, 과목이 역동적으로 연계될 때 가능하다"(p. 185)고 주장했다. 지난 20년 동안 고등교육 맥락에서 교수와 학습에 대한 논의는 개인 학습에서 공동체적 성취로서의 학습으로 초점이 바뀌고 있다. 이러한 생각들은 새로운 디지털 기술의 활용을 통한 대학의 혁신에 대하여 많은 시사점을 제공한다.

디지털 교수법은 대학 생활 경험과 참여가 학습을 위한 핵심 조건으로 강조되면서 더욱 발달하였다. 이러한 생각의 근원은 거의

한 세기 전에 풍미했던 진보주의 교육운동(Dewey, 1916, 1933)으로 거슬러 올라간다. 대학 캠퍼스에서 대학생의 학습 참여 실태 조사(National Survey of Student Engagement: NSSE)를 실시하는 방식으로 보다 체계화되었다. 가상 또는 온라인 학습 공동체를 디자인하는 사람들은 이러한 진보주의 교육 사상이 매우 친숙하게 다가올 것이다. 이와 관련하여, 진보교육 주의자들은 다음과 같은 원리를 강조한다(Progressive Education Network, 2014).

- 교육은 학생이 민주사회에 적극적으로 참여할 수 있도록 준비시켜야 한다.
- 교육은 학생의 사회적 · 정서적 · 학업적 · 인지적 · 체력적 발달에 초점을 두어야 한다.
- 교육은 학생이 자연적 호기심과 더불어 배우고자 하는 선천적 욕구를 배양할 수 있도록 지원해 주어야 한다.
- 교육은 학생의 내적 동기를 고양시켜야 한다.
- 교육은 학생의 발달 단계에 따른 욕구에 부응해야 한다.
- 교육은 교사와 학생 사이에서 존중하는 관계를 만드는 것이 중요하다.
- 교육은 학생이 경험 학습에 적극적으로 참여할 수 있도록 이끌어야 한다.
- 진보주의 교육자들은 우리 사회가 교육 비전을 수립하는 데 보다 적극적인 역할을 해야 한다.

이러한 관점이 구체화되려면 다음과 같은 방법이 필요하다 (Wikipedia, 2014).

- 실천을 통한 학습: 직접 참여하는 프로젝트 학습, 탐구 학습, 체험 학습
- 주제 중심으로 통합된 교육과정
- 교육에 기업가 정신을 연계
- 문제해결과 비판적 사고의 강조
- 공동체 활동과 사회적 상호작용 기술 계발
- 주입식 교수-학습보다 이해와 행동을 촉진하는 학습 목표를 강조
- 협력적이고 협동적인 학습 프로젝트
- 사회적 책임과 민주주의를 위한 교육
- 각 개인 목표를 반영하는 개별화 교육
- 교육과정에 지역사회 활동 및 봉사학습 프로젝트를 통합
- 미래 사회가 요구하는 역량을 반영한 교육과정과 내용 선정
- 교과서 외에 다양한 학습 자원의 활용을 확대
- 평생 학습 및 사회적 역량 강조
- 프로젝트 및 결과물에 기초한 학생 평가

고등교육에서 디지털 혁명과 공동체 및 경험을 강조하는 것은 대학생의 학습 참여를 중시한다. 즉, 모바일 학습, 지금-여기 학습(here-and-now learning), 학습자 맞춤형 학습 환경(personal learning environments: PLEs), 다중 사용자 시스템, 개인 애플리케이션 등이 이를 위한 교수-학습 방법이다. 이와 같은 접근법은 전통적인 교수-학습 모델을 탈피한 것들이다. 사용자 중심 디자인(user-centered design: UCD)을 활용해서 학습과정에서 개인 차이를 존중하고 학생의 특성에 부합하는 학습 환경을 구성하려고 노력한다(Abras, Maloney-Krichmar, & Preece, 2004). Web 2.0과 같은 디지털 기술과 시스템의 빠른 발전은 이러한 학습법의 발전을 더욱 촉진하고 있다.

모바일 학습

모바일(mobile)은 오늘날 대학생들이 온라인 강의 또는 과제에 접근하기 위해 사용하는 최신의 디지털 기술을 가장 잘 보여 주는 단어이다. 컴퓨팅 기술의 급속한 확산과 만물 인터넷(The Internet of Everything)(Evans, 2012)이라고 불리는 디지털 기술의 보편화는 시간과 장소를 가리지 않는 학습을 가능하게 만들었고(Vinu, Sherimon, & Krishnan, 2011, p. 3069), 대학생들은 이런 기회를 십분 활용하고 있는 듯하다. 2013년의 전미 대학생 조사 보고서(National Report on College Students)(Pearson Learning Solutions, 2013)의 '대학생 모바일 이용 실태(Student Mobile Device Survey, 2013)'에 따르면, 미국 대학생의 91%가 정기적으로 노트북을, 72%가 스마트폰을, 51%가 데스크톱 컴퓨터를, 40%가 태블릿 PC를, 20%가 전자책 단말기를, 11%가 넷북을 사용하고 있다. 조사 대상의 3분의 1은 향후

6개월 내에 태블릿 PC나 스마트폰을 구매할 계획이 있다고 밝혔다. 태블릿 PC를 가장 많이 사용하는 학생들은 남자(44%), 흑인(51%), 히스패닉계(51%), 25~30세 사이(57%) 학생이다. 스마트폰을 가장 많이 사용하는 학생들은 흑인(79%), 히스패닉계(80%), 얼리 어답터들(early adapters)(84%)로 나타났다. 학업을 위해 노트북 컴퓨터를 사용하는 학생들 중에서 94%는 일주일에 2~3회 혹은 그 이상 사용하였고, 73%는 같은 빈도로 학업을 위해 스마트폰을 사용하였으며, 태블릿 PC를 가진 학생들 중에서 3분의 2 정도는 일주일에 두세 번 학업을 위해 이를 사용한다고 밝혔다.

2012년 센트럴 플로리다 대학교(University of Central Florida)에서 시행된 설문조사 결과를 보면, 이제 모바일 학습은 미국 대학에서 순조롭게 자리매김하고 있는 듯하다. 조사 대상인 1,082명 중에서 91%는 소형 모바일 기기(아이폰, 안드로이드, 아이팟 터치 등)를 가지고 있었다. 하지만 모바일 태블릿(아이패드, 안드로이드 태블릿, 킨들 파이어 등) 소유자는 37%에 그쳤고, 전자책 단말기(킨들, 누크 등) 소유자도 27%에 불과했다(Chen & Denoyelles, 2013). 태블릿 PC 소유자의 82%는 학업 목적으로 이를 사용하지만, 소형 모바일 기기 사용자는 58%, 전자책 단말기 소유자는 64%만이 이를 학업 목적으로 사용하고 있다고 응답했다.

인구 통계학적 요인도 모바일 기술의 사용 패턴에 영향을 끼친다. 1, 2학년 학생들이 3, 4학년 학생들보다 수업에서 소형 모바일 기기를 많이 사용하며, 아시아계 학생이거나 여성일수록 또한 나이가 어릴수록 학업 목적으로 모바일 기기를 빈번하게 사용

하는 것으로 나타났다. 이러한 패턴에는 분명히 세대적인 흐름도
존재한다. 하지만 흥미로운 것은 학생들의 성적이 높을수록 소형
모바일 기기 또는 전자책 단말기를 적게 사용한다는 사실이다.
즉, 이들 기기가 학생들에게 인기가 있는 것은 사실이지만 아직까
지 학업에는 완전한 영향을 미치지 못하고 있다는 것이다. 사실,
학생들 사이에서 가장 인기가 높은 다섯 개의 애플리케이션 유형
들은 모두 사회적 관계 또는 엔터테인먼트 장르였다. 75%는 SNS
사용이었고, 71%는 음악, 53% 게임, 48% 내비게이션, 47%는 엔
터테인먼트 관련 사용으로 나타났다. 이러한 결과는 대학생의
86%가 소셜 네트워킹 사이트를 사용하고 있다는 국가 차원 조사
결과와도 일치한다. 어느 한 대학에서 '구조 디자인과 기술' 강의
를 수강했던 학생들을 대상으로 수행된 연구에 따르면, 모바일 기
기를 가장 많이 사용했던 용도는 통화(100%)와 문자(100%)이며,
다음으로는 인터넷 검색(93%)과 학교 과제(83%)인 것으로 나타났
다(Martin & Ertzberger, 2013). 이러한 결과가 학생들이 기기들을
학습용으로 사용하는 법을 아직 충분히 알지 못한 것에 따른 것인
지, 교수진들이 이를 유도하지 못해서 발생한 것인지는 분명치 않
다. 하지만 학생과 교수 집단 모두 디지털 기술을 더욱 잘 사용하
는 방향으로 나아가고 있는 것은 분명하다.

대학생들이 사용하는 디지털 도구는 다양하다. 앞서 언급한
Pew 연구에 따르면, 학부생의 96%가 휴대전화를 쓰고 있으며,
59%는 데스크톱 컴퓨터를, 88%는 노트북을, 84%는 아이팟(iPod)
또는 mp3 플레이어를, 58%는 게임 플레이어를, 9%는 전자책 단

말기를, 5%는 태블릿 PC를 가지고 있었다. 커뮤니티 칼리지 학생들도 휴대전화 사용은 비슷한 수준이었지만, 데스크톱 컴퓨터(67%)를 쓰는 학생들의 비율은 낮았다. 노트북(70%), 아이팟이나 mp3 플레이어(72%), 전자책 단말기(4%), 그리고 태블릿 PC를(4%)도 마찬가지로 4년제 대학생들보다 사용자가 많지 않았다. 하지만 게임기(61%)는 커뮤니티 칼리지 학생들이 보다 많이 가지고 있었다. 이러한 통계치는 아마도 커뮤니티 칼리지 학생들의 인구학적 특성을 반영하는 것일 수 있다. 그럼에도 불구하고, 커뮤니티 칼리지 학생들은 4년제 대학 학생들(63%)보다 인터넷 접속을 위해 휴대전화를 다소 많이 사용하는(65%) 것으로 나타났다. 마지막으로, 학생들은 소유한 기기별로 사용 목적이 달랐다. 즉, 태블릿 PC의 경우, 82%의 사용자가 학문적인 목적으로 사용하였지만, 소형 모바일 기기는 소유자의 58%, 전자책 단말기는 소유자의 64%만이 이를 학업 활동에 사용하는 것으로 나타났다. 이상의 통계를 보면, 교수들이 디지털 기술을 교육 활동에 활용하려면 보다 전문성을 계발해야 함을 알 수 있다. 비록 시사점을 주고 있지만 대학생의 디지털 기기 사용에 대한 선행 연구들은 빠른 변화의 모습을 그저 단편적인 스냅숏 수준으로 보여 주고 있을 뿐이다. 어쨌든, 유비쿼터스 특성을 지닌 모바일 기술은 대학생의 즉각적인 학습 기회를 고양하는 역할을 해 왔음을 볼 수 있다. 모바일 기술의 활용을 통해 어떠한 학습 기회가 확대되었는지에 대해서는 다음 장에서 다룬다.

'지금-여기' 학습

모바일 기기가 광범위하게 사용됨에 따라 초기에는 상황 학습 (situated learning)(Lave & Wenger, 1991)으로 불렸던 것이 지금-여기 (here and now) 모바일 학습 또는 M 러닝(Stevens & Kitchenham, 2011) 으로 진화했다. 지금-여기 학습이란 "모바일 컴퓨팅과 이러닝이 복합된 개념으로 언제 어디서든 학습 자료를 찾아볼 수 있다는 장 점이 있다. 구체적으로 이 학습은 강력한 검색 능력, 풍부한 상호 작용, 효과적 학습을 위한 자료 지원, 성과 기반 평가 등을 바탕으 로 이루어진다"(Quinn, 2000). Martin과 Ertzberger(2013)에 따르 면, '지금-여기 학습법'은 본질적으로 "학습자들이 모바일 기술 을 활용해서 언제, 어디서나 관련된 학습 정보에 접근할 수 있는 상황에서 일어나며, 학습이 일어나는 맥락에서 참학습(authentic learning)을 가능하게 한다." 이러한 학습을 통해서 "학생들은 학 습 상황에 빠져들 수 있고, 자신이 보고 경험하는 것에 대한 정보 를 얻을 수 있다"(p. 77). Vinu, Sherimon, 그리고 Krishnan(2011) 은 '지금-여기 학습'이 고도화된 형태인 '모바일 학습'에 대하여 지정된 스마트 공간에서 "지능형 환경과 학습 맥락에 대한 이해 가 어우러지면서 강화된 학습"이라고 설명한다. "학습자는 자신 이 처한 상황에 대한 정보를 센서, 태그 등이 내장된 학습 환경으 로부터 구하게 된다. 학습자는 자신의 모바일 기기를 가지고 움 직일 수 있게 되고, 학습의 맥락이나 환경을 따라가는 모바일 기 기를 통해 소통하면서 학습이 역동적으로 지원되는 시스템이 만들어진다"(p. 3069).

 '지금 – 여기 모바일 학습'의 효과는 참여, 실제성, 비공식이라는 세 가지 관점에서 설명할 수 있다. 우선 Martin과 Ertzberger(2013)는 이러한 방식이야말로 진정한 참학습이고 맥락 기반 학습이 일어나기 때문에 학습자의 동기 유발과 학습 참여가 촉진된다고 했다(p. 77). 이러한 학습 방식을 활용함으로써 학생들은 지리적, 문화적, 사회 – 정치적 고립 상황(Beckmann, 2010)에서 벗어나 다른 전문가들과 지속적으로 상호작용하면서 진정한 학습을 경험할 수 있다는 것이다(pp. 77–78). '지금 – 여기 학습'의 핵심은 "학습은 그것이 일어나는 환경의 영향을 받을 수 있기 때문에 지식이라는 것은 실제 과제가 놓인 상황과 맥락에서 이해되어야 한다"는 것이다(Bransford, 2000, Martin & Ertzberger에서 재인용, p. 78). 따라서 모바일 기반 학습 환경은 모바일 기기의 간편한 휴대성이 강점이고, 교실 안이든 현장이든 학생들을 보다 명확한 이해와 독립된 학습 상황으로 인도하는 비계(scaffolding)를 제공한다. 다시 말해 모바일 학습의 최대 강점은 장소에 상관없이 학습 환경이 유지된다는 것이다(Bransford, 2000, Martin & Ertzberger에서 재인용, p. 78). 마지막으로 모바일 학습은 맥락적으로 일어나기 때문에 "비공식 학습이나 특별한 노력 없이도 학습이 자연스럽게 일어나도록 한다는 장점이 있다"(p. 78). 특히, 응용 분야에서 '지금 – 여기 학습'과 모바일 기술이 융합되면서 대학생의 학습 참여는 증가하고 학습에 대한 학습자의 학습 욕구가 충족될 가능성도 높아진다. '지금 – 여기 학습 상황'에서는 이론과 실행이 순차적으로 일어나지 않는다. 지금-여기 모바일 기술은 구체적인 학습 맥락에서 이론과 실행을 결합시킴으로써 학습에 대한 기대와 실제적인 적용을 순환적으로 통합해서 진행할 수 있게 된다. 이와 같은 맥락적, 통합적 학습은 개인적 요구와 선호에 부합하는 학습 경험을 가능하게 하는 디지털 혁명의 특성과도 맞닿아 있다.

학습자 맞춤형 학습 환경

Dabbagh와 Kitsantas(2012)는 '개인적(학습자 맞춤형) 학습 환경'(personal learnig environments)이란 개념에 대한 연구를 시작하기에 앞서 소셜 미디어가 대학생의 학습 경험에 통합되는 현상에 대해 살펴보았다. 그들은 2010 EDUCAUSE 설문조사를 인용해서 전체 조사 대상의 49%는 SNS, 40%는 마이크로 블로그, 38%는 블로그, 33%는 비디오 자료 공유, 31%는 위키피디아 사용, 31%는 소셜 북마킹을 수업 관련 팀 학습 활동에 사용하고 있음을 밝혔다. 교수들도 교수-학습 활동을 돕거나 학생의 학습 참여를 촉진하기 위해 소셜 미디어(블로그, 전자 포트폴리오, 트위터 등)를 점차 더 많이 사용하는 것으로 나타났다. Pew Research Internet Project Social Media Update(Duggan & Smith, 2013)에 따르면, 성인들은 페이스북을 가장 많이 선택하고 있었고(73%), 다음으로 링크드인(22%), 핀터레스트(21%), 트위터(18%), 인스타그램(17%)이 그 뒤를 따르고 있다. 전체적으로는 42%에 가까운 사람들이 복수의 SNS 서비스를 사용하고 있는 것으로 나타났다. 미래 세대가 자신

들의 경험과 선호를 SNS 시스템에 반영함에 따라, 이상에서 살펴
본 수치는 지속적으로 변화할 전망이다. 특히 대학생들의 SNS에
대한 몰입은 교육 시스템이나 개인적 학습 환경과 연계되면서 대
학에서 이루어지는 교수—학습 활동에 큰 변화를 가져올 것으로
생각된다.

개인적 학습 환경은 웹 2.0 기술로 가능해진 도구들을 활용한
다. 월드와이드웹의 2세대라고 할 수 있는 웹 2.0은 "웹 기반 사
용자 공동체를 강조하는 열린 의사소통과 보다 개방적인 정보 공
유를 특징으로 한다"(Webopedia, 2014). 개인적 학습 환경은 "학
생이 학습 내용을 창조하고 조직하며 구성할 수 있는 도구와 자
료를 선택할 수 있게 함으로써 효과적이고 효율적인 학습을 할
수 있도록 하고, 학생이 자신의 학습에 대하여 책임질 수 있도록
한다"(McGloughlin & Lee, 2010; Rubin, 2010, Dabbagh & Kitsantas,
2012에서 재인용, p. 4). 학생이 디자인하는 개인적 학습 환경은 "학
생 개인의 학습 스타일이나 학업 속도에 따라 각자의 학습 목표
와 접근법을 갖도록 한다"(Johnson, Adams, & Haywood, 2011, p. 8,
Dabbagh & Kitsantas, 2012에서 재인용, p. 4). 대부분 대학에서 학업
관리 시스템은 교수 또는 관리자에 의해서 통제될 뿐이고, 학습자
에 의한 관리나 개인화는 거의 이루어지지 못하고 있다. 학생은
개인적 학습 환경을 설계하면서 자신의 학습 스타일과 선호도를
알 수 있게 되고, 사용하기 편한 학습 도구를 선택할 수 있다. 게
다가 동료들과의 원활한 협력을 할 수도 있고, 스스로 학업 성과
를 창출하기 위한 방법을 찾고 조절할 수 있게 된다.

자기조절학습(Zimmerman, 2000)에 관한 선행 연구를 바탕으로, Dabbagh와 Kitsantas(2012)는 학생들이 개인적 학습 환경에서 소셜 미디어를 활용해서 자기조절학습을 할 수 있는 3단계 방법을 제안하였다([예시 8-1]). 이는 Zimmerman의 학업 성취 3단계 모델을 보완한 것이다. 우선 1단계인 사전 숙고 단계에서는 과제 수행 방법에 영향을 미치는 목표와 계획을 파악하고 과제에 대해 흥미를 느끼면서 자기효능감 같은 신념을 얻는다(Dabbagh & Kitsantas, 2012, p. 6). 두 번째 단계에서는 자신의 학습이 진전되는 상황을 모니터링하고 과제 수행 전략을 사용하면서 "목표를 달성하

[예시 8-1] 개인적 학습 환경에서의 자기조절학습을
지원하기 위한 소셜 미디어 활용의 체계

	(1단계) 개인 정보 관리	(2단계) 사회적 상호작용 및 협력	(3단계) 정보 수집 및 관리
블로그	강사는 학생들이 학습 목표를 정하고 강의 과제를 계획하기 위해 블로그를 개인적인 일기장으로 사용하도록 장려한다.	강사는 학생들이 블로그 댓글 쓰기를 사용하여 강사와 동료들이 댓글을 통해 기본적인 소통과 공유를 할 수 있도록 격려한다.	강사는 추가적인 내용을 유입하기 위해 어떻게 블로그를 설정하고 블로그를 어떻게 RSS 통합 서비스에 추가할 수 있을지 시연한다.
위키 피디아	강사는 학생들이 위키를 내용 정리와 관리를 위한 개인적인 공간으로 사용하도록 장려한다.	강사는 학생들이 위키의 협력적 수정과 피드백을 위한 댓글 기능을 가능하게 하도록 장려한다.	강사는 학생들의 시간에 따른 학습의 자기평가를 향상시키기 위해 위키의 히스토리 보는 법을 보여 준다.

구글 캘린더	강사는 학생들이 개인적인 일정 관리를 위해 구글 캘린더를 사용하도록 장려한다.	강사는 학생들이 일정 공유 기능을 가능하게 하여 강의 과제를 마치기 위해 피드백과 협력을 허용하도록 장려한다.	강사는 시간 계획 및 관리에 관한 학생의 자기평가를 향상시키기 위해 개인 및 그룹 일정을 보관하는 법을 시연한다.
유튜브 혹은 플리커	강사는 학생들이 플리커나 유튜브를 강의 내용과 관계된 개인 미디어로 설정하여 사용하도록 장려한다.	강사는 학생들이 미디어 파일 저장고에서 공유 기능을 활성화하고 동료들이 만든 유사한 미디어 파일 저장고에 참여하도록 한다.	강사는 학생들의 개인 파일 저장고의 개선을 위해 몇 개의 미디어 파일 저장고에서 미디어를 모으는 법을 보여준다.
소셜 네트워킹 사이트	강사는 학생들이 링크드인에서 학업 및 커리어 프로필을 만들도록 장려한다.	강사는 학생들이 그들의 직업 목표와 관련된 온라인 커뮤니티에 연계하도록 장려한다.	강사는 학생들이 그들의 프로필과 소셜상의 존재를 재구성하고자 하는 목표를 가지고 자기성찰에 참여하도록 요구한다.
소셜 북마킹	강사는 학생들이 강의 내용 정리를 위해 소셜 북마킹 도구(예를 들면, Delicious 등)를 사용하도록 독려한다.	강사는 학생들이 다른 급우들과 협력하고 구체적인 학습 주제 및 과제와 관련된 북마크 목록을 함께 만들도록 한다.	강사는 학생들이 그들의 개인 및 그룹 북마크를 스스로 성찰하여 원하는 학습 결과를 강화할 수 있도록 한다.

출처: *The Internet and Higher Education*, Vol 15, Nada Dabbagh and Anastasia Kitsantas, Personal learning environments, social media, and self-regulated learning: A natural formula for connecting formal and informal learning, pp. 3–8, Copyright 2012, Elsevier의 허가를 받고 사용함.

기 위한 실제 행동에 착수한다"(p. 6). 마지막 3단계에서는 "그동안 추적하고 관찰한 결과를 사용해서 자신의 학습 성과를 평가하게 된다"(p. 6). 자기조절학습자들은 이러한 절차와 방식에 따름으로써 "성공적인 목표 달성에 이르는 순환적인 피드백 고리에 참여하게 된다"(p. 6).

앞에서 Dabbagh와 Kitsantas(2012)가 제시한 자기조절학습 체계는 "교수자들에게 자기주도학습을 촉진하는 개인적 학습 환경과 적극적인 참여 유도 방법이 무엇인지를 알려 준다"(p. 6). 우선 첫 번째 단계는 학생들이 인터넷 즐겨찾기 사이트 목록(online bookmarks), 각종 멀티미디어 자료, 개인 일기, 학업 스케줄 북 같은 이러닝 자료들을 스스로 만들고 관리함으로써 개인적인 또는 집단의 학습 공간을 만들도록 안내하는 것이다(p. 6). 두 번째 단계는 "학생들이 소셜 미디어를 사용하여 강의 주제와 관련된 비공식적 학습 공동체를 만드는 단계다. 이를 통해 학생은 개인적 학습 공간을 사회적 학습 공간으로 확장시켜 나간다"(p. 6). 마지막으로 세 번째 단계는 학생들로 하여금 "소셜 미디어를 이용해서 첫 번째와 두 번째 단계에서 얻은 정보를 종합해서 자신의 전체적인 학습 경험을 들여다보고 반추해 보도록" 하는 것이다(p. 6). 각 단계마다 소셜 미디어는 모바일 기술과 함께 쓰임으로써 학생들이 자기 주도적 학습자가 되도록 유도한다. 이러한 웹 기반 학습은 학생들이 적극적으로 학습에 참여하고 바람직한 학업 성과를 성취하는 데 꽤 긍정적인 영향을 미치는 것으로 나타났다. 이처럼 자기주도적 학습자를 길러내는 것이야말로 대학 교육의 궁극적인 목표라 할 수 있다. Chen, Lambert, 그리고 Guidry(2010)의 연구 결과에 따르면, "웹과 인터넷 기술을 학습에 적용하는 학생들은 NSSE와 같은 대학생의 학습 참여 실태조사에서 높은 점수를 얻을 뿐만 아니라 또한 고차원 학습, 반성적·통합적 학습과 같은 심도 있는 학습법을 보다 많이 사용하는 경향을 보였다. 또한, 교양 교육, 과제 수행 역량, 개인 및 사회적 발달에 있어서도 높은 성과를 얻은 것으로 나타났다"(p. 1230). 오늘날 다양하게 등장하는 모바일 앱은 전통적인 수업 장면 또는 캠퍼스퀴드(CampusQuad)[40] 앱을 활용한 수업 외 활동 맥락에서 학생들이 다양한 학습 경험을 할 수 있는 기회를 훨씬 확대하고 있다.

MUDs와 기타 다중 사용자 시스템

'지하 감옥과 용(Dungeons and Dragons)'이라는 게임에서 영감을 얻은 '다중 사용자 시스템(multiuser dimensions: MUDs)'은 "여러 사람들이 가상의 공간에서 상호작용하고 교류할 수 있는 소프트웨어 시스템"이다(Curtis & Nicholas, 1993, Jin, 2001에서 재인용). 이것을 "사용자 확장형 가상현실이라 할 수 있고, 여기서 참여자들은 인위적으로 만들어진 공간에 있으면서 서로 실시간으로 소통할 수 있다. 참여자는 가상 세계를 탐험할 수 있을 뿐 아니라, 그것을 확장해서 새로운 장소와 다양한 물체를 만들어 낼 수도 있

40) http://www.campusquad.com 참조.

다. MUDs는 참여자 간 협력을 특히 강조하는데 사회적 맥락에서
이루어지는 상호작용을 장려하고 그 결과로 상호작용 학습을 위한
기회를 풍부하게 제공할 수 있다"(Jin, 2001, p. 173).

대학 캠퍼스에서 학습 목적으로 널리 활용되고 있는 또 하
나의 첨단 기술은 바로 다중 사용자 가상 환경(multiuser virtual
environment: MUVE)이다. 모든 다중 사용자 가상 환경은 "다수의
사람들이 동시에 참여해서, 1) 가상 상황에 접속하고, 2) 디지털
인공물과 상호작용하며, 3) 아바타(그래픽이나 문자를 통한)를 통해
자신을 나타내기도 하고, 4) 다른 참여자(어떤 경우에는 컴퓨터상으
로만 활동하는 행위자)와 소통하고, 5) 실제 상황에서 나타날 수 있
을 법한 문제를 만들고 이를 해결하는 데 도움을 주는 경험에 참
여하도록 한다"(Dede, Nelson, Ketelhut, Clarke, & Bowman, 2004,
Dieterle & Clarke, 2007에서 재인용). 이와 관련해서 인기 있는 것이
'세컨드 라이프(Second Life)'이다. 2003년 린든 랩(Linden Lab)이
개발한 '세컨드 라이프'는 여러 사용자가 걷고, 날고, 순간 이동하
고, 대화할 수 있는 그래픽 기반의 아바타를 통해서 활동하는 3차
원 가상 환경이다. 사용자들은 어떠한 제약도 없이 자신의 세계
를 만들고 관리할 수 있는 도구를 가진다(Wang & Burton, 2013,
p. 358). 교육 분야에서 '세컨드 라이프'를 처음 활용한 것은 도서
관이다. 몇몇 대학들은 세컨드 라이프 공간에 학과 혹은 전체 캠퍼
스를 만들어서 동시적이고 협력적인 학습을 지원하고 있다(De Lucia,
Francese, Passero, & Tortora, 2009 p. 223). 창의적인 수단으로서 세
컨드 라이프는 "실제 세계에서는 구현하기에 비용이 너무 비싸거

나 불가능한 인공물들을 가상의 공간에서 매우 사실적이고 구체
적인 방식으로 구현해 줌으로써 학습을 돕는다"(p. 359). 교수자
들은 게임과 온라인 공동체를 다루는 수업에서 세컨드 라이프를
집중적으로 사용해 왔다. 또한 강의, 프레젠테이션, 토의를 위한
효과적인 소통 매체로도 사용되고 있다. 실제로 세컨드 라이프는
역할 놀이, 상호작용 시뮬레이션, 교육용 게임을 위한 학습 공간
으로 사용되고 있다(Gerald & Antonacci, 2009, Wang & Burton에서
재인용, 2013, p. 359). 교육 전문가들은 세컨드 라이프가 협동 학습,
탐구 공동체, 참학습, 액션러닝, 프로젝트 기반 학습, 상황 인지, 문제 기
반 학습 같은 구성주의적이고 실험적인 학습을 촉진할 수 있는 잠재력을
가지고 있다고 말한다(Wang & Burton, 2013, p. 362). '세컨드 라
이프'는 동기부여에도 효과적이다. 한 예로 존 캐럴 대학교(John
Carroll University)는 신입생 세미나에 참여한 학생들을 '사회적 정
의'와 관련된 문제해결에 참여시키기 위해 '세컨드 라이프'를 활용
하기도 하였다(Budin, 2009).

 일부 대학들은 학생의 학습 참여를 더욱 촉진하기 위해 교육용
다중 사용자 가상 환경을 개발해서 활용하고 있다. 사례로는 하
버드 대학교(Harvard University)의 리버시티(River City), 인디애나
대학교(Indiana University)의 퀘스트 아틀란티스(Quest Atlantis), 노
스캐롤라이나 주립대학교(University of North Carolina)의 울프덴
(WolfDen)이 있다(Wang & Burton, 2013). 이 사례들은 어떠한 특
별한 환경에서 상호작용하는 대화형 아바타와 가상의 물체들을
제공하고, 여기에 여러 사용자가 함께 참여해서 활동할 수 있도록

한다. 하버드 대학교의 River City 사례가 이를 잘 보여 준다.

학생들은 19세기에 출현했던 문제들을 다루기 위해 21세기 기술을 가지고 시대 여행을 한다. 가상 세계에서 당시의 실제적인 역사, 사회, 지리적 환경을 가진 River City는 건강과 관련된 문제들을 풀어야 하는 마을이 된다. 학생들은 작은 연구팀을 이루어 함께 연구하며 마을 거주자들이 왜 아픈지에 대해서 그 마을 주민들이 알 수 있도록 돕는 역할을 한다. 참여자들은 21세기 기술을 사용해서 질병의 원인이 될 만한 원인들을 추적하고, 이와 관련된 가설을 만들어 실험하며, 이 과정에서 통제된 실험을 진행하고, 수집한 자료를 토대로 마을에 제안할 방안을 만들어 가는데, 이 모든 것들이 온라인 환경에서 이루어진다(River City Project, 2014).

다중 사용자 가상 환경은 공학, 사회학, 예술, 역사, 교사 교육 등 다양한 학문 분야에 적용되어 왔다. 참여자들은 여기서 만들어지는 온라인 커뮤니티 활동을 통해서 관련 상황에 몰입하고, 새로운 개념을 탐구하며, 과학적 탐색 과정에 참여한다. 박물관 현장학습에 가기도 하고, 다른 참여자들과 창의적인 협업을 경험하기도 한다. 다중 사용자 가상 환경이 가진 장점은 그것이 전통적인 교실 환경에서 조성하기 어려운 진짜와 같은 학습 환경을 제공할 수 있고(Griffin, 1995), 실제 상황에서는 불가능하거나 실용적이지 않은 상황을 안전하면서도 저렴하고 학습 목표에 딱 맞게 디자인할 수 있다는 것이다(Dieterle & Clarke, 2007). 이러한 새로운 학습 방법이 가진 특별한 점은 학습과 놀이가 동시에 일어나도록 하는 것인데, 이는 아이러니하게도 학교를 여가 장소로 이해했던 고대 그리스의 관점으로 회귀하는 것이다. 이와 같은 디지털 기술의 교육적 활용은 교육자들에게 새로운 교수-학습 방법을 제공하지만, 교육자들은 여기서 일어나는 학습 활동들이 세컨드 라이프 같은 가상의 공간에서 형성되는 공동체 구성원들에게 과연 그럴듯하게 보일지를 늘 생각해야 한다(Bell, 2009, p. 517).

모바일 애플리케이션

모바일 기술의 **빠른** 성장(대부분 스마트폰, 스마트와치, 태블릿)은 새로운 애플리케이션 산업이 활성화되는 계기를 제공했다. 2014년 8월 Apps Store Metrics Summary 보고서에 따르면, 311,856명의 제작자들이 생산한 125만 개 이상의 애플리케이션이 활용되고 있다(Pocket Gamer.biz, 2014). 이는 2012년 이후, 두 배 가까이 성장한 수치이다. 최근 한 달 동안 31,169개의 새로운 애플리케이션이 앱 스토어에 등장했는데, 이는 하루 평균 1,113개가 나온 셈이다. 가장 인기가 많은 애플리케이션은 게임(20%), 교육(10%), 비즈니스(9%), 생활양식(8%), 엔터테인먼트(7%) 범주에 속한다. 방문자 수로 선정한 상위 다섯 개의 모바일 애플리케이션은 페이스북(1억 1,500만), 유튜브(8,300만), 구글 플레이(7,200만), 구글 검색(7,000만), 판도라 라디오(6,900만)이다(comScore, 2014년 6월). 2013년 기준으로 미국인의 대다수(56%)가 스마트폰을 소유하고 있었고, 앱 스토어 다운로드 건수는 400억 건에 이르렀다. 이는 2012년도 200억 건의 두 배에 해당하는 수치이다(Pew Research Center, 2014). 2014년 페이스북은 메시지를 주고받을 수 있는 애플리케이션인 왓츠앱(Whatsapp)을 190억 달러에 인수하였다. 모바일 사용자들의 관심사와 애플리케이션 수요에 촉각을 세우고 사업화하는 비즈니스는 전체 산업에서 상당한 비율을 차지하기 시작했고, 급속한 속도로 증가하는 추세이다.

대학생 연령대(18~24세)가 가장 오랜 시간 사용하는 애플리케이션은 페이스북(14.8%), 판도라 라디오(9.1%), 인스타그램(6.6%), 유튜브(5.2%), 스냅챗(3.4%)이다. 2014년도 기준으로 누군가와 진지한 관계를 가지고 있다고 밝힌 18~29세 사용자의 45%는 인터넷이 그들과의 관계에 영향을 미쳤다고 하였다. 한 사람당 적어도 41개의 애플리케이션을 다운 받았고, 클레버비스트(Kleverbeast)와 같은 새로운 플랫폼은 사용자들이 그들만의 애플리케이션을 만들 수 있게 하였고, 보다 많은 것을 가능하게 해 주었다. 최근 『뉴욕 타임스』는 대규모 대학에서 학생들이 강의를 선택하고 신청할 때 생기는 문제를 해결하기 위해 학생들이 스스로 만든 애플리케이션을 사용하는 빈도가 증가하고 있다고 보도하였다(Kaminer, 2014). 아마도 이러한 상황은 기술의 개발과 사용이 쉬워지고 편리해짐에 따라 나타나는 결과일 것이다.

나아가 대학 차원에서도 학생이 캠퍼스에서 얻을 수 있는 기회와 서비스가 무엇인지를 탐색해서 정리하고 그들의 학문적 진척 상황을 모니터링하는 애플리케이션이 개발되어 사용 중이다. 2014년 8월 21일 자 U.S. News & World Report(Sheehy, 2014)는 대학생에게 '반드시 다운받아야 할 애플리케이션' 다섯 개를 추천했는데, 여기에는 시간관리를 위한 애플리케이션(Rescue Time 등), 참고문헌 목록 관리를 위한 애플리케이션(RefMe 등), 그룹 프로젝트에서 협력을 위한 애플리케이션(Google Drive 등), 생각과 메모를 관리하는 애플리케이션(Evernote 등), 캠퍼스 애플리케이션이 포함되었다. 이러한 다양한 애플리케이션들은 학생들이 학습하고 대학 생활을 하는 데 있어 활용할 수 있는 창의적인 모바일 도구인 셈이다. 지금도 계속해서 더 많은 대학들이 다양한 교실에서 애플리케이션을 사용하고 있고, 이는 꽤 긍정적인 결과를 낳고 있다. 한 예로 Junco, Heiberger, 그리고 Loken(2011)의 연구에 따르면, 신입생 세미나에서 교육적 목적으로 트위터를 사용하는 것은 (NSSE 점수로 측정해 본 결과) 학생들의 적극적인 참여를 유도했고, 학생의 성적은 물론 교수들의 적극적인 참여에도 긍정적인 영향을 미치는 것으로 나타났다.

학생 공동체 참여

대학에 이메일이 도입된 이래 대학생들이 캠퍼스 생활을 하면서 가장 많이 활용한 디지털 기술 사례는 바로 소셜 네트워킹(SNS)이다. 학생들은 원래 사회적인 네트워크에서 살아가고 있었지만, 인터넷의 즉시성과 모바일 기기의 편리성은 사람들을 연결

하는 새로운 지평을 열었고 대학 캠퍼스를 가상의 놀이터로 변화
시켰다. 한때 벨 소리는 학생들에게 수업이 끝났다는 신호로 쓰
였지만, 지금은 스마트폰에서 문자를 확인할 때가 되었다는 신호
가 되었다. 다시 말해, 벨소리가 울리면 학생들은 페이스북, 트위
터, 인스타그램에 올라온 최근 포스트와 업데이트를 확인하고, 수
업 때문에 확인하지 못했던 메시지들을 확인하는 시대가 도래했
다. 오늘날 대학생들의 하루 일과는 권장 거리가 16인치인 그들
의 얼굴과 모바일 기기 사이에서 이루어지고 있음이 분명하다.
SNS의 편리함은 학생들의 참여 수준을 SNS에서 만나는 친구, '좋
아요' 트위터의 숫자로 파악할 수 있게 하였고, 학생들이 새로운
차원의 공동체 경험을 하도록 만들었다. 대학생들이 좋아하는 디
지털 플랫폼은 시간이 흐르면서 변해 왔지만, SNS가 주는 매력과
유용성은 이미 학생들에게 굳건히 자리매김하였다.

디지데이(DIGIDAY)가 배포한 컴스코어(comScore) 자료(2014년
1월 기준)에 따르면, 미국에서 대학생 나이(18~24세)에 해당하는
사람들의 88.6%가 페이스북을 이용하고 있다. 즉, 페이스북은 캠
퍼스에서 가장 널리 사용되는 SNS로 자리 잡고 있다.[41] 다른 SNS
들도 보다 편리하고, 간결하고(140자 혹은 6초), 시각적이어서 순
간적인 커뮤니케이션을 선호하는 밀레니엄 세대들 사이에서 빠
른 속도로 확산되고 있다. 인스타그램(52%), 트위터(44%), 텀블러

---

41) http://digiday.com/platforms/social-platforms-college-kids-now-
prefer에서 검색

(36%), 스냅챗(26%), 바인(25%) 등의 SNS는 최근 들어 사용자 수를 확대하고 있다. 기성세대들도 이러한 SNS 세계에 지속적으로 참여하기 시작했는데, 대학생 연령대의 참여자들은 SNS의 틀을 가진 소매 마케팅 플랫폼인 블렌드(Blend)처럼 더욱 새로운 플랫폼으로 빠르게(우리 생각으로는) 옮겨 가고 있다. 새로운 플랫폼들은 자료들을 주제별로, 학년 주기별로 정리해서 제시한다는 점에서 참신하다는 평가를 받는다. 이들 새로운 사이트에는 토요일의 테일 게이트(Tailgate), '우리 집 개가 당신 개보다 착해요' 등과 같이 대학생들이 관심을 가질 만한 주제들이 올라온다. 이에 대해서 학생들은 사이트에 올라온 주제에 걸맞은 사진들을 올린다. 학생들이 올린 사진들은 해당 애플리케이션을 사용하는 다른 사람들로부터 '스냅스(snaps)'라는 것(페이스북의 '좋아요'와 같은 반응)을 받게 되고, 학생들은 이렇게 모은 스냅스를 기프트카드로 교환할 수 있다(Zimmerman, 2014). 가을 학기가 겨울로 이어지고, 봄은 여름에 자리를 내주는 것처럼, 사이트를 운영하는 학생 대표들로부터 승인만 받으면 다른 소매자가 그 사이트로 들어오게 된다. 블렌드에 따르면, 2014년 2월 기준으로 1,000개 대학 캠퍼스에서 매일 50,000명 이상의 학생들이 이 사이트를 활발하게 사용하는 것으로 알려졌다(New York Times, 2014년 2월 6일 기준).

　이제 SNS는 대학생이 경험하는 대학 생활의 일부로 계속 남을 것이다. 이러한 플랫폼이 가진 매력은 대학생들의 심리사회적 역동성을 활용할 수 있다는 것이다. 이러한 역동성은 비록 디지털 공동체일지라도 여기에 속하고 참여하려는 학생들의 욕구와 일맥상통한다. 성장한다는 것이 본질적으로 사회적 경험이듯이, 학습도 그러하다. 그렇다고 해서 SNS에 난관이 없는 것은 아니다. 최근 세간의 이목을 집중시켰던 몇몇의 사건을 보면(Parker, 2012 참조), SNS가 사생활 침해, 윤리적 일탈, 사실 왜곡 등의 문제를 초래할 수도 있다(Clemmitt, 2013). 마찬가지로, 새로운 익명 사이트(예: Yik Yak, Erodr)에 경멸적이고 모욕적인 댓글들이 달리는 것에 대한 우려도 있다(Loftin, 2014). 그럼에도 불구하고, SNS를 통해 학생들이 서로 연결되고, 학습 활동에 대한 참여가 촉진된다는 점은 의심할 여지가 없고, 이는 학생이 대학생이 되었다는 것을 상징하는 중요한 특징으로 남을 것이다.

다가올 미래

고등교육 분야에서 모바일 테크놀로지와 학습이 결합되고 있다는 사실은 대학이 교육, 연구, 봉사라는 핵심 기능을 어떻게 수행할 것인지와 관련된 가장 혁신적인 변화 가운데 하나이다. 특히, 지난 10년간 학습과정을 구성하고 거기에 학생들을 참여시키기 위한 방법은 꾸준히 혁신되어 왔다. Borden(2011)과 같은 연구자들은 온라인 학습을 일컬어 '전통적인 교실 환경에 익숙한 대부분의 교육기관에 닥친 미지의 도전'이자 패러다임의 전환이라고 해석했다. 이러한 패러다임 전환은 학습과 교수자의 역할에 대한 근본적인 시각의 변화를 반영한다. 이와 관련하여 Borden(2011)

은 다음과 같이 말한다.

   앞으로 고등교육기관은 교육적 처방을 제공할 수 있는 학습 관리 시스템에 더욱 의존하게 될 것이다. 다시 말해, 그러한 시스템은 학생별로 능력에 따른 교육 내용이 무엇인지를 제시하고, 학업 성취를 높이는 데 효과적이라고 알려진 학습 방식과 기술을 처방한다. 이러한 온라인 학습 방법은 학생이 자신의 학습 속도에 맞게 학습을 진행할 수 있도록 하면서도 학생들에게 도전적인 상황을 제공하고, 궁극적으로 학업적 성공과 만족을 낳는다.

   나아가 학업적 수월성에 대한 기준이 높아지고, 교육의 질에 대한 요구는 더욱 많아질 것이다. 또한 테크놀로지에 능통한 교수들이 완전한 온라인 또는 블렌디드 수업에서 테크놀로지를 사용하라는 요구를 받게 될 것이다. 교수법에도 변화가 일어날 것이다. 암기와 피드백 대신, 교수들은 지식을 실생활 문제에 적용하고 동료들과 실시간으로 협력할 수 있도록 도와주는 학습 도구를 사용하게 될 것이다.

이러한 전환은 결코 작은 변화가 아니다. 그것은 현재 교육 방식에 실제적이고 근본적인 변화를 수반할 것이다. 전통적으로 지식은 전달되는 것이지만, 그러한 지식이 성공적으로 사용되었는지는 학습자가 얼마나 학습과정에 참여했는지에 달려 있다. 그동안 우리는 관습적으로 매우 표준화된 방법으로 지식에 접근했지만, 학습이라는 것은 분명히 학생의 개인 차이, 선호, 학습에 동원되는 자원의 함수다. 과거에는 교수 행위가 장소의 제약을 받았다. 하지만 모바일 학습시대에서는 장소의 제약이 없게 된다. 또한 평생학습시대를 맞아 학기라는 시간 블록에 따라 학습의 양을 나누고, 학점 배분을 위해 학생들의 학업 성과를 어떤 구간으로 나누는 것이 무슨 의미가 있을까? 학습하는 시간과 학습 기술은 다양해졌지만, 학습이나 역량을 숙달한다는 본질적 내용에 변화가 없다면 무슨 의미가 있는가? 이러한 관점에서 게이츠 재단은 서던 뉴햄프셔 대학교(University of Southern New Hampshire)의 혁신적인 역량 기반 학위 프로그램을 지원하고 있다. 아마 그들은 학습 성과가 적어도 그것을 달성하기 위한 방법만큼이나 중요하다는 사실을 알고 있는 듯하다. 대학에 투입하는 요소를 표준화하는 대신, 학생들이 이루어야 하는 성과를 표준화하고 각 학생이 자신의 강점을 살려 학업 성취를 극대화할 수 있도록 하는 것이 타당하지 않는가? 결국 성공이란 것은 결과에 관한 것이 아닌가? 새로운 테크놀로지와 방법이 그동안 우리가 학생 성공에 대하여 가졌던 기대와 가정에 대해서 의문을 제기할 것이고, 이러한 질문들은 계속해서 제기될 것이다.

2025년 우리의 디지털 미래가 어떠한 모습일지에 대해서 2,558명의 전문가들을 대상으로 물었더니 매우 흥미로운 결과가 나왔다. 그들은 세계가 유비쿼터스 연결을 향해 빠르게 나아가고, 사람들이 서로 어울리는 장소나 방식, 정보를 수집하고 공유하며 미디어를 소비하는 방식이 변화할 것으로 예상하고 있었다(Pew Research Center, 2014). 이들은 다음과 같이 미래를 예측하였다.

인터넷 접속이 쉬워지고 대부분의 사람들이 여기에 쉽게 접근할 수 있게 되어 그것이 마치 '전기처럼' 사람들의 삶에 흘러들어 오는 정보 환경이 구축될 것이다. 모바일, 웨어러블, 임베디드 컴퓨팅은 사물 인터넷으로 한데 묶여 사람들과 주위 환경이 인공지능의 클라우드 기반 정보 저장 및 공유 시스템에 보다 다가가도록 할 것이다.

디지털 미래에 대한 논문 중 하나는 "인터넷으로 가능해진 교육 혁명은 더 많은 학습 기회를 제공하겠지만, 건물이나 교사에 대해서는 더 적은 비용을 투입하게 할 것"이라고 예고한다. 구글 경제학자 Hal Varian의 말을 빌리면(Pew Research Center, 2014) 다음과 같다.

우리에게 다가오는 가장 큰 영향은 모든 인류의 지식에 대한 보편적 접근일 것이다. 세상에서 가장 똑똑한 사람이 지금 이 순간 인도나 중국에서 밭을 갈기 위해 쟁기를 붙들고 있을 수도 있다. 그 사람, 혹은 그와 비슷한 몇십만 명의 사람들이 역량을 충분히 발휘할 수 있도록 한다면 아마도 인류는 더욱 발전할 것이다. 저렴한 모바일 기기가 세계적으로 통용될 것이고, 많은 사람들이 칸아카데미와 같은 교육적인 수단을 이

용하게 될 것이다. 이것은 인류의 문해력과 수리력에 큰 영향
을 미쳐, 세계 인구가 더 많이 알고 배우는 방향으로 나아갈
것이다.

마지막으로, 어떤 전문가가 말했듯이, 인터넷은 우리가 정보를
공유하는 역량을 이전에는 상상조차 못했던 수준까지 신장시켰
다. 지식의 생산, 보존, 소통, 비판을 추구하는 기관으로서 대학은
이러한 새로운 수단을 계속해서 활용하면서, 학생들을 학습 공동
체의 일원으로 받아들이고, 보호하고, 학습 활동에 참여시켜야 하
는 핵심 임무에 충실해야 할 것이다.

전통적인 교수-학습 방법을 대체하든 또는 보완하든, 이동 가
능성, 참여 촉진, 맞춤형 제공처럼 디지털 기술이 가진 강점들은
교육개혁의 수준을 한 차원 높였다. 고등교육 분야에서 디지털
혁명은 비록 현 시스템의 개선을 위한 만병통치약은 못 될지라도
양질의 교수 활동에 대한 대화를 이끌어 냈다. 앞으로도 학습을
위한 새로운 형식과 모델이 되어 전체 교육 시스템을 이끌어 갈
수 있을 것이다.

Prensky(2001)는 "[기술적으로] 유비쿼터스 환경의 등장과 이러
한 환경과 상호작용한 결과로, 오늘날 학생들은 앞선 세대와는 근
본적으로 다르게 생각하고 다른 방식으로 정보를 처리한다"고 주
장했다(p. 1). 결과적으로 "학생들은 자신의 학습에 대하여 더 높
은 수준으로 참여하게 될 것이다"(Martin & Ertzberger, 2013, p. 77).
우리의 전통적인 교육 시스템이 그것을 제대로 수용할 수 있을지

는 의문이지만, 그것을 가능하게 하는 새로운 기술이 곧 등장할
것만큼은 분명하다.

생각해 볼 문제

1. 우리 대학에서는 학생의 통합과 안전을 위해 어떻게 소셜 미디어를 사용하고 있
는가?
2. 우리 대학에서는 교실을 넘어서는 학생의 학습 참여를 이끌어 내기 위해 모바일
학습을 어느 정도 활용하고 있는가?
3. 우리 대학에서 첨단 기술을 사용해서 학생에게 개인적 학습 환경을 제공하는 방
법은 무엇인가?
4. 우리 대학에서는 어떤 모바일 애플리케이션이 학생의 학습과 성공에 기여하고
있는가?
5. 우리 대학에서는 디지털 기술이 교육과정 개발과 운영에 어떻게 사용되고 있는가?

제9장

학생 성공과 학습 증진을 위한 캠퍼스 디자인과 진단

지난 수십 년 동안 대학생의 발달에 대하여 많은 이론과 모델이 발표되었다(Evans, Forney, & Guido-DiBrito, 1998; Evans, Forney, Guido, Patton, & Renn, 2010; Rodgers, 1980, 1990, 1991; Strange, 1994; Strange & King, 1990). 동시에 캠퍼스 환경의 본질적인 특성, 역동성, 그리고 이를 진단하는 방법에 대한 연구가 진행되었다. 특히 캠퍼스의 환경적 요소가 대학생의 학습과 대학 생활 성공에 어떤 영향을 미치는지를 살펴보는 연구가 많았다(예: Baird, 1988; Conyne & Clark, 1981; Harper 2008; Huebner & Lawson, 1990; Moos, 1979, 1986; Pascarella, 1985; Renn & Reason, 2012b; Strange, 1991b, 1993; Strange & Banning, 2001). Evans와 동료들(Evans et al., 1998)은 학생 발달 이론(student development theory)을 제시하면서, 행동과학 이론들이 오히려 우리의 관점을 제약하는 면이 있다고 주장했다. 그들은 "기본적으로 발달 이론은 심리학에 기초를 둠으로써 인간의 내적인 발달을 강조하고, 이에 대한 환경의 역할에 대해서는 충분히 살펴보지 못했다"(p. 283)고 말했다. 대학생의

캠퍼스 경험을 살펴보려는 노력은 이러한 이론적 반성과 맞물려 있다. 이 책에서는 캠퍼스 환경 디자인에 대한 개념적 틀을 적용해서 기존의 대학생 발달 이론과 모델들을 살펴보았고 부족한 틈을 메우려고 노력했다.

학습 생태계를 지향하며

지금까지 우리는 캠퍼스 환경의 기본 특성에 대하여 일부나마 이해하게 되었다. 또한 고등교육 시스템, 정책, 실천 방안을 설계한다는 것이 무엇을 의미하는지 보다 명확하게 알게 되었다. 요약하면, 캠퍼스 환경은 학생의 행동에 영향을 미치는데, 이는 자연적 또는 인위적으로 조성된 물리적 환경, 캠퍼스 구성원의 집합적 특성, 대학 구성원들의 조직 구성 방식, 대학 구성원들이 사회적으로 만들어 가는 문화 등을 포함한다. 학습을 촉진하는 캠퍼스 환경의 영향을 진단한다는 것은 대학 환경이 학생들의 소속감과 안전감, 학습 활동에 대한 적극적 참여, 공동체감을 강화하는 조건들을 얼마나 갖추고 있는지를 살펴보는 것이다. 또한 이러한 조건들은 캠퍼스 생태계를 구성하게 된다. 여기서 생태계라는 것은 학생의 개인 특성이 캠퍼스의 물리적, 인간 집합적, 조직적 그리고 사회 구성적인 특성과 상호작용하면서 교육적 성과를 높이는 역동적인 균형 상태를 의미한다. 여기서 캠퍼스 환경은 학생의 학습에 영향을 미치는 조건이 되고, 반대로 학생들은 캠퍼스 환경을 만들어 가는 요소가 된다.

캠퍼스와 학생이 서로 영향을 주고받는다는 관점은 캠퍼스 생태계 모델(campus ecology model)의 핵심이다(Aulepp & Delworth, 1976; Banning, 1978; Banning & Kaiser, 1974; Huebner, 1979; Western Interstate Commission for Higher Education, 1973). 캠퍼스 생태계 모델은 학생과 캠퍼스가 대학 환경을 구성하는 과정에서 복잡한 균형 상태를 유지하면서 서로에게 영향을 미친다는 가정으로부터 시작된다. Kaiser 등(1975, p. 33)은 이러한 생태학적 접근을 최초로 제시하면서, 여덟 가지 핵심 개념을 제시했다.

- 캠퍼스 환경은 학생의 감각에 영향을 미치는 모든 형태의 자극으로 구성되며, 이는 물리적, 화학적, 생물학적 그리고 사회적 자극을 포함한다.
- 학생과 캠퍼스 환경은 상호작용하는 관계다. 다시 말해, 학생들은 캠퍼스 환경을 형성하는 동시에 환경의 영향도 받는다.
- 캠퍼스 환경을 디자인하기 위해서는 구성 요소에 초점을 둘 필요가 있다. 여기서 학생들은 캠퍼스 환경이 미치는 영향을 배척하거나, 변형시키기도 하고, 때로는 무력화하는 적극적인 선택자로서 역할을 한다.
- 학생의 행동반경은 넓다. 캠퍼스 환경은 학생의 행동을 이끌어 내거나 제한할 수 있다. 따라서 캠퍼스 환경은 학생의 성장과 발달을 촉진하는 기회 또는 인센티브를 제공할 수 있도록 의도적으로 디자인되어야 한다.

- 학생들은 환경이 주는 영향에 능동적으로 대처한다. 만약 캠퍼스 환경이 학생과 조화를 이루지 못하면, 그들은 여기에 부정적으로 반응하고, 바람직한 질적 발전을 이끌어 내지 못한다.

- 학생들은 개인차가 크기 때문에, 학생 맞춤형 캠퍼스 환경을 디자인한다는 것은 곧 다양한 하위 환경을 만든다는 것을 의미한다. 즉, 학생들이 가지는 폭넓은 개인 특성을 반영해서 캠퍼스 환경을 디자인해야 한다.

- 대학 본부, 교수, 학생들이 일부러 계획하거나 의식하지 못할지라도 모든 캠퍼스는 일종의 디자인을 가지고 있다. 따라서 이 책이 제시하는 캠퍼스 디자인 테크놀로지는 지금의 캠퍼스 환경을 진단하거나 새로운 캠퍼스 환경을 디자인하는 데 유용하다.

- 성공적인 캠퍼스 디자인을 위해서는 학생, 교수, 직원, 경영진, 대학 이사회를 포함한 모든 구성원이 제시하는 요구를 받아들여야 한다.

이상의 가정들은 캠퍼스 환경이 매우 복잡하고 역동적이라는 점을 보여 준다. 이는 캠퍼스를 구성하는 하나의 요소에서 변화가 일어나면 이는 다시 다른 요소에 영향을 미칠 수 있음을 의미한다. 마찬가지로 캠퍼스의 어느 한 구성 요소에 변화를 가져오려면 다른 구성 요소의 변화 가능성도 함께 살펴보아야 한다.

이상의 관점이 강조하는 것은 대학 캠퍼스가 우리의 의도와 관계없이 학생들에게 어떠한 영향력을 발휘하고 있다는 점이다. 따라서 캠퍼스 디자인 이슈는 선택의 문제가 아니다. 이는 이미 우리가 곁에서 느끼는 문제다. 따라서 중요한 점은 캠퍼스가 어떠한 의도적인 목적을 가지고 디자인되어 있느냐이다. 다시 말해, 지금의 캠퍼스 디자인이 어떤 방식으로 대학생의 학습과 대학 생활 성공을 이끌어 내거나 방해를 하는지를 살펴보아야 한다. 만약 학습을 방해하도록 디자인되어 있다면, 이를 바꾸든지 없애야 한다. 반대로 학습을 촉진하는 디자인은 보다 많은 지원을 받아야 한다. 이렇게 볼 때 캠퍼스 디자인의 영향을 받는 구성원들이 캠퍼스의 디자인과 운영 과정에 참여해야 한다는 결론에 도달한다. 그런데 처음부터 대학이 원하는 어떠한 성과를 염두에 두고 캠퍼스를 설계하기는 어렵다. 따라서 지금의 캠퍼스 환경이 대학의 미션 추구에 도움이 되고, 대학이 추구하는 교육 목표의 달성을 지원하면서 대학 구성원에게 어떠한 긍정적인 영향을 미치도록 바랄 수 있을 뿐이다(Michelson, 1970). 이처럼 어려운 상황을 극복하려면 대학이 추구하는 목표의 달성을 돕는 캠퍼스의 구성 요소는 무엇이고, 학생들은 이러한 환경과 어떻게 상호작용하는지에 대해서 이해할 필요가 있다.

이와 관련해서 캠퍼스 환경을 구성하는 요소와 그것들이 지향하는 목표 또는 영향을 연계해서 보여 주는 캠퍼스 디자인 매트릭스가 있다. 이 매트릭스는 캠퍼스가 가진 구성 요소의 영향을 평가하고자 할 때 유용한 지침이 된다. 다음으로 제시하는 것은 발달적 생태계 모델(a model of developmental ecology)이다. 이 모델은 학생의 학습, 성장 그리고 발달에 영향을 미치는 개인과 환경의 역동적인 상호작용을 보여 주는데, 이는 학생을 중심으로 하여 가까운 곳에서 먼 영역에 확장되는 동심원의 모습을 띤다 (Bronfenbrenner, 1977, 1979; Bronfenbrenner & Morris, 2006; Renn & Arnold, 2003).

캠퍼스 디자인 매트릭스

[그림 9-1]은 캠퍼스 환경과 관련된 여러 개념을 3차원 모델 또는 캠퍼스 디자인 매트릭스 모델의 형태로 보여 준다. 이 모델을 활용하여 대학 캠퍼스가 어떻게 디자인되어 있는지를 체계적으로 진단하고, 이를 토대로 어떤 조치나 처방을 취하려 할 때 유용하게 사용할 수 있다. 캠퍼스 매트릭스 모델은 다음과 같은 세 가지의 중요한 질문을 내포한다.

- 대학 캠퍼스 환경을 진단하고 이에 대한 조치를 취하고자 할 때, 어떠한 요소를 고려할 수 있는가?
- 현재의 캠퍼스 디자인은 학생들에게 어떠한 영향을 미치는가?
- 현재의 캠퍼스 디자인이 의도적으로 반영하고 있는 초점이나 목적은 무엇인가?

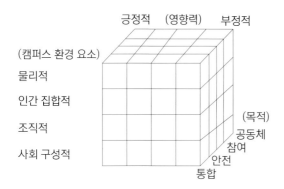

[그림 9-1] 캠퍼스 디자인 매트릭스

수정 출처: Strange, C., & Banning, J. (2001). *Educating by design: Creating campus learning environments that work.* San Francisco, CA: Jossey-Bass.

　고등교육 종사자들이 위의 질문에 답하려면, 현 캠퍼스의 환경적 조건과 앞으로 만들어갈 캠퍼스 디자인에 대하여 관심을 가져야 한다. 첫 번째 질문, 즉 대학이 캠퍼스 환경을 진단하고 그 결과로 어떠한 조치를 취하고자 할 때, 우선적으로 해야 할 일은 캠퍼스의 구성 요소 중 특히 어떠한 부분에 관심을 둘 것인지를 정하는 것이다. 캠퍼스의 물리적 요소에 관심을 두고 있는가? 그렇다면 자연환경인가, 아니면 인공적인 캠퍼스 레이아웃인가? 혹은 양쪽 모두 관련이 있는가? 동아리처럼 특정 집단의 인적 구성이 핵심 이슈인가? 의사결정 체제와 같은 캠퍼스 조직에 어떠한 문제가 있는가? 캠퍼스 구성원들은 현재의 캠퍼스의 환경적 압력이나 캠퍼스의 사회적 풍토를 어떻게 구성해 가고 있는가?

캠퍼스의 현재 디자인의 영향력과 관련하여 이 매트릭스의 두 번째 초점은 하나의 연장선상에서 캠퍼스 디자인의 잠재력 효과를 살펴보는 것이다(Moos, 1986)([예시 9-1] 참조). 우선 한쪽 끝에는 구성원에게 부정적인 것처럼 비추어지는 캠퍼스 환경이 놓이는데, 여기에는 구성원에게 스트레스를 주거나, 그들의 행위를 제한하고 가로막는 환경이 포함된다. 다른 쪽 끝에는 본질적으로 긍정적인 환경 요소가 배치된다. 이들은 구성원의 행동을 유발하면서 역량을 발휘하도록 하고, 그들이 성장과 발달을 향하여 나아가도록 자극하는 요인들로 구성된다. 마지막으로, 중간 지점에는 구성원의 행동을 촉진하지도 방해하지도 않고, 구성원들이 자신이 선호하는 것을 선택할 수 있도록 도와주는 요소들이 있다.

[예시 9-1] 캠퍼스 환경의 다섯 가지 영향

(+) 캠퍼스 환경은 적극적이고 긍정적인 힘을 가진다.

- 학생들을 자극하고 동기를 불어넣어서 성장으로 이끈다.
- 학생들이 자신의 역량을 발휘하고 행동하게 한다.
- 학생 각자가 선호하는 캠퍼스 특성들을 찾아내도록 한다.
- 학생 행동을 제한, 저지 또는 방해하기도 한다.
- 학생들에게 스트레스를 주기도 한다.

(-) 캠퍼스 환경은 본질적으로 부정적이고 스트레스를 준다.

출처: *The human context. Environmental determinants of behavior*, by R. H. Moos, 1986, Malabar, FL: Roberts E. Krieger Publishing Company, pp. 29-30.

물론 캠퍼스 디자인이 영향을 미치는 양상은 이를 경험하는 대학생 개인의 특성과 밀접한 관계가 있다(Lewin, 1936). 예컨대, 학생회나 동아리처럼 차별화되는 집단은 그들이 추구하는 바에 동조하는 학생들에게는 매우 긍정적인 영향을 미치지만 그렇지 않은 학생들에게는 상당한 스트레스를 준다. 또한 캠퍼스 환경이 어떤 학생들을 상대적으로 더 환영하는지는 캠퍼스 환경이 어떤 유형의 학생을 더 선호하느냐와 관련이 있다. 예컨대, 우등생 프로그램이 성적 우수자를 좋아하는 것처럼 대학은 선발 과정에서부터 일정한 특성을 지닌 학생들을 선호할 수도 있다. 특히, 고등교육 맥락에서는 종종 특정 영역에서 탁월한 성취를 보여 주는 사람이 선발되는 경향이 있다.

셋째, 우리는 캠퍼스 디자인 매트릭스를 활용해서 캠퍼스 환경이 의도하는 바가 무엇인지를 파악할 수 있다. 어떠한 특정 배경을 가진 학생들이 캠퍼스 생활에 잘 통합되거나 배제되는가? 신체적 또는 심리적 안전과 보호의 문제인가? 캠퍼스 환경 요인이나 그것의 영향력이 학생의 학습 참여와 관련을 맺고 있는가? 캠퍼스 환경의 진단과 처방들이 캠퍼스 공동체의 형성이나 유지에 기여하고 있는가?

결국 캠퍼스 디자인의 첫 단계는 캠퍼스 환경 요인, 그것의 영향, 그리고 지향점을 진단하는 것이다. 이때 캠퍼스 디자인 매트릭스를 활용하면 캠퍼스 환경의 영향이나 목적을 캠퍼스 생태계 관점에서 바라볼 수 있다. 즉, 캠퍼스 디자인 매트릭스를 통해서 교육자들이 반드시 생각해 보아야 할 캠퍼스 환경 여건이 무엇인

지를 파악할 수 있는 것이다. 예컨대, 대학의 중도이탈방지 위원
회(campus retention committee)는 학생의 안전을 보장하고 소속감
을 키우는 환경을 구성하는 취지에서 신입생 오리엔테이션 그룹
의 역할에 관심을 가질 것이다. 학생들이 이러한 집단에 참여할
기회가 부족하다는 것은 대학 공동체의 일원이 되고자 하는 학생
들이 어려움을 겪을 수 있다는 것을 시사한다.

　한편 대학 경영진은 이러한 매트릭스 모델을 활용하여 캠퍼스
환경이 구성원에게 미치는 영향을 생각하면서 캠퍼스를 새롭게
디자인하거나 체계적으로 개선할 수 있게 된다. 예컨대, 새로 건
립하거나 보수하려는 학생회관이 캠퍼스의 공동체 형성에 기여
하기를 원한다면, 현재의 학생회관 위치와 건물 디자인이 모든
학생의 적극적인 참여를 유도하도록 설계되었는지를 살펴볼 필
요가 있다. 최근 이러한 건물 개보수 프로젝트가 여러 대학에서
수행되고 있는데[예: 위스콘신 대학교(University of Wisconsin), 이
스턴 미시간 대학교(Eastern Michigan University), 볼링그린 주립대학
교(Bowling Green State University), 오하이오 주립대학교(Ohio State
University), 앤절로 주립대학교(Angelo State University), 보스턴 대
학교(Boston University), 노스 플로리다 대학교(University of North
Florida) 등], 많은 대학은 건축을 시작하기 전에 학교 홈페이지
에 새로운 건물의 설계도를 제시하고 학생들로 하여금 가상 투어
를 할 수 있도록 하여 잠재적 사용자들이 새 건물의 목적과 영향
을 이해할 수 있도록 하였다. 가상 투어의 결과는 대학 측에 다음
과 같은 질문에 대한 답을 제공할 수 있다. 신축하려는 학생회관

은 모든 학생들이 쉽게 접근할 수 있는 시설인가(물리적 요인)? 캠퍼스 전체의 학습 참여를 확대하려면 어떠한 학생 단체를 입주시켜야 하는가?(인간 집합적 요인) 새로운 학생회관의 사용에 대하여 어떠한 규칙과 가이드라인을 만들어야 하는가?(조직 요인) 학생회관의 신축 공간과 구조가 대학 구성원들에게 어떤 이미지를 떠오르게 하는가?(사회 구성적 요인) 건축의 매 단계마다 설계자는 건물 디자인이 장애 학생과 같은 집단에게 스트레스를 줄 가능성이 있는지, 학생회관이 학생의 대학 생활에 어떠한 긍정적인 영향을 미칠 수 있을지를 고려해야 한다. 이처럼 캠퍼스 디자인 매트릭스 모델을 활용하면, 대학은 캠퍼스를 새롭게 디자인할 때 생길 수 있는 문제가 무엇인지 미리 생각해 볼 수 있고, 구성원이 환영하는 캠퍼스의 환경적 조건이 무엇인지를 미리 가늠해 볼 수도 있다.

학생 발달 생태계

캠퍼스 환경과 그것이 미치는 영향을 진단하는 것은 대학의 디자인 관점뿐만 아니라 캠퍼스 환경을 직접 경험하는 학생 관점에서도 파악할 수 있다. 캠퍼스가 가진 일반적인 특징(예: 물리적 배치, 학생, 교수, 직원의 구성, 대학 문화와 풍토)은 학생 개인의 특성과 관계없이 영향력을 발휘한다. 하지만 어떤 특정 학생이나 집단에게 미치는 영향력은 그들의 발달 상태에 따라 달라질 수 있다. 이러한 관점은 Renn과 Arnold(2003)가 Bronfenbrenner(1977, 1979)의 생태학 체제 이론(ecological systems theory)을 확장한 학생 발달 생태학 모델(an ecological model of student development)의 핵심이다. 이 모델에서 학생은 자신으로부터 가장 근접한 환경(microsystems)부터 가장 멀고 큰 환경(macrosystem)에 이르기까지 살펴보았을 때 여러 개의 동심원의 정중앙에 존재한다(p. 261)([그림 9-2]).

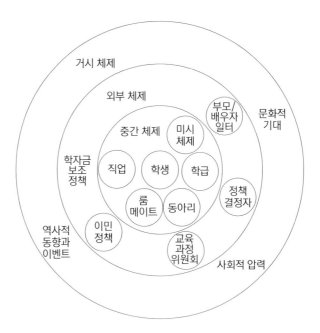

[그림 9-2] 학생 개인을 둘러싼 생태계

　학생들은 메소 시스템(meso-system)으로 불리는 캠퍼스 환경 요인을 통해서 가장 직접적인 경험을 갖게 된다. Bronfenbrenner (1977, p. 515)에 따르면, 메소 시스템은 개인이 영위하는 삶의 어떠한 시점에서 그를 성장시키는 데 기여하는 중요한 장면이나 환경 사이에서 생기는 관계들로 구성된다. Renn과 Arnold(2003)는 이 관점을 대학생에게 적용했다. 예컨대, 학생 개인의 발달에 영향을 미치는 환경 요인에는 학생의 직업, 룸메이트, 교우 집단, 수업 등이 포함된다. 여기에 학생의 가족, 동아리 또는 학생회 같은 공식 집단, 온라인을 통해 형성되는 사회 관계망까지 메소 시스템의 구성 요소로 포함될 수 있다. 캠퍼스에서 학생이 갖는 경험의 질과 영향력은 앞서 말한 여러 캠퍼스 환경 요인 사이에서 일어나는 역동적인 상호작용에 의해 좌우된다. 예컨대, 메소 시스템의 어느 한 구성 요소에 참여하는 것은(예: 패스트푸드 매장에서 하는 야간 업무)는 다른 일(예: 아침 수업에 참여하는 것)에도 영향을 미친다. 자신과 유사한 흥미를 가진 학생 집단과의 우정이 증가하면 전혀 다른 흥미를 가진 룸메이트와의 상호작용은 줄어들기 마련이다. 마찬가지로, 중요한 가족 구성원의 관심에 따라 학생이 긍정적인 관계를 맺을 친구나 집단이 달라질 수도 있다. 가족 구성원의 선호에 따라 어떤 수업이나 전공에 대한 학생의 관심이 달라지기도 한다. 이처럼 메소 시스템 구성 요소와 그것들 사이에서 일어나는 상호작용이 중요한 이유는 캠퍼스 내에서 증폭되거나 논란의 대상이 되는, 혹은 다수의 지지를 받거나, 도발하는 가치와 기대의 성격에 따라 그것이 학생의 성장과 발전을 촉진하거나 억압하는 잠재력을 발휘하기 때문이다(Renn & Reason, 2012a, p. 128). 어느 환경에서 일어나는 변화(예: 어떤 일을 하면서 기대치 않게 갖는 불편한 인간관계)는 다른 환경에서 학생이 갖는 균형 상태를 무너뜨릴 수도 있다(예: 그 일을 함께 하는 친구 집단과의 관계). 어떠한 환경은 다른 환경이 좋아하지 않을 홍미나 기술을 발휘하게 만드는 경우도 있다. 예컨대, 창의적 표현이나 예술에 대한 홍미는 실험 수업에서 기대되는 행동과 다를 수 있다. 게다가 어떤 속성들이 서로 교차하게 되는 경우(예: 인종과 민족, 성적 취향, 나이, 종교적 신념), 특정한 환경 요인이 다른 어떤 요인보다 큰 영향력을 발휘할 수도 있다. 궁극적으로 그러한 환경 요인들이 창출하는 복합적인 영향은 대학생의 학습, 성장 발달을 촉진하거나 저해하는 여러 가지 효과를 발생시킨다. 이상은 Hunt와 Sullivan(1974)의 차별적 상호작용 관점으로도 설명할 수 있는데(a differential interactionist perspective), 캠퍼스 환경 맥락들의 조합 또는 메소 시스템이 학생에게 미치는 영향력은 개인마다 다를 수 있다. 그럼에도 불구하고 Renn과 Arnold(2003)는 또래 문화가 가장 즉각적으로 영향을 미치는 영역이 메소 시스템이라고 주장했다. 제2장의 도입에서 제시했던 사례를 생각해 보자. 미드웨스턴 대학교에서 필(연극예술 전공학생)과 마이크(사회봉사 편입학생)는 친구들을 만나면서 서로 다른 이유로 즐거워했다. 필에게 미드웨스턴 대학교는 홍미가 같은 학생들과 어울릴 수 있는 기회를 주지만, 마이크를 가장 신나게 했던 것은 주변 친구들이 다양한 배경을 가졌다는 것이었다. 한편 펠릭스를 낙담하게 했던 것은 자신

과 같은 민족 문화를 가진 친구들을 만날 수 없다는 것이었다. 앞
의 세 학생에게 영향을 미친 것은 각자의 메소 시스템에 있는 인
간 집합적 환경이었고, 각각 다른 결과를 초래하였다. 처음 두 학
생은 캠퍼스에 통합된다는 느낌을 받았지만, 세 번째 학생은 어려
움을 겪는 것으로 보인다. 결과적으로 학생 발달에 대한 생태학
모델은 학생들의 캠퍼스 경험을 '개인-환경 상호작용' 관점에서
바라본다.

　Bronfenbrenner(1977) 모델은 계속해서 외부 체계인 엑소 시스
템(exosystem)을 강조한다. 여기서 엑소 시스템이란 형식적 또한
비형식적인 사회 구조가 포함된 메소 시스템의 연장이다. 비록
학생을 포함하지는 않지만, 그 학생이 속한 환경을 둘러싸고 거기
에 영향을 미친다. 즉, 학생이 속한 작은 환경에 직접 영향을 미치
거나, 어떠한 한계를 짓거나, 심지어 거기서 일어날 일을 미리 결
정짓기도 하는 사회적 구조를 의미한다(p. 515). 사실 엑소 시스
템은 그것과 메소 시스템 사이에서 나타나는 역동적인 과정까지
포함한다(Renn & Reason, 2013, p. 129에서 재인용). 엑소 시스템은
학생을 직접 포함하지는 않지만, 학생이 살아가는 보다 작은 환경
안에서 일어나는 여러 과정에 간접적으로 영향을 미치는 환경이
다(Bronfenbrenner, 1993, p. 24).

　예컨대, 대학 정책, 정부 지침이나 규제, 대학 조직의 구조, 그
리고 지역사회는 모두 엑소 시스템이 될 수 있는 잠재력을 지녔
다. 공립이든 사립이든, 소규모든 대규모든, 도심에 위치하든 외
곽 지역에 위치해 있든, 대학의 특성들은 대학의 맥락을 구성하고

일련의 엑소 시스템을 형성한다. 비록 학생은 엑소 시스템에 포함되지 않더라도 엑소 시스템의 영향을 간접적으로 경험하는 것이다. 예를 들어, 「학생보호법(Affordable Care)」은 대학들로 하여금 가정 형편이 어려운 학생들에게 영향을 미치는 캠퍼스 근로 시간 제한 조치를 취하도록 한다. 어떤 지역에서는 가구당 사람의 밀집 정도를 규제할 수도 있는데 이는 임대 주택에 거주하는 학생의 수를 제한하는 결과를 낳고, 이는 다시 교내 기숙사 수요와 학교 밖 숙소의 임대료에 영향을 미친다. 캠퍼스를 둘러싼 교통 시스템도 학생들이 선호하는 거주지에 영향을 미칠 수 있고, 캠퍼스 접근성에도 영향을 끼친다.

엑소 시스템을 둘러싼 것이 매크로 시스템이다. 이는 학생이 대학 생활을 하면서 겪는 구체적인 상황을 둘러싼 사회적 구조와 활동에 영향을 미치는 캠퍼스 문화와 같은 것이다. 사람의 관념이라는 것이 일상생활에서 나타나는 관습이나 활동을 통해서 표출되듯이, 매크로 시스템은 구성원의 마음속에 비공식적으로 알게 모르게 스며들어 있는 상태로 존재한다(Bronfenbrenner, 1977, p. 515). 예컨대, 미국 문화에 깃들여 있는 독립성과 개인주의라는 암묵적인 규범은 학생들이 선호하는 학습 패턴에 영향을 미치고(참견 말고, 네 일이나 해라!), 전통적으로 남녀에게 다르게 나타나는 사회화 패턴은 혼자 일하느냐 또는 같이 일하느냐처럼 과업 수행 방식에서 성분화적(gender-spritting)인 패턴이 나타나도록 한다(Levinson & Levinson, 1996). 캠퍼스 차원의 매크로 시스템은 강의실을 극장 모양으로 만드는 것부터 헌법 정신을 반영한 학생회의 조직에 이르기까지 캠퍼스의 모든 양상에 영향을 끼친다(Forrest, Hotalling, & Kuk, 1986). 다른 기관처럼 대학도 큰 틀에서 문화적 맥락의 영향을 받는다. 예컨대, 미국 고등교육에서 경쟁적 개인주의(competitive individualism)라는 문화적 가치(사회적으로 구성된 캠퍼스 환경)는 어느 대학 캠퍼스에서든지 최우수 집단, 일등상, 최우수 학생 등 최고 수준에 도달한 것에 대하여 특별한 혜택과 의미를 부여한다. 미국 문화에서 볼 때, 어느 조직에서든지 참석자들에게 명판(名板), 자격증, 트로피를 수여하지 않는 연회가 있던가? 매크로 시스템은 캠퍼스에서 서서히 은밀하게 퍼져 가는데, 이를 캠퍼스 환경의 영향력과 분리해서 생각할 수는 없다. 즉, 매크로 시스템의 영향을 인정하고 이해하는 것이 중요하다.

이와 관련해서, Bronfenbrenner(1995)는 연대 체제(chronosystem)라는 시간의 영역을 추가했다. 이는 개인의 삶에 큰 영향을 미치는 어떤 역사적이고 중요한 순간이 있고, 향후 지속되는 삶의 전개는 '인간-환경 상호작용'이라는 복잡한 알고리즘을 만들어 간다는 것을 의미한다. 예컨대, 1960년대 대학에 다녔던 학생들은 문화적으로 지금과는 매우 다른 영향을 받았다. 40대 나이에 처음 대학에 가는 사람들은 20대 학생들과는 다른 방식으로 캠퍼스를 느끼고 적응해야 한다. 마지막으로, 대부분의 학생은 대학에서 생활하면서 자신에게 영향을 미치는 요인 중 새로운 자극에 대해서는 민감하게 반응하지만 다른 요인의 영향에는 둔감해지는 능력을 발전시키기도 한다. 밀물과 썰물 같은 장기간의 발달은 학생 개인의 독특한 '연대 체제 효과(chronosystem effects)'를 만

들기도 하고, 동료 집단(코호토)의 공통적인 특징을 형성하기도
한다.

궁극적으로 학생 발달 생태학 모델에서 캠퍼스 환경은 학생의
행동과 태도에 영향을 미치고 학생들에 의해 형성되는 요인들의
종합적인 네트워크이다. 이때 캠퍼스 환경의 영향을 진단하려면
이러한 영향들의 네트워크를 보여 주는 여러 개의 동심원의 구조
와 그로부터 영향을 받는 학생들의 발달 단계를 이해해야 한다.
예컨대, 위계적 인지 구조(예: 이원론 vs. 상대주의, 관행적 추론 vs.
원리 기반 추론)에서 발달적 차이가 있으면, 자신에게 영향을 미치
는 환경의 특성 차이가 생기게 된다[예: 고도로 형식화된 엄격한 환
경 vs. 모호하고 불분명한 환경]. 즉, 확실함을 추구하는 학생들은 개
방적인 대화가 오가는 세미나에 적응하기 어렵고, 자율적인 성향
을 가진 학생은 개방적 환경에서 더욱 분발하고 수동적 학습 분위
기에서는 지루함을 느끼는 것이다. 같은 메소 시스템이라도 누가
경험하느냐에 따라 서로 다른 결과를 낳는다. 마찬가지로, 학생
성향의 차이(예: MBTI, StrengthsQuest, 홀랜드 직업 성향 검사)는 캠
퍼스의 인간 환경이나 조직 구조(예: 동적 vs. 정적)가 학생들에게
끼치는 영향의 정도를 좌우한다. 예를 들어, MBTI의 개방형이나
홀랜드의 사교적 특성을 가진 학생들은 좌절감 또는 만족감을 줄
수 있는 메소 시스템 요소에 보다 잘 적응할 수 있다. 예를 들면,
성취자, 활동가, 잠재력 최대치로 끌어올리는(Clifton & Anderson,
2002) 특성을 가진 학생들은 경쟁과 승진이 강조되는 위계 구조
(stratified hierarchical)에서 보다 잘 분발한다. 반면 순응, 연결, 일

관성이 장점인 학생들은 보다 평등한 환경에서 자신의 장점을 효과적으로 발휘할 수 있다. 이렇게 볼 때, 캠퍼스 환경 요인들은 대체로 학생들에게 비슷하고 균질한 영향을 발휘하지만, 학생들의 고유한 특성은 환경의 영향력보다 크고 다양한 차이를 만들어 낼 수도 있다. 대학효과 연구의 용어를 빌리면, 이러한 차이는 개인과 환경의 상호작용 함수라는 점에서 '조건적 효과(conditional effects)'(Pascarella & Terenzini, 1991, 2005)라 할 수 있다. 요약하면, 특정한 환경적 조건들이 창출하는 효과는 이를 경험하는 개인의 상태와 특성에 따라 다르게 나타나는 것이다.

대학의 교육 정책과 실천 전략들

캠퍼스 환경을 목적, 영향력, 디자인 요소의 관점에서 바라보면, 대학이 추진할 수 있는 정책과 실천 방안은 보다 명확해진다. 여기서는 대학 캠퍼스 디자인과 관련하여 다음과 같은 다섯 가지 전략을 제시한다(Moos, 1979). 교육정보 극대화, 환경 변화의 촉진과 평가, 교육 컨설팅, 생태계 사례의 기술, 환경 역량 제고 등이 그것이다. 이와 같은 전략들은 대학의 정책, 역할과 기능, 그리고 학생들의 학습, 성장, 발달에 기여하는 대학의 경영진, 직원, 교수, 관련 전문가들의 실천 방안의 관점에서 고려되어야 한다.

캠퍼스 교육정보 활용의 극대화

이 책에 제시된 캠퍼스 인간 환경에 대한 지식 기반은 대학 캠퍼스와 그것을 구성하는 하위 환경 요인에 대한 정보를 진단하고, 조직하며, 공유하는 데 있어 유용한 개념적 틀을 제공한다. 이러한 개념 틀은 학생들과 다양한 캠퍼스 환경에 대한 피드백을 주고받을 때 특히 유용하다. 대학 홍보물, 웹 사이트와 앱들은 대체로 학과, 전공, 동아리, 대학 생활과 관련된 사진을 중심으로 캠퍼스의 이미지와 모습을 제공한다. 물론 이런 자료를 제공하는 것도 중요하지만, 만약 그것이 대학에 대한 유일한 정보라면, 그것이 예비 신입생들을 위한 최선의 정보인지 심도 있게 검토할 필요가 있다.

실제로 학과와 교육과정에 대한 기술적 자료들은 대학생의 만족과 성공에 영향을 미치는 캠퍼스 교육 환경의 질에 대한 정보를 제공하지 못하는 경우가 많다. 그보다는 캠퍼스 전반의 사회적 풍토(인간관계, 개인적 성장 가능성, 대학 시스템의 유지와 변화)를 보여 주는 것이 대학의 역동성을 보다 잘 전달하는 방법일 수 있을 것이다. 대학에서 학생 참여를 유발하는 잠재적인 요인과 학생 참여의 패턴을 보여 주는 NSSE(National Survey of Student Engagement)(Kuh, 2003) 자료를 제공하는 것도 학생의 선택을 돕는 방법이다. 이러한 자료는 특정 학과, 특정 학번(Winston et al., 1994), 기숙사 학습 센터, 다양한 학생 동아리나 조직(Winston et al., 1997)과 같은 대학의 하위 환경별로 분석해서 배포할 수 있다.

이런 정보가 중요한 이유는 대학을 선택하는 과정에서 그 대학이 자신과 잘 맞는지를 가늠할 수 있는 자료이기 때문이다.

한편 교육 정보를 최대한 활용하는 것은 매년 수집하는 학생 자료의 활용과도 관련이 있다. 매년 설문조사를 통해 많은 학생 자료를 수집하지만, 학생의 이해를 돕고 어떤 행동을 유발하고 대화를 촉진하는 차원에서 분석 결과와 정보를 피드백하는 노력은 매우 부족하다. 예컨대, 캠퍼스 환경 모델을 적용해서 입학 초기 대학생의 적응에 도움을 주는 캠퍼스 요인을 파악하고, 이러한 정보를 토대로 학생들과 소통할 수 있다. 이와 관련된 대표적인 사례가 학생 기숙사다.

기숙사 행정 실장은 학생들이 들어오기 전에 또는 오리엔테이션에서 일부 학생들을 대상으로 대학 기숙사 환경 척도(University Residence Environment Scale: URES)(Form E-기대되는 환경/Form I-이상적인 환경)(Moos & Gerst, 1988) 조사를 실시할 수 있다. 이는 대학 경영진에 학생들이 캠퍼스 내 주거에 대해 어떤 기대를 갖고 있는지를 알려 준다. 분석 결과를 활용해서 학생들의 기대에 부응하는 프로그램을 만들거나, 자칫 비현실적일 수도 있는 학생들의 기대를 바로잡을 수 있다. URES(Form R-이상적인 환경/URES 하위 척도에 대한 집단 토론)를 활용한 추적 조사를 학기 중에 6주 또는 8주마다 실시함으로써 학생들이 당초 이상적으로 추구했던 것과 실제로 경험한 것 사이에 나타나는 차이를 확인할 수도 있다.

이와 같이 학생과 주고받는 방식으로 정보를 수집하고 분석하는 것은 학습 목표를 달성하는 데 도움을 준다. 첫째, 학생들은 앞으로 자신이 살아갈 환경을 선택함에 있어서 이러한 개념적 틀을 활용할 수 있고, 현재 살고 있는 환경을 보다 잘 이해할 수 있다. 둘째, 학생들은 바람직한 주거 환경에 대하여 자신의 관점이 친구들과 어떻게 다른지, 자신의 생각을 친구들과 어떻게 나눌 수 있는지를 알게 된다. 셋째, 대학 직원들은 학생들이 기대했던 것과 실제로 느낀 것의 차이를 파악하고, 이를 해결하기 위한 계획과 프로그램을 개발하는 데 필요한 정보를 얻는다. 예컨대, URES의 정서적 지지 척도(URES에서 소속감과 안전에 대한 반응을 보여 주는 영역)는 학생의 정서적 불일치에 대한 정보를 주는데, 대학은 이를 활용해서 팀 빌딩, 학생 서비스, 인간관계 같은 정책적 개입을 할 수 있다. 마지막으로, 대학 직원들이 기숙사 환경에 대한 학생들의 경험을 중시하고 향후 발전 계획을 만드는 과정에서 학생 의사를 반영함으로써 학생들이 캠퍼스 공동체의 변화와 발전 목표 설정 과정에 참여하도록 할 수 있다.

캠퍼스 환경 모델의 다른 사례는 교수들의 학과 활동이나 수업 맥락에서 찾을 수 있다. 즉, 학생들이 학습과정이나 프로그램을 통해서 소속감, 안전, 참여 및 공동체에 대한 경험을 얼마나 하고 있는지를 파악할 수 있게 되면, 학생의 학습 잠재력을 극대화할 수 있다. 이러한 정보는 성공적인 학습이나 대학 생활을 필요한 기술적인 처방을 내리는 데 도움을 주고, 학생들이 캠퍼스 환경의 영향에 대해 더욱 이해하게 만들 수 있다. 이는 학생들이 앞으로 살아가면서 당면할 여러 선택과 관련해서 중요한 교훈을 준다.

캠퍼스 환경 변화를 촉진하고 평가하기

　Moos(1986)는 캠퍼스 인간 환경에 대한 이해가 대학의 사회적 풍토, 건물 모습, 조직 등에 대한 변화를 촉진하고, 그 결과를 평가하는 데 유용하다고 말한다. 캠퍼스 변화는 의도치 않게 일어날 수 있지만, 때로는 의도적으로 만들 수도 있다. 즉, 자연스러운 변화 외에 혁신적인 변화가 일어날 수 있다. 캠퍼스 환경 모델은 이러한 변화의 속성과 방향을 효과적으로 설명할 수 있다. 오랜 시간에 걸쳐 발전된 환경 과정 모델(environmental process models)을 바탕으로 하는 캠퍼스 환경 모델은 바람직한 대학의 변화를 이끌어 내는 강력한 도구가 될 수 있다(Aulepp & Delworth, 1976; Huebner, 1979; Western Interstate Commission for Higher Education, 1973). 예를 들어, 생태계 디자인 모델(the ecosystem design model)은 매크로(캠퍼스 공동체 전체) 또는 마이크로(캠퍼스의 작은 집단을 위한 하위 환경) 차원에서 학생의 학문적·개인적 성장에 걸림돌이 되거나 촉진하는 환경 요소가 무엇인지를 찾아내는 데 사용된다(Aulepp & Delworth, 1976, p. ix). 캠퍼스 환경의 변화가 학생에게 미치는 영향은 '학생 발달 생태학 모델'을 통해서도 파악할 수 있다(Renn & Arnold, 2003).

　생태계 디자인 과정(ecosystem design process)은 서로 연계된 일곱 단계로 구성된다. 캠퍼스 디자인은 모든 단계에서 시작할 수 있지만, 신생 대학이나 완전히 새로운 환경을 구축하려는 대학을 제외하면 대체로 다섯째 단계부터 시작하는 것이 자연스럽다.

1. 캠퍼스 디자이너는 대학 공동체 구성원과 함께 대학이 추구할 교육적 가치를 선택한다.

2. 교육적 가치는 다시 구체적인 목표로 제시된다.

3. 제시된 목표를 달성하는 데 필요한 메커니즘을 포함해서 캠퍼스 환경을 디자인한다.

4. 학생이 캠퍼스 환경을 경험한다.

5. 캠퍼스 환경에 대한 학생들의 인식을 측정한다.

6. 캠퍼스 환경에 대한 학생들의 인식이 이끌어 내는 행동을 관찰한다.

7. 캠퍼스 디자인이 성공이냐 실패냐는 학생의 인식과 행동을 통해 확인할 수 있다. 여기서 나온 자료는 캠퍼스 디자이너가 '학생-환경 일치(student-environment fit)' 여부를 지속적으로 진단하고, 보다 나은 환경을 설계하는 데 쓰인다(p. ix).

매크로 차원에서 이러한 모델을 적용한 사례는 미시간 주의 그랜드 밸리 주립대학교(Grand Valley State University)가 수행한 일련의 여성 풍토 연구(women's climate study)가 대표적이다(Seeger, 1994). 이 연구는 평등증진상(Progress in Equity Award)을 수상하고, 미국 대학 여성인 협의회(American Association of University Women)의 인정을 받기도 하였다. 또한 아동센터 신규 설립(물리적 환경 변화)부터 1996년 '22인의 그랜드 밸리 여성위원회(Grand Valley Women's Commission)' 구성(조직 환경 변화)에 이르기까지 대학 차원의 중요한 변화를 일구어 냈다. 글랜드 밸리 여성위원

회는 지금까지 여성을 위한 대화의 장을 펼치고, 여성이 리더십
위치에 오른 것을 축하하며, 여성 옹호 관련 이슈들을 탐색하는
전통을 이어 가는 데 기여하고 있다.[42] 교수, 직원, 학생들의 인식
을 토대로 캠퍼스에서 여학생에 대한 지원 실태를 진단함으로써
(모델의 5단계), 대학 구성원들은 캠퍼스가 추구하는 가치와 목적
(안전, 소속, 참여, 공동체)이 무엇인지를 논의하고, 이를 위한 대학
차원의 환경적 개입이나 재설계에 대한 이해를 공유할 수 있다.

　캠퍼스의 건물이 미학이나 디자인 관점에서 어떠한 가치나 목
적을 추구하듯이, 많은 대학들이 학생회, 기숙사, 강의실, 레크리
에이션 센터 등을 신축하거나 개선할 때 상술한 개념과 실천 방안
을 적용한다. 볼링그린 주립대학교 그리스 빌리지(Bowling Green
State University Greek Village), 센트럴 아칸소 대학교(University of
Central Arkansas), 하이포인트 대학교(High Point University), 사우
스캐롤라이나 대학교(University of South Carolina) 등의 캠퍼스 구
상, 신축, 확장 사례는 캠퍼스 생태계의 총체적 원칙들이 캠퍼스
지역사회 개념(campus neighborhood concept)의 적용을 통해 캠
퍼스의 하위 환경들을 개선한 우수 사례들이라 할 수 있다.

　캠퍼스 환경 이론과 모델은 캠퍼스를 기획하고 개선하려는 사
람들이 다양한 디자인 요소, 영향력, 이를 통해 달성하려는 목적
에 대해 보다 민감하게 반응하도록 도와준다. 캠퍼스 환경에 대
해 통합적인 관점을 가진다면, 캠퍼스에서 전반적인 변화를 추구

---

42) 출처: http://www.gvsu.edu/wcommission

할 때 앞에서 제기한 질문들을 함께 고려할 필요가 있다. 나머지 것들에 대한 수정 없이 환경 요소 하나만 변경한다면 캠퍼스 디자인 개념이 의도했던 전체적인 영향력을 반감시킬 수도 있다. 예컨대, 많은 대학이 한 번쯤은 새로운 페인트, 카펫, 가구 등을 통해 고질적인 기숙사 환경 문제들을 개선하고자 했을 것이다. 문제는 이러한 변화가 기숙사의 일반적인 분위기를 신선하게 만들 수는 있지만, 인간 집합적 요인(예: 모두 남학생으로)이나 조직적 요인(예: 소수 학생만 참여하는 구조)을 함께 고려하지 않으면 의미 있는 학생 행동의 변화를 기대하기 어렵다. 물리적으로 기숙사 시설을 개선하는 것과 함께 기숙사에 여학생이 들어가도록 할 수도 있고(인간 집합적 환경 변화), 학생들이 기숙사 자치 활동이나 기숙사 활동 영역의 규정(조직 변화 전략)에 참여하게 할 수도 있다. 이러한 변화들은 대학 기숙사가 가지는 사회적 풍토에 긍정적인 영향을 미칠 수 있다. 이는 다시 학생의 학습 참여나 공동체 형성을 위한 조직 문화를 만드는 새로운 학생들을 끌어들이고, 그들을 만족시키면서, 계속 머물게 할 수 있다.

교육 컨설팅의 이행

우리는 교육자로서 각각의 캠퍼스 환경 요소들이 어떠한 역할과 기능을 해야 하는지 자문해 달라는 요청을 받을 때가 많다. 이는 대학 전체를 대상으로 하는 매크로 차원과 학생 또는 단위 행정 조직과 같은 하위 환경을 대상으로 하는 마이크로 차원 모두

를 의미한다. 이 경우 캠퍼스 환경의 구성 요소, 각 요소들이 미치
는 영향, 그리고 캠퍼스 환경을 통해 달성하려는 목적을 제대로
이해하면, 자문을 위한 진단과 피드백 절차를 밟는 것은 그리 어
렵지 않다. Upcraft와 Schuh(1996)는 자문에 앞서 이루어지는 환
경 진단 모델을 소개하였다. 이는 생태계 모델(ecosystem model)
(Aulepp & Delworth, 1976), 질문지, 면담, 관찰 결과를 포함하는
에코매핑(ecomapping)(Huebner & Corrazini, 1975~1976), 대학의
문화를 상징하는 인공물에 초점을 둔 문화 감사(the cultural audit)
(Kuh et al., 1991; Whitt, 1993) 등이다. 통상 이러한 모델들은 자문
을 수행하기 위해 각 단계별로 해야 할 일을 알려 주지만, 무엇을
왜 진단해야 하는지는 알려 주지 않는다. 반면 캠퍼스 환경 지식
기반은 이러한 노력에 대한 방향성을 제시할 수 있다. 예컨대, 대
학의 특정 집단(예: 게이, 레즈비언, 양성애, 트랜스젠더 학생) 학생들
이 캠퍼스에서 어느 정도의 소속감과 안전함을 느끼는지 조사해
보면, 왜 캠퍼스 환경 요인이 학생들의 학습 참여나 공동체 형성
촉진에 실패하는지 발견할 수 있다.

한편 캠퍼스 디자인 구성 요소를 활용한 진단 체제는 특정 문제
를 해결하는 데 활용할 수도 있다. 예컨대, 직원 역량 개발 방안
([그림 9-3])에 쓰이는 작업 환경 척도 중 사회풍토 관련 하위 척도
(work environment-social climate profile)를 살펴보면, 직원들이 느
끼는 이상과 실제 사이의 괴리(ideal-real discrepancies)를 파악할
수 있다. 보다 구체적으로 상급자의 지지가 부족한지, 작업에 대
해 과도한 부담을 느끼는지, 혁신이 부족한지, 물리적 편안함이

문제인지를 확인할 수 있는 것이다.

이상의 방법은 대학 차원의 환경적 개입에 필요한 맞춤형 정보를 제공한다. 예를 들어, [그림 9-3]을 보면, 물리적 편안함에 대한 직원들의 기대와 실제가 가장 큰 괴리를 나타낸다. 대학의 캠퍼스 디자이너가 면담이나 포커스 그룹을 통해 이러한 정보를 얻게 되면, 물리적 공간 배치, 공간 사용, 작업 환경과 관련하여 보다 구체적인 문제를 제기할 수 있게 된다. 또한 작업 공간에서 혁신이 부족하다고 생각되면 Hage와 Aiken(1970)의 조직개념 틀(organizational conceptual framework)을 적용해서 진단해 볼 수 있다. 이 틀은 만약 작업 환경에서 생산량을 강조하면 오히려 조직 혁신의 역동성은 낮아질 수도 있음을 보여 준다. 작업 부담을 줄여달라는 직원의 호소는 양보다는 질을 강조할 필요가 있다는 신호다. 마지막으로, 상급자의 지지 문제도 작업 환경에 대한 조직 차원의 변화가 필요함을 보여 준다. 이 그림이 제시하는 두 가지 요점은 구성원의 느낌에 비추어 조직의 집중화와 계층화 수준이 높아서 조직 혁신을 방해한다는 것이다. 만약 이것이 사실이라면, 직원 간 팀 빌딩, 의사소통, 작업자와 감독자 관계의 재설정 등을 통해 작업 환경의 역동성을 높일 수 있다. 한편 작업 환경 척도(work environment scale)는 구성원 간 인간관계, 개인 성장, 시스템 유지 차원에서 지금의 조직이 어떠한 수준인지를 보여 줄 뿐만 아니라 해결 방향도 제시한다([그림 9-3]).

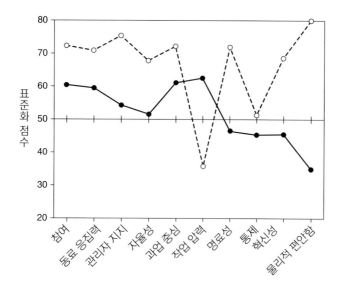

[그림 9-3] 작업 환경 척도

[예시 9-2] 작업 환경 척도(Work Environment Scale: WES) 영역과 하위 척도

관계 차원
- 참여(involvement): 직원들이 자신의 직무에 대하여 생각하고 헌신하는 정도
- 작업자들의 단합(coworker cohesion): 직원들이 얼마나 다른 동료에게 친절하고 협조적인지 정도
- 상급자 지지(supervisor support): 경영진의 직원에 대한 지지와 직원이 다른 동료를 지지하도록 유도하는 정도

개인 성장 차원
- 자율성(autonomy): 직원이 얼마나 자기 스스로 충족적이고 스스로 의사결정을 내릴 수 있는 정도
- 과업 지향성(task orientation): 좋은 계획, 효율성, 일의 마무리를 강조하는 것
- 과업 부담(work pressure): 높은 수준의 과업 요구와 시간 압박이 작업 현장을 압도하는 정도

시스템 유지와 변화 차원
- 명료성(clarity): 직원이 자신의 일상적인 과업에 기대되는 것과 조직의 규칙 및 규정이 통용되는 방법을 알고 있는지 여부
- 통제(control): 경영진이 규칙과 압력을 행사해서 직원을 통제하는 정도
- 혁신(innovation): 다양성, 변화, 새로운 접근 방법에 대한 강조 정도
- 물리적 편안함(physical comfort): 물리적 환경이 쾌적한 작업 환경에 기여하는 정도

출처: Moos (1994b). 허가를 받고 사용함.

생태학 사례 서술

많은 학생들이 가족, 친구, 문화, 고향처럼 인간적 상호작용이 내포된 삶의 생태계를 마음에 간직하고 대학에 입학한다. 대학에서는 다시 캠퍼스 생태계를 만난다. 대학 기숙사, 교실, 사교 집단, 과업 집단, 그리고 흔히 볼 수 있는 아르바이트 근무 환경 등이 그것이다. 학생 발달 생태학 모델(Renn & Arnold, 2003)에 따르면, 캠퍼스 생태계는 주어진 시간에 각 학생의 경험과 관련된 메소 시스템, 매크로 시스템, 엑소 시스템으로 구성된다. 이러한 캠퍼스 생태계 개념은 상담가들이 학생들의 대학 경험의 성격을 이해하는 데 필요한 틀을 제시한다.

예컨대, 대학 생활 적응에 어려움을 겪는 학생들을 위해서는 [예시 4-3]에 제시된 사회적 풍토의 하위 차원들이 학생들이 캠퍼스에서 담당하는 역할과 관련된 우려와 잠재적 이슈들을 보여 준다. [예시 9-1]이 제시하는 캠퍼스 환경의 영향과 연계하여, 학생의 대학 생활을 사회적 풍토의 모습으로 보여 주는 생태계 목록(ecological inventory)이 만들어진다. 예컨대, 학생이 제기하는 이슈는 주로 관계적 차원인가? 그렇다면 어떠한 캠퍼스 하위 환경이 이 문제와 관련이 있는가? 가족 문제인가? 가족관계의 어떠한 부분이 이 문제와 관련이 있는가? 가족 간 화합이 문제인가? 표현의 문제인가? 당장 해결되어야 하는 스트레스 문제인가? 아니면, 학생이 발달 단계에서 흔히 겪는 상황에서 나타나는 불안이나 좌절의 문제인가? 캠퍼스 환경은 교육적으로 추구하는 목적(소속감,

안전, 참여, 공동체 형성)이 있다. 이와 관련하여 학생들이 캠퍼스에서 생활하면서 경험하는 여러 사회적 관계는 학생을 둘러싼 메소, 매크로, 엑스 시스템을 구성한다. 대학 당국은 이에 대한 정보를 현재의 캠퍼스 환경을 바꾸거나 새로운 캠퍼스 환경을 구축하는 데 활용할 수 있고, 궁극적으로 학생의 학습 잠재력을 극대화할 수 있게 된다. 이와 같은 전략을 통해 대학의 어드바이저나 상담자들은 학생들이 캠퍼스 환경에 적응하는 과정에 대한 보다 완전하고 정확한 이해에 도달할 수 있다.

캠퍼스 환경 영향의 극대화

이 부분은 캠퍼스 디자인 모델의 실질적 적용과 관련된 마지막 이슈다. 이와 관련해서 Moos(1979)는 학생들에게 대학에서 캠퍼스 환경을 조성하고 선택하고 변형시키며, 개인-환경 적합도(person-environment congruence)를 극대화하는 방법, 개인과 환경 사이의 정합을 극복하는 방법을 가르쳐야 한다고 주장했다. 종합하자면, 학생들이 생활하고 있는 캠퍼스의 환경이 자신에게 어떠한 영향을 미치는지에 대하여 충분히 이해하도록 도와야 한다는 것이다.

캠퍼스 학습 환경의 영향력을 높이는 것은 대학이 추구하는 목적이자 결과다. 발달론적 관점에서 볼 때, 단순하고 권위에 순종하면서 단정적인 관점을 지닌 사람[Perry(1970)의 dualist 또는 King과 Kitchener(1994)의 pre-reflective thinker]은 자기주도 학습 역량이나 동기를 갖추지 못하고, 불확실성이 지배하는 세상을 살아가기 어렵다. 학생들은 교양교육의 중핵 교과를 배움으로써 세상의 이치를 탐구하고, 전공 학습을 통해서 보다 심화된 영역을 다룰 수 있는 역량을 기른다. 또한 대학 효과에 대한 연구(Pascallera & Terenzini, 2005)가 일관되게 제시하는 것은 이러한 학습과정을 충실히 이수한 학생이 보다 복합적인 관점을 가지고 세상을 이해한다는 것이다. 또한 다양한 견해, 사실, 해석 가운데에서 적절한 것들을 선택하는 역량을 갖추게 됨으로써 자신의 삶과 주변 환경에 대해서 올바른 판단을 내릴 수 있다. 학생들은 대학 생활과 학업 과정을 거치면서 캠퍼스 인간 환경이 가진 특징과 역동적인 상호작용에 대하여 민감하게 반응할 수 있는 역량을 기른다. 이를 통해 학생들은 자신이 살아가면서 당면하는 환경에 대해 현명한 선택과 판단을 내릴 수 있는 역량을 기를 수 있다. 보다 나은 세계를 만든다는 것은 현재의 세상에서 무엇이 제대로 작동하고 무엇이 그렇지 않은지에 대해 명확히 이해하는 것부터 시작한다. 환경적 역량은 그러한 이해를 형성하는 매우 중요한 도구다.

윌리엄스(Williams) 대학교에서 57년 동안 철학과 수사학을 가르쳤던 저명한 교육자로, 1836년부터 1872년까지 총장을 역임했던 James A. Garfield는 이상적인 대학이란 "한쪽 끝에는 Mark Hopkins를 두고, 다른 한쪽에는 학생을 둔 통나무" 같다고 묘사한 바 있다(Kunitz & Haycraft, 1939, p. 384). Garfield 총장이 대학

의 모습을 이처럼 제시한 후, 미국 고등교육에는 많은 변화가 있
었다. 즉, 대학은 그저 간단한 통나무에서 시작해서 스톤, 벽돌,
회반죽, 철근, 콘크리트를 갖춘, 더구나 오늘날에는 온라인 웹 사
이트까지 갖춘 거대한 학문 조직으로 발전했다. 이는 실세계와
가상 세계의 디자인, 기능과 역할, 그리고 추구하는 목적들을 보
여 주는 하나의 갤러리와 같다. 통나무의 한쪽 끝에는 완벽한 학
자인 Hopkins 교수가 있는데, 그는 교육, 연구, 봉사라는 다양한
역할을 수행하면서 교수의 역할이 무엇인지를 보여 준다. 통나무
의 다른 끝에는 Hopkins 교수의 지혜를 경외하면서 수동적으로
앉아 있던 학생들이 이제는 다양한 교양, 기술, 직업 흥미와 목표
가 무엇인지를 적극적으로 표현하는 학습자 집단이 된다(Strange,
1996). 비교적 짧은 기간 동안, 미국 고등교육은 놀랍도록 변화했
다. 세상이 디지털 세계로 이동하면서 보다 큰 변화를 향한 서막
이 보이기 시작했다.

　지난 50년 동안 대학들은 규모, 설립 목적, 고객의 면에서 혁명
적인 변화를 경험했다. 그 변화가 가져온 영향은 매우 분명했다.
한때 대학도 인격을 도야하고 도덕적 습관을 키우면서 사회적 지
위를 유지하려던 소수 학생의 전유물로서 유사한 모습을 지녔었
지만 지금의 대학은 매우 다른 이유로 대학에 오는 수많은 학생
들을 위한 복합 상영관 같은 모습으로 변화했다. 학생 구성의 다
양성도 변화해 왔다. 한때 Cross(1971)가 준비되지 않은 상태라는
의미에서 '새로운 학생들'이라고 불렀던 집단이 이제는 다수가 되
고 있다. 대학이 그들을 위해 할 수 있고, 해 주어야 하는 것이 무

엇인지에 대해서도 다양한 의견이 제시되고 있다. 캠퍼스로 돌아오는 성인 학습자들도 인생의 목표와 환경이 변화했으므로 잘 대응할 수 있도록 가르쳐 달라고 요청한다(Cross, 1981; Knowles, Holton, & Swanson, 2012; Schlossberg, Lynch, & Chickering, 1989). 과거에는 차별을 받았던 인종과 민족의 학생 집단이 사회적 변화에 대한 접근성과 기회의 통로를 찾고 있다. 이들은 시장에서 당장 써먹을 수 있는 기술과 진로 중심 교육과정을 원하고, 졸업과 함께 바로 직장을 구하고 싶어 한다. 무엇보다 교육 수요자들은 온라인 학습을 통해 보다 탄력적인 학습 기회가 있기를 원한다.

미국 고등교육에서 일어나는 혁명적 변화는 매우 다양한 대학 형태들, 즉 주립대학, 사립대학, 영리대학, 온라인 기반, 커뮤니티 기반 대학들을 만들어 내고 있다. 이러한 상황은 교수와 대학 행정가들에게 매우 도전적인 상황이다. 그만큼 학생들도 어떤 곳으로 진학할지를 선택하기 어려운 상황이 되었다. 좋은 대학은 어디인가? 다니기에 편리한 지역 대학은 어떤가? 학생 개인에게 보다 관심을 기울이는 소규모 사립대학이 좋은가? 최첨단 연구를 맛보고 학생 다양성의 면에서 흥미로운 환경을 제공하는 대규모 대학이 좋은가? 직업 세계로 진출할 수 있도록 도와줄 것 같은 영리 대학으로 진학하는 것이 좋은가? 전공 강의보다는 역량 개발에 초점을 두는 온라인 강의를 수강할까? 한 대학에서 향유할 수 있는 선택의 여지는 얼마나 많은가? 통학을 해야 하나 아니면 기숙사에서 살아야 할까? 남녀가 분리된 기숙사가 좋은가 아니면 함께 거주하면서 학습하는 환경이 좋은가? 당장 전공에 몰입하지 않는다면 그에 따른 결과는 무엇인가?

교수와 행정가의 관점에서 볼 때, 이러한 상황들은 모두 녹록지 않은 이슈들이다. 어떠한 대학 모습이 우수한 학생을 유치하는 데 좋을까? 다른 문화적·민족적 배경을 지닌 학생들을 유인하고 만족시킬 방법은 무엇인가? 학업 지속, 특히 1학년 단계에서 학업을 중단하지 않게 하려면 무엇을 해야 하나? 전통적인 학생들에게 통용되었던 교수법이 다른 특성을 지닌 새로운 학생 집단에게도 효과적일까? 대규모 강좌에서 보다 흥미로운 학습을 유도할 수 있는 환경은 무엇인가? 캠퍼스에서 학생들이 다양한 학습 기회를 활용할 수 있도록 도와줄 수 있는 방법은 있는가?

오늘날 우리가 당면하는 문제는 교육 목표를 달성하기 위해 우수한 학생을 유치하고, 만족시키며, 학업을 지속할 수 있도록 지원하는 환경을 만들고 유지하는 것이다. 그런데 이러한 책무는 대학의 모든 구성원들이 함께 수행해야 한다. 여기에는 등록 담당자, 학생을 유치하고 적응하도록 도와주는 오리엔테이션 담당자, 복잡한 스케줄과 다양한 요구를 가진 성인 학생들을 돕는 온라인 학습 담당자, 기숙사에서의 학습을 도와주는 기숙사 담당자, 다양한 학문 세계, 기본적인 개념, 방법론 등을 가르치는 기초교육 담당 교수들, 자신이 중요한 사람이라는 느낌(Schlossberg, 1989)과 소속감을 가질 수 있도록 도와주는 성인 교육 담당자, 주류 집단과 다른 형태의 인종적·민족적·국가적 유산을 가진 학생들을 환영하는 캠퍼스 분위기를 조성해야 하는 다문화 담당자와 국제교류 담당자, 학생들이 캠퍼스 활동과 학생회에 참여하도록 도와주는 학생 지원 담당자, 삶의 전환을 위한 적응을 잘 이해하도록 도와주는 카운슬러, 직업 목표를 달성하도록 도와주는 구직 담당자 등 많은 사람들이 포함된다. 이들의 역할과 활동을 안내하기 위해 필요한 것은 캠퍼스 환경의 다양한 특징을 상술하면서 그것들이 학생의 학습과 성장, 발달에 끼치는 영향력을 대학 구성원들이 이해할 수 있도록 도와주는 통합적 모델을 제시하는 것이다(Strange, 1983; Strange & King, 1990). 우리는 이 책이 제시하는 개념적 틀이 그러한 방향으로 나아가는 첫걸음이 될 것이라 믿는다.

생각해 볼 문제

1. 대학의 주요 구성원, 대학 교육의 효과, 대학이 추구하는 목표와 관련해서 우리 대학의 상황을 알려 주는 데이터에는 무엇이 있는가?
2. 학생 성공을 지원하는 관점에서 우리 대학이 가진 최고의 환경 자산은 무엇인가?
3. 우리 대학에서 어떠한 환경적 요인이 학생들에게 가장 큰 스트레스를 주고 부정적인 영향을 미치는가?
4. 캠퍼스 디자인 관점에서 우리 대학의 학습 생태계를 보다 강화하기 위해 필요한 즉각적인 조치는 무엇인가?
5. 우리 대학의 경우, 캠퍼스 디자인에 대한 의사결정 과정에 학생, 교수, 직원은 어느 정도 참여하는가?

참고문헌

Abes, E. S., Jones, S. R., & McEwen, M. K. (2007). Reconceptualizing the model of multiple dimensions of identity: The role of meaning-making capacity in the construction of multiple identities. *Journal of College Student Development*, *48*(1), 1–22.

Abras, C., Maloney-Krichmar, D., & Preece, J. (2004). User-centered design. W. Bainbridge, *Encyclopedia of Human-Computer Interaction*, *37*(4), 445–56. Thousand Oaks, CA: Sage Publications.

Adler, R. B., & Proctor, II, R. F. (2014). *Looking out looking in* (14th edition). Boston, MA: Wadsworth, Cengage Learning.

Amar, A. F., & Gennaro, S. (2005). Dating violence in college women: Associated physical injury, healthcare usage, and mental health symptoms. *Nursing Research*, *54*(4), 235–242.

American Council on Education. (1985). *Achieving reasonable campus* security self-regulation initiatives: Resources. Washington, DC: Documents for Colleges and Universities, No. 2.

Anderson, P. (1971). The school as an organic teaching aid. In R. McClure (Ed.), *National society for the study of education yearbook, Part 1. The curriculum: Retrospect and prospect*. Chicago, IL: University of Chicago Press.

Arao, B., & Clemens, K. (2013). From safe spaces to brave spaces: A new way to frame dialogue around diversity and social justice. In L. Landreman (Ed.), *The art of effective facilitation: Reflections from social justice educators* (pp. 135–150). Sterling, VA: Stylus.

Arthur, P., & Passini, R. (1992). *Wayfinding*. New York, NY: McGraw-Hill.

Aslanian, C. B., & Brickell, H. M. (1980). *Americans in transition: Life changes as reasons for adult learning*. New York, NY: College Entrance Examination Board.

Astin, A. W. (1968). *The college environment*. Washington, DC: American Council on Education.

Astin, A. W. (1985). *Achieving educational excellence: A critical assessment of priorities and practices in higher education*. San Francisco, CA: Jossey-Bass.

Astin, A. W. (1993). An empirical typology of college students. *Journal of College Student Development, 34*, 36–46.

Astin, A. W., & Panos, R. J. (1966). A national research databank for higher education. *Educational Record, 47*, 5–17.

Aulepp, L., & Delworth, U. (1976). *Training manual for an ecosystem* model: *Assessing and designing campus environments*. Boulder, CO: Western Interstate Commission for Higher Education.

Baird, L. L. (1988). The college environment revisited: A review of research and theory. In J. C. Smart (Ed.), *Higher education*: *Vol. 4. Handbook of theory and research* (pp. 1–52). New York, NY: Agathon Press.

Banning, J. (1992). Visual anthropology: Viewing the campus ecology for messages of sexism. *Campus Ecologist, 10*(1), 1–4.

Banning, J. (1997). Designing for community: Thinking "out of the box" with porches. *Journal of College and University Student Housing, 26*(2), 3–7.

Banning, J., & Bartels, S. (1993). A taxonomy for physical artifacts: Understanding campus multiculturalism. *Campus Ecologist, 11*(3), 2–3.

Banning, J. H. (1989). Impact of college environments on freshman students. In M. L. Upcraft, J. N. Gardner, & Associates (Eds.), *The freshman year experience* (pp. 53–62). San Francisco, CA: Jossey-Bass.

Banning, J. H. (1995). Campus images: Homoprejudice. *Campus Ecologist, 13*(3), 3.

Banning, J. H. (Ed.). (1978). *Campus ecology: A perspective for student affairs*. Cincinnati, OH: NASPA Monograph.

Banning, J. H., Clemons, S., McKelfresh, D., & Gibbs, R. W. (2010). Special places for students: Third place and restorative place. *College Student Journal, 44*(4), 906–912.

Banning, J. H., & Cunard, M. (1986). The physical environment supports student development. *Campus Ecologist, 4*(1), 1–3.

Banning, J. H., & Kaiser, L. (1974). An ecological perspective and model for campus design. *Personnel and Guidance Journal, 52*(6), 370−375.

Banning, J. H., & Luna, F. (1992). Viewing the campus ecology for messages about Hispanic/Latino culture. *Campus Ecologist, 10*(4), 1−4.

Banning, J. H., McGuire, F. D., & Stegman, J. (1996) Housing that makes a difference. *College Services Administration, 19*(1), 53−58.

Banning, J. H., Middleton, V., & Deniston, T. (2008). Using photographs to assess equity climate: A taxonomy. *Multicultural Perspectives, 10*(1), 1−6.

Barker, R. (1968). *Ecological psychology*. Palo Alto, CA: Stanford University Press.

Baum, A., & Valins, S. (1977). *Architecture and social behavior: Psychological studies of social density*. Hillsdale, NY: Erlbaum.

Bechtel, R. B. (1997). *Environment and behavior: An introduction*. Thousand Oaks, CA: Sage.

Bechtel, R. B., & Zeisel, J. (1987). Observations: The world under a glass. In R. Becthel, R. Marans, & W. Michelson (Eds.), *Methods in environmental and behavioral research* (pp. 11−40). New York, NY: Van Nostrand Reinhold.

Beeler, K., Bellandese, S., & Wiggins, C. (1991). *Campus safety: A survey of administrative perceptions and strategies* (Report No. HE 024 821). Washington, DC: NASPA. (ERIC Document Reproduction Service No. 336 001)

Beetham, H., & Sharpe, R. (Eds.). (2013). *Rethinking pedagogy for a digital age: Designing for 21st century learning*. New York, NY: Routledge.

Bell, D. (2009). Learning from second life. *British Journal of Educational Technology, 40*(3), 515−525.

Bell, P. A., Greene, T. G., Fisher, J. D., & Baum, A. (2001). *Environmental psychology* (5th ed.). Orlando, FL: Harcourt Brace.

Bellah, R. N., Madsen, R., Sullivan, W. M., Swidler, A., & Tipton, S. M. (1985). *Habits of the heart*. New York, NY: Harper & Row.

Bennett, M., & Benton, S. (2001). What are the buildings saying? A study of first-year undergraduate students' attributions about college campus architecture. *NASPA Journal, 38*(2), 159−177.

Bennett, S. (2007). First questions for designing higher education learning spaces. *Journal of Academic Librarianship, 33*(1), 14−26.

Bers, M., & Chau, C. (2010). The virtual campus of the future: stimulating and simulating civic actions in a virtual world. *Journal of Computing in Higher Education, 22*(1), 1–23.

Birnbaum, R. (1988). *How colleges work: The cybernetics of academic organization and leadership*. San Francisco, CA: Jossey-Bass.

Blau, P. M. (1973). *The organization of academic work*. New York, NY: Wiley.

Blimling, G. S. (1988). *The influence of college residence halls on students: A meta-analysis of the empirical research, 1966–1985* (Unpublished doctoral dissertation). Ohio State University, Columbus, OH.

Blimling, G. S. (2015). *Student learning in college residence halls: What works, what doesn't, and why*. San Francisco, CA: Jossey-Bass.

Bolman, L. G., & Deal, T. E. (2011). *Reframing organizations: Artistry, choice, and leadership* (4th ed.). San Francisco, CA: Jossey-Bass.

Bonner, T. N. (1976, September-October). The unintended revolution in America's colleges since 1940. *Change, 18*, 44–51.

Borden, J. (2011, August). The future of online learning. *elearn Magazine*. Retrieved from http://elearningmag.acm.org/featured.cfm?aid=2024704.

Bott, S. E. (2000). *The development of psychometric scales to measure sense of place* (Unpublished doctoral dissertation). Colorado State University, Fort Collins, CO.

Bott, S. E., Banning, J., Wells, M., Haas, G., & Lakey, J. (2006). Sense of place: A framework and its application to campus ecology. *College Services, 6*(5), 42–47.

Boyer, E. (1987). *College: The undergraduate experience in America*. New York, NY: Harper & Row.

Brandon, A., Hirt, J., & Cameron, T. (2008). Where you live influences who you know: Differences in student interaction based on residence hall design. *Journal of College and University Student Housing, 35*(2), 62–79.

Bransford, J. (2000). *How people learn: Brain, mind, experience, and school*. Washington, DC: National Academy Press.

Braskamp, L. (2008). *StrengthsQuest on the college campus: From concept to implementation*. Princeton, NJ: Gallup Organization.

Bronfenbrenner, U. (1977). Toward an experimental ecology of human development. *American Psychologist, 32*(7), 513.

Bronfenbrenner, U. (1979). *The ecology of human development: Experiments by nature and design*. Cambridge, MA: Harvard University Press.

Bronfenbrenner, U. (1993). The ecology of cognitive development: Research models and fugitive findings. In R. H. Wozniak & K. W. Fischer (Eds.), *Development in context: Acting and thinking in specific environments* (pp. 3–44). Hillsdale, NJ: Erlbaum.

Bronfenbrenner, U. (1995). Developmental ecology through space and time: A future perspective. In P. Moen & G. H. Elder, Jr. (Eds.), *Examining lives in context: Perspectives on the ecology of human development* (pp. 619–647). Washington, DC: American Psychological Association.

Bronfenbrenner, U. (1999). Environments in developmental perspective: Theoretical and operational models. In S. L. Friedman & T. D. Wachs (Eds.), *Measuring environment across the life span: Emerging methods and concepts* (pp. 3–28). Washington, DC: American Psychological Association.

Bronfrenbrenner, U., & Morris, P. A. (2006). The ecology of developmental processes. In R. Lerner & W. E. Damon (Eds.), *Handbook of child psychology: Theoretical models of human development* (6th ed., Vol. 1) (pp. 793–828). Hoboken, NJ: John Wiley.

Brooks, D. C. (2012). Space and consequences: The impact of different formal learning spaces on instructor and student behavior. *Journal of Learning Spaces, 1*(2). Retrieved from: http://libjournal.uncg.edu/ojs/index.php/jls/article/view/285.

Brower, A. M., & Dettinger, K. M. (1998, November–December). What is a learning community? *About Campus, 3*(5), 15–21.

Brower, A. M., & Inkelas, K. K. (2010). Living-learning programs: One high-impact educational practice we now know a lot about. *Liberal Education, 96*(2), 36–43.

Budin, D. (2009, Spring). John Carroll gets a second life. *John Carroll Magazine*. University Heights, OH: John Carroll University.

Burgstahler, S. (2008). Universal design in higher education. In S. Burgstahler & R. Cory (Eds.), *Universal design in higher education: From principles to practice* (pp. 3–20). Cambridge, MA: Harvard Education Press.

Carnegie Foundation for the Advancement of Teaching. (1990). *Campus life: In search of community*. Princeton, NY: Carnegie Foundation for the Advancement of

Teaching.

CAST (2011). *Universal design for learning guidelines version 2.0*. Retrieved from http://www.udlcenter.org/aboutudl/udlguidelines.

Ceglarek, S. L., & Brower, A. (2007). Changing the culture of high-risk drinking. In J. F. Jackson & M. C. Terrell (Eds.), *Creating and maintaining safe college campuses: A sourcebook for evaluating and enhancing safety programs* (pp. 15–33). Sterling, VA: Stylus.

Center for Universal Design (1997). *The principles of universal design, version 2.0*. Raleigh, NC: North Carolina State University.

Chaffee, E. E., & Tierney, W. G. (1988). *Collegiate culture and leadership strategies*. New York, NY: American Council on Education and Macmillan.

Chambliss, D. F., & Takacs, C. G. (2014). *How college works*. Cambridge, MA: Harvard University Press.

Champagne, D. E. (2007). Elements of a comprehensive safety plan. In J. F. L. Jackson & M. C. Terrell (Eds.), *Creating and maintaining safe college campuses* (pp. 261–274). Sterling, VA: Stylus.

Chan, T. W. (1995). A tutorial on social learning systems. In T. W. Chan & J. A. Self (Eds.), *Emerging computer technologies in education*, 71–69. Charlottesville, VA: Association for the Advancement of Computing in Education.

Chapman, M. P. (2006). *American places: In search of the twenty-first century campus*. Portsmouth, NH: Greenwood Publishing Group.

Chen, B., & Denoyelles, A. (2013, October 7). Exploring students' mobile learning practices in higher education. *Educause Review*. (Retrieved from http://www.educause.edu/ero/article/exploring-students-mobile-learningpractices- higher-education.)

Chen, P. S. D., Lambert, A. D., & Guidry, K. R. (2010). Engaging online learners: The impact of Web-based learning technology on college student engagement. *Computers & Education*, *54*(4), 1222–1232.

Cheng, D. X. (2004). Students' sense of campus community: What it means, and what to do about it [Computer File]. *NASPA Journal (Online)*, *41*, 216–234. Retrieved August 19, 2008 from Education Full Text database.

Chism, N. V. N., & Bickford, D. J. (Eds.). (2002). The importance of physical space in creating supportive learning environments. *New Directions for Teaching & Learning. No. 92*. San Francisco, CA: Jossey-Bass.

Chickering, A. W. (1969). *Education and identity*. San Francisco, CA: Jossey-Bass.

Chickering, A. W., & Reisser, L. (1993). *Education and identity* (2nd ed.). San Francisco, CA: Jossey—Bass.

Christensen, C. M., & Eyring, H. J. (2011). *The innovative university: Changing the DNA of higher education from the inside out*. San Francisco, CA: Jossey-Bass.

Clark, B., & Trow, M. (1966). The organizational context. In T. Newcomb & E. Wilson (Eds.), *College peer groups: Problems and prospects for research* (pp. 17–70). Chicago, IL: Aldine.

Clemmitt, M. (2013, January 25). Social media explosion: Do social networking sites threaten privacy rights? *CQ Researcher, 23*(4), 81–104. Retrieved from http://photo.pds.org:5012/cqresearcher/document.php?id=cqresrre2013012500.

Clifton, D. O. (1997). *The self-reflection scale*. Princeton, NJ: Gallup Organization.

Clifton, D. O., & Anderson, E. (2002). *StrengthsQuest: Discover and develop your strengths in academics, career, and beyond*. Washington DC: Gallup Organization.

Clifton, D. O., & Harter, J. K. (2003). Strengths investment. In K. S. Cameron, J. E. Dutton, & R. E. Quinn (Eds.), *Positive organizational scholarship* (pp. 111–121). San Francisco, CA: Berrett-Koehler.

Cole, D. G., Orsuwan, M., & Sam, A. A. (2007). Violence and hate crimes on campus: Uncovering the mystique. In J. F. Jackson & M. C. Terrell (Eds.), *Creating and maintaining safe college campuses: A sourcebook for evaluating and enhancing safety programs* (pp. 34–57). Sterling, VA: Stylus.

comScore. (2014, August). *U.S. Mobile App Report*. (2014, August). Reston, VA: Author.

Conyne, R. K., & Clack, R. J. (1981). *Environmental assessment and design: A new tool for the applied behavioral scientist*. New York, NY: Praeger.

Cottrell, L. S., Jr. (1983). The competent community. In R. L. Warren & L. Lyon (Eds.), *New perspectives on the American community* (pp. 401–411). Homewood, IL: Dorsey Press.

Council of Ontario Universities. (1991). *Women's campus safety audit Guide*.

Toronto, Ontario: Ontario Ministry of Colleges and Universities. (ERIC Document Reproduction Service No. ED 338 129)

Cox, M. D., & Richlin, L. (Eds.). (2004). Building faculty learning communities. *New Directions for Teaching and Learning, 97*(15). San Francisco, CA: Jossey-Bass.

Cresswell, T. (2004). *Place: A short introduction*. Malden, MA: Blackwell Publishing.

Crockett, E. (2011). *Results of the University of Arizona Safe Zone Program impact evaluation*. (Prepared for the University of Arizona Office of LBGTQ Affairs). Retrieved from http://lgbtq.arizona.edu//sites/lgbtq.arizona.edu/images/Condensed_Internship_Report.pdf.

Cronon, W. (1992). Kennecott journey: The paths out of town. In W. Cronon, G. Miles, & J. Gitlin (Eds.), *Under an open sky* (pp. 28−51). New York, NY: Norton.

Crook, C., & Mitchell, G. (2012). Ambience in social learning: Student engagement with new designs for learning spaces. *Cambridge Journal of Education, 42*(2), 121−139.

Crookston, B. B. (1974). A design for an intentional democratic community. In D. A. DeCoster & P. Mable (Eds.), *Student development and education in college residence halls* (pp. 55−67). Washington, DC: American College Personnel Association.

Cross, K. P. (1971). *Beyond the open door: New students to higher education*. San Francisco, CA: Jossey-Bass.

Cross, K. P. (1981). *Adults as learners*. San Francisco, CA: Jossey-Bass.

Cross, K. P. (1998). Why learning communities? Why now? *About Campus, 3*(3), 4−11.

Cunningham, H. V., & Tabur, S. (2012). Learning space attributes: Reflections on academic library design and its use. *Journal of Learning Spaces, 1*(2). Retrieved from https://libjournal.uncg.edu/index.php/jls/article/view/392/287.

Curtis, P., & Nicholas, D. A. (1993). MUDs grow up: Social virtual reality in the real world. In *Proceedings of 3rd International Conference on Cyberspace*.

Cuseo, J. (2007). The empirical case against large class size: Adverse effects on the teaching, learning, and retention of first-year students. *Journal of Faculty Development, 21*(1), 5−21.

Cychosz, C. (2007). The incompatibility of weapons and college campuses. In J. F.

Jackson & M. C. Terrell (Eds.), *Creating and maintaining safe college campuses: A sourcebook for evaluating and enhancing safety programs* (pp. 188−204). Sterling, VA: Stylus.

D'Augelli, A. R. (1989). Lesbians' and gay men's experience of discrimination and harassment in a university community. *American Journal of Community Psychology, 17,* 317−321.

Dabbagh, N., & Kitsantas, A. (2012). Personal learning environments, social media, and self-regulated learning: A natural formula for connecting formal and informal learning. *Internet and Higher Education, 15*(1), 3−8.

Davis, III, C., Deil-Amen, R., Rios-Aguilar, C., & Gonzalez Canche, M. (2012). *Social media in higher education: A literature review and research directions.* Report printed by the University of Arizona and Claremont Graduate University. Retrieved from http://works.bepress.com/cgi/viewcontent.cgi?article=1003&cont exthfdavis.

DeAndrea, D. C., Ellison, N. B., LaRose, R., Steinfield, C., & Fiore, A. (2012). Serious social media: On the use of social media for improving students' adjustment. *Internet and Higher Education, 15,* 15−23.

De Lucia, A., Francese, R., Passero, I., & Tortora, G. (2009). Development and evaluation of a virtual campus on Second Life: The case of Second DMI. *Computers & Education, 52*(1), 220−233.

Dede, C., Nelson, B., Ketelhut, D. J., Clarke, J., & Bowman, C. (2004, June). Design-based research strategies for studying situated learning in a multi-user virtual environment. In *Proceedings of the 6th international conference on Learning sciences* (pp. 158−165). International Society of the Learning Sciences.

Devlin, A. S. (2012). Environmental perception: Wayfinding and spatial cognition. In S. Clayton (Ed.), *The Oxford handbook of environmental and conservation psychology* (pp. 41−64). Oxford, UK: Oxford University Press.

Devlin, A. S., Donovan, S., Nicolov, A., Nold, O., & Zandan, G. (2008). Residence hall architecture and sense of community: Everything old is new again. *Environment and Behavior, 40*(4), 487−521.

Dewey, J. (1916). *Democracy and education.* New York, NY: Free Press.

Dewey, J. (1933). *How we think: A restatement of the relation of reflective thinking to the educative process.* New York, NY: D.C. Heath.

Dieterle, E., & Clarke, J. (2007). Multi-user virtual environments for teaching and learning. In M. Pagani (Ed.), *Encyclopedia of multimedia technology and networking* (2nd ed.) (pp. 1033–1044).

Dietz-Uhler, B., & Murrell, A. (1992). College student's perceptions of sexual harassment: Are gender differences decreasing? *Journal of College Student Development, 33*(6), 540–546.

Dober, R. (1992). *Campus design.* New York, NY: John Wiley & Sons.

Duggan, M., & Smith, A. (2013, December). *Pew Research Internet Project: Social Media Update 2013.* Retrieved from http://www.pewinternet.org/2013/12/30/social-media-update-2013/.

Dukes, C. M., & Harris, T. (2007). Safety in the community college environment. In J. F. Jackson & M. C. Terrell (Eds.), *Creating and maintaining safe college campuses: A sourcebook for evaluating and enhancing safety programs* (pp. 136–149). Sterling, VA: Stylus.

Dunbar, R. I. M. (1992). Neocortex size as a constraint on group size in primates. *Journal of Human Evolution, 22*(6), 469–493.

Dunne, J. (1986). Sense of community in l'Arche and in the writings of Jean Vanier. *Journal of Community Psychology, 14,* 41–54.

Dyer, W. G., Jr. (1986). The cycle of cultural evolution in organizations. In R. Kilman, M., Saxton, R., Serpa, & Associates (Eds.), *Gaining control of the corporate culture* (pp. 200–229). San Francisco, CA: Jossey-Bass.

Dziech, B. W., & Weiner, L. (1984). *The lecherous professor: Sexual harassment on campus.* Boston, MA: Beacon Press.

Eckert, E. L. (2013, January–February). The tale of three campuses: A case study in outdoor campus assessment. *Facilities Manager*, 32–37.

Eckman, P. (1985). *Telling lies: Clues to deceit in the marketplace, politics, and marriage.* New York, NY: Norton.

Etzioni, A. (1964). *Modern organizations.* Englewood Cliffs, NJ: Prentice-Hall.

Etzioni, A. (1993). *The spirit of community: Rights, responsibilities and the communitarian agenda.* New York, NY: Crown Publishers, Inc.

Evans, N. J., Forney, D. S., Guido, F. M., Patton, L. D., & Renn, K. A. (2010). *Student development in college: Theory, research, and practice.* San Francisco, CA: Jossey-Bass.

Evans, N. J., Forney, D. S., & Guido-DiBrito, F. (1998). *Student development in college: Theory, research and practice.* San Francisco, CA: Jossey-Bass.

Evans, N. J., & Rankin, S. (1998). Heterosexism and campus violence: Assessment and intervention strategies. In A. M. Hoffman, J. H. Schuh, & R. H. Enske (Eds.), *Violence on campus: Defining the problems, strategies for action* (pp. 169−186). Gaithersburg, MD: Aspen.

Evans, N. J., & Wall, V. A. (Eds.). (1991). *Beyond tolerance: Gays, lesbians, and bisexuals on campus.* Alexandria, VA: American College Personnel Association Media Publication.

Evans, D. (2012). The internet of everything: How more relevant and valuable connections will change the world. *Internet Business Solution Group: USA.*

Ezeh, C., & Harris, L. C. (2007). Servicescape research: A review and a research agenda. *Marketing Review, 7*(1), 59−78.

Feldman, K. A., & Newcomb, T. M. (1969). *The impact of college on students.* San Francisco, CA: Jossey-Bass.

Felix, E. (2011). Learning space service design. *Journal of Learning Spaces, 1*(1). Retrieved from http://libjournal.uncg.edu/index.php/jls/article/view/284.

Felix, E., & Brown, M. (2011). The case for a learning space performance rating system. *Journal of Learning Spaces, 1*(1). Retrieved from http://libjournal.uncg.edu/index.php/jls/article/viewArticle/287/154.

Fink, L. D. (2013). *Creating significant learning experiences: An integrated approach to designing college courses.* San Francisco, CA: Jossey-Bass.

Finley, C., & Corty, E. (1993). Rape on campus: The prevalence of sexual assaults while enrolled in college. *Journal of College Student Development, 34*(2), 113−117.

Fisher, B., & Nasar, J. L. (1992). Fear of crime in relation to three exterior site features: Prospect, refuge, and escape. *Environment and Behavior, 24*(1), 35−65.

Ford, R. C., & Heaton, C. P. (2000). *Managing the guest experience in hospitality.* Albany, NY: Delmar-Thornton.

Forrest, L., Hotalling, K., & Kuk, L. (1986). *The elimination of sexism in the university environment*. Pingree Park, CO: Student Development through Campus Ecology Second Annual Symposium. (ERIC Document Reproduction Service # ED 267 348)

Francis, J., Giles-Corti, B., Wood, L., & Knuiman, M. (2012). Creating sense of community: The role of public space. *Journal of Environmental Psychology, 32,* 401-409.

Freire, P. (1972). *Pedagogy of the oppressed.* 1968. Trans. Myra Bergman Ramos. New York, NY: Herder.

Friedman, M. (1983). *The confirmation of otherness.* New York, NY: Pilgrim Press.

Fry, T. (Ed.). (1981). *RB 1980: The rule of St. Benedict.* Collegeville, MN: Liturgical Press.

Gabr, H. S., & Al-Sallal, K. A. (2003). Post occupancy evaluation of university educational buildings. In G. Moser, E. Pol, Y. Bernard, M. Bonnes, J. A. Corraliza, & M. V. Giuliana (Eds.), *People, places, and sustainability* (pp. 229-242). Kirkland, WA: Hogrefe & Huber Publishers.

Gallup. (2008). *A framework for strengths programming.* Lincoln, NE: Author.

Garbarino, J. (1978). *The human ecology of school crime.* Hackensack, NJ: National Council on Crime and Delinquency.

Gardner, H. (1985). *Frames of mind: The theory of multiple intelligences.* New York, NY: Basic Books.

Gardner, H. (1999). *Intelligence reframed: Multiple intelligences for the 21st century.* New York, NY: Basic Books.

Gardner, J. W. (1990). *On leadership.* New York: Free Press.

Garrison, D. R., & Vaughan, N. D. (2008). *Blended learning in higher education: Framework, principles, and guidelines.* San Francisco, CA: Jossey-Bass.

Gasman, M., & Drezner, N. D. (2007). A call for community-based education: The state of public safety issues at minority-serving institutions. In J. F. Jackson & M. C. Terrell (Eds.), *Creating and maintaining safe college campuses: A sourcebook for evaluating and enhancing safety programs* (pp. 173-187). Sterling, VA: Stylus.

Gehl, J., & Svarre, B. (2013). *How to study public life.* Washington, DC: Island Press.

Gerald, S., & Antonacci, D. M. (2009). Virtual world learning spaces: Developing a Second Life operating room simulation. *EDUCAUSE Quarterly, 32*(1). Retrieved from http://www.webcitation.org/5k8IXDmdI

Gikas, J., & Grant, M. (2013). Mobile computing devices in higher education: Student perspectives on learning with cellphones, smartphones & social media. *Internet and Higher Education*, *19*, 18−26.

Gilligan, C. (1982). *In a different voice: Psychological theory and women's development*. Cambridge, MA: Harvard University Press.

Gifford, R. (2007). The consequences of living in high-rise buildings. *Architectural Science Review, 50*(1), 2−17.

Giuliani, M. V., & Feldman, R. (1993). Place attachment in a developmental and cultural context. *Journal of Environmental Psychology*, *13*(3), 267−274.

Gladwell, M. (2006). *The tipping point: How little things can make a big difference*. New York, NY: Hachette Digital, Inc.

Goldman, N. (1961). Socio-psychological study of school vandalism. *Crime and Delinquency, 7,* 221−230.

Goldstein, A. P. (1996). *The psychology of vandalism*. NY: Plenum Press.

Graham, R. (2015). The modern megachurch can't really die (Retrieved from: slate.com).

Gregory, D. E., & Janosik, S. M. (2013). Research on the Clery Act and crime reporting: Its impact on the literature and administrative practice in higher education. In B. Fisher & J. J. Sloan (Eds.), *Campus crime: Legal, social, and policy perspectives* (3rd ed.) (pp. 45−64). Springfield, IL: Charles C. Thomas Publishers.

Griffin, K. A., Nichols, A. H., Perez, II, D., & Tuttle, K. D., (2008). Making campus activities and student organizations inclusive for racial/ethnic minorities. In S. R. Harper (Ed.), *Creating inclusive campus environments for cross-cultural learning and student engagement* (pp. 121−138).Washington, DC: NASPA.

Griffith, J. C. (1994). Open space preservation: An imperative for quality campus environments. *Journal of Higher Education, 65*, 645−669.

Gunnings, B. B. (1982). Stress and minority student on a predominantly white campus. *Journal of Non-White Concerns in Personnel and Guidance, 11,* 11−16.

Gustafson, P. E. R. (2001). Meaning of place: Everyday experiences and theoretical conceptualizations. *Journal of Environmental Psychology, 21,* 5−16.

Hage, J. (1980). *Theories of organizations: Forms, process, and transformation*. New York, NY: Wiley.

Hage, J., & Aiken, M. (1970). *Social change in complex organizations*. New York, NY: Random House.

Hall, E. T. (1976). *Beyond culture*. Garden City, NY: Doubleday.

Hall, R. M., & Sandler, B. R. (1982). *The campus climate: A chilly one for women: Report of the project on the status and education of women*. Washington, DC: Association of American Colleges.

Hall, R. M., & Sandler, B. R. (1984). *Out of the classroom: A chilly campus climate for women: Report of the project on the status and education of women*. Washington, DC: Association of American Colleges.

Hancock, E. (1990). Zoos, tunes, and gweeps—A dictionary of campus slang. *Journal of Higher Education, 61,* 98–106.

Hansen, W. B., & Altman, I. (1976). Decorating personal places: A descriptive analysis. *Environment and Behavior, 8,* 491–505.

Harper, S. R. (Ed.). (2008). *Creating inclusive campus environments for cross-cultural learning and student engagement*. Washington, DC: NASPA.

Harper, S. R., & Quaye, S. J. (2009). Beyond sameness, with engagement and outcomes for all. In S. Harper & S. Quaye (Eds.), *Student engagement in higher education: Theoretical perspectives and practical approaches for diverse populations* (pp. 1–15). New York, NY: Routledge.

Harrington, R., & Loffredo, D. A. (2010). MBTI personality type and other factors that relate to preference for online versus face-to-face instruction. *Internet and Higher Education, 13*(1), 89–95.

Hawkins, B. C. (1989). Students on predominantly white campuses: The need for a new commitment. *NASPA Journal, 26*(3), 175–179.

Heilweill, M. (1973). The influence of dormitory architecture on resident behavior. *Environment and Behaviors, 5,* 337–412.

Hemphill, B. O., & LaBlanc, B. H. (Eds.). (2010). *Enough is enough*. Sterling, WV: Stylus.

Henshaw, R. G., Edwards, P. M., & Bagley, E. J. (2011). Use of swivel desks and aisle space to promote interaction in mid-sized college classrooms. *Journal of Learning*

Spaces, 1(1). Retrieved from http://libjournal.uncg.edu/ojs/index.php/jls/article/view/277.

Hill, C., & Silva, E. (2005). *Drawing the line: Sexual harassment on campus.* Washington, DC: AAUW Educational Foundation.

Hill, D. C., & Magolda, P. M. (2008). Enacting multicultural and democratic ideals on campus: Challenges and possibilities. In S. R. Harper (Ed.), *Creating inclusive campus environments for cross-cultural learning and student engagement* (pp. 235–261).Washington, DC: NASPA.

Hodges, T. D., & Clifton, D. O. (2004). Strengths-based development in practice. In P. A. Linley & S. Joseph (Eds.), *International handbook of positive psychology in practice: From research to application* (pp. 256–268). New York, NY: Wiley.

Holland, J. L. (1973). *Making vocational choices: A theory of careers.* Englewood Cliffs, NJ: Prentice Hall, Inc.

Hopkins, R. D. (1994). *The mythical ivory tower: Student perceptions of safety in residence halls* (Unpublished master's thesis). Colorado State University, Fort Collins, CO.

Horowitz, H. L. (1984). *Alma mater: Design and experience in women's colleges from their nineteenth century beginnings to the 1930s.* New York, NY: Knopf.

Horowitz, H. L. (1987). *Campus life: Undergraduate cultures from the end of the eighteenth century to the present.* New York, NY: Knopf.

Hostettler, J. A. (1993). *Amish society* (4th ed.). Baltimore, MD: The Johns Hopkins University Press.

Howard, J. (2008). Design for service: Sociofugal vs. sociopetal space [Blog post]. Retrieved from http://designforservice.wordpress.com/2008/02/09/sociofugal-and-sociopetal-space/

Hu, P. J. H., & Hui, W. (2012). Examining the role of learning engagement in technology-mediated learning and its effects on learning effectiveness and satisfaction. *Decision Support Systems, 53*(4), 782–792.

Hu, S., & Li, S. (Eds.) (2011). Using typological approaches to understand college student experiences and outcomes. *New Directions for Institutional Research, Assessment Supplement 2011.* San Francisco, CA: Jossey-Bass.

Hu, S., & McCormick, A. C. (2012). An engagement-based student typology and its relationship to college outcomes. *Research in Higher Education*, *53*(7), 738–754.

Huebner, L. A. (1979). *Redesigning campus environments. New Directions for Student Services, No. 8.* San Francisco, CA: Jossey-Bass.

Huebner, L. A., & Corrazini, J. (1975–1976). Eco-mapping: A dynamic model for intentional campus design. *Student Development Staff Papers*, *6*(2), Colorado State University.

Huebner, L. A., & Lawson, J. M. (1990). Understanding and assessing college environments. In D. G. Creamer & Associates (Eds.), *College student development: Theory and practice for the 1990s* (pp. 127–151). Alexandria, VA: American College Personnel Association.

Huerta, M., Cortina, L. M., Pang, J. S., Torges, C. M., & Magley, V. J. (2006). Sex and power in the academy: Modeling sexual harassment in the lives of college women. *Personality and Social Psychology Bulletin*, *32*(5), 616–628.

Hunt, D. E., & Sullivan, E. V. (1974). *Between psychology and education*. Hinsdale, IL: Dryden Press.

Inkelas, K. K., Daver, Z. E., Vogt, K. E., & Leonard, J. B. (2007). Living learning programs and first-generation college students' academic and social transition to college. *Research in Higher education*, *48*(4), 403–434.

InternetWorld Stats. (2014). Usage and population statistics. (Retrieved from http://www.internetworldstats.com).

Ithaca College. (2014). Mission statement. (Retrieved from http://www.ithaca.edu/about/mission/).

Jackson, G. S., & Schroeder, C. (1977). Behavioral zoning for stimulation seekers. *Journal of College and University Student Housing*, *7*(1), 7–10.

Jackson, J. F., & Terrell, M. C. (Eds.). (2007). *Creating and maintaining safe college campuses: A sourcebook for evaluating and enhancing safety programs*. Sterling, VA: Stylus.

Jang, H., Kang, J. H., Dierenfeldt, R., & Lindsteadt, G. (2014). Weapon possession among college students: A study from a midwestern university. *International Journal of Offender Therapy and Comparative Criminology*, 0306624X14536371. Retrieved from http://ijo.sagepub.com/content/early/2014/06/03/030662 4X14536371.abstract.

Janosik, S. M., & Gregory, D. E. (2009). The Clery Act, campus safety, and the perceptions of senior student affairs officers. *Journal of Student Affairs Research and Practice*, *46*(2), 499–736.

Jeffery, C. R. (1977). *Crime prevention through environmental design*. Thousand Oaks, CA: Sage.

Jenkins, T. S., & Walton, C. (2008). Student affairs and cultural practice: A framework for implementing culture outside the classroom. In S. R. Harper (Ed.), *Creating inclusive campus environments for cross-cultural learning and student engagement* (pp. 87–101). Washington, DC: NASPA.

Jin, Q. (2002). Design of a virtual community based interactive learning environment. *Information Sciences, 140*(1), 171–191.

Johnson, D., Soldner, M., Leonard, J., Alvarez, P., Inkelas, K., Rowan-Kenyon, H., & Longerbeam, S. (2007). Examining sense of belonging among first-year undergraduates from different racial/ethnic groups. *Journal of College Student Development*, *48*(5), 525–542.

Johnson, L., Adams, S., & Haywood, K. (2011). *The MNC horizon report: 2011 K–12 edition*. Austin, TX: New Media Consortium. Retrieved from http://www.nmc.org/pdf/2011-Horizon-Report-K12.pdf.

Jones, S., Johnson-Yale, C., Millermaier, S., & Perez, F. (2009). U.S. college students' internet use: Race, gender and digital divides. *Journal of Computer-Mediated Communication, 14*, 244–264.

Jones, S. R. (1996). Toward inclusive theory: Disability as social construction. *NASPA Journal, 33*(4), 347–354.

Jones, S. R. (2008). Student resistance to cross-cultural engagement: Annoying distraction or site for transformative learning? In S. R. Harper (Ed.), *Creating inclusive campus environments for cross-cultural learning and student engagement* (pp. 67–85). Washington, DC: NASPA.

Junco, R. (2014). *Engaging students through social media: Evidence-based practices for use in student affairs*. San Francisco, CA: Jossey-Bass.

Junco, R., Heiberger, G., & Loken, E. (2011). The effect of Twitter on college student engagement and grades. *Journal of Computer Assisted Learning*, *27*(2), 119–132.

Jung, C. G. (1971). *Psychological types*. Bollingen Series XX. The Collected Works of C. G. Jung, vol. 6. Princeton, NJ: Princeton University Press. (Original work published 1923.)

Kaiser, L. R. (1975). Designing campus environments. *NASPA Journal, 13*, 33–39.

Kaplan, R., Kaplan, S., & Ryan, R. (1998). *With people in mind: Design and management of everyday nature.* Washington, DC: Island Press.

Kaminer, A. (2014). Student-built apps teach colleges a thing or two. *New York Times*, August 27, 2014.

Kaminski, R. J., Koons-Witt, B. A., Thompson, N. S., & Weiss, D. (2010). The impacts of the Virginia Tech and Northern Illinois University shootings on fear of crime on campus. *Journal of Criminal Justice, 38*(1), 88–98.

Kanter, R. M. (1972). *Commitment and community: Communes and utopias in sociological perspective* (Vol. 36). Cambridge, MA: Harvard University Press.

Katel, P. (2011, February 4). Crime on campus: Are colleges doing enough to keep students safe? *CQ Researcher, 21,* 97–120. Retrieved from http://photo.pds.org:5012/cqresearcher/document.php?id=cqresrre2011020409&action=print.

Keller, J. (2007, July 6). No stirrings of pride. *Chronicle of Higher Education: Notes from Academe.*

Kenney, D. R., Dumont, R., & Kenney, G. (2005). *Mission and place: Strengthening learning and community through campus design.* Westport, CT: Praeger.

Keup, J. R., & Stolzenberg, E. B. (2004). Your First College Year Survey: Exploring the Academic and Personal Experiences of First-Year Students. Columbia, SC: University of South Carolina, National Resource Center for the First Year Experience and Students in Transition.

Kilmartin, C. T. (1996, May–June). The white ribbon campaign: Men working to end men's violence against women. *Journal of College Student Development, 37,* 347–348.

Kimbrough, W. K. (2007). Why students beat each other: A developmental perspective for a detrimental crime. In J. F. Jackson & M. C. Terrell (Eds.), *Creating and maintaining safe college campuses: A sourcebook for evaluating and enhancing safety programs* (pp. 58–74). Sterling, VA: Stylus.

King, P. M., & Kitchener, K. S. (1994). *Developing reflective judgment.* San Francisco, CA: Jossey-Bass.

Kinzie, J., & Mulholland, S. (2008). Transforming physical spaces into inclusive multicultural learning environments. In S. R. Harper (Ed.), *Creating inclusive campus environments for cross-cultural learning and student engagement* (pp. 103-120). Washington, DC: NASPA.

Knez, I. (2005). Attachment and identity as related to place and its perceived climate. *Journal of Environmental Psychology, 25*, 207-218.

Knowles, M. S., Holton, III, E. F., & Swanson, R. A. (2012). *The adult learner*. New York, NY: Routledge.

Kolb, A. Y., & Kolb, D. A. (2005). Learning styles and learning spaces: Enhancing experiential learning in higher education. *Academy of Management Learning & Education, 4*(2), 193-212.

Kolb, A. Y., & Kolb, D. A. (2012). Kolb's learning styles. In *Encyclopedia of the Sciences of Learning* (pp. 1698-1703). New York, NY: Springer.

Kolb, D. A. (1984). *Experiential learning: Experience as the source of learning and development*. Englewood Cliffs, NJ: Prentice-Hall.

Kopec, D. (2012). *Environmental psychology for design* (2nd Edition). New York: Fairchild Books.

Koss, M. P., Gidycz, C. A., & Wisniewski, N. (1987). The scope of rape: Incidence and prevalence of sexual aggression and victimization in a national survey of higher education students. *Journal of Consulting and Clinical Psychology, 55*(2), 162-170.

Krehbiel, L. E., & Strange, C. C. (1991). Checking of the truth: The case of Earlham College? In G. D. Kuh & J. H. Schuh (Eds.), *The role and contribution of student affairs in involving colleges* (pp. 148-167). Washington, DC: National Association of Student Personnel Administrators.

Krier L., & Thadani, D. (2009). *The architecture of community*. Washington, DC: Island Press.

Kuh, G. D. (1996). *Organizational theory*. In S. R. Komives, D. B. Woodard, & Associates (Eds.), *Student services: A handbook for the profession* (pp. 269-294). San Francisco, CA: Jossey-Bass.

Kuh, G. D. (2003). *The National Survey of Student Engagement: Conceptual framework and overview of psychometric properties*. Retrieved from http://nsse.

iub.edu/pdf/conceptual_framework_ 2003.pdf.

Kuh, G. D. (2008). *Excerpt from "High-Impact Educational Practices: What They Are, Who Has Access to Them, andWhy They Matter."* Washington, DC: Association of American Colleges and Universities.

Kuh, G. D. (Ed.). (1993). *Cultural perspectives in student affairs work.* Landham, MD: American College Personnel Association.

Kuh, G. D., & Hall, J. E. (1993). Using cultural perspectives in student affairs. In G. D. Kuh (Ed.), *Cultural perspectives in student affairs work* (pp. 1−20). Lanham, MD: American College Personnel Association.

Kuh, G. D., Hu, S., & Vesper, N. (2000). "They shall be known by what they do": An activities-based typology of college students. *Journal of College Student Development, 41*(2), 228−244.

Kuh, G. D., Kinzie, J., Schuh, J. H., Whitt, E. J., & Associates. (2005). *Student success in college: Creating conditions that matter.* San Francisco, CA: Jossey-Bass.

Kuh, G. D., Schuh, J. H., Whitt, E. J., Andreas, R. E., Lyons, J. W., Strange, C. C., Krehbiel, L. E., & MacKay, K. A. (1991). *Involving colleges: Encouraging student learning and personal development through out-of-class experiences.* San Francisco, CA: Jossey-Bass.

Kuh, G. D., & Whitt, E. J. (1988). The invisible tapestry: Cultures in American colleges and universities. *ASHE-ERIC Higher Education Report Series, No. 1.* Washington, DC: Association for the Study of Higher Education.

Kuk, L., Banning, J. H., & Thomas, D. (2009). Enhancing student organizations as agents for community development and civic engagement. *Journal of Student Affairs, 18*, 98−106.

Kuk, L., Thomas, D., & Banning, J. (2008). Student organizations and their relationship to the institution. *Journal of Student Affairs, 17*, 9−20.

Kunitz, S., & Haycraft, H. (1938). *American authors 1600−1900.* New York, NY: H. W. Wilson.

Lave, J., & Wenger, E. (1991). *Situated learning: Legitimate peripheral participation.* Cambridge, UK: Cambridge University Press.

Lawless, J. W. (2012). *Residence hall design in the success of student learning.* Retrieved from http://www.treanorarchitects.com/ news/sector/treanorarchitects/2012-01-30/residence-hall-design-success-student-learning/.

Lenning, O. T., Hill, D. M., Saunders, K. P., Solan, A., & Stokes, A. (2013). *Powerful learning communities: A guide to developing student, faculty, and professional learning communities to improve student success and organizational effectiveness*. Sterling, VA: Stylus.

Levine, A., & Dean, D. R. (2012). *Generation on a tightrope: A Portrait of today's college student*. San Francisco, CA: Jossey-Bass.

Levinson, D. J. (1978). *The seasons of a man's life*. New York, NY: Ballantine.

Levinson, D. J., & Levinson, J. D. (1996). *The seasons of a woman's life*. New York, NY: Alfred A. Knopf.

Levy, J. (2009, May). Then & now: Architecture of community. *Bulletin, 77*(3), 10.

Lewicka, M. (2011). Place attachment: How far have we come in the last 40 years? *Journal of Environmental Psychology, 31*, 270−230.

Lewin, K. (1936). *Principles of topological psychology*. New York, NY: McGraw−Hill.

Lippincott, J., & Greenwell, S. (2011). *7 things you should know about the modern learning commons*. EDUCAUSE. Retrieved from http://www.educause.edu/Reso urces/7ThingsYouShouldKnowAbouttheMo/227141.

Loftin, R. B. (2014). *Message from chancellor Loftin*. Retrieved from http://chancellor. missouri.edu/news/message-from-chancellor-loftin-12-2-14/.

Louis, M. C. (2012). *The Clifton Strengths Finder and student strengths Development: A review of research*. Omaha, NE: Gallup Organization.

Love, P. G., & Guthrie, V. L. (Eds.). (1999). *Understanding and applying cognitive development theory. New Directions for Student Services, Number, 88* (27). San Francisco, CA: Jossey Bass.

Lowery, J. W. (2007). The legal implications of campus crime for student affairs professionals. In J. F. Jackson & M. C. Terrell (Eds.), *Creating and maintaining safe college campuses: A sourcebook for evaluating and enhancing safety programs* (pp. 205−222). Sterling, VA: Stylus.

Lundberg, C. C. (1985). On the feasibility of cultural intervention in organizations. In P. J. Frost, L. F. Moore, M. R. Louis, C. C. Lundberg, & J. Martin (Eds.), *Organizational culture* (pp. 169−186). Beverly Hills, CA: Sage.

Lyndon, D. (2005). Caring for places: Caring for thought. *Places, 17*(1), 3.

Lyons, J. (1993). The importance of institutional mission. In M. J. Barr (Ed.), *The Handbook of Student Affairs Administration* (3–15). San Francisco, CA: Jossey-Bass.

McClenney, K. M., & Greene, T. (2005). A tale of two students: Building a culture of engagement in the community college. *About Campus, 10*(3), 2–7.

McCormick, A. C., Gonyea, R. M., & Kinzie, J. (2013). Refreshing engagement: NSSE at 13. *Change: TheMagazine of Higher Learning, 45*(3), 6–15.

McGill, L. (2011). *Curriculum innovation: Pragmatic approaches to transforming learning and teaching through technologies.* Bristol, UK: JISC.

McGloughlin, C., & Lee, M. J. W. (2010). Listen and learn: A systematic review of the evidence that podcasting supports learning in higher education. In C. Montgomerie & J. Seale (Eds.), *Proceedings of World Conference on Educational Multimedia, Hypermedia and Telecommunications* (pp. 1669–1677). Chesapeake, VA: AAC.

McHaney, R. (2011). *The new digital shoreline: How web 2.0 and millennials are revolutionizing higher education.* Sterling, VA: Stylus.

McMillan, D. W., & Chavis, D. M. (1986). Sense of community: A definition and theory. *Journal of Community Psychology, 14,* 6–23.

McMullen, S. (2008). US academic libraries: Today's learning commons model. *Librarian Publications. Paper 14.* Retrieved from http://docs.rwu.edu/librarypub/14

McPherson, M., Smith-Lovin, L., & Cook, J. M. (2001). Birds of a feather: Homophily in social networks. *Annual Review of Sociology, 27,* 415–444.

Magolda, P. M. (2000). The campus tour: Ritual and community in higher education. *Anthropology & Education Quarterly, 31*(1), 24–46.

Magolda, P. M. (2001).What our rituals tell us about community on campus: A look at the campus tour. *About Campus, 5*(6), 2–8.

Mallory-Hill, S., Preiser, W. F. E., & Watson, G. G. (2012). *Enhancing building performance* (2nd ed.). Hoboken, NJ: Blackwell Publishing, Ltd.

Mandell, J. I. (1981). *The psychological sense of community and the small college campus: A community psychology perspective on the role of deans of students* (Unpublished doctoral dissertation). University of Massachusetts, Amherst, MA.

Manning, K. (2013). *Organizational theory in higher education*. New York, NY: Routledge.

Mark, N. P., & Harris, D. R. (2012). Roommate's race and the racial composition of white college students' ego networks. *Social Science Research*, *41*(2), 331–342.

Marsick, V. J., & Watkins, K. E. (2001). Informal and incidental learning. *New Directions for Adult and Continuing Education*, *No. 89* (pp. 25–34). San Francisco, CA: Jossey-Bass.

Martin, F., & Ertzberger, J. (2013). Here and now mobile learning: An experimental study on the use of mobile technology. *Computers & Education*, *68*, 76–85.

Martin, P. Y., & O'Connor, G. G. (1989). *The social environment: Open systems application*. New York, NY: Longman.

Masland, A. T. (1985). Organizational culture in the study of higher education. *Review of Higher Education, 8,* 157–168.

Maslow, A. H. (1968). *A psychological of being*. New York, NY: D. Van Nostrand Company, Inc.

Maslow, A. H., & Mintz, N. (1956). Effects of those aesthetic surroundings: Initial effects of those aesthetic surroundings upon perceiving "energy" and "well-being" in the faces. *Journal of Psychology*, *41*, 247–254.

Masters, N. T. (2010). "My strength is not for hurting": Men's anti-rape websites and their construction of masculinity and male sexuality. *Sexualities, 13*(1), 33–46.

Matthews, A. (1997). *Bright college years: Inside the American campus today*. New York, NY: Simon & Schuster.

Matthews, K. E. (2010). Engaging students in their space—designing and managing social learning spaces to enhance student engagement. In *Proceedings of the International Society for the Scholarship of Teaching and Learning Conference*. International Society for the Scholarship of Teaching and Learning Conference, Liverpool, UK, October 19–22.

Matthews, K. E., Adams, P., & Gannaway, D. (2009). The impact of social learning spaces on student engagement. In *Preparing for tomorrow today: The first year experience as foundation: First Year in Higher Education Conference Proceedings*. Townsville, Queensland, Australia.

Matthews, K. E., Andrews, V., & Adams, P. (2011). Social learning spaces and student engagement. *Higher Education Research & Development*, *30*(2), 105−120.

Max-Neef, M. A. (1989). *Human scale development*. New York, NY: Apex Press.

Mehrabian, A. (1981). *Silent messages* (2nd ed.). Belmont, CA: Wadsworth.

Meyer, A., Rose, D., & Gordon, D. (2014). *Universal design for learning: Theory and practice*. Wakefield, MA: CAST Professional Publishing.

Miami University. (2014). Mission statement. (Retrieved from http://www.miami.edu/index.php/about_us/leadership/mission_statement/).

Miami University Center for Enhancement of Learning, Teaching and University Assessment. (2014). What is a faculty and professional learning community? (Retrieved from: http://www.units.miamioh.edu/flc/whatis.php).

Michelson, W. (1970). *Man and his urban environment: A sociological approach*. Reading, MA: Addison-Wesley.

Miller, T. E., Bender, B. E., & Schuh, J. (2005). *Promoting reasonable expectations: Aligning student and institutional views of the college experience*. San Francisco, CA: Jossey-Bass.

Miller, T. E., & Sorochty, R. W. (2015). *Risk management in student affairs*. San Francisco, CA: Jossey-Bass.

Moffatt, M. (1989). *Coming of age in New Jersey: College and American culture*. New Brunswick, NJ: Rutgers University Press.

Moore, R. M. (2004). The rising tide: "Branding" in the academic marketplace. *Change: The Magazine of Higher Learning*, *36*(3), 56−61.

Moos, R. H. (1974). *Family environment scale-Form R*. Palto Alto, CA: Consulting Psychologist Press.

Moos, R. H. (1979). *Evaluating educational environments*. San Francisco, CA: Jossey-Bass.

Moos, R. H. (1986). *The human context: Environmental determinants of behavior*. Malabar, FL: Robert E. Krieger Publishing Company.

Moos, R. H. (1994a). *The social climate scales: A user's guide*. Palo Alto, CA: Consulting Psychologists Press.

Moos, R. H. (1994b). *Work environment scale manual* (3rd ed.). Palo Alto, CA: Consulting Psychologists Press.

Moos, R. H., & Gerst, M. (1988). *The university residence environment scale manual*

(2nd ed.). Palo Alto, CA: Consulting Psychologists Press.

Moos, R. H., & Trickett, E. J. (1974). *Classroom environment scale: Manual*. Palo Alto, CA: Consulting Psychologists Press.

Moran, E., & Gonyea, T. (2003). *The influence of academically-focused peer interaction on college students' development* (ED478773). Washington, DC: United States Department of Education/ERIC.

Morrill, C., Snow, D. A., & White, C. H. (Eds.). (2005). *Together alone: Personal relationships in public places*. Berkeley, CA: University of California Press.

Murray, H. (1938). *Exploration in personality*. New York, NY: Oxford University Press.

Museus, S. (2008). Focusing on institutional fabric: Assessing campus cultures to enhance cross-cultural engagement. In S. R. Harper (Ed.), *Creating inclusive campus environments for cross-cultural learning and student engagement* (pp. 205–234). Washington, DC: NASPA.

Myers, I. B. (1980). *Gifts differing*. Palo Alto, CA: Consulting Psychologists Press.

Myers, I. B., & McCaulley, M. H. (1985). *Manual: A guide to the development and use of the Myers-Briggs Type Indicator*. Palo Alto, CA: Consulting Psychologists Press.

Narum, J. L. (Ed.). (2013). *A guide planning for assessment 21st century spaces for 21st century learners*. Washington, DC: Learning Spaces Collaboratory.

Nasar, J. L., & Fisher, B. (1992). Design for vulnerability: Uses and reactions to fear of crime. *Social and Social Research, 76*(2), 48–58.

National Institute of Education. (1984). *Involvement in learning*. Washington, DC: National Institute of Education.

Newbrough, J. R., & Chavis, D. M. (1986). Psychological sense of community. *Journal of Community Psychology, 14*, 3–4.

Newman, J. H. (1982). *The idea of a university*. Notre Dame, IN: University of Notre Dame Press.

Newman, O. (1972). *Defensible space: Crime prevention through urban design*. New York, NY: Collier Books.

Nicoletti, J., Spencer-Thomas, S., & Bollinger, C. M. (Eds.). (2010). *Violence goes to college: The authoritative guide to prevention and intervention*. Springfield, IL: Charles C. Thomas Publisher.

Nock, A. J. (1943). *Memories of a superfluous man*. New York, NY: Harper & Brothers.

Oakland Community College. (2014). 2014 Mission statement. (Retrieved from https://www.oaklandcc.edu/diversity/Mission.aspx).

Oblinger, D. (2006). *Learning spaces* (Vol. 2). Washington, DC: Educause.

O'Callaghan, E. M. (2007). A growing concern: Sexual violence against women on college campuses. In J. F. Jackson &M. C. Terrell (Eds.), *Creating and maintaining safe college campuses: A sourcebook for evaluating and enhancing safety programs* (pp. 99–134). Sterling, VA: Stylus.

Okoli, D. T. (2013). *Sense of place and student engagement among undergraduate students at a major public research university* (Unpublished doctoral dissertation). Colorado State University, Fort Collins, CO.

Oldenburg, R. (1989). *The great good place*. New York, NY: Marlowe & Company.

Oldenburg, R. (1997). Making college a great place to talk. In G. Keller (Ed.), *The best of planning for higher education*. Ann Arbor, MI: Society for College and University Planning.

Osmond, H. (1957). Function as the basis of psychiatric ward design. *Mental Hospitals (Architectural Supplement)*, *8*, 23–29.

Pablant, P., & Baxter, J. C. (1975). Environmental correlates of school vandalism. *Journal of the American Institute of Planners, 41*, 270–279.

Pace, C. R. (1969). *College and university environment scales: Technical manual* (2nd ed.). Princeton, N.J.: Educational Testing Service.

Pace, C. (1990). *The undergraduates: A report of their activities and progress in college in the 1980s*. Los Angeles, CA: Center for the Study of Evaluation, University of California.

Pace, C. R. (1984). *Measuring the quality of college student experience*. Los Angeles, CA: Higher Education Research Institute, The University of California.

Pace, C. R., & Kuh, G. D. (1998). *College Student Experiences Questionnaire: CSEQ*. Bloomington, IN: Indiana University Center for Postsecondary Research and Planning, School of Education.

Pace, C. R., & Stern, G. G. (1958). An approach to the measurement of psychological characteristics of college environments. *Journal of Educational Psychology, 49*,

269–277.

Painter, S., Fournier, J., Grape, C., Grummon, P., Morelli, J., Whitmer, S., & Cevetello, J. (2013). *Research on learning space design: Present state, future directions* (Report from the Recipients of the 2012 Perry Chapman Prize). Published by the Society of College and University Planning. Retrieved from http://www.scup.org.

Palmer, C. J. (1996). Violence and other forms of victimization in residence halls: Perspectives of resident assistants. *Journal of College Student Development, 37*(3), 268–277.

Palmer, P. J. (1977). *A place called community*. Wallingford, PA: Pendle Hill.

Palmer, P. J. (1987, September–October). Community, conflict, and ways of knowing. *Change, 19*(5), 20–25.

Palmer, P. J. (1998). *The courage to teach: Exploring the inner landscape of a teacher's life*. San Francisco, CA: Jossey-Bass.

Palmer, P. J. (2002). Afterword: The quest for community in higher education. In W. M. McDonald (Ed.), *Creating campus community: In search of Ernest Boyer's legacy* (pp. 179–192). San Francisco, CA: Jossey-Bass.

Palmer, P. J., Zajonc, A., & Scribner, M. (2010). *The heart of higher education: A call to renewal*. San Francisco, CA: Jossey-Bass.

Parker, I. (2012, February 6). *The story of a suicide*. New Yorker.

Parks, S. D. (2000). *Big questions worthy dreams: Mentoring young adults in their search for meaning, purpose, and faith*. San Francisco, CA: Jossey-Bass.

Parsons, T. (1960). *Structure and process in modern societies*. Glencoe, IL: Free Press.

Pascarella, E. T. (1985). College environmental influences on learning and cognitive development: A critical review and synthesis. In J. C. Smart (Ed.), *Higher education: Vol. 1. Handbook of theory and research* (pp. 1–61). New York, NY: Agathon Press.

Pascarella, E. T., & Terenzini, P. T. (1991). *How college affects students*. San Francisco, CA: Jossey-Bass.

Pascarella, E. T., & Terenzini, P. T. (2005). *How college affects students* (Vol. 2). San Francisco, CA: Jossey-Bass.

Passini, R. (2002). Wayfinding research and design. In J. Frascara (Ed.), *Design and the Social Sciences: Making Connections* (pp. 1–8). London, UK: Taylor &

Francis.

Patton, L. D. (Ed.). (2010). *Culture centers in higher education: Perspectives on identity, theory, and practice*. Sterling, VA: Stylus.

Patton, L. D., & Hannon, M. D. (2008). Collaboration for cultural programming: Engaging culture centers, multicultural affairs, and student activities offices as partners. In S. R. Harper (Ed.). *Creating inclusive campus environments for cross-cultural learning and student engagement* (pp. 139−154). Washington, DC: NASPA.

Pearson Learning Solutions. (2013). The *student mobile device survey 2013: National report on college students*. New York, NY: Pearson.

Peck, M. S. (1987). *The different drum*. New York, NY: Simon & Schuster.

Perrotti, J. A. (2007). The role of campus police and security department in the 21st century: An essay based on 30 years of experience. In J. F. Jackson & M. C. Terrell (Eds.), *Creating and maintaining safe college campuses: A sourcebook for evaluating and enhancing safety programs* (pp. 173−187). Sterling, VA: Stylus.

Perry, W. G. (1970). *Forms of intellectual and ethical development in the college years: A scheme*. New York, NY: Holt, Rinehart, & Winston.

Pew Research Center. (2014, August). Pew Research Internet Project: Mobile technology fact sheet. Retrieved from http://www.pewinternet.org/fact-sheets/ mobile-technology-fact-sheet/.

Pew Research Center. (2014). World wide web timeline. Retrieved from http://www. pewinternet.org/2014/03/11/world-wide-web-timeline/.

Pew Research Center. (2014). Digital life in 2025. Retrieved from http://www. pewinternet.org /2014/03/11/digital-life-in-2025/.

Phelps, L. A. (1990). High-rise residence halls: A response to the uniqueness of these buildings. Unpublished master's thesis, Colorado State University, Fort Collins, CO.

Phillips, G. H. (1982). *Rural vandalism*. Washington, DC: National Institute of Justice Vandalism Prevention Workshop.

Pike, G. R., & Kuh, G. D. (2005). A typology of student engagement for American colleges and universities. *Research in Higher Education*, *46*, 185−210.

Pittenger, D. J. (1993). The utility of the Myers-Briggs Type Indicator. *Review of*

Educational Research, 63, 467−488.

Pittenger, D. J. (2005). Cautionary comments regarding the Myers-Briggs Type Indicator. *Consulting Psychology Journal: Practice and Research*, *57*(3), 210.

Pocket Gamer.biz. (2014). Apps store metric summary report (Retrieved from http://www.pocketgamer.biz/metrics/app-store/).

Preiser, W. F. E. (1989). *Building evaluation*. New York, NY: Springer.

Prensky, M. (2001). Digital natives, digital immigrants. *On the Horizon, 9*(5), 1−6.

Price, D. (2005). *Learning communities and student success in postsecondary education: A background paper*. New York, NY: Manpower Demonstration Research Corporation.

Price, J. L. (1972). *Handbook of organizational measurement*. Lexington, MA: Heath.

Progressive Education Network. (2014). History and principles (Retrieved from http://progressiveeducationnetwork.com/history/).

Proshansky, H. M., Fabian, A. K., & Kaminoff, R. (1983). Place-identity: Physical world socialization of the self. *Journal of Environmental Psychology*, *3*(1), 57−83.

Provost, J. A., & Anchors, S. (1987). *Applications of the Myers-Briggs type indicator in higher education*. Palo Alto, CA: Consulting Psychology Press.

Prown, J. D. (1982). Mind in matter: An Introduction to material culture theory and method. *Winterthur Portfolio, 17*(1), 1−19.

Quinn, C. (2000, Fall). mLearnings: Mobile, wireless, in-your-pocket learning. *LineZine*. Retrieved from http://www.linezine.com/2.1/features/cqmmwiyp.htm.

Randall, M., & Wilson, G. (2009). Making it my street: The Bond University "street" area. In *Learning Spaces in Higher Education: Positive Outcomes by Design. Proceedings of the Next Generation Learning Spaces 2008 Colloquium*, October 1−2 (pp. 107−110). University of Queensland, Brisbane, Australia.

Rankin, S. R. (2005). Campus climates for sexual minorities. *New Directions for Student Services*, Number 111 (pp. 17−23). San Francisco, CA: Jossey-Bass.

Rankin, S. R., Millar, E. A. R., & Matheis, C. (2007). Safe campuses for student: Systemic transformation through re(a)wakened senior leaders. In J. F. Jackson & M. C. Terrell (Eds.), *Creating and maintaining safe college campuses: A sourcebook for evaluating and enhancing safety programs* (pp. 75−98). Sterling, VA: Stylus.

Rapoport, A. (1982). *The meaning of the built environment*. Thousand Oaks, CA: Sage Publications.

Rapoport, A. (1994). A critical look at the concept of "place." *National Geographical Journal of India, 40,* 31−45.

Rapoport, A. (2005). *Culture, architecture, and design*. Chicago, IL: Locke Science Publishing Company.

Reason, R. D., & Lutovsky, B. R. (2007). You are not alone: Resources for the college administrator. In J. F. Jackson & M. C. Terrell (Eds.), *Creating and maintaining safe college campuses: A sourcebook for evaluating and enhancing safety programs* (pp. 241−260). Sterling, VA: Stylus.

Reeve, J. R., & Kassabaum, D. G. (1997). A sense of place master plan. Linking mission and place. *1997 APPA Proceedings*, 219−228.

Regoeczi, W. (2008). Crowding in context: An examination of the differential responses of men and women to high-density living environments. *Journal of Health and Social Behavior, 49*, 254−268.

Rendon, L. I. (1994). Validating culturally diverse students: Toward a new model of learning and student development. *Innovative Higher Education, 19*(1), 33−51.

Renn, K. A. (2004). *Mixed race students in college: The ecology of race, identity, and community on campus*. Albany, NY: State University of New York Press.

Renn, K. A., & Arnold, K. D. (2003). Reconceptualizing research on college student peer culture. *Journal of Higher Education, 74*(3), 261−291.

Renn, K. A., & Reason, R. D. (2012a). *College students in the United States: Characteristics, experiences, and outcomes*. San Francisco, CA: Jossey-Bass.

Renn, K. A., & Reason, R. D. (2012b). College environments. In K. A. Renn & R. D. Reason, *College students in the United States: Characteristics, experiences, and outcomes* (pp. 82−113). San Francisco, CA: Jossey-Bass.

Rheingold, H. (1991). *Virtual reality: Exploring the brave new technologies*. New York, NY: Simon & Schuster.

River City Project. (2014). Retrieved from http://muve.gse.harvard.edu/rivercityproject/index.html.

Rocconi, L. M. (2011). The impact of learning communities on first year students' growth and development in college. *Research in Higher Education, 52*(2), 178−

193.

Rodger, S., Johnson, A., & Wakabayashi, P. (2005). The impact of residence design on freshman outcomes: Dormitories versus suite-style residences. *Canadian Journal of Higher Education, 35*(3), 83–99.

Rodgers, R. F. (1980). Theories underlying student development. In D. G. Creamer (Ed.), *Student development in higher education: Theories, practices and future.* (ACPA Media Publications, No. 27). Alexandria, VA: ACPA Media.

Rodgers, R. F. (1990). Recent theory and research underlying student development. In D. G. Creamer & Associates (Eds.), *College student development: Theory and practice for the 1990s* (pp. 27–29). Alexandria, VA: American College Personnel Association.

Rodgers, R. F. (1991). Using theory in practice in student affairs. In T. K. Miller, R. B. Winston, Jr., & Associates (Eds.), *Administration and leadership in student affairs: Actualizing student development in higher education* (pp. 203–251). Muncie, IN: Accelerated Development.

Rose, D. H., Harbour, W. S., Johnston, C. S., Daley, S. G., & Abarbanell, L. (2006). Universal design for learning in postsecondary education: Reflections on principles and their application. *Journal of Postsecondary Education and Disability, 19*(2), 135–151.

Rosenberg, M., & McCullough, B. C. (1981). Mattering: Inferred significance and mental health. *Research in Community and Mental Health, 2*, 163–182.

Rubin, N. (2010). *Creating a user-centric learning environment with Campus Pack personal learning spaces.* PLS Webinar, Learning Objects Community. Retrieved from http://community.learningobjects.com/Users/Nancy.Rubin/Creating_a_User-Centric_Learning.

Sandeen, A., & Rhatigan, J. J. (1990). New pressures for social responsiveness and accountability. In M. J. Barr & M. L. Upcraft (Eds.), *New Futures for Student Affairs* (pp. 98–113). San Francisco, CA: Jossey-Bass.

Sanford, N. (1966). *Self and society: Social change and individual development.* New York, NY: Atherton Press.

Sanoff, H. (2000). *Community participation methods in design and planning.* New York, NY: John Wiley & Sons.

Saunders, D. R. (1969). A factor analytic study of the AI and CCI. *Multivariate Behavioral Research, 4,* 329–346.

Scannell, L., & Gifford, R. (2014). Comparing the theories of interpersonal and place attachment. In L. Manzo & P. Devine-Wright (Eds.). *Place attachment: Advances in theory, methods and research* (pp. 23–36). New York, NY: Routledge.

Schein, E. H. (1985). *Organizational culture and leadership.* San Francisco, CA: Jossey-Bass.

Schein, E. H. (1992). *Organizational culture and leadership* (2nd ed.). San Francisco, CA: Jossey-Bass.

Schlossberg, N. K. (1989). Marginality and mattering: Key issues in building community. *New Directions for Student Development Services, 48* (pp. 5–15). San Francisco, CA: Jossey-Bass.

Schlossberg, N. K., Lynch, A., & Chickering, A. W. (1989). *Improving higher education environments for adults.* San Francisco, CA: Jossey-Bass.

Schneekloth, L. H., & Shibley, R. G. (1995). *Placemaking: The art and practice of building communities.* New York, NY: John Wiley & Sons, Inc.

Schroeder, C. C. (1978–1979). Territoriality: Conceptual and methodological issues for residence educators. *Journal of College and University Student Housing, 8,* 9–15.

Schroeder, C. C. (1993). Creating residence life programs with student development goals. In R. B. Winston, Jr., S. Anchors, & Associates (Eds.), *Student housing and residential life* (pp. 517–534). San Francisco, CA: Jossey-Bass.

Schroeder, C. C. (1994). Developing learning communities. In C. C. Schroeder, P. Mable, & Associates (Eds.), *Residence halls and the college experience: Past and present.* San Francisco, CA: Jossey-Bass.

Schuh, J. (1991). Making a large university feel small: The Iowa State University story. InG. D. Kuh & J. H. Schuh (Eds.), *The role and contribution of student affairs in involving colleges* (pp. 30–41).Washington, DC: NASPA.

Schuh, J. H. (1980). Housing. InW. H. Morrill, J. C. Hurst, & E. R. Oetting (Eds.), *Dimensions for intervention for student development.* (pp. 189–205). New York, NY: Wiley & Sons.

Schuh, J. H. (1993). Fiscal pressures on higher education and student affairs. In M.

J. Barr (Ed.), *The handbook of student affairs administration* (pp. 49−68). San Francisco, CA: Jossey-Bass.

Schuh, J. H., Andreas, R. E., & Strange, C. C. (1991). Students at metropolitan universities: Viewing involvement through different lenses. *Metropolitan University, 2*(3), 64−74.

Scott-Webber, L., Strickland, A., & Kapitula, L. R. (2013). Built environments impact behaviors: Results of an active learning post-occupancy evaluation. *Planning for Higher Education Journal, 42*(1), 1−12.

Seeger, M. A. (1994). *Women's climate study: A report to the Grand Valley campus community*. Allendale, MI: Grand Valley State University, Academic Resources and Special Programs.

Seligman, M. E. P., & Csikszentmihalyi, M. (2000). Positive psychology: An introduction. *American Psychologist, 55*(1), 5−14.

Selznick, P. (1992). *The moral commonwealth: Social theory and the promise of community*. Berkeley, CA: University of California Press.

Sheehy, K. (2014). 5 must-download apps for college students. U.S. News and World Report: Education. (Retrieved from http://www.usnews.com/education/best-colleges/articles/2014/08/21/5-must-download-apps-for-college-students?int=993008.

Sipple, S., & Lightner, R. (2013). *Developing faculty learning communities at two-year colleges: Collaborative models to improve teaching and learning*. Sterling, VA: Stylus.

Skinner, B. F. (1953). *Science and human behavior*. New York, NY: Simon and Schuster.

Skold, O. (2011). The effects of virtual space on learning: A literature review. *First Monday, 17*(1). Retrieved from http://journals.uic.edu/ojs/index.php/fm/article/view/3496.

Sloan, III, J. J., & Fisher, B. S. (2010). *The dark side of the ivory tower: Campus crime as a social problem*. Cambridge, UK: Cambridge University Press.

Smart, J. C., Feldman, K. A., & Ethington, C. A. (2000). *Academic disciplines: Holland's theory and the study of college students and faculty*. Nashville, TN: Vanderbilt University Press.

Smith, A., Rainie, L., & Zickuhr, K. (2011). *College students and technology*. Pew Research Internet & American Life Project. Retrieved from http://www.pewinternet.org/2011/07/19/college-students-and-technology/.

Smith, B. L., & MacGregor, J. (2009). Learning communities and the quest for quality. *Quality Assurance in Education, 17*(2), 118–139.

Smith, B. L., MacGregor, J., Matthews, R. S., & Gabelnick, F. (2004). *Learning communities: Reforming undergraduate education*. San Francisco, CA: Jossey-Bass.

Smith, M. C. (1988). *Coping with crime on campus*. New York, NY: American Council on Education and Macmillan.

Smith, M. C., & Fossey, R. (1995). *Crime on campus: Legal issues and campus administration*. Phoenix, AZ: American Council on Education and Oryx Press.

Sommer, R. (1978). *Personal space: The behavioral basis of design*. Englewood Cliffs, NJ: Prentice Hall.

Spitzberg, I. J., Jr., & Thorndike, V. V. (1992). *Creating community on college campuses*. Albany, NY: State University of New York Press.

Stantasiero, E. (2002). The "third place": Essential for campuses and for communities. *Lawlor Review*, Fall, 10–13.

Staats, H. (2012). Restorative environments. In S. Clayton (Ed.), *The Oxford handbook of environmental and conservation psychology* (pp. 276–294). Oxford, UK: Oxford University Press.

Stearns, E., Buchmann, C., & Bonneau, K. (2009). Interracial friendships in the transition to college: Do birds of a feather flock together once they leave the nest? *Sociology of Education, 82*(2), 173–195.

Stern, G. (1970). *People in context: Measuring person-environment congruence in education and industry*. New York: Wiley & Sons.

Stern, R. A. (1986). *Pride of place: Building the American dream*. New York, NY: Houghton Mifflin.

Stevens, D., & Kitchenham, A. (2011). An analysis of mobile learning in education, business and medicine. In A. Kitchenham (Ed.), *Models for interdisciplinary mobile learning: Delivering information to students* (pp. 1–25). Hershey, PA: IGI Global Publication.

Stewart, J. D., & Schuh, J. H. (2007). Exemplar programs and procedures: Best practices in public safety. In J. F. L. Jackson &M. C. Terrell (Eds.), *Creating and maintaining safe college campuses* (pp. 223-240). Sterling, VA: Stylus.

Stockdale, S. (2011). *Muraling myths: A research prospectus*. Retrieved from http://thisisnotthat.com/wordpress/2011/muraling-myths-a-research-prospectus/.

Strange, C. (2010). Theoretical foundations of student success. In D. Cox & C. Strange (Eds.), *Achieving student success: Effective student services in Canadian higher education* (pp. 18-30). Montreal, Quebec: McGill Queen's University Press.

Strange, C. C. (1983). Human development theory and administrative practice in student affairs: Ships passing in the daylight? *NASPA Journal, 21*, 2-8.

Strange, C. C. (1991a). Emergence of a metroversity: The university of Louisville case. In George D. Kuh& John H. Schuh (Eds.), *The role and contribution of student affairs in involving colleges* (pp. 72-89). Washington, DC: NASPA.

Strange, C. C. (1991b). Managing college environments: Theory and practice. In T. K. Miller, R. B. Winston, Jr., & Associates (Eds.), *Administration and leadership in student affairs: Actualizing student development in student affairs* (2nd ed.) (pp. 159-199). Muncie, IN: Accelerated Development, Inc.

Strange, C. C. (1993). Theories and concepts of campus living environments. In R. B. Winston, Jr., S. Anchors, and Associates (Eds.), *Student housing and residential life: A handbook for the professional committed to student development goals* (pp. 134-166). San Francisco, CA: Jossey-Bass.

Strange, C. C. (1994). Student development: The evolution and status of an essential idea. *Journal of College Student Development, 35*(6), 399-412.

Strange, C. C. (2000). Creating environments of ability. In H. Belch, *Serving students with disabilities. New directions in student services*, 91 (pp. 19-30). San Francisco, CA: Jossey-Bass.

Strange, C. C. (2014, June). *Navigating campus spaces to promote engagement: It's about bricks and stones!* Presentation at the Canadian Association of College and University Student Services Annual Conference, Halifax, NS.

Strange, C. C., & Banning, J. H. (2001). *Educating by design: Creating colleges and universities that work*. San Francisco, CA: Jossey-Bass.

Strange, C. C., & Hagan, H. (1998). Benedictine values and building campus community. *The Cresset: A Review of Literature, Arts and Public Affairs, Special Lilly Issue*, 5−12.

Strange, C. C., & Hannah, D. (1994, March). *The learning university: A model for the twenty-first century.* Paper presented at the meeting of the American College Personnel Association, Indianapolis, IN.

Strange, C. C., & King, P. M. (1990). The professional practice of student development. In D. Creamer & Associates (Eds.), *College student development: Theory and practice for the 1990s* (American College Personnel Association Media Publication No. 49) (pp. 9−24). Alexandria, VA: American College Personnel Association.

Sturner, W. F. (1972). Environmental code: Creating a sense of place on the college campus. *The Journal of Higher Education, 43*(2), 97−109.

Sucher, D. (1995). *City comforts: How to build an urban village.* Seattle, WA: City Comfort Press.

Sugerman, D., & Hotaling, G. (1989). Dating violence: Prevalence, context and risk markers. In M. Priog-Good & J. Stets (Eds.), *Violence in dating relationships: Emerging social issues* (pp. 3−32). New York, NY: Praeger.

Taming campus vandals. (1980). *American School and University, 53*(2), 44−45, 48.

Territo, L. (1983). Campus rape: Determining liability. *Trial, 19*, 100−103.

Thang, D. C. L., & Tan, B. L. B. (2003). Linking consumer perception to preference of retail stores: An empirical assessment of the multi-attributes of store image. *Journal of Retailing and Consumer Services, 10*, 193−200.

Thayer-Bacon, B. J., & Bacon, C. S. (1998). *Philosophy applied to education: Nurturing a democratic community in the classroom.* Upper Saddle River, NJ: Merrill.

Thelin, J. R., & Yankovich, J. (1987). Bricks and mortar: Architecture and the study of higher education. In J. C. Smart (Ed.), *Higher education: Handbook of theory and research* (Vol. 3) (pp. 57−83). New York, NY: Agathon Press.

Thomas, D. F. (2004). Toward an understanding of place building in communities (Unpublished doctoral dissertation). Colorado State University, Fort Collins, CO.

Thomas, D. F., & Cross, J. (2007). Organizations as place builders. *Journal of Behavioral and Applied Management, 9*(1), 33−61.

Thornburg, D. D. (2001). Campfires in cyberspace: Primordial metaphors for learning in the 21st century. *Education at a Distance, 15*(6), 1−10.

Thornton, C. H., & Jaeger, A. J. (2007, March−April). *The ceremonies and symbols of citizenship. About Campus*, 15−20.

Tierney, W. G. (1993). *Building communities of difference: Higher education in the twenty-first century*. Westport, CT: Bergin & Garvey.

Tinto, V. (2003). Learning better together: The impact of learning communities on student success. *Higher Education Monograph Series, 2003*(1), 1−8. Higher Education Program, School of Education, Syracuse University. http://soeweb.syr.edu/academics/grad/higher_education/Copy%20of%20Vtinto/Files/LearningBetterTogether.pdf

Toffler, A. (1970). *Future shock*. New York, NY: Random House.

Treanor Architects (2011). *Survey results: What to watch in 2012 & beyond*. Results of Treanor Architects' Survey on Student Life Facility Trends. Retrieved from http://treanorarchitects.com.

Tribe, C. (1982). *Profile of three theories: Erikson, Maslow, Piaget*. Dubuque, IA: Kendal/Hunt.

Troyer, D. (2005). Imagine if we could start over: Designing a college from scratch. *About Campus, 10*(4), 4−9.

Turner, P. V. (1995). *Campus: An American planning tradition*. Cambridge, MA: MIT Press.

University of Arizona Campus Health Service (2010). Health & Wellness Survey Data [Powerpoint slides]. Author: Salafsky, D., Pring, L. Vaughan, N. D., Cleveland-Innes, M., & Garrison, D. R. (2014). *Teaching in blended learning environments*. Edmonton, AB: Athabasca University Press.

Upcraft, M. L., & Schuh, J. H. (1996). *Assessment in student affairs: A guide for practitioners*. San Francisco, CA: Jossey-Bass.

U.S. Department of Education. (2012). Campus safety and security data (Retrieved from http://www.ope.ed.gov/security/).

Van Der Werf, M. (2014). MOOCs haven't killed higher ed: Will online learning finish the job? (Retrieved from http://collegeof2020.com/moocs-havent-killed-higher-ed-will-online-learning-finish-the-job).

Vaughan, N. D., Cleveland-Innes, M., & Garrison, D. R. (2013). Teaching in blended learning environments. Edmonton, AB: Athabasca University Press.

Vescio, V., Ross, D., & Adams, A. (2008). A review of research on the impact of professional learning communities on teaching practice and student learning. *Teaching and Teacher Education*, *24*(1), 80–91.

Vinu, P., Sherimon, P., & Krishnan, R. (2011). Towards pervasive mobile learning-the vision of 21st century. *Procedia−Social and Behavioral Sciences*, *15*, 3067–3073.

Virginia Tech Division of Student Affairs Housing and Residence Life. (2014). Living learning communities (Retrieved from http://www.housing.vt.edu/llc/ index. html).

Vye, C., Scholljegerdes, K., & Welch, I. (2007). *Under pressure and overwhelmed*. Westport, CT: Prager.

Walsh, W. B. (1973). *Theories of person-environment interaction: Implications for the college student*. Iowa City, IA: American College Testing Program.

Wang, F., & Burton, J. K. (2013). Second life in education: A review of publications from its launch to 2011. *British Journal of Educational Technology, 44*(3), 357–371.

Warren, R. L., & Lyon, L. (Eds.). (1983). *New perspectives on the American community*. Homewood, IL: Dorsey Press.

Warsaw, R. (1988). *I never called it rape*. New York, NY: Harper & Row.

Weber, M. (1947). *The theory of social and economic organization*. (A. M. Henderson & Talcott Parsons, Trans.). Glencoe, IL: Free Press.

Webopedia. (2014). Web 2.0 (Retrieved from http://www.webopedia.com/TERM/W/ Web_2_point_0.html).

Weinmayer, V. M. (1969). Vandalism by design: A critique. *Landscape Architecture, 59,* 286.

Wells, R. L. (1996). *Leadership for community: A case study of individuals perceived as creators and maintainers of a psychological sense of community in a university* (Unpublished doctoral dissertation). Temple University, Philadelphia, PA.

Western Interstate Commission for Higher Education (1973). *The ecosystem model: Designing campus environments*. Boulder, CO: Author.

Whitaker, L. C., & Pollard, J. W. (Eds.). (1993). *Campus violence: Kinds, causes, and cures*. New York, NY: Haworth Press.

Whitt, E. J. (1993). Making the familiar strange: Discovering culture. In G. D. Kuh (Ed.), *Using cultural perspectives in student affairs* (pp. 81-94). Alexandria, VA: ACPA Media.

Wicker, A. W. (1973). Undermanning theory and research: Implications for the study of psychological and behavioral effects of excess populations. *Representative Research in Social Psychology, 4,* 184-206.

Wicker, A. W. (1984). *An introduction to ecological psychology.* Cambridge, UK: Cambridge University Press.

Widick, C., Knefelkamp, L., & Parker, C. (1975). The counselor as developmental instructor. *Counselor Education and Supervision, 14,* 286-296.

Wikipedia. (2014). Progressive education (Retrieved from http://en.wikipedia.org/wiki/Progressive_education).

Wilson, G., & Randall, M. (2012). The implementation and evaluation of a new learning space: a pilot study. *Research in Learning Technology, 20,* 1-17.

Wilson, R. G., Lasala, J.M., & Sherwood, P. C. (2009). *Thomas Jefferson's academical village: The creation of an architectural masterpiece.* Charlottesville, VA: University of Virginia Press.

Winston, R. B., Jr., Bledsoe, T., Goldstein, A. R.,Wiseby, M. E., Street, J. L., Brown, S. R., Goyen, K. D., & Rounds, L. E. (1997). Describing the climate of student organizations: The student organization environment scales. *Journal of College Student Development, 38,* 417-427.

Winston, R. B., Jr., Vahala, M. E., Nichols, E. C., Gillis, M. E., Wintrow, M., & Rome, K. D. (1994). A measure of college classroom climate: The college classroom environment scales. *Journal of College Student Development, 35,* 11-18.

Zeisel, J. (1976). Stopping school property damage. *CEFP Journal, 15,* 6-11, 18-21.

Zeisel, J. (2006). *Inquiry by design: Environment/behavior/neuroscience in architecture, interiors, landscape, and planning.* New York, NY: W. W. Norton & Company.

Zhao, C. M., Gonyea, R. M., & Kuh, G. D. (2003, May). *The psychographic typology: Toward higher resolution research on college students.* Paper presented at the Annual Forum of the Association for Institutional Research, Tampa, FL.

Zhao, C., & Kuh, G. (2004). Adding value: Learning communities and student engagement. *Research in Higher Education, 45*(2), 115−138.

Zimbardo, P. G. (1969). The Human Choice: Individuation, reason, and order versus deindividuation, impulse, and chaos. InW. J. Arnold & D. Devine (Eds.), *Nebraska Symposium on Education* (pp. 237−307). Lincoln, NE: University of Nebraska Press.

Zimmerman, E. (2014). A social network that's just for college students. New York Times (February 6). Retrieved from boss.blogs.nytimes.com/2014/.../a-social-network-thats-just-for-college-s...

Zimmerman, B. J. (2000). Attainment of self-regulation: A social cognitive perspective. In M. Boekaerts, P. Pintrich, & M. Zeidner (Eds.), *Self-regulation: Theory, research, and applications* (pp. 13−39). Orlando, FL: Academic Press.

Zipp, Y. (2013). Western Michigan University to redesign campus living around "neighborhoods" by 2015. Retrieved from: retrieved from http://www.mlive.com/news/kalamazoo/index.ssf/2013/ 07/western_michigan_university_to_44.html.

찾아보기

내용

저자 소개

C. Carney Strange는 미국 오하이오주의 볼링그린 주립대학교(Bowling Green State University)의 고등교육 및 학생지원 전공 대학원 과정 프로그램의 명예교수다. 이 대학에서 그는 35년 동안 강의했다. 담당 강의는 대학생의 발달, 교육 환경의 효과, 학생의 영성, 질적 연구방법론 등에 관한 것이었다. 그는 1969년 인디애나주의 세인트 메인라드 대학교(Saint Meinrad College)에서 불문학 전공으로 학사학위를 취득하고, 1976년 아이오와 대학교(University of Iowa)에서 대학 학생지원 전공으로 석사학위를, 1978년 같은 학교에서 고등교육 전공으로 박사학위를 취득하였다. 지난 37년 동안 교육자이자 학자로서 왕성하게 활동하면서, 대학생 발달, 캠퍼스 환경, 캐나다 고등교육의 학생지원 서비스 등에 대해 저술 작업을 해 왔다. 그는 학술지 편집위원으로서 『Journal of College Student Development』, 『National Association of Student Personnel Administrators Journal』, 『Religion and Education』, 『CASE International Journal of Educational Advancement』 등 여러 학술지를 위해 일했다. 그는 1978년 미국 학생지원 및 지도 학회(American Personnel and Guidance Association)의 연구상(Ralph F. Birdie Memorial Research Award)을 수상했다. 1999년에는 미국 대학 학생지원 전문가 협회(American College Personnel Association: ACPA)의 75주년 기념 최고명예상 수상자(Diamond Honoree)였으며, 2006년에는 전미 학생지원 행정가 협회(National Association of Student Personnel Administrators)로부터 학생지원 중추전문가(Pillar of the Profession)로 선정되었다. 1996년에는 ACPA로부터 우수전문가(Annuit Coeptis Professional)로 선정되었으며, 2010년에는 같은 협회로부터 공로상(ACPA Contribution to Knowledge Award)을 수상했다. 또한 그는 20년 넘게 인디애나주의 세인트 메인라드 신학대학교(Saint Meinrad College and School of Theology)와 일리노이주의 세인트 세비어 대학교(Saint Xavier University)의 법인이사회 멤버로 일해 왔다.

James H. Banning은 콜로라도 주립대학교(Colorado State University)의 교육학 명예교수다. 이 대학 교육대학원에서 캠퍼스 생태계에 대해 강의했으며, 심리학과에서 환경심리학에 대해 강의했다. 그는 1960년 미주리주의 리버티시 소재 윌리엄 주얼 대학교(William Jewell College)에서 학사학위를 취득하고, 1965년 콜로라도 대학교(University of Colorado)에서 심리학 박사학위를 취득하였다. 그는 콜로라도 대학교의 학생상담센터 센터장, 서부 고등교육 연합회(Western Interstate Commission for Higher Education)의 프로그램 디렉터, 미주리 대학교(University of Missouri-Columbia)의 학생지원 부총장, 콜로라도 주립대학교(Colorado State University)의 학생지원 부총장 등 다양한 고등교육행정 직책을 맡았다. 그는 캠퍼스 생태계 운동에 선도적 역할을 했으며, 학생과 그들의 환경 간의 생태학적 관계에 대한 많은 저술 활동을 해 왔다.

역자 소개

배상훈(Bae, Sang Hoon)
미국 Pennsylvania State University 박사(교육정책 및 인적자원개발)
현 성균관대학교 교육학과 교수, 학생처장 겸 학생성공센터장

변수연(Byoun, Su Youn)
고려대학교 박사(교육행정학 및 고등교육학)
현 부산외국어대학교 만오교양대학 조교수, 교육평가혁신센터장

함승환(Ham, Seung-Hwan)
미국 Michigan State University 박사(교육정책)
현 한양대학교 교육학과 교수

윤수경(Yoon, Soo Kyung)
이화여자대학교 박사(교육행정)
현 이화여자대학교 교육학과 강사

전수빈(Jeon, Sue Bin)
미국 Pennsylvania State University 박사(교육 리더십/교육정책)
현 동국대학교 교원정책중점연구소 연구교수

캠퍼스 디자인

학생이 성공하는 대학 만들기

Designing for Learning

Creating Campus Environments for Student Success (2nd Edition)

2019년 4월 22일 1판 1쇄 인쇄
2019년 4월 30일 1판 1쇄 발행

지은이 • C. Carney Strange · James H. Banning
옮긴이 • 배상훈 · 변수연 · 함승환 · 윤수경 · 전수빈
펴낸이 • 김진환
펴낸곳 • (주) **학지사**

　　　　　04031 서울특별시 마포구 양화로 15길 20 마인드월드빌딩
대표전화 • 02)330-5114　　팩스 • 02)324-2345
등록번호 • 제313-2006-000265호

홈페이지 • http://www.hakjisa.co.kr
페이스북 • https://www.facebook.com/hakjisa

ISBN 978-89-997-1739-0　93370

정가 20,000원

역자와의 협약으로 인지는 생략합니다.
파본은 구입처에서 교환해 드립니다.

이 도서의 국립중앙도서관 출판시도서목록(CIP)은 서지정보유통지원
시스템 홈페이지(http://seoji.nl.go.kr)와 국가자료공동목록시스템
(http://www.nl.go.kr/kolisnet)에서 이용하실 수 있습니다.
(CIP 제어번호: CIP2019014681)

출판 · 교육 · 미디어기업 **학지사**

간호보건의학출판 **학지사메디컬** www.hakjisamd.co.kr
심리검사연구소 **인싸이트** www.inpsyt.co.kr
학술논문서비스 **뉴논문** www.newnonmun.com
원격교육연수원 **카운피아** www.counpia.com